U0362039

南开大学人文社会科学年度发展报告

中国保险公司治理发展报告 2018

郝 臣 等编著

Annual Report on the Development of
China's Insurance Company Governance
2018

南開大學出版社
天 津

图书在版编目(CIP)数据

中国保险公司治理发展报告. 2018 / 郝臣等编著
. —天津：南开大学出版社，2019.12
ISBN 978-7-310-05914-0

Ⅰ. ①中… Ⅱ. ①郝… Ⅲ. ①保险公司－企业管理－
研究报告－中国－2018 Ⅳ. ①F842.3

中国版本图书馆 CIP 数据核字(2019)第 288186 号

中国保险公司治理发展报告 2018
ZHONGGUO BAOXIAN GONGSI ZHILI FAZHAN BAOGAO 2018

南开大学出版社出版发行
出版人：陈　敬
地址：天津市南开区卫津路 94 号　　邮政编码：300071
营销部电话：(022)23508339　营销部传真：(022)23508542
http://www.nkup.com.cn

北京虎彩文化传播有限公司印刷　全国各地新华书店经销
2019 年 12 月第 1 版　2019 年 12 月第 1 次印刷
260×185 毫米　16 开本　23.5 印张　2 插页　555 千字
定价：90.00 元

如遇图书印装质量问题,请与本社营销部联系调换,电话：(022)23508339

序　言

如果以东印度公司董事会的设立为治理实践开始的标志，那么公司治理实践这项重要的公司活动已经开展了四百多年。近年来，随着治理实践的深入，世界范围内的公司治理实践活动呈现出围绕治理对象分支化的趋势。2008 年金融危机后，金融机构治理问题关注度日益上升。保险公司是我国金融机构中较早开始探索治理实践的组织，监管部门早在 2006 年就建立了公司治理监管支柱。

党的十八届三中全会提出，推进国家治理体系和治理能力现代化是全面深化改革的总目标。习近平总书记在 2017 年 7 月 14 日至 15 日召开的全国金融工作会议上特别强调，"要完善现代金融企业制度，完善公司法人治理结构，优化股权结构，建立有效的激励约束机制，强化风险内控机制建设，加强外部市场约束"。在 2018 年 4 月 16 至 17 日召开的中小银行及保险公司公司治理培训座谈会上，中国银保监会主席郭树清指出，"我国银行业和保险业在公司治理方面还存在明显不足，建立和完善具有中国特色的现代公司治理机制，是现阶段深化银行业和保险业改革的重点任务，是防范和化解各类金融风险、实现金融机构稳健发展的主要保障"。

发展是事物进步变化的过程，是事物的不断更新，既有量的变化，又有质的变化。报告就是向相关主体说明事物发展的状况，以供其决策参考使用。因此，发展报告就是阐明事物发展动因、过程、现状、问题与挑战等的研究过程。2011 年，为了鼓励高等学校组建文科研究团队，围绕国家经济社会发展重点领域或重大问题开展对策性、前瞻性研究，充分发挥高校哲学社会科学工作者的智囊团、思想库作用，教育部根据"高等学校哲学社会科学繁荣计划"设立了"教育部哲学社会科学发展报告"项目。在公司治理领域，南开大学李维安教授撰写的《中国公司治理与发展报告》入选该系列报告，笔者亦作为该发展报告课题组的核心成员，负责分析上市公司的整体治理状况及其股东治理、董事会治理、监事治理、经理层治理、信息披露和利益相关者治理六大维度治理状况；保险领域中，北京大学孙祁祥教授和郑伟教授撰写的《中国保险业发展报告》入选该系列报告，并连续出版多年。随着我国保险业治理实践的发展和保险公司治理理论研究的深入，监管部门、保险公司、专家学者等迫切需要一本专门聚焦于保险业的公司治理发展报告。

如果从 1979 年我国保险业全面恢复业务开始算起，今年恰逢我国保险业发展 40 年。这些年我国保险业在市场主体上，经历了从一家保险公司，到保险公司、集团控股公司、资产管理公司等保险机构体系的形成；在监管内容上，实现了从市场行为监管，到市场行为、偿付能力、公司治理三支柱监管框架的构建；在保费收入上，完成了从保险弱国到世界第二的保险大国的转变。40 年风雨兼程，2018 年中国银行保险监督管理委员会的成立，标志着我国保险业发展和监管进入了一个全新发展阶段。

　　在我国改革开放 41 年、保险业复业 40 年、原中国保监会成立 21 年、成功应对 2008 年金融危机 11 年和中国银行保险监督管理委员会成立即将 1 年之际,在南开大学人文社科系列年度报告专项项目的资助下,发展报告课题组开始报告框架结构设计、相关数据搜集整理、报告初稿写作和报告润色校对等工作。另外,2019 年也是南开大学建校 100 周年,课题组谨以我国首份《中国保险公司治理发展报告》献礼南开大学百年校庆。

　　本报告包括六篇十八章内容,这六篇分别是"发展基础篇""发展环境篇""发展内容篇""发展案例篇""发展评价篇"和"发展展望篇",共计五十余万字。"发展基础篇"包括世界与中国保险业发展概况、中国保险机构概况、中国保险公司财务状况与评价、中国保险公司治理发展沿革四章内容;"发展环境篇"包括 1979—2017 年中国保险公司治理政策法规回顾和 2018 年中国保险公司治理政策法规分析两章内容;"发展内容篇"包括保险公司内部治理状况分析,保险公司外部治理之外部监管,保险公司外部治理之信息披露,保险公司外部治理之消费者保护四章内容;"发展案例篇"包括英大财险公司治理案例分析、太平人寿公司治理案例分析、珠峰财险公司治理案例分析、众惠相互治理案例分析四章内容;"发展评价篇"包括一般保险公司治理评价、上市保险公司治理评价两章内容;"发展展望篇"包括中国保险公司治理发展总结、中国保险公司治理发展展望两章内容。

　　本报告具有如下三大突出特点:第一,以经典理论为指导,构建保险公司治理框架;第二,以中国背景为依托,聚焦国内保险公司治理;第三,以最新数据为基础,反映行业治理发展前沿。本报告是南开大学人文社科系列年度报告专项项目的最终成果,也是笔者主持的国家社科基金年度项目"保险公司治理、投资效率与投保人利益保护研究"(项目号:16BGL055)的阶段性成果,感谢这些项目以及南开大学中国公司治理研究院对本报告出版的支持!

　　本报告由郝臣负责整体的统筹设计,具体章节编写分工如下:第一章,郝臣;第二章,郝臣、韩阳、王萍;第三章、第四章,郝臣;第五章、第六章,郝臣、崔光耀;第七章,郝臣、崔光耀、张权生、朱慧利、李中南;第八章、第九章、第十章,郝臣、李艺华;第十一章至第十四章,郝臣、孙云霞、朱慧利、张权生;第十五章,郝臣、王励翔、张权生;第十六章,郝臣、刘琦;第十七章,郝臣、于一平;第十八章,郝臣。最后由郝臣、崔光耀负责统稿。此外,冯子朔、邢智华、刘德春、许坷、陶寸寸、包岩霖、丁婧娴、徐必鹏、刘书恒等也参与了报告初稿的校对和试读工作。笔者在此一并感谢上述所有人员对报告的贡献!

　　另外,本报告的编写引用了诸多资料,在此对其作者和单位一并表示感谢!最后感谢出版社编辑专业、高效的编校工作!

郝臣

2019 年 4 月 15 日

于南开大学商学院大楼

目　录

第一篇　发展基础篇

第二篇　发展环境篇

第五篇　发展评价篇

第六篇　发展展望篇

第一篇

发展基础篇

到 2020 年，基本建成保障全面、功能完善、安全稳健、诚信规范，具有较强服务能力、创新能力和国际竞争力，与我国经济社会发展需求相适应的现代保险服务业，努力由保险大国向保险强国转变。

——国务院《关于加快发展现代保险服务业的若干意见》（国发〔2014〕29 号）

第一章　世界与中国保险业发展概况

若干保险公司的发展促成保险行业的发展，而保险行业的发展反过来又会影响保险公司的发展。本章首先基于瑞士再保险公司的统计数据，从保费情况、保险深度和保险密度等方面分析了 1980—2017 年间 160 个国家和地区保险业发展的总体状况，比较了保险业发展的区域状况；其次对我国内地、香港、澳门和台湾地区保险业总体发展状况进行了比较和分析，重点对我国内地保险业发展状况进行了介绍；最后，基于中国保险行业协会发布的中国保险发展指数，对我国保险业发展状况进行了总体评价和分析。

第一节　世界范围内保险业的发展情况

一、世界保费情况

本报告手工整理了 1980—2017 年瑞士再保险公司网站披露的世界 160 个国家和地区的保费情况（见表 1-1）。1980 年，世界 160 个国家和地区的保费总额达到 4662.5 亿美元，其中人身险保费 1912.6 亿美元，非人身险保费 2749.9 亿美元。截至 2017 年，世界 160 个国家和地区的保费总额达到 48904.9 亿美元，其中人身险保费达到 26568.7 亿美元，非人身险保费达到 22336.2 亿美元。

综观 1980—2017 年世界保费增长率，1986 年保费增长最快，保费总额增长率达 36.20%，人身险保费增长率达 44.99%，非人身险保费增长率达 28.86%。

表 1-1　1980—2017 年世界保费情况

年份	总保费（十亿美元）	保费增长率（%）	人身险保费（十亿美元）	人身险保费增长率（%）	非人身险保费（十亿美元）	非人身险保费增长率（%）
1980	466.25	—	191.26	—	274.99	—
1981	477.13	2.33	201.04	5.11	276.09	0.40
1982	490.65	2.83	209.08	4.00	281.57	1.98
1983	514.22	4.80	220.60	5.51	293.62	4.28
1984	552.26	7.40	244.96	11.04	307.30	4.66
1985	641.06	16.08	291.72	19.09	349.34	13.68

年份	总保费（十亿美元）	保费增长率（%）	人身险保费（十亿美元）	人身险保费增长率（%）	非人身险保费（十亿美元）	非人身险保费增长率（%）
1986	873.11	36.20	422.96	44.99	450.15	28.86
1987	1047.90	20.02	533.58	26.15	514.32	14.26
1988	1222.01	16.62	645.27	20.93	576.74	12.14
1989	1250.57	2.34	658.42	2.04	592.15	2.67
1990	1405.73	12.41	747.07	13.46	658.66	11.23
1991	1512.75	7.61	813.77	8.93	698.98	6.12
1992	1671.15	10.47	911.40	12.00	759.75	8.69
1993	1817.89	8.78	1018.07	11.70	799.82	5.27
1994	1962.93	7.98	1117.80	9.80	845.13	5.67
1995	2155.25	9.80	1237.41	10.70	917.84	8.60
1996	2130.55	-1.15	1212.95	-1.98	917.60	-0.03
1997	2147.40	0.79	1249.33	3.00	898.07	-2.13
1998	2189.52	1.96	1297.67	3.87	891.85	-0.69
1999	2365.31	8.03	1447.40	11.54	917.91	2.92
2000	2490.52	5.29	1552.08	7.23	938.44	2.24
2001	2453.60	-1.48	1471.04	-5.22	982.56	4.70
2002	2669.44	8.80	1564.40	6.35	1105.04	12.47
2003	3004.65	12.56	1714.98	9.63	1289.67	16.71
2004	3303.91	9.96	1906.82	11.19	1397.09	8.33
2005	3458.70	4.69	2021.92	6.04	1436.78	2.84
2006	3697.07	6.89	2156.63	6.66	1540.44	7.21
2007	4130.55	11.72	2460.61	14.10	1669.94	8.41
2008	4181.79	1.24	2431.83	-1.17	1749.96	4.79
2009	4072.86	-2.60	2367.59	-2.64	1705.27	-2.55
2010	4308.50	5.79	2511.84	6.09	1796.66	5.36
2011	4569.50	6.06	2614.97	4.11	1954.53	8.79
2012	4609.82	0.88	2618.84	0.15	1990.98	1.86
2013	4610.54	0.02	2539.26	-3.04	2071.28	4.03
2014	4779.79	3.67	2655.92	4.59	2123.87	2.54
2015	4598.47	-3.79	2542.75	-4.26	2055.72	-3.21
2016	4701.70	2.24	2581.62	1.53	2120.08	3.13
2017	4890.49	4.02	2656.87	2.91	2233.62	5.36

资料来源：根据瑞士再保险公司网站披露数据整理。

二、世界保险深度和保险密度

本报告对 1980—2017 年的世界保险深度、保险密度进行了计算（见表 1-2）。其中，保险深度是指某地区保费收入与该地国内生产总值（GDP）之比，反映了该地保险业在该地国民经济中的地位；保险密度是指在限定的统计区域内常住人口平均保险费的数额，它标志着该地区保险业务的发展程度，也反映了该地区经济发展的状况与人们保险意识的强弱。2017 年，世界保险深度达 6.14%，保险密度达 658.77 美元/人，较 1980 年有了明显的增长。

本报告进一步对世界 160 个国家和地区的保险深度和保险密度进行了计算，并对各年度的平均值和中位数进行了统计。结果发现，保险深度平均值在 1980—2007 年呈现总体上升趋势，在 2007 年达到 7.11% 的较高水平，2008 年后开始下降，2017 年下降至 6.14%。而保险密度平均值呈现出总体上升的趋势，从 1980 年的 106.01 美元/人上升到 2017 年的 658.77 美元/人（见表 1-2）。在每一年度，保险深度和保险密度的平均数都大于中位数，说明其在各国家和地区的分布很不均衡，保险深度和保险密度非常小的国家和地区有很多（见图 1-1 和图 1-2，2017 年 160 个国家和地区的保费、保险深度和保险密度等的具体情况详见附表 1）。

表 1-2 1980—2017 年世界保险深度和保险密度情况

年份	总保费 （十亿美元）	GDP （十亿美元）	保险深度 （%）	人口 （百万）	保险密度 （美元/人）
1980	466.25	10925.26	4.27	4398.18	106.01
1981	477.13	11174.35	4.27	4424.57	107.84
1982	490.65	10964.94	4.47	4555.76	107.70
1983	514.22	11274.53	4.56	4637.17	110.89
1984	552.26	11674.78	4.73	4719.74	117.01
1985	641.06	12272.58	5.22	4803.90	133.45
1986	873.11	14442.40	6.05	4890.84	178.52
1987	1047.90	16774.66	6.25	4978.16	210.50
1988	1222.01	19312.58	6.33	5076.93	240.70
1989	1250.57	21043.89	5.94	5168.52	241.96
1990	1405.73	23973.20	5.86	5257.98	267.35
1991	1512.75	24454.33	6.19	5343.91	283.08
1992	1671.15	25212.00	6.63	5426.17	307.98
1993	1817.89	26070.00	6.97	5509.18	329.97
1994	1962.93	28034.00	7.00	5590.18	351.14
1995	2155.25	30992.00	6.95	5669.78	380.13
1996	2130.55	31764.00	6.71	5749.98	370.53
1997	2147.40	31654.00	6.78	5826.59	368.55
1998	2189.52	31738.00	6.90	5903.89	370.86
1999	2365.31	32891.00	7.19	5978.59	395.63
2000	2490.52	33713.00	7.39	6054.29	411.36
2001	2453.60	33380.00	7.35	6131.90	400.14

续表

年份	总保费 （十亿美元）	GDP （十亿美元）	保险深度 （%）	人口 （百万）	保险密度 （美元/人）
2002	2669.44	34766.00	7.68	6207.30	430.05
2003	3004.65	39135.00	7.68	6364.30	472.11
2004	3303.91	43820.00	7.54	6361.90	519.33
2005	3458.70	47269.00	7.32	6438.11	537.22
2006	3697.07	51390.96	7.19	6519.86	567.05
2007	4130.55	58097.00	7.11	6601.46	625.70
2008	4181.79	63411.00	6.59	6682.96	625.74
2009	4072.86	60311.00	6.75	6763.66	602.17
2010	4308.50	65962.00	6.53	6843.96	629.53
2011	4569.50	73209.00	6.24	6928.06	659.56
2012	4609.82	74155.00	6.22	7011.66	657.45
2013	4610.54	76492.00	6.03	7094.97	649.83
2014	4779.79	78399.00	6.10	7178.47	665.85
2015	4598.47	73948.00	6.22	7258.87	633.50
2016	4701.70	75295.00	6.24	7341.77	640.40
2017	4890.49	79644.00	6.14	7423.67	658.77

资料来源：根据瑞士再保险公司网站披露数据整理。

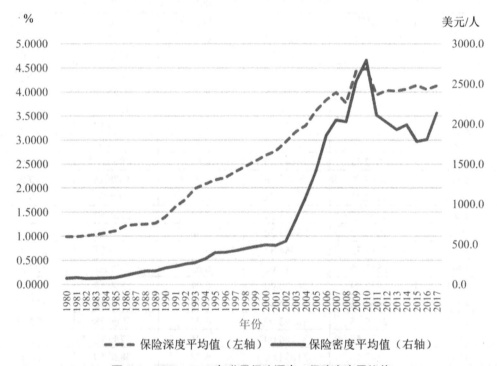

图 1-1　1980—2017 年世界保险深度、保险密度平均值

资料来源：根据瑞士再保险公司网站披露数据整理。

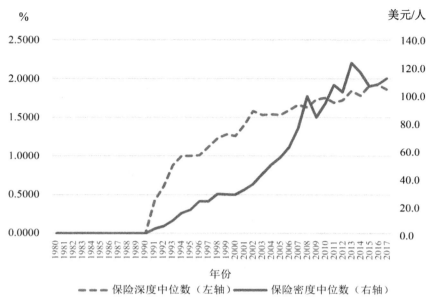

图 1-2　1980—2017 年世界保险深度、保险密度中位数

资料来源：根据瑞士再保险公司官网披露数据整理。

三、各大洲的保费情况

本报告对各大洲的保费情况进行了统计，结果发现，1980—2017 年间，各大洲保费总额、人身险保费、非人身险保费均呈现增长趋势。比较各大洲人身险和非人身险数据发现，在 2017 年，北美洲、拉丁美洲的非人身险保费略高于人身险保费，大洋洲的人身险保费和非人身险保费数额相近，而非洲、欧洲和亚洲的人身险保费高于非人身险保费（见图 1-3 至图 1-8）。

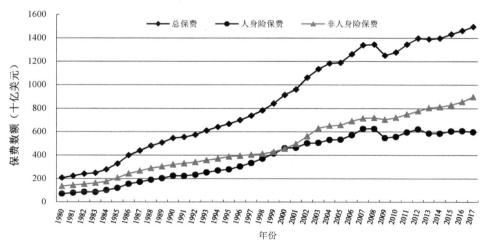

图 1-3　1980—2017 年北美洲的保费情况

资料来源[1]：根据瑞士再保险公司官网披露数据整理。

---

[1] 本书此类数据均来源于瑞士再保险公司官网，其中"北美洲"为狭义概念，仅包括美国和加拿大。

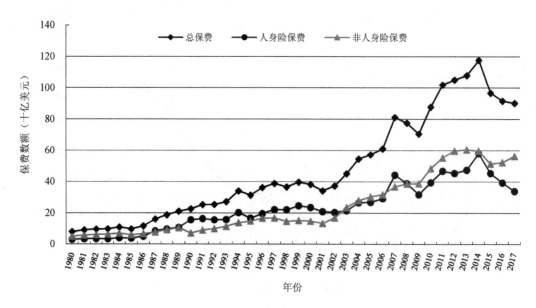

图 1-4 1980—2017 年大洋洲的保费情况

资料来源：根据瑞士再保险公司官网披露数据整理。

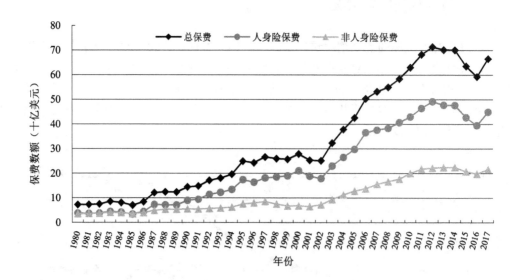

图 1-5 1980—2017 年非洲的保费情况

资料来源：根据瑞士再保险公司官网披露数据整理。

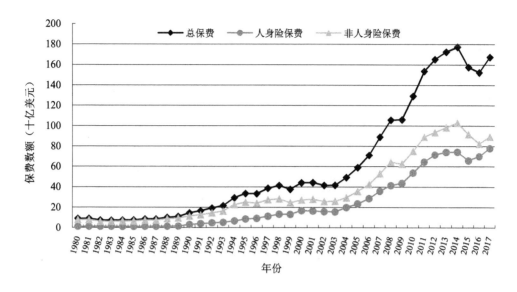

图 1-6　1980—2017 年拉丁美洲的保费情况

资料来源：根据瑞士再保险公司官网披露数据整理。

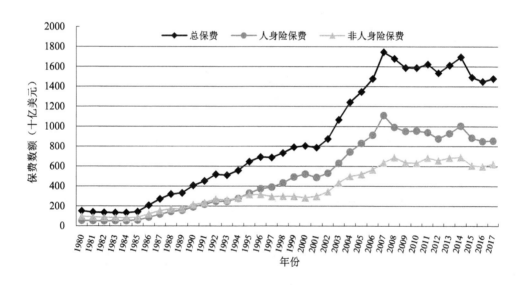

图 1-7　1980—2017 年欧洲的保费情况

资料来源：根据瑞士再保险公司官网披露数据整理。

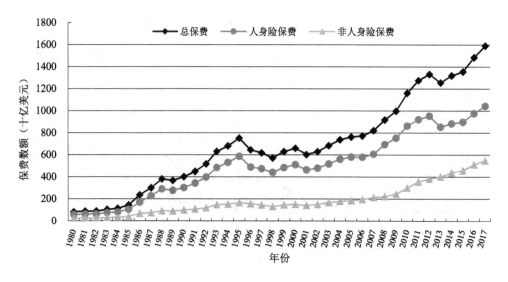

图 1-8　1980—2017 年亚洲的保费情况

资料来源：根据瑞士再保险公司官网披露数据整理。

四、各大洲的保险深度和保险密度

本报告对世界 160 个国家和地区的保险深度和保险密度进行计算，并按照各大洲进行分类。结果发现：1980 年，北美洲的保险深度和保险密度平均值最高，拉丁美洲的保险深度平均值最低，非洲的保险密度平均值最低；2017 年，欧洲的保险深度和保险密度平均值最高，非洲的保险深度和保险密度平均值最低（见表 1-3 和表 1-4）。

表 1-3　1980—2017 年各大洲的保险深度平均值

单位：%

年份	北美洲	大洋洲	非洲	拉丁美洲	欧洲	亚洲
1980	6.00	2.02	0.65	0.51	1.74	0.57
1981	5.79	1.95	0.56	0.54	1.79	0.59
1982	5.95	2.28	0.59	0.54	1.78	0.62
1983	5.65	2.24	0.58	0.58	1.82	0.64
1984	5.68	2.28	0.59	0.61	1.90	0.69
1985	6.12	2.24	0.56	0.67	1.96	0.77
1986	6.92	2.41	0.61	0.62	2.05	1.02
1987	7.13	3.08	0.65	0.63	2.20	0.80
1988	7.06	2.59	0.72	0.74	2.11	0.86
1989	6.99	2.54	0.73	0.81	2.12	0.87
1990	7.21	2.57	0.69	1.16	2.12	1.14
1991	7.16	4.14	0.72	1.51	2.47	1.19

续表

年份	北美洲	大洋洲	非洲	拉丁美洲	欧洲	亚洲
1992	7.20	3.87	0.76	1.78	2.69	1.36
1993	7.22	4.40	0.82	1.88	3.28	1.47
1994	7.19	4.78	1.00	2.06	3.23	1.51
1995	7.13	4.58	1.01	2.11	3.50	1.58
1996	7.09	4.56	1.07	1.88	3.75	1.60
1997	7.16	4.64	1.21	1.78	4.04	1.68
1998	7.20	4.53	1.29	1.91	4.26	1.73
1999	7.25	4.42	1.39	1.95	4.62	1.69
2000	7.40	4.48	1.39	2.30	4.80	1.71
2001	7.45	4.22	1.43	2.45	4.73	1.99
2002	7.88	4.40	1.68	2.77	4.88	2.08
2003	8.08	4.58	1.45	2.64	5.85	2.18
2004	7.99	4.29	1.41	2.49	6.51	2.19
2005	7.65	4.27	1.43	2.59	7.56	2.24
2006	7.62	4.27	1.46	2.67	8.28	2.28
2007	7.76	4.29	1.48	3.07	8.50	2.38
2008	7.63	3.82	1.49	2.97	7.77	2.37
2009	7.70	3.90	1.60	2.93	10.11	2.45
2010	7.49	3.88	1.54	3.20	10.20	2.49
2011	7.40	3.83	1.50	3.21	8.15	2.46
2012	7.41	4.05	1.56	3.33	8.16	2.63
2013	7.26	4.19	1.65	3.66	7.81	2.63
2014	7.17	4.18	1.67	3.78	7.83	2.70
2015	7.30	4.32	1.65	4.00	7.84	2.82
2016	7.31	2.91	1.64	3.73	7.72	2.94
2017	7.17	2.73	1.63	3.61	8.06	2.99

资料来源：根据瑞士再保险公司官网披露数据整理。

表1-4　1980—2017年各大洲的保险密度平均值

单位：美元/人

年份	北美洲	大洋洲	非洲	拉丁美洲	欧洲	亚洲
1980	689.77	186.88	9.57	17.15	188.33	30.11
1981	763.01	201.54	8.92	17.84	208.36	32.77
1982	804.69	220.91	8.97	17.76	168.84	33.19
1983	821.17	213.16	9.57	19.77	167.20	36.86
1984	887.98	224.93	9.06	19.34	167.73	40.82

续表

年份	北美洲	大洋洲	非洲	拉丁美洲	欧洲	亚洲
1985	1003.98	202.28	7.80	19.19	180.82	47.67
1986	1182.34	243.21	9.03	12.90	259.03	65.68
1987	1310.57	367.93	12.15	12.17	335.34	79.24
1988	1445.26	397.70	12.61	19.45	393.70	104.78
1989	1542.81	412.52	12.60	17.69	394.59	105.70
1990	1657.11	434.09	13.91	36.32	479.74	132.55
1991	1670.56	517.49	14.31	66.76	521.42	148.65
1992	1695.76	528.43	16.00	76.52	588.60	177.68
1993	1718.53	570.24	16.56	82.73	603.20	211.80
1994	1759.41	692.84	20.94	147.56	685.47	238.76
1995	1805.76	680.51	23.22	155.15	949.33	269.02
1996	1866.95	736.48	24.56	149.71	976.92	255.95
1997	1958.33	764.45	25.53	155.49	1036.85	259.09
1998	2002.05	676.34	27.27	213.63	1131.68	238.16
1999	2124.85	700.75	28.45	171.75	1223.10	254.92
2000	2309.52	656.90	27.55	250.10	1223.91	277.70
2001	2350.96	589.32	25.64	262.66	1187.14	294.53
2002	2550.98	657.42	26.94	303.43	1323.68	302.57
2003	2814.38	816.63	33.20	295.61	2308.74	322.85
2004	3009.57	965.77	39.45	302.94	3328.50	352.02
2005	3118.35	1034.02	44.90	392.74	4463.31	383.16
2006	3339.00	1051.81	48.03	319.51	6114.83	414.59
2007	3613.16	1341.97	52.30	495.79	6635.20	469.67
2008	3633.12	1286.89	56.16	469.43	6560.89	486.27
2009	3391.95	1165.04	58.65	439.94	8534.36	479.88
2010	3591.34	1405.18	65.14	494.51	9397.28	542.17
2011	3769.33	1612.21	68.28	530.67	6669.01	603.31
2012	3850.51	1671.52	69.64	556.14	6245.31	648.26
2013	3821.00	1700.28	74.60	646.59	5814.98	669.54
2014	3782.88	1802.36	72.26	728.75	5928.87	723.02
2015	3649.20	1493.83	61.24	749.03	5178.79	718.79
2016	3648.63	1360.69	56.99	709.97	5255.18	774.46
2017	3736.60	1364.13	66.67	695.37	6456.53	832.42

资料来源：根据瑞士再保险公司官网披露数据整理。

第二节　中国保险业的发展情况

一、中国保费情况

本报告手工整理了 1980—2017 年瑞士再保险公司网站披露的中国（含港澳台地区）的总保费情况。1980 年中国保费总额达到 8.2 亿美元，其中人身险保费 3.1 亿美元，非人身险保费 5.1 亿美元。截至 2017 年，中国的保费总额达到 7211.7 亿美元，其中人身险保费达到 4667.1 亿美元，非人身险保费达到 2544.6 亿美元。

观察 1980—2017 年中国的保费情况可以发现，1988 年总保费增长率最高，达到 56.25%；1987 年人身险保费增长率最高，达到 61.45%；1988 年非人身险保费增长率最高，达到 71.50%（见表 1-5）。

表 1-5　1980—2017 年中国（含港澳台地区）总保费情况

年份	总保费（十亿美元）	总保费增长率（%）	人身险保费（十亿）	人身险保费增长率（%）	非人身险保费（十亿美元）	非人身险保费增长率（%）
1980	0.82	—	0.31	—	0.51	—
1981	1.11	35.37	0.42	35.48	0.69	35.29
1982	1.28	15.32	0.53	26.19	0.75	8.70
1983	1.65	28.91	0.70	32.08	0.95	26.67
1984	2.09	26.67	0.96	37.14	1.13	18.95
1985	2.58	23.44	1.27	32.29	1.31	15.93
1986	3.36	30.23	1.79	40.94	1.57	19.85
1987	4.96	47.62	2.89	61.45	2.07	31.85
1988	7.75	56.25	4.20	45.33	3.55	71.50
1989	10.01	29.16	5.48	30.48	4.53	27.61
1990	12.13	21.18	7.17	30.84	4.96	9.49
1991	14.47	19.29	8.50	18.55	5.97	20.36
1992	19.33	33.59	11.14	31.06	8.19	37.19
1993	24.89	28.76	13.05	17.15	11.84	44.57
1994	23.19	−6.83	13.22	1.30	9.97	−15.79
1995	27.10	16.86	15.37	16.26	11.73	17.65
1996	30.85	13.84	18.51	20.43	12.34	5.20
1997	36.99	19.90	23.29	25.82	13.70	11.02
1998	38.59	4.33	24.73	6.18	13.86	1.17
1999	43.93	13.84	28.62	15.73	15.31	10.46
2000	50.08	14.00	31.36	9.57	18.72	22.27

续表

年份	总保费 （十亿美元）	保费增长率 （%）	人身险保费 （十亿）	人身险保费 增长率（%）	非人身险保费 （十亿美元）	非人身险保费 增长率（%）
2001	59.17	18.15	38.87	23.95	20.30	8.44
2002	76.46	29.22	53.15	36.74	23.31	14.83
2003	95.46	24.85	68.49	28.86	26.97	15.70
2004	108.63	13.80	78.96	15.29	29.67	10.01
2005	126.47	16.42	91.77	16.22	34.70	16.95
2006	142.11	12.37	101.93	11.07	40.18	15.79
2007	178.04	25.28	129.10	26.66	48.94	21.80
2008	229.02	28.63	167.68	29.88	61.34	25.34
2009	250.32	9.30	179.73	7.19	70.59	15.08
2010	317.02	26.65	227.20	26.41	89.82	27.24
2011	329.74	4.01	221.87	-2.35	107.87	20.10
2012	366.54	11.16	239.98	8.16	126.56	17.33
2013	409.16	11.63	258.62	7.77	150.54	18.95
2014	467.44	14.24	290.93	12.49	176.51	17.25
2015	530.19	13.42	328.59	12.94	201.60	14.21
2016	625.31	17.94	394.00	19.91	231.31	14.74
2017	721.17	15.33	466.71	18.45	254.46	10.01

资料来源：根据瑞士再保险公司网站披露数据整理。

二、中国的保险深度和保险密度

本报告对 1980—2017 年的中国保险深度和保险密度进行了计算。2017 年，中国的保险深度达 5.64%，保险密度达 500.26 美元/人，较 1980 年有了明显的增长（见表 1-6）。

表 1-6 1980—2017 年中国（含港澳台地区）保险深度和保险密度情况

年份	总保费 （十亿美元）	GDP （十亿美元）	保险深度（%）	人口（百万）	保险密度 （美元/人）
1980	0.82	356.00	0.23	1003.80	0.82
1981	1.11	347.00	0.32	1017.80	1.09
1982	1.28	346.00	0.37	1031.90	1.24
1983	1.65	367.00	0.45	1046.50	1.58
1984	2.09	388.00	0.54	1061.90	1.97
1985	2.58	391.00	0.66	1078.10	2.39
1986	3.36	404.00	0.83	1095.60	3.07
1987	4.96	471.00	1.05	1114.00	4.45

续表

年份	总保费 （十亿美元）	GDP （十亿美元）	保险深度（%）	人口（百万）	保险密度 （美元/人）
1988	7.75	624.00	1.24	1161.50	6.67
1989	10.01	711.00	1.41	1182.40	8.47
1990	12.13	670.00	1.81	1200.90	10.10
1991	14.47	723.00	2.00	1217.20	11.89
1992	19.33	835.00	2.31	1231.70	15.69
1993	24.89	989.00	2.52	1245.20	19.99
1994	23.19	974.00	2.38	1257.60	18.44
1995	27.10	1177.00	2.30	1269.10	21.35
1996	30.85	1334.00	2.31	1279.60	24.11
1997	36.99	1458.00	2.54	1288.80	28.70
1998	38.59	1491.00	2.59	1297.20	29.75
1999	43.93	1573.00	2.79	1305.20	33.66
2000	50.08	1720.00	2.91	1313.50	38.13
2001	59.17	1814.00	3.26	1321.70	44.77
2002	76.46	1951.00	3.92	1329.60	57.51
2003	95.46	2144.00	4.45	1337.40	71.38
2004	108.63	2477.00	4.39	1345.00	80.77
2005	126.47	2849.00	4.44	1352.60	93.50
2006	142.11	3341.00	4.25	1360.40	104.46
2007	178.04	4180.00	4.26	1368.20	130.13
2008	229.02	5242.00	4.37	1375.90	166.45
2009	250.32	5724.00	4.37	1383.70	180.91
2010	317.02	6790.00	4.67	1391.30	227.86
2011	329.74	8326.00	3.96	1399.20	235.66
2012	366.54	9349.00	3.92	1407.20	260.47
2013	409.16	10503.00	3.90	1415.00	289.16
2014	467.44	11311.00	4.13	1422.30	328.65
2015	530.19	11771.00	4.50	1429.20	370.97
2016	625.31	12080.00	5.18	1435.50	435.60
2017	721.17	12798.00	5.64	1441.60	500.26

资料来源：根据瑞士再保险公司网站披露数据整理。

三、中国内地和港澳台地区的保费情况

本报告进一步对我国内地、香港、澳门和台湾地区的保费情况进行了统计，结果发现：1980 年台湾地区总保费最高，达 6.3 亿美元；2017 年内地总保费最高，达 5414.5 亿美元，而台湾地区为 1174.7 亿美元。同时，通过比较我国内地、香港、澳门和台湾地区的人身险与非人身险保费额发现，其人身险保费均高于非人身险保费（见表 1-7 和图 1-9 至图 1-12）。

表 1-7 1980—2017 年中国内地和港澳台地区总保费情况

单位：十亿美元

年份	中国内地	中国香港	中国澳门	中国台湾
1980	0.19	0.00	0.00	0.63
1981	0.31	0.00	0.00	0.80
1982	0.34	0.00	0.00	0.94
1983	0.52	0.00	0.00	1.13
1984	0.65	0.00	0.01	1.43
1985	0.89	0.00	0.01	1.68
1986	1.23	0.00	0.01	2.12
1987	1.80	0.00	0.01	3.15
1988	2.55	0.62	0.03	4.55
1989	3.20	0.69	0.03	6.09
1990	3.15	2.04	0.04	6.90
1991	4.00	2.49	0.05	7.93
1992	6.20	3.10	0.05	9.98
1993	10.09	3.66	0.06	11.08
1994	5.75	4.44	0.08	12.92
1995	7.37	5.04	0.09	14.60
1996	9.62	5.43	0.09	15.71
1997	13.48	6.15	0.10	17.26
1998	15.07	6.51	0.12	16.89
1999	16.83	7.03	0.13	19.94
2000	19.28	7.80	0.13	22.87
2001	25.49	9.26	0.17	24.25
2002	36.88	10.74	0.18	28.66
2003	46.88	12.30	0.20	36.08
2004	52.23	13.56	0.24	42.60
2005	60.19	17.01	0.28	48.99
2006	70.76	19.47	0.31	51.57

续表

年份	中国内地	中国香港	中国澳门	中国台湾
2007	92.46	24.66	0.40	60.52
2008	140.79	23.53	0.43	64.27
2009	163.04	23.10	0.41	63.77
2010	214.64	25.47	0.48	76.43
2011	221.91	28.87	0.54	78.42
2012	245.48	32.63	0.68	87.75
2013	280.12	37.22	0.85	90.97
2014	328.44	42.28	1.09	95.63
2015	386.50	46.81	0.90	95.98
2016	466.14	56.83	0.89	101.45
2017	541.45	61.29	0.96	117.47

资料来源：根据瑞士再保险公司官网披露数据整理。

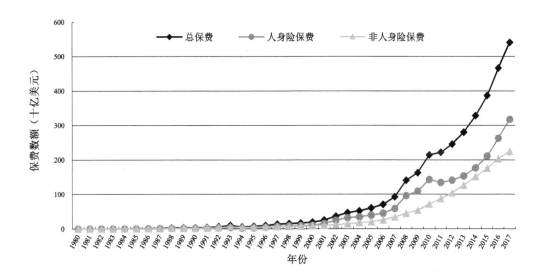

图 1-9　1980—2017 年中国内地的保费情况

资料来源：根据瑞士再保险公司官网披露数据整理。

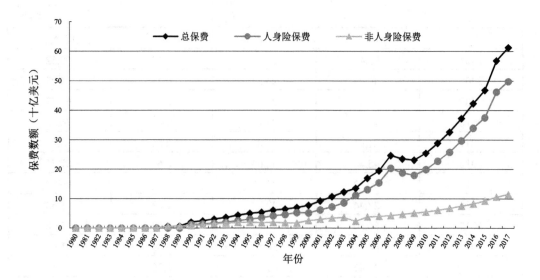

图 1-10　1980—2017 年中国香港的保费情况

资料来源：根据瑞士再保险公司官网披露数据整理。

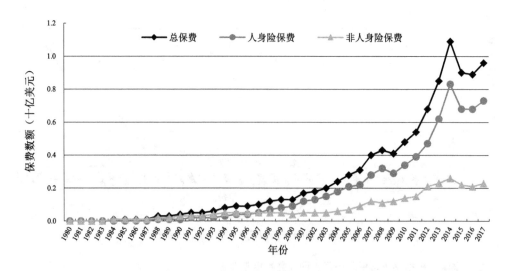

图 1-11　1980—2017 年中国澳门的保费情况

资料来源：根据瑞士再保险公司官网披露数据整理。

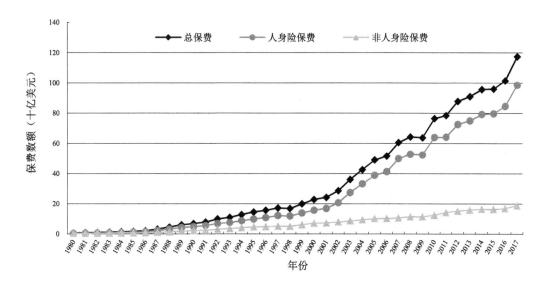

图 1-12　1980—2017 年中国台湾的保费情况

资料来源：根据瑞士再保险公司官网披露数据整理。

四、中国内地和港澳台地区的保险深度和保险密度

本报告进一步对我国内地、香港、澳门和台湾地区的保险深度与保险密度进行了计算，并对各年度的平均值进行了统计。结果发现：1980 年，中国台湾地区的保险深度最高，达 2.74%，同时其保险密度最大，达 35.80 美元/人；2017 年，中国台湾地区的保险深度仍旧最高，达 0.2132，而中国香港的保险密度最大，达 8282.43 美元/人（见表 1-8 和表 1-9）。

表 1-8　1980—2017 年中国内地和港澳台地区的保险深度

单位：%

年份	中国内地	中国香港	中国澳门	中国台湾
1980	0.06	0.00	0.00	2.74
1981	0.11	0.00	0.00	2.76
1982	0.12	0.00	0.00	3.03
1983	0.17	0.00	0.00	3.23
1984	0.21	0.00	1.00	3.33
1985	0.29	0.00	1.00	3.50
1986	0.41	0.00	0.50	3.31
1987	0.56	0.00	0.50	3.32
1988	0.59	1.03	1.50	3.45
1989	0.67	1.00	1.00	3.83

年份	中国内地	中国香港	中国澳门	中国台湾
1990	0.76	2.65	1.33	3.94
1991	0.92	2.80	1.25	4.05
1992	1.25	2.98	1.00	4.32
1993	1.62	3.05	1.20	4.56
1994	1.02	3.26	1.33	4.86
1995	1.00	3.48	1.29	5.05
1996	1.11	3.39	1.29	5.22
1997	1.40	3.47	1.43	5.57
1998	1.46	3.85	2.00	5.95
1999	1.54	4.23	2.17	6.52
2000	1.59	4.53	2.17	6.91
2001	1.90	5.48	2.43	8.11
2002	2.51	6.47	2.57	9.34
2003	2.82	7.64	2.50	11.45
2004	2.67	8.02	2.40	12.42
2005	2.63	9.35	2.33	13.31
2006	2.57	10.04	2.07	13.61
2007	2.60	11.63	2.22	15.24
2008	3.06	10.74	2.05	15.91
2009	3.19	10.79	1.95	16.83
2010	3.52	11.12	1.71	17.73
2011	2.93	11.59	1.46	16.76
2012	2.87	12.41	1.58	18.36
2013	2.89	13.49	1.63	18.45
2014	3.14	14.53	1.98	18.68
2015	3.54	15.15	2.00	18.97
2016	4.16	17.70	1.98	19.89
2017	4.57	17.92	1.96	21.32

资料来源：根据瑞士再保险公司网站披露数据整理。

表1-9　1980—2017年中国内地和港澳台地区的保险密度

单位：美元/人

年份	中国内地	中国香港	中国澳门	中国台湾
1980	0.19	0.00	0.00	35.80
1981	0.31	0.00	0.00	44.44
1982	0.34	0.00	0.00	51.37
1983	0.51	0.00	0.00	60.75

续表

年份	中国内地	中国香港	中国澳门	中国台湾
1984	0.63	0.00	33.33	75.66
1985	0.85	0.00	33.33	87.96
1986	1.15	0.00	33.33	109.28
1987	1.65	0.00	33.33	160.71
1988	2.25	110.71	100.00	228.64
1989	2.77	121.05	100.00	302.99
1990	2.68	351.72	133.33	339.90
1991	3.36	422.03	125.00	386.83
1992	5.15	525.42	125.00	482.13
1993	8.28	610.00	150.00	530.14
1994	4.67	727.87	200.00	612.32
1995	5.94	812.90	225.00	685.45
1996	7.69	861.90	225.00	730.70
1997	10.70	960.94	250.00	795.39
1998	11.88	1001.54	300.00	771.23
1999	13.19	1065.15	325.00	906.36
2000	15.01	1164.18	325.00	1030.18
2001	19.73	1382.09	425.00	1082.59
2002	28.37	1579.41	450.00	1273.78
2003	35.85	1808.82	400.00	1596.46
2004	39.72	1994.12	480.00	1876.65
2005	45.51	2501.47	560.00	2158.15
2006	53.20	2821.74	620.00	2261.84
2007	69.11	3573.91	800.00	2642.79
2008	104.64	3410.14	860.00	2794.35
2009	120.49	3300.00	820.00	2760.61
2010	157.74	3638.57	960.00	3308.66
2011	162.17	4066.20	1080.00	3380.17
2012	178.38	4595.77	1133.33	3766.09
2013	202.43	5169.44	1416.67	3887.61
2014	236.10	5872.22	1816.67	4086.75
2015	276.51	6412.33	1500.00	4084.26
2016	331.98	7784.93	1483.33	4317.02
2017	383.98	8282.43	1600.00	4998.72

资料来源：根据瑞士再保险公司网站披露数据整理。

五、中国内地的保险业发展情况

本报告对中国内地的保险情况进行了单独的分析。1980 年中国内地总保费达 1.9 亿美元，全部为非人身险保费，保险深度为 0.06%，保险密度为 0.19 美元/人。到了 2017 年，中国内地的总保费达 5414.5 亿美元，其中人身险保费 3175.7 亿美元，非人身险保费 2238.8 亿美元，保险深度为 4.57%，保险密度为 383.98 美元/人（见表 1-10）。

表 1-10　1980—2017 年中国内地的保险业发展情况

年份	总保费 （十亿美元）	人身险保费 （十亿美元）	非人身险保费 （十亿美元）	人口 （百万）	保险深度 （%）	国内生产总值 （十亿美元）	保险密度 （美元/人）
1980	0.19	0.00	0.19	980.90	0.06	304.00	0.19
1981	0.31	0.00	0.31	994.40	0.11	287.00	0.31
1982	0.34	0.00	0.34	1008.10	0.12	282.00	0.34
1983	0.52	0.01	0.51	1022.30	0.17	302.00	0.51
1984	0.65	0.03	0.62	1037.30	0.21	311.00	0.63
1985	0.89	0.15	0.74	1053.20	0.29	307.00	0.85
1986	1.23	0.33	0.90	1070.40	0.41	298.00	1.15
1987	1.80	0.67	1.13	1088.50	0.56	324.00	1.65
1988	2.55	1.01	1.54	1135.70	0.59	430.00	2.25
1989	3.20	1.22	1.98	1156.30	0.67	480.00	2.77
1990	3.15	1.18	1.97	1174.50	0.76	415.00	2.68
1991	4.00	1.56	2.44	1190.40	0.92	434.00	3.36
1992	6.20	2.58	3.62	1204.70	1.25	495.00	5.15
1993	10.09	3.45	6.64	1217.90	1.62	621.00	8.28
1994	5.75	1.88	3.87	1230.00	1.02	566.00	4.67
1995	7.37	2.33	5.04	1241.20	1.00	736.00	5.94
1996	9.62	3.97	5.65	1251.40	1.11	866.00	7.69
1997	13.48	6.84	6.64	1260.30	1.40	964.00	10.70
1998	15.07	8.06	7.01	1268.40	1.46	1032.00	11.88
1999	16.83	9.28	7.55	1276.20	1.54	1095.00	13.19
2000	19.28	10.28	9.00	1284.20	1.59	1211.00	15.01
2001	25.49	15.56	9.93	1292.20	1.90	1339.00	19.73
2002	36.88	25.05	11.83	1299.90	2.51	1471.00	28.37
2003	46.88	32.25	14.63	1307.50	2.82	1660.00	35.85
2004	52.23	34.38	17.85	1315.00	2.67	1955.00	39.72
2005	60.19	39.63	20.56	1322.60	2.63	2287.00	45.51
2006	70.76	45.04	25.72	1330.20	2.57	2753.00	53.20
2007	92.46	58.67	33.79	1337.90	2.60	3553.00	69.11
2008	140.79	95.81	44.98	1345.50	3.06	4598.00	104.64
2009	163.04	109.17	53.87	1353.10	3.19	5110.00	120.49
2010	214.64	143.01	71.63	1360.70	3.52	6102.00	157.74
2011	221.91	134.57	87.34	1368.40	2.93	7572.00	162.17
2012	245.48	141.19	104.29	1376.20	2.87	8565.00	178.38

续表

年份	总保费 （十亿美元）	人身险保费 （十亿美元）	非人身险保费 （十亿美元）	人口 （百万）	保险深度 （%）	国内产生总值 （十亿美元）	保险密度 （美元/人）
2013	280.12	153.30	126.82	1383.80	2.89	9682.00	202.43
2014	328.44	176.95	151.49	1391.10	3.14	10453.00	236.10
2015	386.50	210.76	175.74	1397.80	3.54	10911.00	276.51
2016	466.14	262.62	203.52	1404.10	4.16	11204.00	331.98
2017	541.45	317.57	223.88	1410.10	4.57	11856.00	383.98

资料来源：根据瑞士再保险公司官网披露数据整理。

第三节　中国保险发展指数

一、中国保险发展指数说明

构建科学、合理的指标体系是编制指数的基础，中国保险发展指数指标体系框架以"新国十条" 2020 年发展目标为政策理论依据，即"到 2020 年，基本建成保障全面、功能完善、安全稳健、诚信规范，具有较强服务能力、创新能力和国际竞争力，与我国经济社会发展需求相适应的现代保险服务业，努力由保险大国向保险强国转变"，并遵循科学性、代表性、导向性和可操作性原则建立。指标体系分成三个层次：第一个层次是总指数，反映我国保险业总体发展情况；第二个层次是四个分指数，反映我国保险业在基础实力、服务能力、创新能力和国际竞争力领域的发展情况；第三个层次是 27 个评价指标，反映各领域具体发展情况（见图 1-13）。

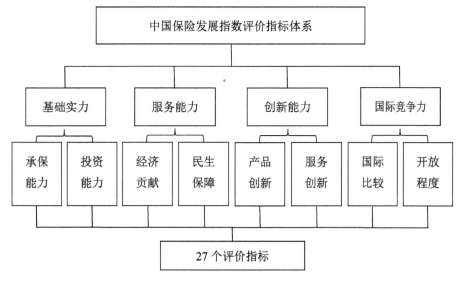

图 1-13　中国保险发展指数评价指标体系

资料来源：中国保险行业协会.2015 年中国保险发展指数报告[R].中国保险行业协会，2016.

中国保险发展指数采用综合指数法进行编制，其优点是对复杂的指标体系进行了简化处理，能给出直观、简洁的评价结果，且经济含义清晰，容易理解。

（一）标准值的选取

标准值的选取一般有两种方式，一是以目标值为标准值，二是以基期值为标准值。保险业评价指标中，除"新国十条"明确了 2020 年保险深度达到 5%、保险密度达到 3500 元/人外，其他指标没有可供参考的目标值（或全球平均、业内最佳值）。为了充分反映保险业的发展轨迹，中国保险行业协会采用了第二种方式，即将基期值作为标准值。权重的设定采用德尔菲法，权重如表 1-11 所示。

表 1-11　中国保险发展指数权重

一级指标	二级指标	三级指标
中国保险发展指数	基础实力 （30%）	原保费收入
		再保险保费收入
		净资产
		保险深度
		保险密度
		资金收益率
		资金运用余额
	服务能力 （30%）	保险业增加值与 GDP 的比值
		纳税额
		保险业总资产与金融业总资产的比值
		赔付贡献度
		劳均保费
		保险业从业人员占比
		健康险赔付与医疗费用支出之比
		商业养老深度
	创新能力 （20%）	中国精算师数量
		新产品量
		巨灾险、农险、责任险、信用险占比
		年金托管资产
		保费网销比例
		亿元保费投诉率
	国际竞争力 （20%）	中国保险深度与全球平均水平之比
		中国保险密度与全球平均水平之比
		中国保费全球占比
		外资保险公司数量
		境外上市的中资公司数量
		保险服务贸易出口额

资料来源：中国保险行业协会.2015 年中国保险发展指数报告[R].中国保险行业协会，2016.

（二）评价值的计算

评价值计算主要采用定基标准化法。该方法将指标实际值与标准值相除，得到的评价值与实际值序列走势完全一致，能充分反映各指标实际数值代表的评价结果。测算中针对时期类指标、时点类指标、比重比率类指标、正指标、逆指标等不同性质指标进行了必要的分类修正。

（三）指数的合成

中国保险发展指数分指数由领域内各指标的评价值加权汇总得到，总指数由各领域分指数加权汇总合成。

（四）指标调整

中国保险发展指数首发于 2015 年 12 月，该指数以 2010 年为基期，反映了 2014 年保险业发展状况和 2011—2014 年我国保险业发展趋势。

2015 年的中国保险发展指数，在上一年编制基础上有所优化和完善，增加了体现保险行业效率的"劳均保费"、体现开放程度的"保险服务贸易出口额"。调整后的指标体系，丰富了指数内涵，实现了有效衔接，不仅客观反映了 2015 年我国保险业的发展特点，也完整记录了"十二五"时期我国保险业的发展变化。

二、中国保险发展指数分析

（一）中国保险发展指数总体发展分析

在宏观经济稳中有进的背景下，保险业发展总体向好。测算结果显示，2015 年中国保险发展指数[①]稳步提升，为 112.8（2010 年为 100），比上一年提高了 3.5 个点，为"十二五"期间同比提升幅度最大的一年。随着"新国十条"、《关于加快发展商业健康保险的若干意见》等重大政策的陆续出台，保险业迎来新的发展机遇，保险需求有所增加，业务范围逐步拓宽，进入了快速发展期。2011—2014 年中国保险发展总指数提高幅度分别为 1.1、3.1、2.1 和 3.0 个点（见图 1-14）。

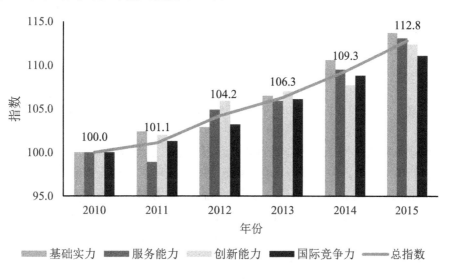

图 1-14　中国保险发展总指数（2010—2015 年）

资料来源：中国保险行业协会.2015 年中国保险发展指数报告[R].中国保险行业协会，2016.

---

① 中国保险行业协会在 2015 年 12 月 7 日首次发布"中国保险发展指数"，本部分内容主要参考了中国保险行业协会于 2016 年 7 月 8 日（全国保险公众宣传日）发布的《2015 年中国保险发展指数报告》。

据中国保险行业协会测算，2015 年，服务能力指数对总指数的贡献最大，贡献率达到 31.2%，反映出保险业更多地承担起了服务经济社会发展的责任。得益于近年来保险业承保能力和投资能力的快速提升，基础实力指数对总指数的贡献率达到 27.6%，排名第二。创新能力指数对总指数的贡献率为 27.5%，国际竞争力指数对总指数的贡献率为 13.7%，仍具有较大的发展潜力。

（二）中国保险发展指数分领域发展分析

1. 基础实力继续壮大

2015 年，基础实力分指数为 113.7，高于总指数 0.9 个点，比上年提高 3.1 个点（见图 1-15）。

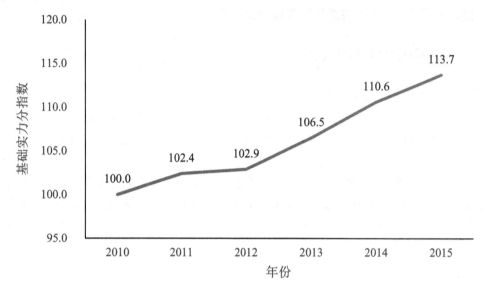

图 1-15 基础实力分指数（2010—2015 年）

资料来源：中国保险行业协会.2015 年中国保险发展指数报告［R］.中国保险行业协会，2016.

保险业务高速增长。2015 年是保险"新国十条"全面落地的一年，全行业主动适应经济发展新常态，着力服务经济社会发展新需求，全年实现原保险保费收入 24282.52 亿元，同比增长 20.00%，较上年提高 2.51 个百分点，增速是近年来最快的一年。其中，财产险公司原保险保费收入 8423.26 亿元，同比增长 11.65%；寿险公司原保险保费收入 15859.13 亿元，同比增长 24.97%。保险业效率也有所提升，2015 年劳均保费（单位劳动力创造的保费）为 237.00 万元，比上年提高 13.23 万元。

资产规模不断扩大。2015 年末，保险业总资产达到 12.36 万亿元，较年初增长 21.66%；净资产达到 1.61 万亿元，较年初增长 21.38%。

资金运用效果突出。资金运用的市场化改革，进一步拓宽了保险资金运用领域和业务范围。2015 年，资金运用余额为 11.18 万亿元，同比增长 19.81%；资金收益率为 7.56%，高于上年 1.26 个百分点，投资效率创 5 年来新高。

2. 服务能力明显提升

2015 年，服务能力分指数为 113.1，高于总指数 0.3 个点，比上年提高 3.6 个点（见图 1-16）。

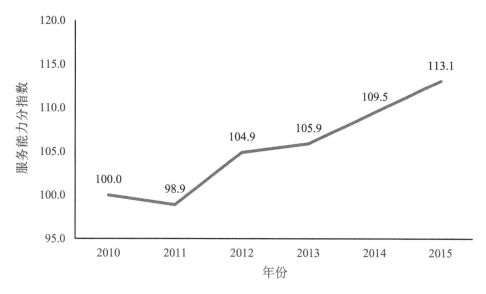

图 1-16　服务能力分指数（2010—2015 年）

资料来源：中国保险行业协会.2015 年中国保险发展指数报告[R].中国保险行业协会，2016.

对经济发展贡献增大。保险业的快速发展，进一步提高了服务业在国民经济中的份额。2015 年，保险业实现营业税金及附加 637.48 亿元，比上年增长 40.35%，保险业营业税占全社会营业税的比重为 3.30%，比上年提高 0.75 个百分点；同时，保险作为现代金融体系的重要支柱，在优化金融结构、提高金融体系运行的协调性方面也发挥了积极作用。

对保障民生作用凸显。受《国务院办公厅关于加快发展商业健康保险的若干意见》出台和个人所得税优惠政策落地的影响，健康险持续高速发展，发挥了商业保险参与社会保障的作用。2015 年，健康险赔付与医疗费用支出之比为 6.40%，比上年提高 0.79 个百分点。商业保险深入参与国家养老服务体系建设，受《机关事业单位职业年金办法》《基本养老保险基金投资管理办法》《养老保障管理业务管理办法》等一系列利好政策影响，实现快速发展。2015 年，商业养老保险的保险密度为 963 元/人，比上年提高 166 元/人。

3. 创新能力有所提高

2015 年，创新能力分指数为 112.4，低于总指数 0.4 个点，比上年提高 4.7 个点，是提升幅度最大的领域（见图 1-17）。

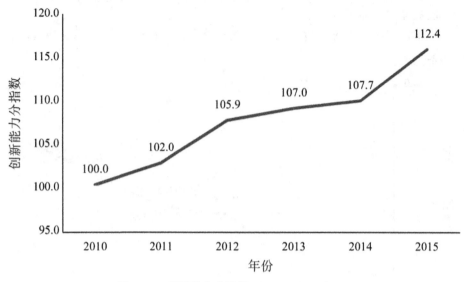

图 1-17　创新能力分指数（2010—2015 年）

资料来源：中国保险行业协会.2015 年中国保险发展指数报告［R］.中国保险行业协会，2016.

服务创新再上台阶。在鼓励互联网保险产品创新的同时，互联网渠道的便利性共同促进了互联网销售的快速增长。2015 年，保费网销比例为 9.20%，比上年提高 2.46 个百分点；随着全社会保险意识的不断增强，保险服务效果也有所显现，2015 年亿元保费投诉率为 1.244 件/亿元，比上年减少了 0.131 件/亿元。

4. 国际竞争力进一步增强

2015 年，国际竞争力分指数为 111.1，低于总指数 1.7 个点，比上年提高 2.3 个点（见图 1-18）。

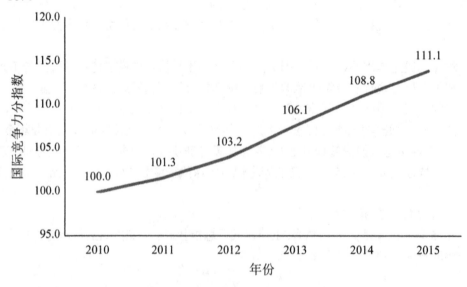

图 1-18　国际竞争力分指数（2010—2015 年）

资料来源：中国保险行业协会.2015 年中国保险发展指数报告［R］.中国保险行业协会，2016.

国际地位继续提高。有潜力的新兴保险市场，在全球保险市场中的作用越来越大，2015 年中国保费收入超过英国，全球排名由上年的第 4 位升至第 3 位。

开放程度有所扩大。"引进来"和"走出去"步伐加快，一方面，外资保险公司以不同方式进入中国市场，截至 2015 年末，外资保险公司（直保公司）数量为 50 家，其中财产险公司 22 家，人身险公司 28 家。2015 年，外资保险公司实现保费收入 1165.61 亿元，同比增长 29.27%，占全国保费收入的 4.80%，占比较上一年提高 0.34 个百分点，增加了我国保险市场的竞争活力。另一方面，中资保险公司走出国门，截至 2014 年末，共有 12 家境内保险机构在境外设立了 32 家营业机构，境外上市的中资公司数量为 6 家。此外，2015 年保险服务贸易出口额为 49.74 亿美元，比上一年增长 8.75%。

第二章　我国保险机构概况

本章首先对我国保险机构进行了分类（按照保险机构经营业务将保险机构分为保险经营机构和保险中介机构，按照保险机构是否具有法人资格将保险机构划分为法人保险机构和非法人保险机构[①]）。然后，对我国保险机构代码的编制原则和思路进行了设计，并详细说明了代码参数的含义。最后，对我国 1980 年至今历年各类保险机构的数量进行了梳理分析。

第一节　我国保险机构的分类

一、按照保险机构经营业务分类

保险机构包括保险经营机构和保险中介机构。保险经营机构包括人身险公司、财产险公司、再保险公司、作为保险公司母公司的保险集团控股公司、以保险公司子公司形式出现的保险资产管理公司、相互保险组织以及上述所有机构的分支机构。保险中介机构包括代理机构、保险经纪机构和保险公估机构。

（一）保险经营机构

保险经营机构是指依《中华人民共和国保险法》（以下简称《保险法》）、《中华人民共和国公司法》（以下简称《公司法》）、《相互保险组织监管试行办法》等相关规定设立的法人或非法人组织。保险经营机构中具有法人资格的保险经营机构包括财产险公司、

[①] 在监管部门法规文件中较早用到"保险机构"一词且进行详细界定的文件是《中国保险监督管理委员会关于印发〈保险机构高级管理人员任职资格管理暂行规定〉的通知》（保监发〔1999〕10 号），其中第二条为"本规定所称保险机构是指在中华人民共和国境内依法设立的各类商业保险机构，包括中资、外资、中外合资保险机构和保险中介机构。中资保险机构是指中国公民、法人或其他组织出资（含外资参股）设立的保险公司及其分支机构。外资保险机构是指外商独资保险公司及其分支机构和外国保险公司在中国境内设立的分支机构。保险中介机构是指保险代理公司、保险经纪公司和其他中介性质的保险机构。"本报告界定的保险机构框架与该文件总体吻合。需要说明的是，本报告中的外资保险机构包括独资与合资两种类型，合资保险机构是指外资出资或持股比例达到 25% 的保险机构。监管部门最近发布的文件也常用到"保险机构"一词，例如《中国银保监会关于印发〈保险机构独立董事管理办法〉的通知》（银保监发〔2018〕35 号）。在 2018 年 11 月 13 日中国机构编制网发布的《中国银行保险监督管理委员会职能配置、内设机构和人员编制规定》文件中也使用了"保险机构"一词。

人身险公司、再保险公司和相互保险组织，而这些机构的分支机构不具有法人资格。

1. 人身险、财产险和再保险经营机构

（1）人身险经营机构

表 2-1 为我国人身险保险经营机构名录，合计 98 家。其中，中资 64 家，外资 34 家。表中列示了我国各人身险经营机构的机构名称、设立时间、资本性质和机构简称等具体信息。

表 2-1　我国人身险经营机构名录

序号	机构名称	设立时间	资本性质	机构简称
1	友邦保险有限公司上海分公司	1992-09-29	外资	友邦上海
2	友邦保险有限公司广东分公司	1995-10-30	外资	友邦广东
3	新华人寿保险股份有限公司	1996-09-28	中资	新华人寿
4	中宏人寿保险有限公司	1996-11-15	外资	中宏人寿
5	建信人寿保险股份有限公司	1998-10-12	中资	建信人寿
6	中德安联人寿保险有限公司	1998-11-25	外资	中德安联
7	工银安盛人寿保险有限公司	1999-05-14	外资	工银安盛人寿
8	友邦保险有限公司深圳分公司	1999-10-19	外资	友邦深圳
9	交银康联人寿保险有限公司	2000-07-04	外资	交银康联
10	中信保诚人寿保险有限公司	2000-09-28	外资	信诚人寿
11	天安人寿保险股份有限公司	2000-11-24	中资	天安人寿
12	中国太平洋人寿保险股份有限公司	2001-11-09	中资	太保寿险
13	太平人寿保险有限公司	2001-11-30	中资	太平人寿
14	中意人寿保险有限公司	2002-01-31	外资	中意人寿
15	富德生命人寿保险股份有限公司	2002-03-04	中资	富德生命
16	光大永明人寿保险有限公司	2002-04-22	中资	光大永明人寿
17	友邦保险有限公司北京分公司	2002-06-11	外资	友邦北京
18	民生人寿保险股份有限公司	2002-06-18	中资	民生人寿
19	友邦保险有限公司江苏分公司	2002-07-16	外资	友邦江苏
20	友邦保险有限公司东莞支公司	2002-11-07	外资	友邦东莞
21	友邦保险有限公司江门支公司	2002-11-07	外资	友邦江门
22	中荷人寿保险有限公司	2002-11-19	外资	中荷人寿
23	北大方正人寿保险有限公司	2002-11-28	外资	北大方正
24	中英人寿保险有限公司	2002-12-11	外资	中英人寿
25	中国平安人寿保险股份有限公司	2002-12-17	中资	平安人寿
26	同方全球人寿保险有限公司	2003-04-16	外资	同方全球人寿
27	中国人寿保险股份有限公司	2003-06-30	中资	国寿股份
28	招商信诺人寿保险有限公司	2003-08-04	外资	招商信诺
29	长生人寿保险有限公司	2003-09-23	外资	长生人寿

序号	机构名称	设立时间	资本性质	机构简称
30	恒安标准人寿保险有限公司	2003-12-01	外资	恒安标准
31	瑞泰人寿保险有限公司	2004-01-06	外资	瑞泰人寿
32	平安养老保险股份有限公司	2004-12-13	中资	平安养老
33	陆家嘴国泰人寿保险有限责任公司	2004-12-29	外资	陆家嘴国泰
34	太平养老保险股份有限公司	2005-01-26	中资	太平养老
35	合众人寿保险股份有限公司	2005-01-28	中资	合众人寿
36	华泰人寿保险股份有限公司	2005-03-22	外资	华泰人寿
37	中国人民健康保险股份有限公司	2005-03-31	中资	人保健康
38	中银三星人寿保险有限公司	2005-05-26	外资	中银三星
39	平安健康保险股份有限公司	2005-06-13	外资	平安健康
40	中美联泰大都会人寿保险有限公司	2005-08-10	外资	中美联泰
41	长城人寿保险股份有限公司	2005-09-20	中资	长城人寿
42	中国人民人寿保险股份有限公司	2005-11-10	中资	人保寿险
43	农银人寿保险股份有限公司	2005-12-19	中资	农银人寿
44	中法人寿保险有限责任公司	2005-12-23	外资	中法人寿
45	昆仑健康保险股份有限公司	2006-01-12	中资	昆仑健康
46	和谐健康保险股份有限公司	2006-01-12	中资	和谐健康
47	恒大人寿保险有限公司	2006-05-11	外资	恒大人寿
48	君康人寿保险股份有限公司	2006-11-06	中资	君康人寿
49	华夏人寿保险股份有限公司	2006-12-30	中资	华夏人寿
50	中国人寿养老保险股份有限公司	2007-01-15	中资	国寿养老
51	信泰人寿保险股份有限公司	2007-05-18	中资	信泰人寿
52	长江养老保险股份有限公司	2007-05-18	中资	长江养老
53	英大泰和人寿保险股份有限公司	2007-06-26	中资	英大人寿
54	泰康养老保险股份有限公司	2007-08-10	中资	泰康养老
55	幸福人寿保险股份有限公司	2007-11-05	中资	幸福人寿
56	国华人寿保险股份有限公司	2007-11-08	中资	国华人寿
57	阳光人寿保险股份有限公司	2007-12-17	中资	阳光人寿
58	君龙人寿保险有限公司	2008-11-10	外资	君龙人寿
59	新光海航人寿保险有限责任公司	2009-03-02	外资	新光海航
60	百年人寿保险股份有限公司	2009-06-01	中资	百年人寿
61	汇丰人寿保险有限公司	2009-06-27	外资	汇丰人寿
62	中邮人寿保险股份有限公司	2009-08-18	中资	中邮人寿
63	中融人寿保险股份有限公司	2010-03-26	中资	中融人寿
64	安邦人寿保险股份有限公司	2010-06-23	中资	安邦人寿

续表

序号	机构名称	设立时间	资本性质	机构简称
65	利安人寿保险股份有限公司	2011-07-14	中资	利安人寿
66	慈溪市龙山镇伏龙农村保险互助社	2011-09-06	中资	伏龙互助社
67	华汇人寿保险股份有限公司	2011-12-22	中资	华汇人寿
68	前海人寿保险股份有限公司	2012-02-08	中资	前海人寿
69	东吴人寿保险股份有限公司	2012-05-23	中资	东吴人寿
70	弘康人寿保险股份有限公司	2012-07-19	中资	弘康人寿
71	吉祥人寿保险股份有限公司	2012-09-07	中资	吉祥人寿
72	复星保德信人寿保险有限公司	2012-09-21	外资	复星保德信
73	珠江人寿保险股份有限公司	2012-09-26	中资	珠江人寿
74	中韩人寿保险有限公司	2012-11-30	外资	中韩人寿
75	慈溪市龙山农村保险互助联社	2013-07-17	中资	龙山互助社
76	德华安顾人寿保险有限公司	2013-07-22	外资	德华安顾
77	安邦养老保险股份有限公司	2013-12-31	中资	安邦养老
78	太保安联健康保险股份有限公司	2014-12-10	中资	太保安联健康
79	渤海人寿保险股份有限公司	2014-12-18	中资	渤海人寿
80	国联人寿保险股份有限公司	2014-12-31	中资	国联人寿
81	上海人寿保险股份有限公司	2015-02-16	中资	上海人寿
82	中华联合人寿保险股份有限公司	2015-11-24	中资	中华人寿
83	新华养老保险股份有限公司	2016-09-19	中资	新华养老
84	泰康人寿保险有限责任公司	2016-11-28	中资	泰康人寿
85	横琴人寿保险有限公司	2016-12-28	中资	横琴人寿
86	复星联合健康保险股份有限公司	2017-01-23	中资	复星联合健康
87	和泰人寿保险股份有限公司	2017-01-24	中资	和泰人寿
88	华贵人寿保险股份有限公司	2017-02-17	中资	华贵保险
89	信美人寿相互保险社	2017-05-11	中资	信美相互
90	爱心人寿保险股份有限公司	2017-06-22	中资	爱心人寿
91	招商局仁和人寿保险股份有限公司	2017-07-04	中资	招商仁和人寿
92	中国人民养老保险有限责任公司	2017-10-12	中资	人保养老
93	三峡人寿保险股份有限公司	2017-12-20	中资	三峡人寿
94	北京人寿保险股份有限公司	2018-02-14	中资	北京人寿
95	国宝人寿保险股份有限公司	2018-04-08	中资	国宝人寿
96	瑞华健康保险股份有限公司	2018-05-15	中资	瑞华健康
97	海保人寿保险股份有限公司	2018-05-30	中资	海保人寿
98	国富人寿保险股份有限公司	2018-06-07	中资	国富人寿

资料来源：中国银保监会官网，http://www.cbrc.gov.cn/。

（2）财产险经营机构

我国财产保险经营机构包括中国人民财产保险股份有限公司、太平财产保险有限公司、中国大地财产保险股份有限公司、中国太平洋财产保险股份有限公司和中国平安财产保险股份有限公司等合计 89 家，其中中资 67 家、外资 22 家（见表 2-2）。

表 2-2　我国财产险经营机构名录

序号	机构名称	设立时间	资本性质	机构简称
1	史带财产保险股份有限公司	1995-01-25	外资	史带财险
2	天安财产保险股份有限公司	1995-01-27	中资	天安财险
3	永安财产保险股份有限公司	1996-09-13	中资	永安财险
4	华安财产保险股份有限公司	1996-12-03	中资	华安财险
5	中国出口信用保险公司	2001-11-08	中资	中国信保
6	中国太平洋财产保险股份有限公司	2001-11-09	中资	太保财险
7	太平财产保险有限公司	2001-12-20	中资	太平财险
8	中国平安财产保险股份有限公司	2002-12-24	中资	平安财险
9	中国人民财产保险股份有限公司	2003-07-07	中资	人保财险
10	中国大地财产保险股份有限公司	2003-10-15	中资	大地财险
11	安信农业保险股份有限公司	2004-09-15	中资	安信农险
12	永诚财产保险股份有限公司	2004-09-27	中资	永诚财险
13	安华农业保险股份有限公司	2004-12-30	中资	安华农险
14	安盛天平财产保险股份有限公司	2004-12-31	外资	安盛天平
15	中银保险有限公司	2005-01-05	中资	中银保险
16	亚太财产保险有限公司	2005-01-10	中资	亚太财险
17	阳光农业相互保险公司	2005-01-10	中资	阳光农险
18	三星财产保险（中国）有限公司	2005-04-25	外资	三星财险
19	日本财产保险（中国）有限公司	2005-05-31	外资	日本财险
20	阳光财产保险股份有限公司	2005-07-28	中资	阳光产险
21	渤海财产保险股份有限公司	2005-09-28	中资	渤海财险
22	都邦财产保险股份有限公司	2005-10-19	中资	都邦财险
23	华农财产保险股份有限公司	2006-01-24	中资	华农财险
24	中华联合财产保险股份有限公司	2006-12-06	中资	中华财险
25	中国人寿财产保险股份有限公司	2006-12-30	中资	国寿财险
26	安诚财产保险股份有限公司	2006-12-31	中资	安诚财险
27	现代财产保险（中国）有限公司	2007-03-02	外资	现代财险
28	劳合社保险（中国）有限公司	2007-03-15	外资	劳合社中国
29	中意财产保险有限公司	2007-04-13	外资	中意财险
30	三井住友海上火灾保险（中国）有限公司	2007-09-06	外资	三井住友
31	利宝保险有限公司	2007-09-21	外资	利宝保险

续表

序号	机构名称	设立时间	资本性质	机构简称
32	美亚财产保险有限公司	2007-09-24	外资	美亚保险
33	长安责任保险股份有限公司	2007-11-07	中资	长安责任
34	国元农业保险股份有限公司	2008-01-18	中资	国元农险
35	安达保险有限公司	2008-02-01	外资	安达保险
36	瑞再企商保险有限公司	2008-03-17	外资	瑞再企商
37	鼎和财产保险股份有限公司	2008-05-22	中资	鼎和财险
38	东京海上日动火灾保险（中国）有限公司	2008-07-22	外资	东京海上日动
39	国泰财产保险有限责任公司	2008-08-28	外资	国泰财险
40	中煤财产保险股份有限公司	2008-10-13	中资	中煤财险
41	英大泰和财产保险股份有限公司	2008-11-04	中资	英大财险
42	爱和谊日生同和财产保险（中国）有限公司	2009-01-23	外资	爱和谊财险
43	紫金财产保险股份有限公司	2009-05-08	中资	紫金财险
44	日本兴亚财产保险（中国）有限责任公司	2009-06-19	外资	日本兴亚
45	浙商财产保险股份有限公司	2009-06-25	中资	浙商财险
46	国任财产保险股份有限公司	2009-08-31	中资	国任财险
47	乐爱金财产保险（中国）有限公司	2009-10-23	外资	乐爱金财险
48	京东安联财产保险（中国）有限公司	2010-03-24	外资	京东安联
49	富邦财产保险有限公司	2010-10-08	外资	富邦财险
50	泰山财产保险股份有限公司	2010-12-31	中资	泰山财险
51	锦泰财产保险股份有限公司	2011-01-30	中资	锦泰财险
52	中航安盟财产保险有限公司	2011-02-22	外资	中航安盟
53	信利保险（中国）有限公司	2011-03-14	外资	信利保险
54	众诚汽车保险股份有限公司	2011-06-08	中资	众诚车险
55	华泰财产保险有限公司	2011-07-29	中资	华泰财险
56	长江财产保险股份有限公司	2011-11-18	中资	长江财险
57	诚泰财产保险股份有限公司	2011-12-31	中资	诚泰财险
58	安邦财产保险股份有限公司	2011-12-31	中资	安邦财险
59	富德财产保险股份有限公司	2012-05-07	中资	富德财险
60	鑫安汽车保险股份有限公司	2012-06-15	中资	鑫安车险
61	北部湾财产保险股份有限公司	2013-01-18	中资	北部湾财险
62	苏黎世财产保险（中国）有限公司	2013-07-02	外资	苏黎世财险
63	众安在线财产保险股份有限公司	2013-10-09	中资	众安在线
64	中石油专属财产保险股份有限公司	2013-12-26	中资	中石油自保
65	华海财产保险股份有限公司	2014-12-09	中资	华海财险
66	恒邦财产保险股份有限公司	2014-12-30	中资	恒邦财险

续表

序号	机构名称	设立时间	资本性质	机构简称
67	燕赵财产保险股份有限公司	2015-02-03	中资	燕赵财险
68	合众财产保险股份有限公司	2015-02-11	中资	合众财险
69	中路财产保险股份有限公司	2015-04-03	中资	中路财险
70	中原农业保险股份有限公司	2015-05-13	中资	中原农险
71	中国铁路财产保险自保有限公司	2015-07-06	中资	中铁自保
72	瑞安市兴民农村保险互助社	2015-10-22	中资	兴农互助社
73	泰康在线财产保险股份有限公司	2015-11-12	中资	泰康在线
74	东海航运保险股份有限公司	2015-12-25	中资	东海航运
75	安心财产保险有限责任公司	2015-12-31	中资	安心财险
76	阳光信用保证保险股份有限公司	2016-01-11	中资	阳光信保
77	易安财产保险股份有限公司	2016-02-16	中资	易安财险
78	久隆财产保险有限公司	2016-03-17	中资	久隆财险
79	新疆前海联合财产保险股份有限公司	2016-05-19	中资	前海联合
80	珠峰财产保险股份有限公司	2016-05-22	中资	珠峰财险
81	海峡金桥财产保险股份有限公司	2016-08-25	中资	海峡金桥
82	建信财产保险有限公司	2016-10-11	中资	建信财险
83	中远海运财产保险自保有限公司	2017-02-08	中资	中远海运自保
84	众惠财产相互保险社	2017-02-14	中资	众惠相互
85	汇友财产相互保险社	2017-06-28	中资	汇友相互
86	广东粤电财产保险自保有限公司	2017-11-10	中资	粤电自保
87	黄河财产保险股份有限公司	2018-01-02	中资	黄河财险
88	太平科技保险股份有限公司	2018-01-08	中资	太平科技
89	融盛财产保险股份有限公司	2018-07-09	中资	融盛保险

资料来源：中国银保监会官网，http://www.cbrc.gov.cn/。

（3）再保险经营机构

我国再保险经营机构合计 11 家，其中中资 5 家、外资 6 家。具体包括慕尼黑再保险公司北京分公司、瑞士再保险股份有限公司北京分公司、中国财产再保险股份有限公司、中国人寿再保险有限责任公司、德国通用再保险股份公司上海分公司、法国再保险公司北京分公司、汉诺威再保险股份公司上海分公司、太平再保险（中国）有限公司、RGA美国再保险公司上海分公司、前海再保险股份有限公司和人保再保险股份有限公司（见表 2-3）。

表 2-3 我国再保险经营机构名录

序号	机构名称	设立时间	资本性质	机构简称
1	慕尼黑再保险公司北京分公司	2003-09-05	外资	慕尼黑再北京
2	瑞士再保险股份有限公司北京分公司	2003-09-27	外资	瑞士再北京
3	中国财产再保险有限责任公司	2003-12-15	中资	中再产险
4	中国人寿再保险有限责任公司	2003-12-16	中资	中再寿险
5	德国通用再保险股份公司上海分公司	2004-07-30	外资	通用再上海
6	法国再保险公司北京分公司	2008-03-12	外资	法国再北京
7	汉诺威再保险股份公司上海分公司	2008-05-19	外资	汉诺威再上海
8	RGA 美国再保险公司上海分公司	2014-09-26	外资	RGA 美国再上海
9	太平再保险（中国）有限公司	2015-12-11	中资	太平再（中国）
10	前海再保险股份有限公司	2016-12-05	中资	前海再
11	人保再保险股份有限公司	2017-02-23	中资	人保再

资料来源：中国银保监会官网，http://www.cbrc.gov.cn/。

2. 保险公司母公司——保险集团控股公司

我国保险集团控股公司合计 12 家，全部为中资控股公司。具体包括中国人民保险集团股份有限公司、中国平安保险（集团）股份有限公司、泰康保险集团股份有限公司、华泰保险集团股份有限公司、中国太平洋保险（集团）股份有限公司、中国人寿保险（集团）公司、安邦保险集团股份有限公司、中华联合保险控股股份有限公司、阳光保险集团股份有限公司、中国再保险（集团）股份有限公司、中国太平保险集团有限责任公司和富德保险控股股份有限公司（见表 2-4）。

表 2-4 我国保险集团控股公司名录

序号	机构名称	设立时间	资本性质	机构简称
1	中国人民保险集团股份有限公司	1949-10-20	中资	人保集团
2	中华联合保险集团股份有限公司	1986-07-15	中资	中华集团
3	中国平安保险（集团）股份有限公司	1988-03-21	中资	平安集团
4	中国太平洋保险（集团）股份有限公司	1991-05-13	中资	太保集团
5	中国人寿保险（集团）公司	1996-08-22	中资	国寿集团
6	中国再保险（集团）股份有限公司	1996-08-22	中资	中再集团
7	华泰保险集团股份有限公司	1996-08-29	中资	华泰集团
8	泰康保险集团股份有限公司	1996-09-09	中资	泰康集团
9	中国太平保险集团有限责任公司	1998-07-08	中资	太平集团
10	安邦保险集团股份有限公司	2004-10-15	中资	安邦集团
11	阳光保险集团股份有限公司	2007-06-27	中资	阳光集团
12	富德保险控股股份有限公司	2015-07-01	中资	富德控股

资料来源：中国银保监会官网，http://www.cbrc.gov.cn/。

3. 保险公司子公司——保险资产管理公司

保险资产管理公司是指经中国银保监会会同有关部门批准，依法登记注册、受托管理保险资金的金融机构。从实质上来看，保险资产管理公司是指主要股东或母公司为保险公司的资产管理机构，即保险系资产管理机构。我国保险资产管理公司合计24家，其中23家为中资公司，仅有1家为外资公司（见表2-5）。

表2-5　我国保险资产管理公司名录

序号	机构名称	设立时间	资本性质	机构简称
1	中国人保资产管理有限公司	2003-07-16	中资	人保资产
2	中国人寿资产管理有限公司	2003-11-23	中资	国寿资产
3	华泰资产管理有限公司	2005-01-18	中资	华泰资产
4	中再资产管理股份有限公司	2005-02-18	中资	中再资产
5	平安资产管理有限责任公司	2005-05-27	中资	平安资产
6	泰康资产管理有限责任公司	2006-02-21	中资	泰康资产
7	太平洋资产管理有限责任公司	2006-06-09	中资	太平洋资产
8	新华资产管理股份有限公司	2006-07-03	中资	新华资产
9	太平资产管理有限公司	2006-09-01	中资	太平资产
10	安邦资产管理有限责任公司	2011-05-20	中资	安邦资产
11	生命保险资产管理有限公司	2011-07-15	中资	生命资产
12	光大永明资产管理股份有限公司	2012-03-02	中资	光大永明资产
13	合众资产管理股份有限公司	2012-05-14	中资	合众资产
14	民生通惠资产管理有限公司	2012-11-15	中资	民生通惠
15	阳光资产管理股份有限公司	2012-12-04	中资	阳光资产
16	中英益利资产管理股份有限公司	2013-04-12	中资	中英益利
17	中意资产管理有限责任公司	2013-05-23	外资	中意资产
18	华安财保资产管理有限责任公司	2013-09-05	中资	华安资产
19	长城财富资产管理股份有限公司	2015-03-18	中资	长城财富
20	英大保险资产管理有限公司	2015-04-03	中资	英大资产
21	华夏久盈资产管理有限责任公司	2015-05-12	中资	华夏久盈
22	建信保险资产管理有限公司	2016-04-07	中资	建信资产
23	百年保险资产管理有限责任公司	2016-08-01	中资	百年资产
24	永诚保险资产管理有限公司	2016-08-01	中资	永诚资产

资料来源：中国银保监会官网，http://www.cbrc.gov.cn/。

（二）保险中介机构

保险中介机构，又称为保险中介人，是指介于保险经营机构之间或保险经营机构与投保人之间，专门从事保险业务咨询与招揽、风险管理与安排、价值衡量与评估、损失鉴定与理算等中介服务活动，并依法获取佣金或手续费的组织。保险中介机构包括保险代理机构、保险经纪机构和保险公估机构等。

保险中介机构有狭义保险中介机构和广义保险中介机构之分。狭义保险中介机构包括保险代理机构、保险经纪机构和保险公估机构；广义保险中介机构除了上述三种以外，还包括与保险中介服务有直接关系的单位和个人，如保险顾问、保险咨询事务所、法律事务所、审计事务所、会计师事务所、保险中介行业协会、保险精算师事务所、保险中介资格考试机构和保险中介信用评估机构等。

本报告主要采用狭义的定义，即保险中介机构主要指保险代理机构、保险经纪机构和保险公估机构。保险代理机构包括专业代理机构和兼业代理机构。专业代理机构即经中国银行保险监督管理委员会（以下简称"中国银保监会"）批准取得经营保险代理业务许可证，根据保险人的委托，向保险人收取佣金，在保险人授权的范围内专门代为办理保险业务的单位。兼业代理机构即在从事自身业务的同时，根据保险人的委托，向保险人收取佣金，在保险人授权的范围内代办保险业务的单位。兼业代理机构主要包括银行代理、行业代理和单位代理三种。经纪机构是基于投保人的利益，为投保人与保险人订立保险合同提供中介服务，并依法收取佣金的单位。公估机构是指接受保险当事人委托，专门从事保险标的的评估、勘验、鉴定、估损、理算等业务的单位。考虑到我国保险中介机构总量比较大，所以本部分只列示了我国主要保险中介机构，并选择了代理机构和经纪机构中利润过千万的机构，以及公估机构中利润过百万的机构[1]（见表2-6至表2-8），而各年度保险中介机构具体数量详见本章第三节相关内容。

表 2-6 我国主要保险代理机构名录

序号	中介机构名称	设立时间	总部所在地	保险业务收入（百万元）	利润总额（百万元）
1	河北盛安汽车保险销售有限公司	2002-04	石家庄市	218.27	127.92
2	大童保险销售服务有限公司	2008-09	北京市	802.18	106.45
3	中升（大连）汽车保险销售服务有限公司	2013-04	大连市	107.01	97.67
4	山东远通兴华保险代理有限公司	2012-08	临沂市	462.31	76.43
5	泛海在线保险代理有限公司	2016-11	北京市	0.00	68.18
6	恒信汽车保险销售服务有限公司	2014-04	武汉市	128.94	59.78
7	利星行宝汇汽车保险代理（北京）有限公司	2013-10	北京市	140.10	56.81
8	山东润华保险代理股份有限公司	2004-08	济南市	526.06	40.71
9	苏州华成保险代理有限公司	2004-06	苏州市	107.20	39.08
10	内蒙古利丰保险代理有限责任公司	2009-11	内蒙古自治区	37.69	35.99
11	重庆丰源保险代理有限公司	2006-12	重庆市	44.95	35.10
12	吉林省群峰保险代理有限公司	2004-09	长春市	28.91	28.86
13	宜信博诚保险销售服务（北京）股份有限公司	2011-11	北京市	199.78	28.56
14	平安保险代理有限公司新疆分公司	2013-11	深圳市	74.78	26.63

---

[1] 本部分列示了我国规模相对较大的保险中介机构，而衡量保险中介机构规模的指标主要有业务收入和利润，利润高的机构其业务收入一般也较高，所以本部分将利润总额作为各机构排序的标准。

续表

序号	中介机构名称	设立时间	总部所在地	保险业务收入（百万元）	利润总额（百万元）
15	阳光一家家庭综合保险销售服务有限公司	2011-10	北京市	178.42	26.13
16	临沂佳轮汽车保险代理有限公司	2012-05	临沂市	156.18	24.55
17	宝诚保险销售有限公司	2006-07	杭州市	140.10	22.41
18	鼎泽保险代理有限公司	2013-08	北京市	130.41	20.69
19	安徽伟腾汽车保险代理有限公司	2013-09	合肥市	76.53	19.89
20	北京恒荣汇彬保险代理股份有限公司	2009-02	北京市	51.65	19.64
21	鼎宏汽车保险销售股份有限公司	2012-03	宁波市	235.31	19.46
22	诚安达保险销售服务股份有限公司	2006-10	保定市	353.61	19.15
23	四川蓉泰保险代理有限公司	2011-08	成都市	28.65	18.95
24	天津安泰保险代理有限公司	2003-07	天津市	153.40	18.13
25	融汇保险销售有限公司	2013-05	北京市	106.78	17.80
26	湖北大德天成保险代理销售有限责任公司	2004-07	武汉市	46.60	17.52
27	杭州三润保险代理有限公司	2006-10	杭州市	18.33	17.22
28	安徽福坤汽车保险代理有限公司	2013-12	合肥市	42.21	17.18
29	天安佰盈保险销售有限公司	2006-12	北京市	770.75	16.58
30	重庆鸿源汽车保险销售有限公司	2013-11	重庆市	17.79	15.53
31	厦门建发保险代理有限公司	2014-04	厦门市	24.68	15.37
32	华康保险代理有限公司浙江分公司	2010-07	深圳市	19.17	14.68
33	临沂翔宇君悦保险代理有限公司	2008-05	临沂市	136.18	14.24
34	天圆地方（北京）保险代理有限公司	2010-05	北京市	142.75	12.87
35	上海广汇德太保险代理有限公司宁夏分公司	2014-12	上海市	12.66	12.36
36	广西德安保险代理有限责任公司	2011-04	南宁市	14.70	11.96
37	贵州长运保险代理有限公司	2004-07	贵阳市	12.59	10.98
38	菏泽惠和保险代理有限公司	2007-03	菏泽市	75.74	10.86
39	广西永安保险代理有限责任公司	2008-12	南宁市	62.65	10.25
40	尊荣亿方（大连）汽车保险销售服务有限公司	2013-09	大连市	11.25	10.23

资料来源：中国保险年鉴编委会. 中国保险年鉴 2018[M]. 中国保险年鉴社，2018.

表 2-7　我国主要保险经纪机构名录

序号	机构名称	设立时间	总部所在地	保险业务收入（百万元）	利润总额（百万元）
1	英大长安保险经纪有限公司	2001-06	北京市	867.67	409.43
2	昆仑保险经纪股份有限公司	2003-09	北京市	226.11	153.02
3	华信保险经纪有限公司	2003-09	北京市	170.88	145.66
4	北京大唐泰信保险经纪有限公司	2010-11	北京市	158.69	141.61
5	国电保险经纪（北京）有限公司	2007-03	北京市	164.74	133.86
6	国家电投集团保险经纪有限公司	2007-12	北京市	118.20	102.13
7	永达理保险经纪有限公司	2011-05	北京市	616.74	100.57
8	达信（中国）保险经纪有限公司	1993-12	北京市	405.50	98.20

续表

序号	机构名称	设立时间	总部所在地	保险业务收入（百万元）	利润总额（百万元）
9	明亚保险经纪有限公司	2004-11	北京市	913.70	96.35
10	英大长安保险经纪有限公司青海分公司	2006-07	北京市	150.33	93.00
11	达信（中国）保险经纪有限公司上海分公司	2005-07	北京市	219.00	87.00
12	北京联合保险经纪有限公司	2001-08	北京市	448.18	83.68
13	江泰保险经纪股份有限公司	2000-06	北京市	778.37	75.86
14	英大长安保险经纪有限公司浙江分公司	2006-03	北京市	70.08	58.05
15	广东德晟保险经纪股份有限公司	2006-12	广州市	105.80	51.21
16	诚合保险经纪有限公司	2009-07	北京市	128.93	41.78
17	山东英大保险经纪有限公司	2001-04	济南市	47.48	36.92
18	招商海达远东保险经纪（上海）有限公司	2005-07	上海市	41.26	32.68
19	航联保险经纪有限公司	2004-08	北京市	124.92	31.35
20	安徽亚夏保险经纪有限公司	2006-04	合肥市	90.32	26.81
21	五洲（北京）保险经纪有限公司	2003-08	北京市	73.35	21.49
22	北京鞍汇联保险经纪有限公司	2010-12	北京市	22.07	20.88
23	英大长安保险经纪有限公司江西分公司	2004-11	南昌市	26.86	20.31
24	云南冶金集团珺安保险经纪有限公司	2008-11	昆明市	27.69	20.27
25	昆仑保险经纪股份有限公司新疆分公司	2004-12	北京市	22.09	18.35
26	浙江涌嘉保险经纪有限公司	2004-04	杭州市	59.85	17.96
27	中化保险经纪（北京）有限责任公司	2013-03	北京市	24.62	17.56
28	中汇国际保险经纪股份有限公司	2005-09	北京市	131.81	17.42
29	昆仑保险经纪股份有限公司甘肃分公司	2010-11	北京市	19.02	15.16
30	陕西延长保险经纪有限责任公司	2008-04	西安市	197.91	14.16
31	中铁汇达保险经纪有限公司	2015-12	北京市	25.11	14.14
32	湖南华菱保险经纪有限公司	2004-11	长沙市	16.18	14.06
33	重庆润通保险经纪有限公司	2003-11	重庆市	18.91	13.39
34	三峡保险经纪有限责任公司	2012-07	北京市	12.74	10.90
35	五矿保险经纪（北京）有限责任公司	2006-11	北京市	18.27	10.64
36	新疆安泰保险经纪有限责任公司	2005-01	乌鲁木齐市	17.23	10.48
37	英大长安保险经纪有限公司甘肃分公司	2006-03	北京市	22.00	10.47

资料来源：中国保险年鉴编委会.中国保险年鉴2018[M].中国保险年鉴社，2018.

表 2-8　我国主要保险公估机构名录

序号	机构名称	设立时间	总部所在地	保险业务收入（百万元）	利润总额（百万元）
1	中衡保险公估股份有限公司	2008-03	合肥市	39.00	8.09
2	北京华泰保险公估有限公司	2006-12	北京市	52.37	4.57
3	佛山市兴禅保险公估有限公司	2004-03	佛山市	354.63	4.39
4	泛华保险公估股份有限公司浙江分公司	2010-04	深圳市	12.82	3.60

续表

序号	机构名称	设立时间	总部所在地	保险业务收入（百万元）	利润总额（百万元）
5	北京安恒信保险公估有限公司	2006-01	北京市	10.50	3.00
6	广州市汇中保险公估股份有限公司	2004-02	广州市	262.81	2.56
7	广州市汇中保险公估股份有限公司贵阳分公司	2015-05	贵阳市	3.75	2.45
8	竞胜保险公估有限公司	2003-09	北京市	10.68	2.10
9	山东光政保险公估股份有限公司	2002-02	济南市	60.87	1.67
10	北京华信保险公估有限公司	2003-09	北京市	5.20	1.37
11	民太安财产保险公估有限公司浙江分公司	2007-07	深圳市	9.85	1.35
12	广州海江保险公估有限公司	2004-02	广州市	0.06	1.22
13	民太安财产保险公估股份有限公司新疆分公司	2010-08	深圳市	2.98	1.11
14	北京格林保险公估有限公司	2003-05	北京市	17.96	1.09

资料来源：中国保险年鉴编委会.中国保险年鉴 2018[M].中国保险年鉴社，2018.

二、按照保险机构是否具有法人资格分类

（一）法人保险机构

法人保险机构是指保险机构中以法人形式存在的组织，指代总公司或者本公司或者本组织，不包括保险公司、保险集团控股公司、保险资产管理公司以及保险中介机构的分支机构。

法人保险机构可以分为公司法人保险机构和非公司法人保险机构。非公司法人保险机构包括慈溪市龙山镇伏龙农村保险互助社、慈溪市龙山农村保险互助联社、瑞安市兴民农村保险互助社、众惠财产相互保险社、信美人寿相互保险社和汇友建工财产相互保险社（见表 2-9）。

表 2-9　我国非公司法人保险经营机构名录[①]

序号	机构名称	设立时间	资本性质	机构简称
1	慈溪市龙山镇伏龙农村保险互助社	2011-09-05	中资	伏龙互助社
2	慈溪市龙山农村保险互助联社	2013-07-09	中资	龙山互助社
3	瑞安市兴民农村保险互助社	2015-10-13	中资	兴农互助社

---

① 关于这些机构到底是属于财产险经营机构，还是人身险经营机构，根据监管部门网站公布的名录无法判断。本报告在天眼查网站（https://www.tianyancha.com）检索了各相互保险组织的主要业务，通过主要业务来判断其是财产险还是人身险经营机构，最后将阳光农业相互保险公司、瑞安市兴民农村保险互助社、众惠财产相互保险社和汇友财产相互保险社划分为财产险经营机构，而将慈溪市龙山镇伏龙农村保险互助社、慈溪市龙山农村保险互助联社和信美人寿相互保险社划分为人身险经营机构。

续表

序号	机构名称	设立时间	资本性质	机构简称
4	众惠财产相互保险社	2017-02-10	中资	众惠相互
5	信美人寿相互保险社	2017-05-05	中资	信美相互
6	汇友财产相互保险社	2017-06-22	中资	汇友相互

资料来源：中国银保监会官网，http://www.cbrc.gov.cn/。

（二）非法人保险机构

非法人保险机构主要是指保险机构的分支机构。保险机构分支机构是指保险机构依照法定程序设立、以本机构名义进行经营活动、其经营后果由保险机构承担的分公司、支公司或代表处等。设立分支机构的保险机构可以称为"总公司"或"本公司"等。按照业务的不同，非法人保险机构主要包括保险经营机构分支机构和保险中介机构分支机构。按照资本的性质不同，非法人保险机构又可以分为中资非法人保险机构和外资非法人保险机构。

1. 中资非法人保险机构

2013 年 3 月 15 日，原中国保监会印发《保险公司分支机构市场准入管理办法》（以下简称《管理办法》，保监发〔2013〕20 号）。该管理办法包括总则、筹建条件、开业标准、设立程序、材料报送、附则共 6 章 35 条，自 2013 年 4 月 1 日起施行，统一规范了保险公司分支机构审批工作，加强了保险公司分支机构的设立管理。《管理办法》所称保险公司，是指经原中国保监会批准设立，并依法登记注册的商业保险公司。《管理办法》所称保险公司分支机构，是指保险公司依法设立的省级分公司、分公司、中心支公司、支公司、营业部和营销服务部。

2. 外资非法人保险机构

根据《中华人民共和国外资保险公司管理条例实施细则》（以下简称《外资保险公司管理条例实施细则》，保监会令〔2004〕4 号）第二十七条相关规定，外资保险公司可以根据业务发展需要申请设立分支机构。外国保险公司分公司只能在其所在省、自治区或者直辖市的行政辖区内开展业务。外资保险公司可以根据实际情况申请设立中心支公司、支公司、营业部或者营销服务部。关于营销服务部的设立和管理，原中国保监会另有规定的，适用其规定。

外资非法人保险机构中，除了外资分公司之外，代表处也是重要的形式[1]。为了加强对外国保险机构驻华代表机构（以下简称"代表机构"）的管理，适应中国保险市场对外开放的需要，原中国保监会发布《外国保险机构驻华代表机构管理办法》（中国保险监督管理委员会令第 5 号），自 2006 年 8 月 1 日起施行。该办法所称外国保险机构，是指在中国境外注册的保险公司、再保险公司、保险中介机构、保险协会及其他保险组织。该办法所称代表机构，是指外国保险机构在中国境内获准设立并从事联络、市场调查等非经营性活动的代表处、总代表处。为正确适用《外国保险机构驻华代表机构管理办法》，进一步加强对外国保险机构驻华代表机构的管理工作，原中国保监会结合有关监管实践，

---

[1] 在博鳌亚洲论坛 2018 年年会上，中国人民银行行长易纲表示："未来人身险公司外资持股比例的上限将放宽至 51%，三年以后不再设限。今年年底以前，全面取消外资保险公司设立前须开设两年代表处的要求。"

专门发布了《中国保监会关于适用〈外国保险机构驻华代表机构管理办法〉若干问题的解释》。

外资保险公司代表处包括日本东京海上日动火灾保险株式会社驻中国代表处、日本东京海上日动火灾保险株式会社广州代表处、美国国际集团北京代表处、瑞士苏黎世保险公司北京代表处、英国皇家太阳联合保险集团北京代表处等190家机构（见表2-10）。

表 2-10 我国外资保险公司代表处名录

序号	机构名称	设立时间
1	日本东京海上日动火灾保险株式会社驻中国总代表处	1980-07-07
2	美国国际集团北京代表处	1980-12-02
3	美国大陆保险公司北京代表处	1980-12-19
4	日本财产保险公司驻中国总代表处	1981-10-28
5	日本生命保险公司北京代表处	1986-12-10
6	第一生命保险公司北京代表处	1988-07-06
7	日本住友生命保险公司北京代表处	1991-01-23
8	英国皇家太阳联合保险集团北京代表处	1992-11-18
9	香港亚洲保险有限公司深圳代表处	1993-06-08
10	日本东京海上日动火灾保险株式会社广州代表处	1993-06-23
11	韩国贸易保险公社北京代表处	1993-09-09
12	三井住友海上火灾保险公司大连代表处	1993-11-13
13	日本财产保险公司深圳代表处	1993-12-17
14	日本东京海上日动火灾保险株式会社大连代表处	1993-12-23
15	荷兰保险有限公司（II）北京代表处	1994-01-07
16	安联保险集团北京代表处	1994-01-15
17	英国保诚保险有限公司北京代表处	1994-01-25
18	三井住友海上火灾保险公司深圳代表处	1994-02-02
19	日本东京海上日动火灾保险株式会社深圳代表处	1994-02-25
20	英国皇家太阳联合保险集团大连代表处	1994-04-27
21	安联保险上海代表处	1994-06-23
22	法国安盟保险公司北京代表处	1994-08-04
23	法国安盛公司北京代表处	1994-09-10
24	美国信安人寿保险公司北京代表处	1994-12-14
25	日本兴亚损害保险公司上海代表处	1995-02-05
26	三星生命保险公司北京代表处	1995-04-17
27	富士火灾海上保险株式会社上海代表处	1995-04-24
28	日本明治安田生命保险公司北京代表处	1995-05-22
29	三星火灾海上保险有限公司北京代表处	1995-05-31
30	加拿大永明人寿保险公司北京代表处	1995-05-31
31	新加坡职总英康保险合作社北京代表处	1995-05-31
32	美国纽约人寿国际公司广州代表处	1995-08-25
33	爱和谊日生同和保险公司广州代表处	1995-08-25

续表

序号	机构名称	设立时间
34	日本三井住友海上火灾保险公司天津代表处	1995-09-25
35	日本东京海上日动火灾保险株式会社天津代表处	1996-02-28
36	韩国乐爱金财产保险有限公司北京代表处	1996-05-20
37	瑞士苏黎世保险公司上海代表处	1996-07-01
38	忠利保险有限公司北京代表处	1996-07-26
39	日本东京海上日动火灾保险株式会社南京代表处	1996-11-27
40	瑞士再保险股份有限公司上海代表处	1996-12-02
41	香港闽信保险有限公司福州代表处	1997-03-05
42	安保集团北京代表处	1997-07-04
43	澳大利亚昆士兰保险集团股份有限公司广州代表处	1997-07-10
44	新加坡再保险有限公司上海代表处	1997-07-10
45	汇丰保险顾问集团有限公司北京代表处	1997-08-12
46	忠利保险有限公司上海代表处	1997-08-19
47	现代海上火灾保险有限公司北京代表处	1997-08-19
48	慕尼黑再保险公司上海代表处	1997-09-10
49	美国纽约人寿企业有限公司北京代表处	1997-09-16
50	法国安盛保险公司大连代表处	1997-10-05
51	麦理伦国际集团有限公司上海代表处	1997-10-20
52	大韩再保险公司北京代表处	1997-10-30
53	日本东京海上日动火灾保险株式会社成都代表处	1997-11-04
54	汉诺威再保险股份公司上海代表处	1997-11-10
55	大西洋再保险公司上海代表处	1997-11-10
56	法国国家人寿保险公司北京代表处	1998-02-20
57	全球人寿保险国际公司北京代表处	1998-02-27
58	加拿大人寿保险公司北京代表处	1998-04-15
59	三井住友海上火灾保险公司成都代表处	1998-07-07
60	美国保德信保险公司北京代办处	1998-09-17
61	菲律宾中华保险公司厦门代表处	1998-09-24
62	日本财产保险公司重庆代表处	1998-11-16
63	DKV 德国健康保险股份公司深圳代表处	1998-11-27
64	法国再保险公司北京代表处	2000-03-27
65	美国大陆保险公司上海代表处	2000-04-10
66	新世界保险服务有限公司北京代表处	2000-05-26
67	美国万通保险亚洲有限公司上海代表处	2000-07-31
68	劳合社北京代表处	2000-12-18
69	恒生保险有限公司深圳代表处	2001-02-01
70	富邦产物保险股份有限公司北京代表处	2001-02-02
71	国泰人寿保险股份有限公司北京代表处	2001-02-02
72	新光人寿保险股份有限公司北京代表处	2001-02-02
73	中国太平保险控股有限公司上海代表处	2001-02-21

续表

序号	机构名称	设立时间
74	ACE 美国北美洲保险公司北京代表处	2001-04-29
75	美国国际集团成都代表处	2001-05-24
76	德国通用再保险北京代表处	2001-06-15
77	其士保险有限公司北京代表处	2001-09-13
78	美国霍顿保险经纪有限公司	2001-11-26
79	明台产物保险股份有限公司上海代表处	2001-12-17
80	三井住友海上火灾保险公司驻中国总代表处	2001-12-21
81	新鸿基保险顾问有限公司上海代表处	2002-08-05
82	国泰人寿保险股份有限公司成都代表处	2002-12-04
83	富邦产物保险股份有限公司上海代表处	2003-01-08
84	台湾人寿保险股份有限公司北京代表处	2003-01-09
85	富邦人寿保险股份有限公司北京代表处	2003-01-09
86	汇丰人寿保险（国际）有限公司广州代表处	2003-03-25
87	三井住友海上火灾保险公司苏州代表处	2003-03-31
88	日本东京海上日动火灾保险株式会社苏州代表处	2003-04-01
89	乐爱金财产保险有限公司上海代表处	2003-04-10
90	英国奔福有限公司中国总代表处	2003-04-10
91	荷兰富杰保险国际股份有限公司上海代表处	2003-04-10
92	汇丰保险（亚洲）有限公司广州代表处	2003-04-16
93	中银集团人寿保险有限公司北京代表处	2003-04-28
94	第一美国产权保险公司北京代表处	2003-04-30
95	日本兴亚损害保险公司深圳代表处	2003-04-30
96	汇丰人寿保险（国际）有限公司上海代表处	2003-05-08
97	汇丰保险（亚洲）有限公司上海代表处	2003-05-19
98	高诚保险经纪人有限公司福州代表处	2003-05-19
99	汇丰人寿保险（国际）有限公司北京代表处	2003-05-23
100	汇丰保险（亚洲）有限公司北京代表处	2003-05-23
101	三星火灾海上保险公司青岛代表处	2003-05-26
102	法国巴黎人寿保险有限公司上海代表处	2003-06-18
103	法国科法斯信用保险公司北京代表处	2003-07-14
104	香港蓝十字（亚太）保险有限公司上海代表处	2003-07-16
105	韩国大韩生命保险有限公司北京代表处	2003-08-22
106	美国北美洲保险公司上海代表处	2003-08-27
107	香港美历国际有限公司广州代表处	2003-09-08
108	日本兴亚损害保险公司驻中国总代表处	2003-10-20
109	日本财产保险公司广州代表处	2003-12-26
110	日本财产保险公司苏州代表处	2004-01-06
111	教保生命保险株式会社北京代表处	2004-01-29
112	英国耆卫公共有限公司北京代表处	2004-04-14
113	爱和谊保险公司上海代表处	2004-06-02

续表

序号	机构名称	设立时间
114	日本爱和谊日生同和保险公司驻中国总代表处	2004-06-16
115	日生同和损害保险公司上海代表处	2004-07-29
116	日本兴亚损害保险公司青岛代表处	2004-07-29
117	日本兴亚损害保险公司苏州代表处	2004-07-30
118	日本兴亚损害保险公司大连代表处	2004-08-03
119	瑞士苏黎世保险公司北京代表处	2004-08-16
120	日本三井住友海上火灾保险公司杭州代表处	2004-09-13
121	日本东京海上日动火灾保险株式会社杭州代表处	2004-09-17
122	三井住友海上火灾保险公司青岛代表处	2004-09-22
123	韩国贸易保险公社上海代表处	2004-10-11
124	日本第一生命控股股份有限公司上海代表处	2005-01-18
125	台湾新光人寿保险股份有限公司上海代表处	2005-01-20
126	RGA 美国再保险公司北京代表处	2005-01-21
127	日本永松保险公估公司上海代表处	2005-02-07
128	台湾新光产物保险股份有限公司苏州代表处	2005-03-24
129	美国在线健康保险代理公司厦门代表处	2005-06-09
130	法国巴黎财产保险有限公司北京代表处	2005-07-01
131	美国展维住房抵押贷款保险公司北京代表处	2005-07-08
132	中国人寿保险股份有限公司（台湾）北京代表处	2005-07-27
133	开曼群岛信利集团公司北京代表处	2005-10-23
134	澳大利亚保险集团有限公司上海代表处	2005-11-01
135	美国佳达再保险经纪有限公司北京代表处	2005-11-03
136	香港中国国际再保险有限公司北京代表处	2005-12-22
137	MIC 汽车保险公司上海代表处	2006-04-21
138	美国联合保险公司北京代表处	2006-05-09
139	法国再保险全球人寿公司北京代表处	2006-06-07
140	韩国东部火灾海上保险公司北京代表处	2006-07-07
141	台湾产物保险股份有限公司上海代表处	2006-08-01
142	台湾新安东京海上产物保险股份有限公司上海代表处	2006-08-01
143	英国保柏金融公众有限公司北京代表处	2006-08-08
144	加拿大皇家银行人寿保险公司北京代表处	2006-08-24
145	大新人寿保险有限公司深圳代表处	2006-10-25
146	百慕大大新人寿保险有限公司深圳代表处	2006-10-25
147	英国库柏盖伊有限公司上海代表处	2006-12-06
148	新加坡大东方人寿保险有限公司北京代表处	2007-01-15
149	法国兴业保险股份有限公司北京代表处	2007-02-06
150	美国柏柯莱保险集团公司北京代表处	2007-06-27
151	台湾华南产物保险股份有限公司深圳代表处	2007-07-11
152	南非和德保险有限公司北京代表处	2007-07-16
153	美国安森保险有限公司北京代表处	2007-08-15

序号	机构名称	设立时间
154	美国史带公司北京代表处	2007-08-30
155	德国安顾保险集团股份公司北京代表处	2007-10-08
156	美国盛博保险有限公司上海代表处	2007-10-15
157	台湾兆丰产物保险股份有限公司上海代表处	2007-11-28
158	百慕大博纳再保险有限责任公司北京代表处	2007-12-06
159	美国法特瑞互助保险公司北京代表处	2007-12-19
160	韩国首尔保证保险株式会社北京代表处	2008-04-16
161	德国欧洲旅行保险公司北京代表处	2008-04-23
162	韩国兴国生命保险株式会社北京代表处	2008-04-25
163	美国安泰人寿保险公司上海代表处	2008-06-12
164	荷兰富通保险国际股份有限公司北京代表处	2008-07-25
165	荷兰富通保险国际股份有限公司驻中国总代表处	2008-08-06
166	日本索尼人寿保险股份有限公司北京代表处	2008-08-27
167	突尼斯伊盛再保险公司北京代表处	2008-09-22
168	美国国际金融保险公司北京代表处	2008-10-15
169	美国联邦保险股份有限公司北京代表处	2008-10-29
170	法国安盟甘寿险公司北京代表处	2009-01-20
171	韩国现代海上火灾保险株式会社上海代表处	2009-02-11
172	德国汉萨美安相互医疗保险公司上海代表处	2009-04-01
173	德国安顾保险集团股份公司济南代表处	2009-07-03
174	法国圣汇安保险经纪股份有限公司上海代表处	2009-07-03
175	中国太平保险集团（香港）有限公司	2009-08-05
176	卢森堡瑞再国际财产保险有限公司上海代表处	2010-04-26
177	美国恒诺公司北京代表处	2010-04-26
178	维朋公司北京代表处	2010-05-19
179	西班牙曼福保险集团北京代表处	2010-08-24
180	英国利安杰集团上海代表处	2010-12-28
181	美国万凯公司北京代表处	2011-03-29
182	台湾台银人寿保险股份有限公司北京代表处	2012-01-10
183	英国利安杰集团北京代表处	2012-09-19
184	香港友邦保险控股有限公司北京代表处	2013-02-21
185	中国太平保险控股有限公司深圳办事处	2014-05-20
186	中国太平保险控股有限公司北京办事处	2014-05-20
187	香港友邦保险控股有限公司上海代表处	2014-05-20
188	百慕达富卫人寿保险（百慕达）有限公司上海代表处	2014-09-15
189	百慕大凯林集团有限公司北京代表处	2015-05-25
190	英国佰仕富人寿再保险有限公司上海代表处	2017-04-06

资料来源：中国银保监会官网，http://www.cbrc.gov.cn/。

外资分公司指的是在中国已经注册登记的外资公司（外商独资企业或中外合资企业）

所设立的分支机构，而代表处则是国外的企业在华设立的常驻代表机构。外资分公司与代表处的相同点是它们都没有注册资本。它们的主要区别在于业务范围不同：外国企业代表处不可以从事业务经营，只能从事信息收集和业务联络等事务；而外资分公司可以从事咨询服务、生产或产品销售，可以经营实际业务。

第二节　我国保险机构的编码

一、上市公司代码介绍

为了区分证券的种类，上海和深圳证券交易所分别推出了各自的证券编码规则，目前均采用 6 位数编制方法。

（一）沪市 A 股和 B 股

沪市 A 股票买卖的代码是以 600 或 601 打头，如：天士力，股票代码是 600535；中国国航，股票代码是 601111。B 股票买卖的代码是以 900 打头，如老凤祥 B 股，代码是 900905。

（二）深市 A 股和 B 股

深市 A 股票买卖的代码是以 000 打头，如格力电器，股票代码是 000651。B 股买卖的代码是以 200 打头，如飞亚达 B 股，股票代码是 200026。

（三）中小板和创业板

中小板股票代码以 002 打头，如顺丰控股，股票代码是 002352。

创业板股票代码以 300 打头，如同花顺，股票代码是 300033。

二、我国保险机构代码设计原则

截至目前，我国保险机构中具有法人资格的已经达到两千多家，如果加上分支机构，所有保险机构数量将过万。一方面，这些机构数量体系庞大；另一方面，它们因为股东变化等原因而经常更名，进而给监管部门、广大投保人和研究人员等关注保险业与保险机构的相关人员带来一定的不便。因此，本报告在参考上市公司代码等的做法基础上，对我国包括保险公司、保险资产管理公司、保险集团控股公司、再保险公司及这些机构的分支机构等在内的所有保险机构进行编码。

保险机构编码过程中遵循两大原则：第一，机构代码具有唯一性，每一家机构有一个明确的代码，不管机构名字如何变化调整，代码是终身不变的；第二，代码尽可能多地揭示更多的信息内容，反映出保险公司的各种状态。

三、我国保险机构代码具体设计

基于上述两条原则，本报告把保险公司代码划分为两大部分：第一部分是基础信息代码，主要包括成立年份和日期以及顺序号，基础信息代码具有唯一性，一共用 10 位数字来表示；第二部分是状态信息代码①，主要包括注册城市、组织形式、资本性质、法律形态、业务类型和营业状态，这六个方面分别用 8 位字母来表示。

需要说明的是，状态信息代码每年变化不大，但存在变化的可能，因此主要使用基础信息代码识别保险机构，状态信息代码实际上是对保险机构目前最新状态的一个说明。一旦保险机构的状态信息发生了变化，则要在变化的年份更新状态信息代码，所以状态信息代码实际上是每年一组代码。

四、我国保险机构代码参数说明与示例

（一）保险机构代码参数说明

图 2-1 为保险机构代码示意图，保险机构代码由基础信息代码和状态信息代码两部分组成。

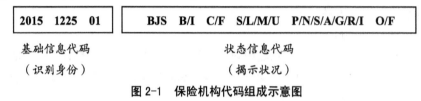

图 2-1 保险机构代码组成示意图

资料来源：作者自制。

1. 基础信息代码说明

"2015"表示机构成立的年份。

"1225"表示设立的日期，即经过批准设立且完成工商登记的具体日期。如果只有月份，则用"1201"表示；如果只有年份，则用"0101"表示。

"01"表示在这个日期或者月份成立的顺序号，日期相同情况下，按照机构名称首字拼音排序。

2. 状态信息代码说明

"BJS"代表保险机构的注册城市拼音缩写，即北京市②。

"B/I"代表保险机构组织形式状况。"B"（Branch）代表保险机构是分支机构，分支机构主要是统计外资的。"I"（Independent）代表保险机构是独立法人组织。

"C/F"代表保险机构资本性质。"C"（China）代表保险机构是中资性质的。"F"（Foreign）代表保险机构是外资性质的。

---

① 状态信息码可以为学术研究提供服务，在分别提取字母后，可以直接将相应字母转换成哑变量并放入模型作为控制变量或解释变量。

② 本报告在整理各保险机构的注册地所在城市的过程中发现有 42 个城市作为注册地出现过，本报告将各个城市的代码编制如下：北京市为 BJS，长春市为 CCS，成都市为 CDS，重庆市为 CQS，长沙市为 CSS，东莞市为 DGS，大连市为 DLS，福州市为 FZS，贵阳市为 GYS，广州市为 GZS，哈尔滨市为 HEB，海口市为 HKS，杭州市为 HZS，吉林市为 JLS，江门市为 JMS，济南市为 JNS，嘉兴市为 JXS，克拉玛依市为 KLM，昆明市为 KMS，拉萨市为 LSS，兰州市为 LZS，宁波市为 NBS，南昌市为 NCS，南京市为 NJS，南宁市为 NNS，青岛市为 QDS，上海市为 SHS，三亚市为 SYS，深圳市为 SZS，天津市为 TJS，唐山市为 TSS，太原市为 TYS，武汉市为 WHS，乌鲁木齐市为 WLM，无锡市为 WXS，温州市为 WZS，西安市为 XAS，厦门市为 XMS，银川市为 YCS，烟台市为 YTS，珠海市为 ZHS，郑州市为 ZZS。

"S/L/S/M/U"代表保险机构法律形态。"S"（Stock）代表保险机构是股份有限公司。"L"（Limited）代表保险机构是有限责任公司。"M"（Mutual）代表保险机构是相互保险组织。"U"（Unincorporated）代表保险机构是非法人保险机构，主要是指分支机构，在分支机构中又包括分公司、支公司等层次，考虑到分支机构层面的治理问题相对简单，所以本报告并未专门针对分支机构的层次进行代码设计。

"P/N/S/A/G/R/I"代表保险机构业务类型。"P"（Property）代表财产险保险经营机构，其开展的业务有财产损失保险、责任保险、信用保险、保证保险等。"N"（Non Property）代表人身险保险经营机构，其开展的业务有人寿保险、健康保险、意外伤害保险等。"S"（Sum）代表同时经营财产险和人身险的混业经营保险机构。[①] "A"（Asset）代表保险资产管理公司。"G"（Group）代表保险集团控股公司。"R"（Reinsurance）代表再保险经营机构。"I"（Intermediary）代表保险中介机构。[②]

"O/F"代表保险机构营业状态。"O"（On）代表保险机构正在营业。"F"（Off）代表保险机构处于停业状态。

（二）保险机构代码示例

示例：北京人寿保险股份有限公司的代码为2018021401BJSICSNO，其中2018021401是基础信息代码，而BJSICSNO是状态信息代码，表示2018年2月14日在北京市设立的具有独立法人资格的中资股份有限人身险公司，是当天设立的所有保险机构中的第1家，该保险公司目前正常营业。

需要说明的是：第一，本报告中已更名的保险机构，其代码保持不变；第二，对于因改制、改组和重组而发生变更的保险机构，其机构代码保持不变；第三，对于分公司改制为独立法人机构和因改制而设立的新法人机构，则重新编码。改制、改组和重组的情况主要存在于我国早期设立的混业经营保险机构中，这些机构为符合分业经营原则，相继转为保险集团公司，在编码过程中，集团公司沿用原保险机构代码，而集团公司下面新设立的分业经营的各子公司则编写新代码。我国所有保险机构的代码详见本报告附表2[③]。

[①] 在1995年10月1日正式实施《保险法》之前，我国保险业是混业经营的，所以该代码主要适用于我国早期的保险机构。

[②] 考虑我国保险中介机构数量庞大，本报告未专门对保险机构进行细致代码设计，没有区分中介机构的业务类型，而是主要关注了保险机构中的经营机构，随着对中介机构治理问题关注的增加，本报告也会考虑生成所有保险中介机构的代码，例如将参数"I"替换为"A"（Agent）代表中介机构是代理机构，或"B"（Broker）代表中介机构是经纪机构，或"L"（Loss Adjuster）代表中介机构是公估机构，本年度报告因未给出保险中介机构的编码，所以暂且选用参数"I"。

[③] 考虑篇幅的限制，本报告没有提供1980—2018年各年度我国保险经营机构的代码，但我们编写了《中国保险机构代码手册》，该手册中给出了除保险中介机构以外的历年所有保险机构的代码，如果有需要可以联系作者（nkhaochen@163.com）。

第三节　我国保险机构数量统计

一、我国历年保险经营机构数量分析

我国保险经营机构由法人保险经营机构和非法人保险经营机构组成。在行业统计上，由于中资的非法人保险经营机构在国内都存在本公司或本组织，且相关内容已经反映在本公司或者本组织的报表中，所以此处统计的非法人保险经营机构主要是指外资非法人保险经营机构。从表 2-11 可以看出，我国保险经营机构数量从最开始的 1 家发展到了 2018 年的 234 家，其中法人保险经营机构 221 家，非法人保险经营机构 13 家。

表 2-11　我国保险经营机构历年数量统计（1980—2018 年）

单位：家

| 年份 | 法人保险经营机构数量 | | | | | | 非法人保险经营机构数量 | | | | 数量合计 |
	人身险公司	财产险公司	再保险公司	资产管理公司	混业经营公司	集团公司	人身险机构	财产险机构	再保险机构	混业经营机构	
1980	0	0	0	0	1	0	0	0	0	0	1
1981	0	0	0	0	1	0	0	0	0	0	1
1982	0	0	0	0	1	0	0	1	0	0	2
1983	0	0	0	0	1	0	0	1	0	0	2
1984	0	0	0	0	1	0	0	1	0	0	2
1985	0	0	0	0	1	0	0	1	0	0	2
1986	0	0	0	0	2	0	0	1	0	0	3
1987	0	0	0	0	2	0	0	1	0	0	3
1988	0	0	0	0	3	0	0	2	0	0	5
1989	0	0	0	0	3	0	0	2	0	0	5
1990	0	0	0	0	3	0	0	2	0	0	5
1991	0	0	0	0	4	0	0	2	0	0	6
1992	0	0	0	0	4	0	0	2	0	1	7
1993	0	0	0	0	4	0	0	2	0	1	7
1994	0	0	0	0	4	0	0	3	0	1	8
1995	0	2	0	0	4	0	1	4	0	1	12
1996	4	6	1	0	3	1	1	4	0	1	21
1997	4	6	1	0	3	1	2	6	0	0	23
1998	6	6	1	0	3	2	2	7	0	0	27
1999	7	5	1	0	3	2	3	8	0	0	29
2000	10	6	1	0	2	2	3	9	0	0	33
2001	12	9	1	0	1	3	3	12	0	0	41
2002	21	10	1	0	1	3	7	12	0	0	55
2003	25	12	2	2	0	6	7	15	2	0	71

续表

年份	法人保险经营机构数量						非法人保险经营机构数量				数量合计
	人身险公司	财产险公司	再保险公司	资产管理公司	混业经营公司	集团公司	人身险机构	财产险机构	再保险机构	混业经营机构	
2004	28	17	2	2	0	6	7	16	3	0	81
2005	39	25	2	5	0	6	7	12	3	0	99
2006	44	28	2	9	0	7	7	12	3	0	112
2007	52	35	2	9	0	8	7	7	3	0	123
2008	53	43	2	9	0	8	7	4	6	0	132
2009	57	49	2	9	0	8	7	4	6	0	142
2010	59	52	2	9	0	8	7	3	6	0	146
2011	61	58	2	11	0	10	7	2	6	0	157
2012	68	60	2	15	0	10	7	2	6	0	170
2013	71	65	2	18	0	10	7	0	6	0	179
2014	74	66	2	18	0	10	7	0	7	0	184
2015	76	75	3	21	0	11	7	0	6	0	199
2016	78	82	4	24	0	12	7	0	6	0	213
2017	86	86	5	24	0	12	7	0	6	0	226
2018	91	89	5	24	0	12	7	0	6	0	234

资料来源：根据中国银保监会官网、各保险机构官网等公开信息整理。

二、我国历年保险中介机构数量分析

从表 2-12 可以看出，我国保险中介机构数量从 2001 年的 8 家快速发展到 2005 年的 1297 家，之后继续发展到 2007 年的 2110 家，2010—2015 年间保险中介机构数量总体上保持稳定，而近年来数量呈现下降趋势。此外，从结构上看，保险代理机构占绝大多数，其数量远超过保险经纪机构和保险公估机构的数量总和。

表 2-12　我国保险中介机构历年数量统计（2001—2017 年）

单位：家

年份	保险代理机构	保险经纪机构	保险公估机构	保险中介机构
2001	5	3	0	8
2002	35	7	6	48
2003	102	13	21	136
2004	416	67	91	574
2005	920	197	180	1297
2006	1313	268	219	1800
2007	1563	303	244	2110
2008	1755	322	254	2331
2009	1822	350	273	2445
2010	1903	378	289	2570

年份	保险代理机构	保险经纪机构	保险公估机构	保险中介机构
2011	1853	392	305	2550
2012	1823	416	315	2554
2013	1770	434	325	2529
2014	1767	438	320	2525
2015	1764	445	337	2546
2016	1719	445	333	2497
2017	1549	483	300	2332

资料来源：根据历年《中国保险年鉴》统计整理。

第三章 我国保险公司财务状况与评价

本章主要关注我国保险公司的财务状况，首先基于中国银保监会公开披露的数据，从保险公司资产总额、原保费收入、赔款和给付支出、资金运用余额等角度，对2013—2017年保险公司财务状况进行了概述；其次通过手工整理历年《中国保险年鉴》保险公司两大报表数据，计算出保险公司关键财务指标并进行趋势分析；最后介绍了我国监管部门的保险公司经营评价体系并分析了历年评价结果。

第一节 我国保险公司财务状况总览

一、我国保险公司资产总额

从表3-1可以看出，我国保险公司资产总额从2013年至今的年增长率都在6%以上，特别是2014年、2015年和2016年三年的增长率均达到20%以上。2017年的总资产达到160291亿元，其中财产险公司总资产24997亿元，较年初增长5.28%；人身险公司总资产132144亿元，较年初增长6.25%；再保险公司总资产3150亿元，较年初增长14.07%。

表3-1 我国保险公司资产统计

统计指标	2013年	2014年	2015年	2016年	2017年	2018年
总额（亿元）	81295	100062	122993	150875	160291	173222
财产险公司总资产（亿元）	10941	14061	18481	23744	24997	23485
人身险公司总资产（亿元）	68250	82487	99325	124370	132144	146087
再保险公司总资产（亿元）	2104	3514	5187	2761	3150	3650
总额增长率（%）	12.42	23.08	22.92	22.67	6.24	8.07
财产险公司增长率（%）	15.45	28.52	31.43	28.48	5.28	-6.05
人身险公司增长率（%）	11.90	20.86	20.41	25.22	6.25	10.55
再保险公司增长率（%）	14.02	67.00	47.64	-46.77	14.07	15.87

资料来源：根据中国银保监会官网公开数据统计。

二、我国保险公司原保费收入情况

从表 3-2 可以看出,我国保险公司原保费收入从 2013 年开始呈现快速增长的趋势,而 2017 年的增速略有回落。2017 年,原保险保费收入 36581 亿元,同比增长 18.16%;财产险业务原保险保费收入 9835 亿元,同比增长 12.72%;寿险业务原保险保费收入 21456 亿元,同比增长 23.01%;健康险业务原保险保费收入 4389 亿元,同比增长 8.58%;意外险业务原保险保费收入 901 亿元,同比增长 20.19%。

表 3-2　我国保险公司原保费收入情况统计

统计指标	2013 年	2014 年	2015 年	2016 年	2017 年
总额（亿元）	17222	20235	24283	30959	36581
财产险业务保费收入（亿元）	6212	7203	7995	8725	9835
寿险业务保费收入（亿元）	9425	10902	13242	17442	21456
健康险业务保费收入（亿元）	1124	1587	2410	4043	4389
意外险业务保费收入（亿元）	461	543	636	750	901
总额增长率（%）	11.20	17.49	20.00	27.50	18.16
财产险业务增长率（%）	16.53	15.95	10.99	9.12	12.72
寿险业务增长率（%）	5.80	15.67	21.46	31.72	23.01
健康险业务增长率（%）	30.22	41.27	51.87	67.71	8.58
意外险业务增长率（%）	19.46	17.61	17.14	17.99	20.19

资料来源：根据中国银保监会官网公开数据统计。

三、我国保险公司赔款和给付支出情况

从表 3-3 可以看出,保险公司赔款和给付支出总额在 2016 年首次突破万亿。2017 年增速放缓,赔款和给付支出 11181 亿元,同比增长 6.35%;财产险业务支出 5087 亿元,同比增长 7.64%;寿险业务支出 4575 亿元,同比下降 0.61%;健康险业务支出 1295 亿元,同比增长 29.38%;意外险业务支出 224 亿元,同比增长 22.23%。

表 3-3　我国保险公司赔款和给付支出情况统计（2013—2018 年）

统计指标	2013 年	2014 年	2015 年	2016 年	2017 年
总额（亿元）	6213	7215	8674	10513	11181
财产险业务支出（亿元）	3439	3788	4194	4726	5087
寿险业务支出（亿元）	2253	2728	3565	4603	4575
健康险业务支出（亿元）	411	571	763	1001	1295
意外险业务支出（亿元）	110	128	152	183	224
总额增长率（%）	31.73	16.13	20.22	21.2	6.35

统计指标	2013 年	2014 年	2015 年	2016 年	2017 年
财产险支出增长率（%）	22.11	10.15	10.72	12.68	7.64
寿险支出增长率（%）	49.71	21.08	30.68	29.11	-0.61
健康险支出增长率（%）	37.88	38.93	33.62	31.19	29.37
意外险支出增长率（%）	13.12	16.36	18.75	20.39	22.40

资料来源：根据中国银保监会官网公开数据统计。

四、我国保险公司资金运用情况

从表 3-4 可以看出，我国保险公司资金运用总额呈现逐年上升趋势。2017 年，资金运用总额 149206 亿元，较年初增长 11.42%；银行存款 19274 亿元，占比 12.92%；债券 51613 亿元，占比 34.59%；股票和证券投资基金 18354 亿元，占比 12.3%；其他投资 59966 亿元，占比 40.19%。

表 3-4　我国保险公司资金运用情况统计（2013—2018 年）

统计指标	2013 年	2014 年	2015 年	2016 年	2017 年
总额（亿元）	76873	93315	111795	133910	149207
银行存款（亿元）	22641	25311	24350	24844	19274
债券（亿元）	33375	35600	38446	43050	51613
股票、证券投资基金（亿元）	7865	10326	16969	17788	18354
其他投资（亿元）	12992	22078	32030	48228	59966
总额增长率（%）	12.15	21.39	19.80	19.78	11.42
银行存款占比（%）	29.45	27.12	21.78	18.55	12.92
债券占比（%）	43.42	38.15	34.39	32.15	34.59
股票基金占比（%）	10.23	11.07	15.18	13.28	12.3
其他投资占比（%）	16.9	23.66	28.65	36.02	40.19

资料来源：根据中国银保监会官网公开数据统计。

第二节　我国保险公司关键财务指标分析

一、我国保险公司经营成本指标分析

常用来反映保险公司经营成本方面的指标有赔付率、费用率和综合成本率。本报告采用的计算公式如下：赔付率＝赔付支出/已赚保费×100%；成本率＝综合费用/保费收入

×100%；综合费用＝税金及附加+手续费及佣金+业务及管理费；综合成本率＝赔付率+成本率。

本报告根据上述计算公式计算了我国保险公司法人机构和分支机构（主要是外资机构）的三个指标（见表 3-5）。结果显示，我国保险公司三个指标存在显著的极值，各年平均值波动较大，因此重点分析中位数。费用率的中位数总体较平稳，而赔付率呈现出显著的上升态势，从 2009 年的 12.04% 提升到 2015 年的 47.78%，2017 年下降到 37.93%。赔付率的上升导致综合成本率从 2009 年的 50.56% 提升到 2017 年的 92.97%。

表 3-5　我国保险公司赔付率、费用率和综合成本率情况（2009—2017 年）

单位：%

年份	赔付率		费用率		综合成本率	
	平均值	中位数	平均值	中位数	平均值	中位数
2009	50.30	12.04	47.99	32.65	98.29	50.56
2010	32.77	21.56	71.62	39.36	104.32	81.23
2011	40.20	19.64	163.28	34.22	203.48	77.95
2012	82.43	23.68	70.71	34.97	153.14	73.67
2013	334.44	34.20	107.14	37.72	441.58	81.15
2014	1656.21	44.20	88.43	37.95	1744.64	94.13
2015	6229.34	47.78	51.31	36.76	6280.65	93.00
2016	2805.57	45.32	1091.60	41.54	3897.17	95.99
2017	73.50	37.93	809.68	37.14	883.19	92.97

资料来源：根据历年《中国保险年鉴》计算整理所得。

二、我国保险公司收益能力指标分析

反映保险公司收益能力的常见指标有以下四个：投资收益率［投资收益/（总资产-固定资产）×100%］，保费利润率（税前利润/保费收入×100%），净资产收益率（净利润/期末所有者权益×100%）和资产收益率（净利润/期末资产×100%）。本报告根据上述公式计算了我国保险公司法人机构和非法人机构四个指标的历年平均值，发现投资收益率无论是平均值还是中位数均呈现了一定的上升趋势；保费利润率的中位数从负值变为正值；净资产收益率从 2009 年的-18.48% 提高到 2017 年的 1.58%；总资产收益率也实现了从负值到正值的转变（见表 3-6）。

表 3-6　我国保险公司收益能力指标统计（2009—2017 年）

单位：%

年份	投资收益率		保费利润率		净资产收益率		总资产收益率	
	平均值	中位数	平均值	中位数	平均值	中位数	平均值	中位数
2009	1.84	2.48	-27.99	-12.54	-29.36	-18.48	-6.67	-5.57
2010	2.99	2.92	-32.68	-3.60	-10.58	-0.93	-2.48	-0.64
2011	2.65	2.76	-6.06	-0.43	-1.86	0.04	-1.55	-0.23

续表

年份	投资收益率		保费利润率		净资产收益率		总资产收益率	
	平均值	中位数	平均值	中位数	平均值	中位数	平均值	中位数
2012	2.41	2.51	-11.30	-0.81	-7.02	0.04	-1.80	-0.33
2013	2.83	2.90	-73.32	0.44	-6.37	0.63	-1.20	0.11
2014	3.39	3.57	-41.43	0.15	-2.66	0.40	-1.72	0.06
2015	4.15	4.02	3.65	1.90	-2.39	2.31	-0.44	0.49
2016	4.81	4.89	1646.36	4.47	4.86	4.63	-0.05	0.84
2017	3.56	3.72	-4582.63	1.17	8.24	1.58	-0.49	0.23

资料来源：根据历年《中国保险年鉴》计算整理所得。

第三节　我国保险公司经营评价体系

一、我国保险公司经营评价依据

本章第一节和第二节的分析主要关注保险公司的具体指标，而没有从整体视角来评价保险公司的财务状况。为综合评价保险公司经营状况，加强保险监管，促进保险公司改善经营管理、转变发展方式，原中国保监会制定了《保险公司经营评价指标体系（试行）》。

根据《保险公司经营评价指标体系（试行）》，中国保险行业协会负责对保险公司法人机构的经营状况进行评价，各省（自治区、直辖市、计划单列市）保险行业协会负责对保险公司分支机构的经营状况进行评价。中国保险行业协会和地方行业协会在每年6月底前公布保险公司法人机构和分支机构上一年度的评价类别、评价指标的行业均值和中位数，供社会各界查阅。

二、我国保险公司经营评价指标体系

我国保险公司经营评价指标主要是由定量指标组成，没有定性指标。根据评价对象是否具有法人资格，又分为法人机构经营评价指标和分支机构经营评价指标。

（一）保险公司法人机构经营评价指标

保险公司法人机构经营评价指标由速度规模、效益质量和社会贡献三大类指标构成。其中财产险公司有12个评价指标，而人身险公司有14个评价指标。

财产险公司有12个评价指标。第一，速度规模方面3个指标（共3分）：保费增长率、自留保费增长率和总资产增长率；第二，效益质量方面5个指标（共5分）：综合成本率、综合赔付率、综合投资收益率、净资产收益率和百元保费经营活动净现金流；第三，社会贡献方面4个指标（共2分）：风险保障贡献度、赔付贡献度、纳税增长率和增加值增长率。

人身险公司有14个评价指标。第一，速度规模方面3个指标（共3分）：保费收入增长率、规模保费增长率和总资产增长率；第二，效益质量方面7个指标（共5分）：综合投资收益率、净资产收益率、新业务利润率、内含价值增长率、综合退保率、13 个月保单继续率和综合费用率；第三，社会贡献方面 4 个指标（共 2 分）：风险保障贡献度、赔付贡献度、纳税增长率和增加值增长率。

（二）保险公司分支机构经营评价指标

保险公司分支机构经营评价指标由速度规模、效益质量和社会贡献三大类指标构成。其中，财产险公司分支机构有 10 个评价指标，人身险公司分支机构有 13 个评价指标。

财产险公司分支机构有 10 个评价指标。第一，速度规模方面 2 个指标（共 3 分）：车险保费增长率和非车险保费增长率；第二，效益质量方面 4 个指标（共 5 分）：综合成本率、综合赔付率、车险销售费用率和百元保费经营活动净现金流；第三，社会贡献方面 4 个指标（共 2 分）：风险保障贡献度、赔付贡献度、纳税增长率和增加值增长率。

人身险公司分支机构有 13 个评价指标。第一，速度规模方面 3 个指标（共 3 分）：保费收入增长率、规模保费增长率和新单保费增长率；第二，效益质量方面 6 个指标（共 5 分）：个险期交业务费用率、个险趸交业务费用率、银邮期交业务费用率、银邮趸交业务费用率、综合退保率和 13 个月保单继续率；第三，社会贡献方面 4 个指标（共 2 分）：风险保障贡献度、赔付贡献度、纳税增长率和增加值增长率。

三、我国保险公司经营评价分类

经营评价采用十分制，满分为 10 分。中国保险行业协会和地方行业协会根据评分规则，对每项评价指标打分，加总得到保险公司和分支机构的得分。法人机构和分支机构的经营评价指标得分大于等于 8 分的，为 A 类机构；得分小于 8 分但大于等于 4 分的，为 B 类机构；得分小于 4 分但大于等于 2 分的，为 C 类机构；得分小于 2 分的，为 D 类机构。

根据保险公司和分支机构的经营状况，将其分为 A、B、C、D 四类：A 类公司是指在速度规模、效益质量和社会贡献等各方面经营状况良好的公司；B 类公司是指在速度规模、效益质量和社会贡献等各方面经营正常的公司；C 类公司是指在速度规模、效益质量和社会贡献某方面存在问题的公司；D 类公司是指在速度规模、效益质量和社会贡献等方面存在严重问题的公司。

第四节　我国保险公司经营评价结果

一、我国保险公司经营评价结果概况

本报告整理了 2015—2017 年我国保险公司经营状况的评价结果。评价过程主要运用财务指标，得出综合得分，然后按照从高到低分成 A、B、C、D 四个等级。

在 411 个保险公司样本中，经营评价结果为 B 类的保险公司有 281 家，占比 68.37%；A 类保险公司次之，占比 19.17%；C、D 类保险公司占比较少。总体而言，我国保险公司经营状况良好，但大部分处于 B 类，而 A 类保险公司相对较少（见表 3-7）。

表 3-7　我国保险公司经营评价结果（2015—2017 年）

评级	频数	比例（%）	累计比例（%）
A	81	19.71	19.71
B	281	68.37	88.08
C	45	10.95	99.03
D	4	0.97	100.00
合计	411	100.00	—

资料来源：根据中国保险行业协会官网公开数据统计。

二、不同年份保险公司经营评价结果

将不同年份保险公司经营评价结果进行比较，发现 2015—2017 年，我国保险公司经营状况评级为 B 类的公司始终占比最大。相比 2016 年的评价结果，2017 年保险公司评级为 B 类的比例有所下降，而评级为 A 类和 C 类的公司占比增加，这说明保险公司的经营状况差距开始拉大（见表 3-8）。

表 3-8　不同年份保险公司经营评价结果比较

年份	评级	频数	比例（%）	累计比例（%）
2015	A	25	18.80	18.80
	B	91	68.42	87.22
	C	17	12.78	100.00
	合计	133	100.00	—
2016	A	23	17.04	17.04
	B	98	72.59	89.63
	C	12	8.89	98.52
	D	2	1.48	100.00
	合计	135	100.00	—
2017	A	33	23.08	23.08
	B	92	64.34	87.41
	C	16	11.19	98.60
	D	2	1.40	100.00
	合计	143	100.00[1]	—

资料来源：根据中国保险行业协会官网公开数据统计。

三、不同年份分险种类型保险公司经营评价结果比较

报告按照险种类型将保险公司分为财产险公司和人身险公司。将不同年份不同险种类型保险公司的经营评价结果进行比较发现，财产险公司评级为 A 类的比例在 2015—2017 年保

---

[1] 本书比例合计采取四舍五入计算方法，选取近似值。

持增长，评级为 B 类的比例在 2017 年较上一年度有所下降，而评级为 C 类的比例在 2017 年较上一年度有所增加，说明 2017 年以后，财产险公司经营状况的差距开始拉大。对于人身险公司而言，2017 年评级为 A 类的比例增加，而评级为 B 类和 C 类的公司比例下降，评级为 D 类的公司仅比上一年度增加 1 家，整体经营状况较 2016 年度更好（见表 3-9）。

表 3-9　不同年份分险种类型保险公司经营评价结果比较

年份	险种类型	评级	频数	比例（%）	累计比例（%）
2015	财产险	A	13.00	20.31	20.31
		B	44.00	68.75	89.06
		C	7.00	10.94	100.00
		合计	64.00	100.00	—
	人身险	A	12.00	17.39	17.39
		B	47.00	68.12	85.51
		C	10.00	14.49	100.00
		合计	69.00	100.00	—
2016	财产险	A	15.00	22.06	22.06
		B	49.00	72.06	94.12
		C	3.00	4.41	98.53
		D	1.00	1.47	100.00
		合计	68.00	100.00	—
	人身险	A	8.00	11.94	11.94
		B	49.00	73.13	85.07
		C	9.00	13.43	98.51
		D	1.00	1.49	100.00
		合计	67.00	100.00	—
2017	财产险	A	19.00	25.33	25.33
		B	48.00	64.00	89.33
		C	8.00	10.67	100.00
		合计	75.00	100.00	—
	人身险	A	14.00	20.59	20.59
		B	44.00	64.71	85.29
		C	8.00	11.76	97.06
		D	2.00	2.94	100.00
		合计	68.00	100.00	—

资料来源：根据中国保险行业协会官网公开数据统计。

四、不同年份各组织形式保险公司经营评价结果比较

本报告按照组织形式将保险公司分为股份制公司和有限责任制公司。将不同年份不同组织形式的保险公司经营评价结果进行比较发现，2017 年股份制保险公司评级为 A 类的比例增加，评级为 B 类的比例减少，而 A 类和 B 类保险公司总占比较上一年度有所下滑。对于有限责任制保险公司而言，评级为 A 类的保险公司比例增加，评级为 B 类的公司比例减少，而 A 类和 B 类保险公司总占比较上一年度有所增加（见表 3-10）。从累计

百分数的角度观察，虽然股份制保险公司的经营状况略优于有限责任制保险公司，但这种差距在逐渐缩小。

表 3-10　不同年份各组织形式保险公司经营评价结果比较

年份	组织形式	评级	频数	比例（%）	累计比例（%）
2015	股份制	A	13	20.31	20.31
		B	44	68.75	89.06
		C	7	10.94	100.00
		合计	64	100.00	—
	有限制	A	12	17.39	17.39
		B	47	68.12	85.51
		C	10	14.49	100.00
		合计	69	100.00	—
2016	股份制	A	15	22.06	22.06
		B	49	72.06	94.12
		C	3	4.41	98.53
		D	1	1.47	100.00
		合计	68	100.00	—
	有限制	A	8	11.94	11.94
		B	49	73.13	85.07
		C	9	13.43	98.51
		D	1	1.49	100.00
		合计	67	100.00	—
2017	股份制	A	19	25.33	25.33
		B	48	64.00	89.33
		C	8	10.67	100.00
		合计	75	100.00	—
	有限制	A	14	20.59	20.59
		B	44	64.71	85.29
		C	8	11.76	97.06
		D	2	2.94	100.00
		合计	68	100.00	—

资料来源：根据中国保险行业协会官网公开数据统计。

第四章 我国保险公司治理发展沿革

本章首先回顾了公司治理概念的提出过程，概括了早期国内外学者对公司治理的探索历程和关注情况，然后简述了我国一般公司治理发展的四个阶段，梳理了每个阶段的公司治理特点和典型事件，最后介绍了保险公司治理问题的提出以及我国保险公司治理的发展历程。

第一节 公司治理问题的提出

一、公司治理概念的首次提出

公司治理问题实际上很早就存在了，它是随着公司制组织形式的出现而产生的。如果以 1600 年东印度公司的设立作为标志，公司治理问题已经有 400 多年的历史。1776年，亚当·斯密（Adam Smith）在《国富论》（*An Inquiry into the Nature and Causes of the Wealth of Nations*）中对两权分离下股份制公司及其董事行为的分析实际上已经触及公司治理问题。但学术界更多地认为 1932 年阿道夫·伯利（Adolf A. Berle）和加德纳·米恩斯（Gardiner C. Means）的著作《现代公司与私有财产》（*The Modern Corporation and Private Property*）首次正式提出公司治理问题，特别值得一提的是 1937 年罗纳德·科斯（Ronald H. Coase）《企业的性质》（"The Nature of the Firm"）论文的发表所带来的新制度经济学的兴起，也为后续公司治理问题的研究提供了扎实的理论基础。这是因为在新古典经济学中，企业是一个黑箱，只包括生产要素的投入比例安排问题，制度因素并没有被纳入考虑，企业只有生产属性，没有交易属性。科斯正是因为在这方面的贡献，于1991 年获得了诺贝尔经济学奖。另一位公司治理领域的诺贝尔经济学奖得主奥利弗·威廉姆森（Oliver E. Williamson）进一步发展了科斯的交易成本（transaction cost）概念，提出了影响交易成本大小的重要因素之一是资产专用性（asset specificity）。基于这个核心概念，威廉姆森在 1975 年出版的巨著《市场与层级制：分析与反托拉斯含义》（*Markets and Hierarchies: Analysis and Antitrust Implications*）中提出"治理结构"，这个概念已经涵盖了"公司治理"的内容。1984 年，他直接以"Corporate Governance"为题对公司治理进行了较系统的分析，指出公司治理的研究经过了漫长的沉寂，最近正在复兴，导致这种情况出现的重要原因是缺乏对公司治理经济（The Economics of Corporate Governance）的微观分析。从这个意义上来说，实践上，公司治理是一个老话题，但理论上，它还是一个新兴的领域。

不得不提的另一位较早对公司治理进行研究和界定的学者是英国《公司治理：国际评论》（Corporate Governance：An International Review）杂志创始主编罗伯特·特里克（Robert Lan Tricker）。在1984年出版的《公司治理》（Corporate Governance）一书中，他认为公司治理包括董事及董事会的思维方式、理论和做法，它研究董事会和股东、高层管理部门、规制者、审计员以及其他利益相关者的关系，因此，"公司治理是对现代公司行使权力的过程"。特里克把公司治理归纳为四种主要活动：战略制定（direction）、决策执行（executive action）、监督（supervision）和问责（accountability）。他还认为，公司治理（governance of a company）与公司管理（management of a company）是不同的概念。如果说管理是针对经营业务（running business）的话，那么，治理则是确保能够恰当地经营（running properly）。公司不但需要管理（managing），而且需要治理（governing）。卡德伯利（Cadbury）把特里克视为英国公司治理的"先驱"。

飞利浦·科克伦（Philip L. Cochran）和史蒂文·沃特克（Steven L. Wartick）在1988年出版的仅有74页的著作《公司治理——文献回顾》中认为，公司治理是一个概括性术语（umbrella term），它涵盖了董事会、执行董事及非执行董事的概念（concepts）、理论（theories）与实践（practices）等多方面问题。公司治理要解决的核心问题包括：①谁从公司决策及高级管理阶层的行动中受益；②谁应该从公司决策及高级管理阶层的行动中受益。如果二者不一致，就出现了公司治理问题。"毒丸计划"的创始人马丁·利普顿（Martin Lipton）在1991年提出，公司治理是一种手段，而不是目的。

二、第一次公司治理浪潮加速了对公司治理的探索

一直到1992年的《卡德伯利报告》出台后，"公司治理"这一概念才越来越多地被使用，对于公司治理的理解和界定也更加准确和规范。萨利姆·谢赫（Saleem Sheikh）在1995年指出，公司治理就是关于公司事务方向性（direction of a company affairs）方面的董事被信托义务和责任的一种制度，是以股东利益最大化的问责机制（accountability）为基础的。奥利弗·哈特（Oliver Hart）在1995年提出只要存在以下两个条件，公司治理问题就必然会在一个组织中产生。第一个条件是代理问题，具体说是公司组织成员之间存在利益冲突；第二个条件是交易费用较大，使得代理问题不可能通过合约解决。当出现代理问题且合约不完全时，公司治理就至关重要了。哈特提出了五个公司治理问题：代理合同的成本问题；个人股东控制问题；大股东问题；董事会的局限性问题；管理层以牺牲股东利益为代价，追求自己的目标问题。罗伯特·蒙克斯（Robert Monks）和尼尔·米诺（Nell Minow）在1995年提出公司治理决定公司发展方向和绩效的各参与者之间的关系。斯蒂芬·普劳斯（Stephen Prowse）在1995年提出，公司治理是一个机构中控制公司所有者、董事和管理者行为的规则、标准和组织。玛格瑞特·布莱尔（Margaret Blair）在1995年指出，从狭义角度讲，公司治理是指有关董事会的功能、结构，股东的权利等方面的制度安排；从广义角度讲，则是指有关公司控制权和剩余索取分配权的一

整套法律、文化和制度安排，这些安排决定公司目标，谁在什么情况下对公司实施控制、如何控制，风险和收益如何在企业不同的成员之间分配等一系列问题。1997 年，柯林·梅尔（Colin Mayer）指出，公司治理往往涉及委托代理问题，即作为委托人的股东，委托作为代理人的经营者按照他们的利益来经营企业。所谓公司治理是使双方的利益一致，并确保企业为投资者的利益而运行的方式。凯文·基西（Kevin Keasey）、史蒂夫·汤普森（Steve Thompson）和迈克·莱特（Michael Wright）在 1997 年指出，"公司治理"一词在 1990 年之前出现得还比较少，而近 10 年则开始了对公司治理问题的探讨。安德烈·施莱弗（Andrei Shleifer）和罗伯特·维什尼（Robert W. Vishny）在 1997 年提出，公司治理要处理的是公司的资本供给者如何确保自己得到投资回报的途径问题，公司治理的核心问题是保证资本供给者（股东和债权人）的利益。伊莱恩·斯滕伯格（Elaine Sternberg）在 1998 年提出，公司治理是确保公司活动、资产和代理人能够符合股东既定目标的一种方式。

1993 年，特里克在《公司治理：国际评论》（*Corporate Governance: An International Review*）创刊第一期"主编寄语"中写道："在 20 世纪 80 年代初，公司治理并不是一个严肃的学术话题，公司治理这个词语也很难在专业文献中发现。最近 10 年，公司治理成为严肃的研究问题，而且公司治理词语在文献中比较普及。"劳伦斯·米切尔（Lawrence E. Mitchell）在 1994 年指出，目前还没有一个广泛被接受的公司治理定义，或者尚未对公司治理的含义达成共识。同样，奈杰尔·莫（Nigel G. Maw）等在 1994 年指出，公司治理虽然是已被接受的话题，但是至今还没有清楚的定义，其边界仍然不清。这是因为：各个定义从不同侧面对其进行界定，如治理结构的具体形式、公司治理制度的功能或公司治理所面对的基本问题等，这些都不够全面、科学；这些定义中，对"公司治理"与"公司治理结构"的使用非常混乱。从以上关于公司治理的讨论可以看出，在 1975—1992 年间，国外对于公司治理的研究尚处于起步阶段，1992 年第一次公司治理浪潮的发生加速了公司治理的理论研究。

三、国内对公司治理问题的关注

在国内，代表性的公司治理界定有如下几种。吴敬琏（1993；1994）认为公司治理是指由所有者、董事会和高级执行人员即高级经理人员三者组成的一种组织结构。要完善公司治理，就要明确划分股东、董事会、经理人员各自权利、责任和利益，从而形成三者之间的关系。钱颖一（1995）认为，公司治理是一套制度安排，用以支配若干在企业中有重大利害关系的团体投资者（股东和贷款人）、经理人员、职工之间的关系，并从这种联盟中实现经济利益，公司治理包括：①如何配置和行使控制权；②如何监督和评价董事会、经理人员和职工；③如何设计和实施激励机制。张维迎（1996）认为，狭义地讲，公司治理是指有关公司董事会的功能、结构、股东的权利等方面的制度安排；广义的公司治理几乎等同于企业所有权安排。或者更准确地讲，公司治理只是企业所有权安排的具体化，企业所有权是公司治理的一个抽象概括。林毅夫和李周（1997）是在论述市场环境的重要性时论及这一问题的，所谓的公司治理，是指所有者对一个企业的经营管理和绩效进行监督与控制的一整套制度安排。杨瑞龙和周业安（1998）认为，在政府扮演所有者角色的条件下，按照"股东至上主义"的逻辑，改制后的国有企业就形成了有别于"内部人控制"的"行政干预下的经营控制型"企业治理。这种治理使国有企业改革陷入了困境。为了摆脱困境，须实现企业治理的创新，其核心是扬弃"股东至上主义"，遵循既符合中国国情又顺应历史潮流的"共同治理"思想。这一思想强调，企业不但要重视股东的权益，而且要重视其他利益相关者对经营者的监控；不仅强调经营者的权威，还要关注其他利益相关者的实际参与。这种共同治理的逻辑符合现代市场经济的内在要求。李维安在日文著作《中国的公司治理研究》（1998，税务经理协会出版社）中明确给出了公司治理的定义：所谓公司治理是指通过一套包括正式的或非正式的、内部的或外部的制度或机制来协调公司与所有利益相关者之间的利益关系，以保证公司决策的科学化，从而最终维护公司各方面的利益的一种制度安排，公司治理有结构和机制两个层面问题，治理的目标是公司决策的科学化。李维安在 2001 年出版的著作《公司治理》（南开大学出版社）、2005 年出版的教材《公司治理学》（高等教育出版社）和 2009 年再版的《公司治理学》中继续沿用上述定义。

除了上述有代表性的研究以外，还有一批学者较早进行了公司治理理论方面的探讨。例如，卢昌崇 1994 年在《经济研究》发表了论文《公司治理机构及新、老三会关系论》，1999 年出版了著作《企业治理结构——一个组织制度的演进与设计》。费方域（1996）认为，对于公司治理这样一个复杂的概念，是不可能也不应该用一两句话就给出完整定义的。而且，随着人们对它的认识的深入，对它做出的解释也将更加丰富。在辩证地综合各个侧面抽象研究的意义上，这个概念应该是一个知识体系。知识的最小表述单位是判断，所以，它可以用一系列互为补充的判断来加以说明：公司治理的本质是一种合同关系；公司治理的功能是配置权、责、利；公司治理的起因是产权分离；公司治理的形式多种多样。田志龙较早对公司治理问题和基本理论进行了研究，田志龙、杨辉和李玉清（1998）在《管理世界》发表的论文《我国股份公司治理结构的一些基本特征研究——对我国百家股份公司的实证分析》，通过对百家股份公司的实证分析，提炼了我国公司治理结构的一些基本特征，提出公司股权结构是影响治理结构的重要因素之一。田志龙在 1999 年 6 月出版的《经营者监督与激励：公司治理的理论与实践》，是我国较早的有关公司治理结构理论和实践的专著，尽管其主题主要集中在经营者激励监督问题上。

第二节　中国一般公司治理发展的四个阶段

回顾中国经济和企业这 40 年的发展，本报告将公司治理实践分为观念导入、结构构建、机制建立和有效性提高四个阶段。

一、第一阶段：公司治理观念导入阶段（1978—1992 年）

1978 年党的十一届三中全会以后，中国经济体制开始由计划经济向有计划的商品经济转变，国家逐步下放和扩大国有企业的自主权。在国有企业的经营管理上，由单一的政府直接管理转变为政府直接管理和企业适度自主经营相结合的"双轨制管理"。企业开始由"国营"逐步转变为"国有"(赵国英,2009)。企业在完成指令性计划的同时,可以自主开发市场,经批准可以投资开办企业。1984 年开始,国有企业内部管理体制由党委领导下的厂长(经理)负责制逐步转变为厂长(经理)负责制,并于 1987 年进入全面实施阶段。1988 年,《全民所有制工业企业法》正式颁布,确定了全民所有制企业的法人地位,结束了全民所有制企业法律地位不明确的状况。始于 1978 年的中国国有企业改革,在经过扩大企业经营自主权、利改税、承包经营责任制和转换企业经营机制改革后,到 20 世纪 90 年代中期,企业经营管理人员尤其是经理人员获取了过大的不受约束与控制的权力。在消除行政型治理,但尚未建立经济型治理的过程中出现了内部人控制(insider control)问题。许多学者认为这是中国当时的法人治理结构不完善,企业内部缺乏对经营管理人员有效的制衡机制造成的。基于这样的背景,从解决内部人控制入手展开对法人治理结构的搭建与完善,属于探索性的治理实践,即从观念上开始导入公司治理理念。但这一阶段对公司治理的认识还局限于法人治理的结构层面,建设法人治理结构更多是为了实现制衡,即制衡"一把手"。

二、第二阶段:公司治理结构构建阶段(1993—1998 年)

1993 年,《中共中央关于建立社会主义市场经济体制若干问题的决定》指出,国有企业改革的方向是建立产权明晰、权责明确、政企分开、管理科学的现代企业制度,但文件中还没有直接论及公司治理问题。随着上海证券交易所和深圳证券交易所的先后设立,1993 年 4 月,国务院发布了《股票发行与交易管理暂行条例》;同年 6 月,中国证券监督管理委员会(以下简称"中国证监会")制定了《公开发行股票公司信息披露实施细则(试行)》,信息披露是公司治理的重要方面之一。1994 年 7 月,《公司法》正式实施,从法律上对规范股份有限公司的设立和运作,以及股票的发行和上市做出了明确规定,特别是确立了"三会制度"。《公司法》出台前,股份公司的设立及其股票的发行和上市,主要是依据原国家经济体制改革委员会 1992 年 5 月制定和实施的《股份有限公司规范意见》与国务院 1993 年 4 月发布和施行的《股票发行与交易管理暂行条例》。1998 年 4 月,两个交易所推出"特别处理"(Special Treatment,ST)制度。2007 年,东北高速(600003)成为首家因公司治理问题被 ST 的公司。1998 年通过的《证券法》中关于投资者权益、持续信息披露和对经营者约束等规定均为公司治理内容。通过上述分析不难看出,这一阶段的公司治理已经实现了由观念导入到结构构建的转变,特别是《公司法》的正式推出,使公司治理实践有了现实的主体和法律基础,因为按照《企业法》注册的企业,不存在董事会、监事会等治理问题。尽管这一阶段有了《公司法》这一法律基础,但在治理实践上,多数公司只是满足《公司法》的基本要求,搭建了公司治理基本架构而已,治理机制却没有很好地发挥作用。最明显的证据就是各公司章程与工商部门提供的范例相似度极高,董事会和监事会也多局限于开会,从"形"上符合治理的要求,强调更多的是治理的合规性。这一阶段中,对于如何处理好"新三会"与"老三会"的关系,还没有找到合适的解决办法(卢昌崇,1994)。

三、第三阶段：公司治理机制建立阶段（1999—2012 年）

以 1999 年党的十五届四中全会通过《中共中央关于国有企业改革和发展若干重大问题的决定》（以下简称《决定》）为标志，中国公司治理实践进入一个新的阶段，即相对深入阶段，开始注重治理机制的建立。《决定》指出，公司制是现代企业制度的一种有效组织形式，而法人治理结构是公司制的核心，这是我国第一次在文件中正式提到法人治理结构的概念。为了保证董事会的独立性和更好地保护中小股东权益，2001 年 8 月，中国证监会推出《关于在上市公司建立独立董事制度的指导意见》，正式导入英美公司治理模式中的独立董事制度，实现了监事会和独立董事的双重监督。2002 年 1 月，中国证监会和原国家经贸委联合发布了《上市公司治理准则》，使上市公司的治理有章可循。股权结构是公司治理的基础，2002 年出台的《合格境外机构投资者境内证券投资管理暂行办法》（QFII 制度），以及随后出台的《外国投资者对上市公司战略投资管理办法》《关于外国投资者并购境内企业的规定》《关于上市公司股权分置改革试点有关问题的通知》等规定，都是从完善公司股权层面来进行探索。2003 年，党的十六届三中全会通过的《中共中央关于完善社会主义市场经济体制若干问题的决定》，明确提出不但要建设公司治理，而且要完善公司治理。同年，国务院国资委成立，之后各地方国资委相继成立，结束了中国国有企业"多龙治水"的局面，国有企业出资人这一主体得到明确。为全面深入贯彻落实《国务院关于推进资本市场改革开放和稳定发展的若干意见》，中国证监会于 2005 年推出《关于提高上市公司质量意见》的"二十六条"，其中第三条对上市公司治理进行了明确规定。随着公司治理实践的深入，实践当中出现的一些治理问题需要以法律的形式对其进行总结。2005 年《公司法》进行了修订，2006 年实施的新《公司法》在完善公司治理基本制度方面有颇多建树。2007 年 3 月，中国证监会发布《关于开展加强上市公司治理专项活动有关事项的通知》，拉开了公司治理专项活动的序幕，使中国上市公司治理状况得到进一步改善。纵观中国企业发展的历史，可以看出中国企业改革的"宝"押在了股份制上，始于 2004 年的央企董事会试点改革已初具规模。截至 2012 年初，117 家大型国有独资公司中已有 40 家引入董事会制度，国有企业治理水平得到显著提高。与上一阶段公司治理实践相比，这一阶段的重要性不言而喻，该治理阶段主要是围绕如何建立治理机制展开的，除了完善《公司法》《证券法》等法律，还制定了《上市公司治理准则》《国务院关于推进资本市场改革开放和稳定发展的若干意见》《关于提高上市公司质量意见的通知》《公开发行股票公司信息披露实施细则》《上市公司章程指引》等具体的规章制度。

四、第四阶段：公司治理有效性提高阶段（2013 年至今）

2013 年，党的十八届三中全会通过了《中共中央关于全面深化改革若干重大问题的决定》，明确指出要推动国有企业完善现代企业制度。具体内容包括：健全协调运转、有效制衡的公司法人治理结构；建立职业经理人制度，更好发挥企业家作用；深化企业内部管理人员能上能下、员工能进能出、收入能增能减的制度改革；建立长效激励约束机制，强化国有企业经营投资责任追究；探索推进国有企业财务预算等重大信息公开；国有企业要合理增加市场化选聘比例，合理确定并严格规范国有企业管理人员薪酬水平、职务待遇、职务消费、业务消费等。这一阶段，要在实现公司治理"形似"的基础上，探索如何有效发挥公司治理机制的作用，改革不但要实现治理的"形"似，还要"神"似。公司治理是国家治理体系的重要组成部分，是治理能力现代化的基础，提高公司治理有效性是未来一段时间内我国公司治理改革的风向标。

第三节　中国保险公司治理发展的五个阶段

一、保险公司治理问题的提出

20 世纪 90 年代中期之前，公司治理还主要是针对非金融机构而言的，对金融机构的关注集中体现为商业银行的专家式债权监督和非银行金融机构的市场评价式监督，即参与非金融机构的治理。股东的"搭便车"行为导致管理人员的机会主义行为缺乏必要的监督，结果往往是股东的利益遭受损失。而债务的硬预算约束特点和独特的破产制度可以给非金融机构经理人员不同于股权的压力，从而在公司治理中赋予金融机构独特和重要的角色。公司治理的市场评价式监督主要依赖保险公司、证券公司、各类基金公司等机构客观公正的评价和相应的信息发布活动，从而对经理人员产生监督效果，进而降低代理成本，提高治理绩效。

仔细研究不同国家、不同时期金融危机的历史，我们不难发现，那些曾显赫一时、堪称国际一流的金融机构在一夜之间突然垮台的根本原因并不是我们通常所认为的金融风险，而是公司治理的缺陷所导致的治理风险。这些金融机构也基本上都建立了金融风险预警与控制制度，但在公司治理结构与机制上仍存在着重大问题和不足。1997 年开始的东亚金融危机，以及在美国发生的包括安然、安达信等在内的一系列大公司财务丑闻，进一步引起了人们对银行和非银行类金融机构自身治理问题的重视。相比非金融机构，保险公司、商业银行、证券公司等金融机构具有许多与生俱来的特殊性质，并由此决定了金融机构治理并不能只是公司治理理论在金融机构领域的简单运用，而是需要结合其特殊性进行治理结构与机制的创新。

在 20 世纪 90 年代中期之后，公司治理的研究和实践无疑已经进入了非金融机构和金融机构并重的新阶段（李维安，2005）。正是由于金融机构存在自身治理和对业务对象治理的双重问题，如果金融机构治理不善，其治理风险将日积月累，达到阈值并最终以风险事故的形式爆发，进而导致其自身陷入经营困境，甚至破产倒闭。从这个意义上来讲，金融机构最大、最根本的风险是治理风险，将着力点放在治理风险上，是金融机构治理研究的明确选择和指导各类金融机构改革与发展的主要方向。

金融机构运营的对象是资金或有价证券等重要社会资源，鉴于它们在整个社会中的重要地位，金融机构还会受到来自金融监管部门的相应管制和治理。这也是金融机构自身治理问题的重要内容之一。作为金融系统的重要组成部分，保险公司的治理问题也逐渐受到经济合作与发展组织（Organization for Economic Co-operation and Development，OECD）和国际保险监督官协会（International Association of Insurance Supervisors，IAIS）等国际组织、各国政府和保险公司的广泛关注。IAIS 十分重视保险公司治理问题，在 1997 年首次发布的《保险监管核心原则》（Insurance Core Principles，ICP）中，将保险公司治理监管列为重要内容。此后，在 2000 年版、2003 年版的 ICP 中，保险公司治理监管的内容不断得到强化和细化。2004 年 10 月，IAIS 又发布了《保险公司治理核心原则》（Insurance Core Principles on Corporate Governance），提出了对保险公司完善治理的要求及对保险公司治理监管的重点与方法。2005 年，OECD 出台了《保险公司治理指引》（Guidelines for Insurers' Governance），基于保险公司特性的保险公司治理由此在全球范围内兴起（杨馥，2009）。

二、保险公司治理内涵的界定

国内外专门对保险公司治理的内涵进行解释和界定的文献并不多见，2015 年李维安和郝臣合著的《公司治理手册》首次给出了保险公司治理的定义："所谓保险公司治理是指对保险公司这一特殊行业企业的治理，也是金融机构治理的重要内容之一。"这是一个比较笼统的定义，也是保险公司治理的第一版定义。2016 年，郝臣在其著作《保险公司治理对绩效影响实证研究——基于公司治理评价视角》中进一步界定了保险公司治理的内涵，认为：所谓保险公司治理，是指对财产险、人身险、再保险和相互制保险公司这一特殊行业公司的治理，即"保险公司+治理"，而不是公司治理理论在保险公司上的简单运用，即"公司治理+保险公司"。这是保险公司治理的第二版定义。

2017 年，郝臣、李慧聪和崔光耀在著作《治理的微观、中观与宏观——基于中国保险业的研究》中给出了保险公司治理的第三版定义。首先，保险公司治理具有狭义和广义之分。狭义"保险公司治理"就是指关于保险公司"三会一层"构成、地位与性质、基本职权、运作规则等的制度安排，即保险公司的内部治理结构与机制，用于解决股东（所有者、委托人）与管理层（经营者、代理人）以及大股东和小股东之间的委托代理问题，治理的目标是使股东利益最大化；广义的"保险公司治理"就是指协调投保人、股东、经理人、雇员、社区、政府等利益相关者的利益的，一套来自公司的内部和外部、正式和非正式的，以实现保险公司决策科学化，进而实现利益相关者利益最大化的制度安排。其次，保险公司治理是指对财产险和人身险等保险公司这一特殊行业公司的治理，即"保险公司+治理"，而不是公司治理理论在保险公司上的简单运用，即"公司治理+保险公司"。最后，从狭义定义上来看，其没有很好地体现出保险公司治理的特殊性，与一般公司的狭义公司治理概念完全相同；而广义保险公司治理的概念则更好地体现了保险公司治理的特殊性。[①]

---

① 郝臣等随后发表的论文：郝臣，崔光耀. 保险公司治理概念之辨析与拓展——基于中国实践视角[J]. 公司治理评论，2018（1）：1-19；郝臣. 提升我国保险公司治理能力的思考——标准引领与监管推动的视角[J]. 保险理论与实践，2018（7）：1-31，其中对保险公司治理内涵的界定仍然沿用第三版的定义。在中国保险行业协会 2018 年发布的公司治理标准文件《保险业公司治理实务指南总体框架》（TIAC 21-2018）中，保险公司治理的定义也参考了第三版的定义。本报告同样在第三版的定义下开展相关内容的写作和分析。

三、中国保险公司治理的发展

（一）政企合一的计划管理：完全行政型治理阶段（1949—1959 年）

完全行政型治理是指保险公司采取单一的政府管理体制，实行政企合一的计划管理。1949 年 8 月，陈云同志主持，在上海召开了由华东、华北、华中、东北、西北 5 个地区的财政、金融、贸易部门领导干部参加的财经会议，创建中国人民保险公司的建议就是在这次会议上提出来的。1949 年 9 月 25 日至 10 月 6 日，由中国人民银行组织的第一次全国保险工作会议在北京举行。1949 年 10 月 20 日，中国人民保险公司在北京成立，宣告了全国统一的国家保险机构的诞生。作为中华人民共和国第一家保险公司，中国人民保险公司在随后的 60 多年时间里经历了停办、恢复、一家独大、分业经营和集团化发展。中国人民保险公司成立之初，不仅是一个经营各种保险业务的经济实体，而且是兼有领导与监督全国保险业职能的行政管理机构。因此，开业时总公司和各区公司均设有监理室和监理科。

中国人民保险公司的成立，标志着中国保险事业进入了新的历史时期——人民保险事业的新纪元。中国人民保险公司成立后，一方面通过中国人民银行各地分支机构广泛开展保险业务，另一方面则在有条件的地方建立起自己的保险分支机构。截至 1950 年 6 月，总公司已下设区公司 5 个，分公司 31 个，支公司 8 个，办事处 75 个，营业部及派驻所 4 个，一些边远省份如青海、宁夏都设置了分公司，新疆也派去了干部。保险机构分布之广，保险业务覆盖面之大，是我国保险史上前所未有的，改变了过去保险公司集中在上海、天津、汉口等大城市的状况，为在全国范围内开展保险业务创造了条件。1950 年 1 月下旬起，保险监理业务改由中国人民银行金融管理部门处理，中国人民保险公司下属的监理部门相继奉令撤销，实现了保险公司向完全的金融企业过渡的转变。1952 年 6 月，中国人民保险公司从中国人民银行划归财政部领导。

1951 年下半年，上海和天津的 28 家私营保险公司（中外合资与未复业的人身险公司不包括在内）分别组成太平保险公司和新丰保险公司，由中国人民保险公司投入一半以上的资金，走上了国家资本主义的道路。1956 年 8 月，太平、新丰两家保险公司通过合并实现了全行业公私合营，标志着中国保险业的社会主义改造完成。

1958 年 12 月，由于认为人民公社化后，保险工作的作用已经消失，财政部决定停办国内保险业务。除上海、哈尔滨、广州、天津的保险业务办理到 1966 年外，其余国内保险业务全部停办。1959 年，中国人民保险公司从财政部划归中国人民银行领导，取消了保险公司建制[①]。截至 1964 年，全国共有保险机构 27 个，干部 114 人。1965 年，中国人民保险公司又独立建制，当时的保险总公司包括工友在内总共 86 人。

1949 年，外商保险公司的保险费收入占全国保险费收入的 62%，1950 年降低到 9.8%，1952 年则为 0.01%。因此，1952 年，外商保险公司陆续申请停业，自动退出中国保险市场。在这一阶段，我国保险公司在单一的政府直接管理模式下，类似于政府的一个职能部门，完全以传统的行政命令、计划指标来实施运营，治理客体也比较单一。中资的国

---

① 1959—1978 年是我国保险业停业的 20 年，这一阶段也是我国保险公司治理实践的空白期，因此本部分五个阶段中第一阶段和第二阶段在时间上没有连续。

有保险公司的结构也比较简单。但是，这种机制所形成的政企不分、约束缺位、所有权和经营权分离等制度缺陷造成内部人控制与行政干预下的经营控制，出现了严重的经营目标偏离问题。实践证明，保险公司改革必须以建立现代企业制度为方向，摆脱行政型治理。

（二）治理主体形成与改制：治理理念导入阶段（1979—2000 年）

1978 年 12 月党的十一届三中全会后，中国进入社会主义改革和社会主义建设的新历史时期。1979 年 2 月，中国人民银行全国分行行长会议做出恢复国内保险业务的重大决策；1979 年 4 月，国务院批准通过《中国人民银行分行行长会议纪要》，做出了"逐步恢复国内保险业务"的重大决策。1979 年 4 月，人民银行颁发《关于恢复国内保险业务和加强保险机构的通知》，就恢复国内保险业务和保险机构设置等问题做出指示，直到 1979 年 11 月全国保险工作会议召开，停办了 20 多年的国内保险业务才就此复业。

全国保险工作会议结束后，经国务院批准，中国人民保险公司从 1980 年开始逐步恢复停办了 20 年的国内保险业务，组建各地分支机构的工作也全面展开。国务院于 1982 年 12 月批准了《中国人民保险公司章程》，并批准成立中国人民保险公司董事会、监事会。当时，在人事级别上，中国人民保险公司直接隶属于中国人民银行，为局级专业公司，各地分公司相当于当地人民银行"处一级企业单位"；职位分配上，省（市）分公司经理可由人民银行省（市）分行一位副行长兼任，各分、支公司内部可以根据业务和人员编制情况，分设若干科（股）；管理体制上，基本沿袭 20 世纪 50 年代的"总、分、支公司"的垂直领导模式，相关人员的人事关系都在人民银行，对外是中国人民保险公司北京分公司，对内是中国人民银行北京分行保险处。这种状况一直持续到 1984 年。

1983 年 9 月，经国务院批准，中国人民保险公司升格为国务院直属局级经济实体，并于 1984 年 1 月 1 日从中国人民银行分离出来，成为副部级建制单位，接受中国人民银行的领导、管理、监督和稽核。作为全国唯一的国家独资保险公司，中国人民保险公司经营管理体制上的弊端逐步显露：由总公司统收统支、统一核算、统一交税，对分支公司管得过多，同时分支公司又不负盈亏责任，不担风险。这一体制在 1984 年末成为历史，1984 年 12 月，中国人民保险公司召开了历时 9 天的全国保险工作会议，通过了改革管理体制的方案，改进了核算管理办法和利润留成办法，总公司和分公司实行两级核算，自负盈亏，利润留成比例由 5% 提高至 7%，同时，下放业务经营自主权、干部管理权、自有资金运用权和财务费用管理权。

自恢复国内保险业务以来，我国保险事业有了很大的发展，并逐渐打破了自中华人民共和国成立以来所形成的由中国人民保险公司独家经营的传统格局。1982 年，香港民安保险公司经中国人民银行批准，在深圳设立了分公司。1985 年 3 月，国务院颁布《保险企业管理暂行条例》，根据该条例有关规定，1986 年 7 月经中国人民银行批准成立了新疆生产建设兵团农牧业生产保险公司。1986 年 10 月，恢复组建的我国第一家股份制综合性银行交通银行在开业后不久，便将其总管理处从北京迁至上海，并在 1987 年由上海分行率先组建了保险业务部，开展保险业务。1991 年 4 月，交通银行保险业务部按分业管理的要求而分离出来，组建了中国太平洋保险公司，也将总部设在上海。中国太平洋保险公司是改革开放以来第一家总部设在上海的保险公司，也是我国第一家全国性、综合性的股份制保险公司。1988 年 3 月，经中国人民银行批准，深圳蛇口工业区招商局等单位合资创办了我国第一家股份制保险公司——平安保险公司，总公司设在深圳。1992年，该公司更名为中国平安保险公司，经营区域扩大至全国。1992年，邓小平同志发表视察南方的谈话使我国的改革开放出现了崭新局面，保险业也开始对外开放。美国国际集团的子公司美国友邦保险公司和美亚保险公司于同年9月经中国人民银行批准在上海开设分公司。嗣后，日本的东京海上火灾保险公司经批准于1994年11月在上海也开设了分公司。这标志着我国保险市场迈出了国际化的第一步。与此同时，中国天安保险有限公司和大众保险有限公司这两家区域性保险公司分别于1994年12月和1995年1月在上海成立。

1995年6月，《保险法》颁布，这是中华人民共和国成立以来第一部保险基本法，为规范我国保险市场提供了有力的法律依据，也为发展我国保险市场创造了良好的法律环境。其中，第六十九条规定保险公司应当采取下列组织形式：股份有限公司；国有独资公司。第八十一条规定保险公司有下列变更事项之一的，须经金融监督管理部门批准：变更名称；变更注册资本；变更公司或者分支机构的营业场所；调整业务范围；公司分立或者合并；修改公司章程；变更出资人或者持有公司股份百分之十以上的股东；金融监督管理部门规定的其他变更事项。同时《保险法》还规定，保险公司更换董事长、总经理，应当报经金融监督管理部门审查其任职资格。第八十二条规定保险公司的组织机构，适用《公司法》的规定。第八十三条规定国有独资保险公司设立监事会。监事会由金融监督管理部门、有关专家和保险公司工作人员的代表组成，对国有独资保险公司提取各项准备金、最低偿付能力和国有资产保值增值等情况以及高级管理人员违反法律、行政法规或者章程的行为和损害公司利益的行为进行监督。

1995年以前，中国保险市场实行混业经营，然而财产险、人身险混业经营既不利于控制保险经营风险，也给保险监管增加了难度。同时，各险种之间的平衡发展也一度受到这种经营体制的束缚和制约。1995年颁布的《保险法》以法律形式确立了财产险、人身险分业经营的原则，此后国内各保险公司陆续开始实施分业经营体制改革。1996年，中国人民保险公司率先拉开了国内保险公司改制的序幕。按照《保险法》的分业经营原则，1996年7月，中国人民保险公司改制为中国人民保险（集团）公司，下设三家专业保险公司：中保财产保险有限公司、中保人寿保险有限公司、中保再保险有限公司（1998年11月，集团公司撤销，分别改制为：中国人民保险公司、中国人寿保险公司、中国再保险公司）。同年，中国人民银行又批准成立五家中资保险公司，其中三家是总部设在北京的全国性保险公司，包括华泰财产保险股份有限公司、泰康人寿保险股份有限公司和新华人寿保险股份有限公司，另两家是总部分别设在西安和深圳的区域性保险公司，分别是永安保险股份有限公司和华安保险股份有限公司。第一家获准在华开业的欧洲保险公司——瑞士丰泰保险集团——于1997年5月在上海设立了分公司。

改革开放以来，我国保险业快速发展，截至1997年底，全国共有中资保险公司13家，外资保险公司9家。1997年，全国保费收入1080.97亿元，比上年增长39.19%，承保金额21.5万亿元，保险公司总资产已达1646亿元。为加强保险监管，落实银行、保险、证券分业经营、分业管理的方针，1998年11月，原中国保险监督管理委员会（以下简称"原中国保监会"）在北京宣告成立，开始逐步探索建立符合我国金融保险业发展实际的现代保险监管体系。原中国保监会成立后，立即对保险市场的现状和存在的问题进行调查研究，并着手修改、补充和完善保险法律法规体系，先后颁布了《保险公司管理规定》《向保险公司投资入股暂行规定》《保险公估人管理规定（试行）》等一系列保险规章。其中，《保险公司管理规定》是全面规范保险公司及其分支机构设立活动、经营规则、监督管理的基础性规章，于 2000 年出台。

据统计，2000 年全国保费收入 1595.9 亿元，同比增长 14.5%；保险深度 1.8%，保险密度 127.7 元/人，分别比上年增长 0.1 个百分点和 17.1 元/人。1980—2000 年，我国保险公司主体呈多元化发展，除了中资保险公司外，外资保险公司也重新回到我国保险市场。这一阶段陆续出台了一些零散的公司治理法律法规，如《中华人民共和国财产保险合同条例》（以下简称《财产保险合同条例》）、《中华人民共和国保险企业管理暂行条例》（以下简称《保险企业管理暂行条例》）、《上海外资保险机构暂行管理办法》、《保险法》、《保险管理暂行规定》、《保险机构高级管理人员任职资格管理暂行规定》、《保险公司内部控制制度建设指导原则》、《外资保险机构驻华代表机构管理暂行办法》、《向保险公司投资入股暂行办法》、《向保险公司投资入股暂行规定》等。伴随 20 世纪 90 年代中后期《公司法》和《保险法》两大保险公司治理基础性法律的出台，新成立的股份制保险公司都设立了“新三会”治理架构，公司投资主体相对多元化，出现了国家股、法人股、外资股、私人股的混合产权结构，但是这一阶段的公司治理实际上还是局限于治理理念的导入，建立治理架构也往往是为了符合相关法律法规的要求而“被动”合规，股东产权性质总体还比较单一，所以还谈不上治理有效性的问题。总体来讲，这一阶段的保险公司从“形”上已经基本符合要求，但是初步构建了董事会、监事会等现代公司治理结构的公司多数停留在“违规”和“消极合规”的阶段，其治理方式主要还是以“老三会”为主体，其实质还是行政型治理的变形，不能使现代企业制度“形神兼备”。

（三）治理主体股改与上市：现代企业制度初步确立阶段（2001—2005 年）

1999 年《关于国有企业改革和发展若干重大问题的决定》发布后，原中国保监会就开始研究国有保险公司股份制改革。紧跟国有企业改革的步伐，原中国保监会于 2000 年 6 月正式提出了股份制改革的构想。2002 年初召开的全国金融工作会议提出，要“加快国有独资保险公司股份制改革步伐，完善法人治理结构，切实转换经营机制，引进国外先进技术和管理经验，增强经营活力和竞争能力”。至此，国有保险公司股份改革进入了实质性阶段。

在随后召开的全国保险工作会议上，原中国保监会又对国有保险公司股份制改革做出具体安排。保险公司方面，自 2003 年 1 月中旬中国人寿宣布公司将股份制改革提上议程之后，中国人保和中国再保险也相继宣布进行股份制改革。这表明人们期盼已久的国有保险公司的体制改革特别是股份制改革，已进入实施阶段。

2003 年 7 月 19 日，经国务院批准，中国人民保险公司重组后更名为中国人保控股公司，并同时发起设立了中国内地最大的非人身险公司——中国人民财产保险股份有限公司和首家保险资产管理公司——中国人保资产管理有限公司。2003 年 11 月 6 日，中国人保财险作为中国内地金融机构境外上市第一股——中国财险（上市代码 02328）——正式在港挂牌交易，由此成功拉开了中国内地金融业进军境外资本市场的序幕。人保财险正式在我国香港联交所挂牌交易，不仅成为中国内地保险第一股，同时也是金融机构境外上市第一股，创下了国企历年境外发行的多项纪录，被《国际金融评论》评为 2003

年度"中国股票最佳发行公司",同时也被《亚洲货币》评为"2003 年度最佳新上市公司"。进入 2003 年,中国人寿再次把前行的目标锁定为转换体制、重组上市。经国务院同意,原中国保监会批准,中国人寿保险公司启动重组改制。经过半年多的紧张筹备,2003 年 8 月 28 日,中国人寿在北京举行了新公司揭牌仪式——中国人寿保险公司重组为中国人寿保险(集团)公司和中国人寿保险股份有限公司。2003 年 12 月 17 日和 18日,中国人寿股份有限公司分别在纽约证券交易所和中国香港联合交易所挂牌交易,成为当年全球最大 IPO 项目,中国人寿股份公司也成为中国内地第一家在中国香港和美国同时上市的金融企业。

1995 年颁布实施的《保险法》7 年后首次修改。2002 年 10 月 28 日,第九届全国人大常委会第三十次会议通过《关于修改〈保险法〉的决定》,并规定于 2003 年 1 月 1 日起实施。时任国家主席江泽民签署主席令予以公布。此次《保险法》的修改,充分体现了中国履行加入世贸组织的承诺、加强对被保险人利益的保护、强化保险监管、支持保险业改革与发展的指导思想,对一些过去未涉及或界限模糊的问题做出了新的规定,适应了我国保险业改革与发展的要求。《保险法》的修改涉及了 38 个条文,对主要条款的修正包括:取消由监管部门制定条款费率,把制定权交给保险公司;将市场监管核心从市场行为监管转向偿付能力监管;扩大财产险公司的经营范围;规范保险中介尤其是保险代理人的代理行为;拓宽保险资金运用渠道以及加大保险违法行为的处罚力度;等等。修改《保险法》是我国保险界的一件大事,标志着我国保险法制建设迈出了重要一步,将对深化保险体制改革,加强和改善保险监管,推进保险市场化进程,加快我国保险业与国际接轨,保证我国保险业的持续快速健康发展产生深远的影响。

2002 年中国再保险市场发生的变化,体现出加入世贸组织带来的影响。中国原来唯一的再保险市场主体中国再保险公司于 2002 年初提出将大力发展商业分保业务作为公司发展战略目标。根据加入世贸组织的承诺,我国将取消法定分保,而这一业务在中国再保险公司的业务构成中占绝对地位。因此,2002 年 10 月底,新修改的《保险法》取消了法定分保的规定,随后原中国保监会发出通知,规定自 2003 年 1 月 1 日起逐年降低法定分保比例直至取消。在这一年,两家全球性再保险公司——慕尼黑再保险公司与瑞士再保险公司,先后获得在华筹建中国分公司的资格,标志着我国再保险业务仅由一家公司经营的局面被打破,保险业最后一块受保护的市场对外开放。

按照国务院批准同意的股份制改革方案,国有独资的中国再保险公司重组为中国再保险(集团)股份有限公司(以下简称"中再集团"),并以投资人和主发起人的身份控股设立中国财产再保险股份有限公司、中国人寿再保险股份有限公司、中国大地财产保险股份有限公司。在此之前,中再集团已于 2003 年 8 月 18 日正式更名,并完成内部机构调整和人员重组,三家子公司也先后招股组建。其中,大地财险于 2003 年 10 月 20日在上海挂牌开业。中再财产险和中再人身险在 2003 年 12 月 22 日与中再集团一同在北京挂牌开业。中国再保险公司重组改制挂牌,标志着中国三大国有保险公司改制尘埃落定,同时也标志着最后一家国有保险公司完成重组改制。

2003 年是国有保险公司股份制改革的关键之年,中国人保、中国人寿、中国再保分别成功改制。与此同时,中国人民财产保险股份有限公司、中国人寿股份有限公司、中国平安保险(集团)公司相继在中国香港和美国上市。2003 年,中国人保和中国人寿在境外上市，共融资 354 亿元人民币，两家公司的偿付能力当年分别达到了监管标准的 1.9 倍和 5.6 倍。2006 年，中华联合保险控股股份公司正式成立，标志着国有独资保险公司退出历史舞台，国有保险公司股份制改革全部完成。截至 2007 年，国内共有 6 家保险公司在境内外上市。

2005 年底，我国共有保险公司 82 家，保险集团和控股公司 6 家，保险资产管理公司 5 家，专业保险中介机构达 1800 家，兼业代理机构达 12 万家，保险营销员达 152 万人。外资保险公司由 2000 年的 13 家增至 2005 年的 40 家，外资参股的保险公司达到 22 家。这一阶段，初步形成了国有控股（集团）公司、股份制公司、外资公司等多种形式、多种所有制成分并存，公平竞争、共同发展的市场格局。我国国有保险公司虽然效益逐年提高，盈利能力、综合实力大为增强，但一些由体制带来的问题仍未从根本上得到解决。随着保险业的发展，特别是在中国加入世贸组织后，保险市场发生急剧变化，这些体制性矛盾更加突出，严重制约着国有保险公司壮大实力、提高竞争力。突破体制性障碍，改革股权结构，已成为国有保险公司进一步发展的迫切要求。这一阶段，国有保险公司完成重组改制，中国人保、中国人寿和中国平安先后在境外成功上市，为金融企业改革开拓了新的道路。国有保险公司重组改制上市吸引了外资和社会资金参股，实现了股权多元化；伴随着股改，保险公司治理架构形成，现代企业制度初步确立；保险公司经营机制转换，提高了竞争能力。占我国保险市场 60%以上份额的国有保险公司改制成功，对我国保险业产生深远的影响。此外，保险公司上市，特别是在境外上市，通过利用境外成熟法律环境来"倒逼"我国保险公司治理改革，有利于提高我国保险公司治理水平，实现公司治理与国际先进模式接轨。这一阶段，国家完成了《保险法》第一次修正，颁布实施了与之相配套的法规规章，相关支持政策相继出台，市场运行环境不断优化，行政审批制度和条款费率管理制度改革稳步推进，保险业市场化、专业化和法制化程度不断提高，出台了《保险公司最低偿付能力及监管指标管理规定》《保险公司偿付能力额度及监管指标管理规定》《保险公司管理规定》《外资保险公司管理条例实施细则》《中华人民共和国外资保险公司管理条例》（以下简称《外资保险公司管理条例》）等与公司治理相关的法律法规，但专门的或者指引性的公司治理文件尚未出台，所以这一阶段主要还是通过股改来确立现代企业制度，公司治理问题实际上还没有完全提到议程上。

（四）保险公司治理全面开展：现代企业制度逐步建立阶段（2006—2010 年）

2006 年 1 月 5 日，原中国保监会颁布我国第一个系统的保险公司治理指引性文件《关于规范保险公司治理结构的指导意见（试行）》，引入保险公司治理监管制度，标志着我国保险公司治理在经过股改环节的准备后进入全面开展阶段。

2006 年 6 月 26 日，《国务院关于保险业改革发展的若干意见》（又称保险业"国十条"）发布，该意见四次提到"公司治理结构"一词，在公司治理建设及其监管方面提出明确的方向和要求，是一部具有历史性意义的文件，该意见也开辟了保险业混业的政策之路。

该意见指出，未来我国保险业改革发展的总体目标是建设一个市场体系完善，服务领域广泛，经营诚信规范，偿付能力充足，综合竞争力较强，发展速度、质量和效益相统一的现代保险业。围绕这一目标，主要任务包括：第一，拓宽保险服务领域，积极发展财产保险、人身保险、再保险和保险中介市场，健全保险市场体系；第二，继续深化体制机制改革，完善公司治理结构，提升对外开放的质量和水平，增强国际竞争力和可持续发展能力；第三，推进自主创新，调整优化结构，转变增长方式，不断提高服务水平；第四，加强保险资金运用管理，提高资金运用水平，为国民经济建设提供资金支持；第五，加强和改善监管，防范化解风险，切实保护被保险人合法权益；第六，完善法规政策，宣传普及保险知识，加快建立保险信用体系，推动诚信建设，营造良好发展环境。

主要任务中的第二条，具体来说，是进一步完善保险公司治理结构，规范股东会、董事会、监事会和经营管理者的权责，形成权力机构、决策机构、监督机构和经营管理者之间的制衡机制；加强内控制度建设和风险管理，强化法人机构管控责任，完善和落实保险经营责任追究制；转换经营机制，建立科学的考评体系，探索规范的股权、期权等激励机制；实施人才兴业战略，深化人才体制改革，优化人才结构，建立一支高素质人才队伍。主要任务中的第四条，具体来说，是坚持把防范风险作为保险业健康发展的生命线，不断完善以偿付能力、公司治理结构和市场行为支柱的现代保险监管制度；加强偿付能力监管，建立动态偿付能力监管指标体系，健全精算制度，统一财务统计口径和绩效评估标准；参照国际惯例，研究制定符合保险业特点的财务会计制度，保证财务数据真实、及时、透明，提高偿付能力监管的科学性和约束力；深入推进保险公司治理结构监管，规范关联交易，加强信息披露，提高透明度；强化市场行为监管，改进现场、非现场检查，严厉查处保险经营中的违法违规行为，提高市场行为监管的针对性和有效性。

党的十六届五中全会指出，要加快金融体制改革，完善金融机构公司治理结构，对保险业提出了新的要求。完善公司治理结构成为下一步深化保险业改革的中心工作。这一阶段，伴随《关于规范保险公司治理结构的指导意见（试行）》《关于保险业改革发展的若干意见》两个重要文件的出台，《人身险公司内部控制评价办法（试行）》《保险公司董事和高级管理人员任职资格管理规定》《外国保险机构驻华代表机构管理办法》《保险公司设立境外保险类机构管理办法》《关于保险机构投资商业银行股权的通知》《关于加强保险资金风险管理的意见》《保险公司独立董事管理暂行办法》《保险公司风险管理指引（试行）》《保险公司关联交易管理暂行办法》《保险公司内部审计指引（试行）》《公开发行证券的公司信息披露编报规则第 4 号——保险公司信息披露特别规定》《保险公司合规管理指引》《保险公司总精算师管理办法》《保险业信息系统灾难恢复管理指引》《保险公司董事、监事及高级管理人员培训管理暂行办法》《企业内部控制基本规范》《保险公司董事会运作指引》《关于规范保险公司章程的意见》《关于向保监会派出机构报送保险公司分支机构内部审计报告有关事项的通知》《保险公司财务负责人任职资格管理规定》《保险公司管理规定》《保险公司信息化工作管理指引（试行）》《保险公司董事、监事和高级管理人员任职资格管理规定》《保险机构案件责任追究指导意见》《保险集团公司管理办法（试行）》《保险公司股权管理办法》《保险公司信息披露管理办法》《保险资金运用管理暂行办法》《保险公司内部控制基本准则》《保险公司董事及高级管理人员审计管理办法》等陆续实施，夯实了我国保险公司治理的制度基础。

"十一五"时期的五年，是我国保险行业实现跨越式发展、整体实力明显增强的五年，是改革开放深入推进、行业体制机制不断完善的五年，是监管体系日益健全、行业监管能力逐步提升的五年，是服务功能更加强大、保险行业为经济社会发展做出重要贡献的五年，是市场安全稳健运行、行业风险得到有效防范的五年。2010 年，保险业保费收入达到 1.45 万亿元，是 2005 年的 2.7 倍；总资产突破 5 万亿元，是 2005 年的 3.2 倍。在这一阶段，保险公司治理存在的风险和问题越来越受到监管部门的高度关注。IAIS 和 OECD 等先后发布了一系列相关指导文件，并提出了公司治理、偿付能力和市场行为三支柱的监管模式。保险公司治理监管成为加强和改善保险监管的重要内容及国际保险监管的新趋势。市场体系发生新变化，以现代股份制为主要特征的混合所有制已经成为我国保险企业制度的主要形式，占市场份额 70% 以上的市场主体是上市公司，完善治理结构成为促进保险业健康发展的重要体制保障。伴随上述文件和制度的出台，我国保险公司治理改革深入推进，风险管理和内部控制不断加强，信息技术等现代科技手段在保险经营管理中的作用越来越大，保险公司的决策能力和管理水平明显提高，现代企业制度逐步建立，逐步构建了保险公司治理监管体系，公司治理监管是我国保险监管三大支柱之一，保险企业制度建设与公司治理改革逐步进入了"合规"建设和向经济型治理转型的新阶段。然而，对于国有保险公司而言，在治理质量逐年提高的基础上，仍然面临行政因素影响公司治理过程的实践问题。一方面，政府具有国民经济的管理者与企业国有股东权利行使者的双重身份，在公司治理过程中可能存在角色冲突；另一方面，国有股东作为国有资产的管理者在行使股东权利时，由于多重政治因素的介入，其经济动机和行政动机也较难把握，在实践中容易导致治理结构与治理过程"漂亮的外衣"下存在不同程度的"行政型治理"，如公司管理中对高管任命的行政型偏好等。

（五）保险公司治理深化发展：现代企业制度日益完善阶段（2011 年至今）

经过第四个阶段的发展，可以说我国保险公司治理架构已真正地搭建起来，并且有大量的相关基础性制度文件出台，接下来将是我国保险公司治理有效发挥作用的阶段，即保险公司治理深化发展阶段。公司治理就是要使现代企业制度有血有肉，并且要解决两方面问题：一是制度安排，即公司是谁的、向谁负责、问责于谁等基础问题；二是治理机制，要使利益相关者互相制衡，保证决策科学，实现价值最大化（李维安，2006）。

2011 年发布的《中国保险业发展"十二五"规划纲要》提出，要积极推进保险业由外延式发展向内涵式发展战略转型，大力推动保险市场主体结构、区域布局、业务结构优化升级，促进市场竞争从同质化向差异化转变，充分发挥比较优势，不断提高发展质量和效益，提升保险业综合竞争力。这就需要全面深化改革，形成有力体制机制保障，进一步调动各方积极性。改革的重点是公司治理、国有保险公司、营销员体制、监管体制等重点领域和关键环节，为保险业加快转变发展方式，实现科学发展提供有力体制机制保障。在深化保险公司治理改革方面，应继续引入各类优质资本，适当放宽保险公司股权比例限制，加强保险公司控股股东和实际控制人管理，建立适合稳健发展和持续增资需求的合理的股权结构；进一步完善董事会制度，规范董事会运作，增强董事会的独立性，强化董事尽职监督；规范保险公司薪酬考核制度，建立稳健薪酬机制，将长期风险和合规指标纳入薪酬考核体系，强化董事会在保险公司薪酬管理中的作用；健全保险公司监督问责机制，强化独立董事和监事会的监督职能；增强经营管理层的执行力，强化总精算师、合规责任人和审计责任人等关键岗位职责；深化内部审计体制改革，完善保险公司内控管理，健全风险管控体系；推动保险机构不断优化组织体系，提高管理效率；加大对非上市保险机构的信息披露力度，加强社会公众监督。继续深化国有保险公司改革；加快推动中国出口信用保险公司改革，研究建立与其发展相配套的相关制度，充分发挥政策性保险机构作用；积极推动人保集团和中再集团上市，推进人寿集团股份制改革，强化公司治理和内部风险管理，完善现代企业制度；推动国有保险集团公司内部管理机制改革，切实增强集团公司风险管控、资源整合、战略协同能力；探索建立持续高效的国有保险公司资本补充机制；健全国有保险公司薪酬和考核机制。完善国有保险公司责任追究机制，强化国有控股股东对管理层的监督。

2012 年 12 月 7 日，中国人民保险集团股份有限公司在中国香港联合交易所成功上市（股票代码：01339）。此次中国人保 H 股募集资金达到 240 亿港元，这也是继 2010 年中国农业银行之后，中资企业在香港地区完成的最大规模首次公开募股。上市后，人保集团总股本将增至 477.13 亿股，新发行股份占总股本的 14.46%，首日市值约为 1660.41 亿港元。

中再集团由财政部和中央汇金投资有限公司（以下简称"中央汇金公司"）发起设立，注册资本为人民币 364.08 亿元，其中，财政部持有 15.09%的股份，中央汇金公司持有 84.91%的股份。目前，中再集团是我国唯一的国有再保险集团公司。截至 2012 年底，中再集团控股 6 家境内子公司：中国财产再保险、中国人寿再保险、中国大地财产保险、中再资产管理、中国保险报业、华泰保险经纪。其实，早在中央汇金公司注资中再保险之时，其就有"改制、引资、上市"三步走的计划，这一计划也与中央汇金公司注资的其他大型国有金融机构无异。于 2007 年获中央汇金公司 40 亿美元注资后，中再集团整体改制为股份公司。中再集团董事长李培育在 2014 年初的年度工作会议上表示，2014 年集团经营管理工作将以上市为主线，坚持"稳增长、防风险、创价值"的经营取向，不断提升集团总体经营业绩。

2014 年 8 月，国务院印发《关于加快发展现代保险服务业的若干意见》（又称新"国十条"），明确了今后较长一段时期保险业发展的总体要求、重点任务和政策措施；提出到 2020 年，基本建成保障全面、功能完善、安全稳健、诚信规范，具有较强服务能力、创新能力和国际竞争力，与我国经济社会发展需求相适应的现代保险服务业，努力由保险大国向保险强国转变。新"国十条"提出了十方面三十条政策措施。第七个方面提出要推进保险业改革开放，全面提升行业发展水平；深化保险行业改革，提升保险业对外开放水平，鼓励保险产品服务创新，加快发展再保险市场，充分发挥保险中介市场作用。这其中的重要工作就是继续深化保险公司改革，加快建立现代保险企业制度，完善保险公司治理。

2015 年 9 月 21 日，第九届保险公司董事会秘书联席会议暨保险行业协会公司治理专业委员会 2015 年年会在济南召开。原中国保监会副主席梁涛出席会议并强调，要高度重视新常态下进一步深化公司治理改革、加强公司治理监管的重要意义。其指出，当前我国经济正处于"三期叠加"的特定阶段，经济发展步入新常态，保险业也从 30 多年的高速发展期进入转型升级的新阶段。对于保险业的公司治理和监管工作而言，一方面，行业治理水平仍处于初级阶段并且水平分化，基础较弱，规范任务任重道远；另一方面，互联网金融方兴未艾，互联网保险、相互保险、自保公司等新兴机构和业态不断涌现，公司治理改革和监管面临前所未有的挑战和机遇，规范与创新的任务并重。加强公司治理工作是适应行业公司治理现状、防范化解风险的需要，是适应金融业竞争格局、推动保险业创新发展的需要，是顺应国际保险监管趋势、深化行业市场化改革的需要。当前和今后一段时期，要按照建立现代金融企业制度的要求，扎实开展好下一步公司治理工作：一是明确公司治理监管目标，要保护保单持有人（保险消费者）的利益，要保护股东、客户、员工以及国家和社会责任等其他利益相关者利益，要防范保险业风险，促进行业健康发展。二是推动建立公司治理文化理念。加强相关培训，加强政策宣导，组织编写好年度的《保险业公司治理与监管报告》和理论宣传文章。三是加强公司治理制度建设。推动修订《保险法》，明确监管机构的职责、权限和处罚手段；尽快出台《保险公司治理结构评价管理办法》，加强对保险公司治理的分类监管；尽快制定发布《保险公司章程必备条款》，为公司章程制定和修改提供遵循和参考。四是进一步强化公司治理监管制度执行。

这一阶段，除了"十二五"保险业发展规划对保险公司治理及其监管做出了更加深入的要求，围绕治理监管支柱，我国保险监管部门也相继出台了《保险公司开业验收指引》《保险公司资本保证金管理办法》《保险公司保险业务转让管理暂行办法》《保险公司信息系统安全管理指引（试行）》《保险公司薪酬管理规范指引（试行）》《保险公司控股股东管理办法》《保险销售从业人员监管办法》《保险经纪从业人员、保险公估从业人员监管办法》《中国保监会办公厅关于进一步做好保险公司公开信息披露工作的通知》《保险公司发展规划管理指引》《保险公司分支机构市场准入管理办法》《关于规范保险机构向中国保险监督管理委员会报送文件的通知》《保险公司声誉风险管理指引》《中国保监会关于外资保险公司与其关联企业从事再保险交易有关问题的通知》《保险公司收购合并管理办法》《相互保险组织监管试行办法》《中国保监会关于进一步规范保险公司关联交易有关问题的通知》《保险机构董事监事和高级管理人员培训管理办法》《中国保监会关于进一步规范报送〈保险公司治理报告〉的通知》《中国保监会关于保险机构开展员工持股计划有关事项的通知》《中国保监会关于加强保险公司筹建期治理机制有关问题的通知》《互联网保险业务监管暂行办法》《保险公司服务评价管理办法（试行）》《保险公司经营评价指标体系（试行）》等更加细致的有关保险公司治理的制度文件，保险公司企业制度日益完善，保险公司治理有效性被提上议程，其提升也是未来一段时间我国保险公司治理发展的主要方向。

第二篇

发展环境篇

要完善现代金融企业制度，完善公司法人治理结构，优化股权结构，建立有效的激励约束机制，强化风险内控机制建设，加强外部市场约束。要加强金融监管协调、补齐监管短板。

——习近平 2017 年 7 月 15 日在全国金融工作会议上的讲话

第五章 1979—2017 年中国保险公司治理政策法规回顾

本章对 1979—2017 年中国保险公司治理政策法规文件进行了较为系统和全面的梳理，回顾了 1979—2017 年间中国保险公司治理政策法规的发展脉络，并从发布主体、文件层次、发布时间、修订情况等方面进行了具体分析，使读者能够较为完整地了解 1979—2017 年间保险公司治理发展的政策法律环境。

第一节 1979—2017 年中国保险公司治理政策法规概况

一、保险公司治理政策法规类型的界定

政策法规，即政策和广义的规范性文件。所谓政策主要是指政府及相关部门出台的关于行业发展等有关问题的宏观性文件，一般来说，属于方针和规划层面的内容。广义上的规范性文件包括宪法、法律、法规、规章以及国家机关在职权范围内依法制定的具有普遍约束力的文件（狭义的规范性文件）。

宪法是国家的根本大法，具有最高法律权威和最高法律效力。宪法是制定普通法律的依据，普通法律的内容都必须符合宪法的规定。

法律是指全国人民代表大会及其常务委员会依照法定程序制定，由国家主席签署，并以国家主席令公布实施的规范性文件。其中，由全国人民代表大会制定和修改的法律称为"基本法律"，如《中华人民共和国刑法》《中华人民共和国民法通则》等；由全国人民代表大会常务委员会通过的法律称为"普通法律"，如《中华人民共和国森林法》《中华人民共和国野生动物保护法》等。法律效力仅次于宪法。

法规通常是对行政法规和地方性法规的总称。行政法规是国务院根据宪法和法律制定，由国务院总理签署，以国务院令发布实施的规范性文件。行政法规的效力低于宪法和法律。地方性法规有两种，一种是省、自治区、直辖市人民代表大会及其常务委员会制定，由大会主席团或者常务委员会以公告公布施行的规范性文件。地方性法规在本行政区域内有效，其效力低于宪法、法律和行政法规。另一种是设区的市的人民代表大会

及其常务委员会制定，报省、自治区人民代表大会常务委员会批准后施行的规范性文件。这些地方性法规在本市范围内有效，其效力低于宪法、法律、行政法规和本省、自治区的地方性法规。

规章包括部门规章和地方政府规章。部门规章是指国务院各部（局）、委员会在本部门的权限范围内制定，由部（局）长或者委员会主任签署发布的规范性文件。部门规章在全国范围内有效，其效力低于法律、行政法规和地方性法规。地方政府规章是指省、自治区、直辖市以及设区的市的人民政府制定，分别由省长、自治区主席、市长签署，以政府令发布实施的规范性文件。地方政府规章在本行政区域内有效，其效力低于法律、行政法规和地方性法规。设区的市的人民政府制定的规章效力低于省、自治区人民政府制定的规章。

狭义上的规范性文件是指除宪法、法律、法规、规章以外的具有普遍约束力的非立法性文件。我们通常所说的规范性文件是指狭义上的规范性文件，又称为行政规范性文件，就是俗称的"红头文件"，是指各级人民政府及其工作部门在权限范围内，为实施法律、法规、规章和上级规范性文件按规定程序发布的在一定时间内相对稳定，规定公民、法人或其他组织的权利义务，具有普遍约束力的行政措施，包括规定、办法、细则、通知、通告、布告等。

依据上述政策法规的界定，本报告采用手工方式对中国保险公司治理政策法规进行收集整理。政策法规原文主要来源于中国政府网、中国银保监会官网和北大法宝网站。所有政策法规的发布主体、发布时间、文件层次和修订情况等基础信息均通过手工整理和校对。政策法规时间范围为1979—2017年，涉及政策、法律、行政法规、部门规章和规范性文件。

二、1979—2017年保险公司治理政策法规总体情况

截止到2017年底，中国保险公司治理政策法规总共有161部。这些保险公司治理政策法规的内容，按照每部政策法规适用的范围从小到大依次涵盖保险公司治理、保险机构治理和保险业治理，其中适用于保险公司治理的政策法规95部，适用于保险机构治理的政策法规30部，适用于保险业治理的政策法规36部，每部分又可以根据其内容进行细分。中国保险公司治理政策法规的发布主体共有10个，对于发布超过一部政策法规的发布主体，按照发布政策法规的数量排列依次为原中国保监会、中国人民保险公司、国务院、中国人民银行、财政部。中国保险公司治理政策法规有法律、行政法规、部门规章、国务院规范性文件、部门规范性文件和行业规定6个文件层次。1979年，我国发布第一部保险公司治理政策法规，161部政策法规中有103部集中在2006—2017年发布，其余年份发布的保险公司治理政策法规数量较少。截至2017年底，我国161部保险公司治理政策法规中，除了30部特定背景下的文件以外，有100部现行有效，31部已废止。此外，在我国所有保险公司治理政策法规中，有141部自颁布以来未曾修订，有12部修订过1次，有5部修订过2次，有1部修订过3次，有2部修订过4次。具体内容详见本章第三节"1979—2017年保险公司治理政策法规具体分析"。

本章统计了这161部保险公司治理政策法规的发布主体、文件编号、文件层次和发

布时间，并按照适用范围进行了一级分类，划分为保险公司治理、保险机构治理和保险业治理三类，按照文件内容进一步进行了二级分类，并总结了每部政策法规的治理意义，具体内容详见附表 3 中序号 1—161 部分。

第二节　1979—2017 年中国保险公司治理政策法规发展脉络

一、保险公司治理政策法规发展脉络

1979 年 4 月，国务院批准《中国人民银行分行行长会议纪要》，做出了"逐步恢复国内保险业务"的重大决策，直到同年 11 月全国保险工作会议召开，停办了 20 多年的国内保险业务才就此复业。随着国内保险业务的恢复，中国保险公司治理实践也逐渐起步，之后在保险公司治理基础和具体治理结构与机制建设方面做了大量工作，一系列政策法规文件相继出台。

（一）保险公司治理基础建设

1. 原中国保监会成立前的探索

在构建公司治理基础层面，以中国人民保险公司为主的中国保险公司进行了有益的探索。1982 年 12 月 27 日，《中国人民保险公司章程》出台，明确了中国人民保险公司在组织上设立董事会、监事会和经理层，并规定了董事会、监事会和总经理的职权，这是中国保险公司最早的治理实践。随着改革开放的深入和现代企业制度的逐步确立，1994 年 3 月 24 日，中国人民保险公司发布《经营目标责任制管理暂行办法》，明确了经营目标责任制的考核相关问题，要求深化公司内部改革，转换经营机制，增强分公司的自我约束能力，加强总公司的宏观管理，充分调动分公司自主经营、自我发展的积极性。

此外，国务院分别于 1983 年 9 月 1 日和 1985 年 3 月 3 日发布了《中华人民共和国财产保险合同条例》和《保险企业管理暂行条例》，前者实际上是《中华人民共和国经济合同法》(已废止)在财产保险领域的实施细则，是中华人民共和国成立以来第一部财产保险合同方面的规范性法律文件，部分起到了保险合同法的作用，而后者首次对保险企业设立与经营等内容进行规范，是当时仅有的一部临时性、行政管理性的保险法规。这两部行政法规的颁布规范了中国保险公司的经营和管理。需要特别指出的是，为了适应上海市对外开放和经济发展的需要，1992 年 9 月 11 日，中国人民银行制定《上海外资保险机构暂行管理办法》，对外资保险机构在上海开展业务进行规范，加强对上海市外资保险机构的管理，是首部有关外资保险机构监管的法规。

这一时期，中国人民保险公司作为具有特殊地位的国有保险公司可谓"一家独大"，占据了中国保险市场的主要部分，并且出台了大量特定背景下的公司治理文件，包括《中国人民保险公司全资附属（或合资）企业财务管理的若干规定》《中国人民保险公司全资直属企业暂行管理办法》《中国人民保险公司附属企业管理审计方案》和《中国人民保险（集团）公司海外机构管理暂行规定》等，分别对附属企业、海外机构的财务管理、审计等方面做出规定。

2. 原中国保监会成立后的发展

随着中国保险业的快速发展，为加强保险监管，落实银行、保险、证券分业经营、分业管理的方针，1998 年 11 月，原中国保监会在北京宣告成立，开始逐步探索建立符合中国保险业发展实际的现代保险监管体系。原中国保监会成立后，立即对保险市场的现状和存在的问题进行调研，并着手修改、补充和完善保险法律法规体系，中国保险公司治理实践走上了规范系统的发展道路。

原中国保监会于 2000 年 1 月 13 日出台了《保险公司管理规定》（以下简称《规定》），规定了保险公司法人机构和分支机构的准入和日常监管的基本制度，是全面规范保险公司及其分支机构设立活动、经营规则、监督管理的基础性规章。为履行中国加入世贸组织的对外承诺，原中国保监会于 2002 年修正了《规定》中设立审批时间等方面的部分条文。随着保险监管的深入，2004 年 5 月，原中国保监会对《规定》进行了修订，分别对保险机构、保险经营、保险条款和费率、保险资金和保险公司偿付能力、监督检查等五个保险监管的主要领域进行了规定。与原规定相比，新规定在保险机构设立、保险公司分支机构管理、向保险公司投资入股等方面都有较大改革和突破，加大对保险公司设立的审查力度，降低保险公司设立分支机构的门槛，提高保险公司单一股东的持股比例。新《规定》在稳定保险行业秩序、促进保险行业健康发展方面发挥了重要作用，而随着保险业的快速发展，在实践中出现了一些新情况和新问题，需要对新《规定》进行修改和完善。具体来说，一方面，2009 年修订后的《保险法》即将施行，新《规定》需要根据新《保险法》进行修改，并对新《保险法》的原则性规定进行细化；另一方面，近年来保险公司分支机构发展较快，机构管理日益复杂化和多样化，对提高保险公司内部管控力度，确保其依法合规经营，维护投保人、被保险人和受益人的合法权益提出了更高的监管要求。因此，新《规定》有必要完善机构监管制度，适应新需要。原中国保监会在借鉴银行业、证券业机构管理方面的经验及广泛听取意见之后，于 2009 年 9 月发布修改后的《规定》。此次修改主要包括三方面内容：一是提高准入门槛；二是强化对保险公司分支机构的内部管控和外部监管；三是明确了对营销服务部的监管要求。2015 年，为贯彻落实国务院行政审批制度改革和注册资本登记制度改革要求，原中国保监会对 2009 年发布的《规定》进行修改，对《规定》部分条文做出修改。

为适应中国保险市场进一步对外开放的需要，国务院于 2001 年 12 月 12 日颁布《外资保险公司管理条例》，既是对保险业开放以来管理外资保险机构经验做法的总结，又体现出中国加入世贸组织的对外承诺，以取代 1992 年颁布的《上海外资保险机构暂行管理办法》。该条例对外资保险公司的设立与登记、业务范围、监督管理、终止与清算、法律责任等方面内容做出规定，加强和完善对外资保险公司的监督管理。根据"入世"承诺，2003 年底开始，外国非人身险公司在华设立营业机构的形式，在原有分公司和合资公司的基础上增加了独资子公司。为此，原中国保监会在 2004 年 5 月 10 日下发了《关于外国财产保险分公司改建为独资财产保险公司有关问题的通知》，允许符合条件的外资财险公司分公司改建为子公司，这是中国保险市场进一步对外开放的积极表现。

党的十六大以后，保险体制改革不断取得突破，有力地推动了保险业稳定、持续、健康、快速发展，同时也提出了新的任务和挑战。一是体制改革提出新要求。随着国有保险公司股份制改革的顺利完成，中国人民财产保险股份有限公司（简称"中国人保财险"，股票代码 02328)、中国人寿保险股份有限公司(简称"中国人寿"，股票代码 02628)和中国平安保险(集团)股份有限公司(简称"中国平安"，股票代码 02318)3 家最大的保险公司在境外成功上市，进一步完善体制机制、建立现代保险企业制度的要求更加紧迫地摆到保险业面前。党的十六届五中全会指出，要加快金融体制改革，完善金融机构公司治理结构，对保险业提出了新的要求。完善公司治理结构成为下一步深化保险业改革的中心工作。二是保险监管呈现新趋势。保险公司治理结构存在的风险和问题越来越受到监管机构的高度关注。国际保险监督官协会和经济合作与发展组织等先后发布了一系列相关指导文件，并提出了治理结构、偿付能力和市场行为三支柱的监管模式。保险公司治理结构监管成为加强和改善保险监管的重要内容与国际保险监管的新趋势。三是市场体系发生新变化。以现代股份制为主要特征的混合所有制已经成为中国保险企业制度的主要形式，占市场份额 70%以上的市场主体是上市公司，完善治理结构成为促进保险业健康发展的重要体制保障。而实践中，一些保险公司在完善治理结构方面大胆实践，摸索出一些好的做法。在借鉴国际先进经验的基础上，认真总结实践中的经验和做法，并使之上升为普遍适用的制度和规范，这对提升全行业公司治理结构的整体水平是十分必要的。因此，原中国保监会于 2006 年 1 月制定并发布《关于规范保险公司治理结构的指导意见(试行)》(以下简称《指导意见》)，这是原中国保监会贯彻落实党的十六届五中全会精神的一项重要措施，也是全面落实科学发展观的具体体现，对于加强监管、防范风险，实现又快又好发展，做大做强保险业具有深远而重要的意义。《指导意见》分别从强化主要股东义务、加强董事会建设、发挥监事会作用、规范管理层运作、加强关联交易和信息披露管理以及治理结构监管这六个方面对规范保险公司治理结构提出了进一步的要求，《指导意见》的重点是加强董事会建设，强化董事会及董事的职责和作用，同时也兼顾了公司内部相关各方的职能和作用。《指导意见》是完善保险公司治理结构的总体指导性文献，标志着中国保险公司治理改革全面展开。

为强化保险公司治理结构监管，2008 年 7 月，原中国保监会发布《关于规范保险公司章程的意见》。该意见对保险公司章程的基本内容、制定和修改程序、审批和登记程序等进行了规定。时任原中国保监会新闻发言人、主席助理袁力指出，公司章程是公司的根本行为准则，规范保险公司治理结构必须从公司章程这个基础抓起。值得注意的是，该意见规定公司章程应当分别编制发起人表和股份结构表，以反映公司控制关系变化，以此加强了对保险公司的股权管理。此外，为规范公司重大决策行为，该意见规定，公司章程应界定公司相关机构在资产买卖、重大投资、对外担保、重要业务合同和重大关联交易等事项的审议权限及决策方式，明确董事会授权公司其他机构履行其职权的方式和范围，明确董事会不得将法定职权笼统或永久授予公司其他机构或个人。

2015 年 7 月，原中国保监会发布《关于加强保险公司筹建期治理机制有关问题的通知》，进一步规范保险公司筹建行为，在源头上健全保险公司治理结构，防范有关风险。该通知坚持便民高效原则，为新设保险公司顺利开业营造良好环境：一是针对保险公司筹建期的阶段性特殊情况，就创立大会召开、任职资格核准等做出明确可衔接的治理和监管安排；二是顺应信息技术的最新发展趋势，允许新设保险公司使用依托于云计算模式的电子商务系统等应用系统。该通知坚持抓住关键，提升新设保险公司的决策能力和管理水平：一是要求进一步优化董事会结构，拟任董事长、拟任总经理不得兼任；二是要求按照市场化和专业化原则选聘高管人员，并建立对董事、监事和高管人员候选人的历史评价机制。该通知坚持关口前移，为新设保险公司的稳健有效治理奠定基础：一是规定应在章程中明确董事长、总经理无法正常履职时的替代和递补机制，以及出现重大财务困境或者经营失败后的系统处置方案；二是规定应在章程中明确股东委托行使表决权的具体方式、委托期限和比例要求等，不得通过委托行使表决权规避对股东资质的实质审核。

2017 年 6 月，原中国保监会发布《中国保监会关于进一步加强保险公司开业验收工作的通知》，对保险公司开业验收工作提出了四项要求：一是要加强保险公司筹建落实情况审查，具体要加强对筹建规划落实的审查和公司章程有效性的审查；二是要加强股东资质核查，具体要加强股东资质条件核查、入股资金来源审查、公司股权结构核查并强化社会监督；三是要增加面谈考核，强化责任落实，具体要在开业现场验收前增加对拟任董事长、总经理、高级管理人员等负责人的面谈环节，建立履职评价档案和体系；四是要完善验收标准，强化长效监督，具体要建立验收评价机制，加强跟踪评估和长效监管。

（二）保险公司具体治理结构与机制建设

对保险公司具体治理结构与机制的规范和监管主要是在原中国保监会成立之后开始的，下面分别从内部治理和外部治理两方面进行梳理。

1. 保险公司内部治理

（1）保险公司股东治理方面的政策法规文件。在股东治理方面，股权是公司治理的基础，加强股东治理对于完善保险公司治理关系重大，原中国保监会早在成立之初就出台相关文件加强股东治理。1999 年 12 月，原中国保监会发布《向保险公司投资入股暂行规定》，规范了向保险公司投资入股的行为，有利于保证保险公司资本金来源真实、正当，促进保险公司规范管理，保障被保险人的利益。2001 年 6 月，原中国保监会发布《关于规范中资保险公司吸收外资参股有关事项的通知》，对外资参股进行了规范，也适应了中国保险市场进一步开放的需要。在公司治理成为原中国保监会三大监管支柱之一后，原中国保监会先后出台一系列规范性文件，对股权管理、控股股东管理及关联交易等进行规范。随着金融混业经营的深入，保险公司的关联交易也日益频繁。为了强化保险公司关联交易管理，加强保险监管，2007 年 4 月，原中国保监会出台《保险公司关联交易管理暂行办法》，该办法对关联交易的披露和报告等事宜做出了详细规定，要求保险公司制订关联交易管理制度，保险公司应当每年至少组织一次关联交易专项审计，并将审计结果报董事会和监事会，保险公司重大关联交易应当在发生后十五个工作日内报告原中国保监会。随着中国改革开放的深入和保险业的快速发展，保险公司资本构成多元化和股权结构多样化特征日益明显，股权流动和股权交易日趋频繁，新情况、新问题不断出现，现行规定已不能适应当前保险业发展和监管的新形势，迫切需要调整和更新。为保持保险公司经营稳定，保护投资人和被保险人的合法权益，加强保险公司股权监管，原中国保监会于 2010 年 5 月发布《保险公司股权管理办法》。该办法依据遵循市场规律、尊重商业选择、实质重于形式，以及从行政审批向强制信息披露监管转变的原则，就股东资格、投资入股、股权变更及材料申报等做出了明确规定。为进一步加强保险公司治理监管，规范保险公司控股股东行为，原中国保监会于 2012 年 7 月发布了《保险公司控股股东管理办法》（以下简称《办法》）。《办法》界定了保险公司控股股东，规范了保险公司控股股东的控制行为和交易行为，规定了其应当承担的义务，并明确规定了原中国保监会有权采取的监管措施。《办法》明确，保险公司控股股东应当维护保险公司财务和资产独立，不得对保险公司的财务核算、资金调动、资产管理和费用管理等进行非法干预，不得通过借款、担保等方式占用保险公司资金。2017 年 6 月，原中国保监会发布《中国保监会关于进一步加强保险公司关联交易管理有关事项的通知》，进一步加强对保险公司关联交易监管，要求保险公司设立关联交易委员会、完善关联交易的内部控制机制等制度建设，有效防范不正当利益输送。

（2）保险公司董事会治理方面的政策法规文件。在董事会治理方面，董事会是公司治理的核心，加强董事会建设是国内外完善公司治理的普遍做法。2006 年发布的《关于规范保险公司治理结构的指导意见（试行）》的重点是加强董事会建设，因而原中国保监会出台一系列董事会治理方面的规范性文件，从独立董事管理到董事会运作，再到发展规划管理，逐步加强董事会建设。2007 年 4 月，原中国保监会发布《保险公司独立董事管理暂行办法》，对保险公司的独立董事设置、任免、权利和义务都做了详尽的规定。为促进保险公司完善治理结构，2008 年 7 月，原中国保监会制定发布《保险公司董事会运作指引》，从明确董事会职责、强化董事责任、建立独立董事制度、设立专业委员会四个方面，将加强董事会建设作为规范保险公司治理的重要内容，规范重点集中在职权明确和组织完善两个方面。

（3）保险公司董监高任职、薪酬和审计方面的政策法规文件。在董监高方面，原中国保监会逐步加强对董事、监事及高级管理人员的任职资格、薪酬和审计等方面的规范和指引。就任职资格而言，原中国保监会分别于 1999 年 1 月、2002 年 3 月、2008 年 4 月和 2010 年 1 月发布相关任职资格管理规定，从任职资格这一源头上提高保险公司董事、监事和高级管理人员的质量，加强和完善对保险公司董事、监事和高级管理人员的管理，保障保险公司稳健经营，促进保险业健康发展。随着保险监管的深入，全行业越来越充分认识到，加强对保险公司董事、监事和高级管理人员履职过程的监管，做到真正"管住人"，是落实监管措施、实现有效监管的关键和重点。建立高管审计制度是加强对高管人员监管的必要措施，从全行业目前实际看，大部分公司对高管人员都建立了审计制度，也开展了离任审计等工作，但普遍存在不规范等问题。各公司对高管审计的范围、频率、内容和组织方式各不相同，审计结果的运用也不统一，客观上影响了审计工作的效果。此外，部分保险公司总公司的董事长、执行董事和高管人员长期任职，但从未接受过有针对性的审计，并且这方面也存在一定的制度空白。因此，原中国保监会于 2010 年 9 月出台《保险公司董事及高级管理人员审计管理办法》，目的正在于规范和统一对各公司高管审计的范围、程序和内容，并对如何运用审计结果进行统一要求，通过内、外审计，建立保险公司董事和高管人员的履职监督机制，规范相关审计工作。长期以来，薪酬都由金融机构按照市场化原则自主决定，监管机构很少过问，但这一情况近年来发生了很大改变。2008 年金融危机爆发后，不当的薪酬制度促使金融机构过度冒险被认为是引发金融危机的主要原因之一。随后启动的国际金融监管改革，将原本认为监管机构不宜介入的薪酬问题纳入监管范畴，相关组织陆续出台一系列改革措施，如金融稳定理事会（Financial Stability Board, FSB）发布的《稳健薪酬做法原则》（*Principles for Sound*

Compensation Practices）和《稳健薪酬做法原则的执行标准》（*Implementation Standards for the FSB Principles for Sound Compensation Practices*），巴塞尔银行业监管委员会（*Basel Committee on Banking Supervision*，BCBS）发布的《稳健薪酬做法原则和实施标准评估方法》（*Compensation Principles and Standards Assessment Methodology*）、《将薪酬制度与风险、业绩挂钩的方法》（*Range of Methodologies for Risk and Performance Alignment*）等。为加强保险公司治理监管，健全激励约束机制，规范保险公司薪酬管理行为，发挥薪酬在风险管理中的作用，促进保险公司稳健经营和可持续发展，原中国保监会制定了《保险公司薪酬管理规范指引（试行）》，并于 2012 年 7 月发布。此外，针对保险公司的特有高管总精算师的管理，原中国保监会也出台了相关的规范性文件：2007 年 9 月，原中国保监会发布《保险公司总精算师管理办法》，完善了保险精算监管制度，规范了保险公司内部治理。

（4）保险公司内部控制、合规和风险管理方面的政策法规文件。原中国保监会在成立之初就注重对保险公司内部控制和内部审计工作的规范和引导，在 1999 年和 2000 年先后出台《保险公司内部控制制度建设指导原则》和《中国人民保险公司内部审计工作规范的暂行规定》，从内控和审计的角度做好公司内部风险管控。在公司治理成为保险监管三大支柱之一后，原中国保监会进一步加强了对保险公司内部控制、合规和风险管理的规范和引导，如 2007 年发布的《保险公司合规管理指引》和《保险公司风险管理指引（试行）》、2010 年发布的《保险公司内部控制基本准则》、2014 年发布的《保险公司声誉风险管理指引》和 2016 年发布的《中国保监会关于进一步加强保险公司合规管理工作有关问题的通知》等。《保险公司合规管理指引》的出台，既是金融监管的大势所趋，也是保险业发展的内在需要。保险业全面建立合规管理制度，对于完善保险公司治理机制、强化保险公司内控管理、提升保险公司风险管理水平具有重要意义。在保险公司不断扩大投资渠道的过程中，风险管理也成为原中国保监会的监管重点，为强化保险公司风险管理，提高其风险防范能力，原中国保监会出台了《保险公司风险管理指引（试行）》。该指引要求建立由董事会负最终责任、管理层直接领导，以风险管理机构为依托，相关职能部门密切配合，覆盖所有业务单位的风险管理组织体系。《保险公司内部控制基本准则》根据中国保险公司治理的状况和国际上的发展趋势，要求保险公司建立"由董事会负最终责任、管理层直接领导、内控职能部门统筹协调、内部审计部门检查监督、业务单位负首要责任的分工明确、路线清晰、相互协作、高效执行"的内部控制组织体系。在此基础上，2016 年 12 月 30 日，原中国保监会发布了《保险公司合规管理办法》，并于 2017 年 7 月 1 日起施行，替代原有《保险公司合规管理指引》。该办法共分 6 章 42 条，首先界定了合规管理的基本概念，然后分别明确了董事会、监事会、总经理、合规负责人和合规管理部门的合规职责，最后确立了合规的外部监管，进一步提高了保险合规监管工作的科学性和有效性。

2. 保险公司外部治理

（1）保险公司信息披露方面的政策法规文件。信息披露是解决市场信息不对称、提高市场运转效率和透明度的重要措施。由于保险业是经营风险的行业，与社会公众利益相关性很强，因此，市场要求保险公司要比其他公司披露更多的信息。为了保障投保人、被保险人和受益人的合法权益，进一步完善保险公司治理结构和保险监管体系，提高保险市场效率，维护保险业平稳健康发展，原中国保监会逐步细化信息披露的要求，从出台《关于定期报送保险公司基本资料和数据的通知》到出台《保险公司信息披露管理办法》，再到多部细化规定保险公司资金运用信息披露准则的发布，原中国保监会对保险公司信息披露的要求不断提高。2010 年 5 月，原中国保监会发布《保险公司信息披露管理办法》。其中规定，保险公司要将反映其经营状况的主要信息向社会公众公开，包括保险公司应该披露的基本信息、财务会计信息、风险管理状况信息、保险产品经营信息、偿付能力信息、重大关联交易信息和重大事项信息七个方面的内容，系统地规范了保险公司的信息披露工作。

（2）保险公司外部监管方面的政策法规文件。保险公司的外部监管包括市场行为、偿付能力和公司治理三大方面，本部分主要对外部监管中与保险公司业务和偿付能力相关的部分内容进行介绍。原中国保监会成立前，财政部曾先后发布《国营金融、保险企业成本管理办法》《关于外商投资金融保险企业制定内部财务管理制度的指导意见》和《关于保险公司保险保障基金有关财务管理的通知》，主要从财务成本管理角度对保险公司的业务开展监管。原中国保监会成立后，对保险公司的众多行为开展监管，出台包括《保险资金投资股权暂行办法》《保险公司资本保证金管理办法》《保险公司业务范围分级管理办法》《保险公司服务评价管理办法（试行）》《保险公司经营评价指标体系（试行）》和《关于保险公司在全国中小企业股份转让系统挂牌有关事项的通知》等文件。原中国保监会在引导保险业专业化发展、对保险公司实施差别化监管等方面进行了积极探索。对保险公司业务范围进行审批和调整，既是法定行政许可事项，又是重要的保险监管手段。为规范保险公司业务范围管理，建立健全保险市场准入和退出机制，促进保险行业专业化、差异化发展，根据《保险法》《外资保险公司管理条例》《保险公司管理规定》等有关法律、行政法规和规章，原中国保监会于 2013 年 5 月制定了《保险公司业务范围分级管理办法》。该办法按照"有进有出、动态调整、稳步推进"的原则，对财产保险公司和人身保险公司的业务范围进行归类细分，并确定了相应的准入和退出条件。出台这一办法的主要目的，一是通过对业务范围的合理划分，鼓励保险公司发展保障型业务；二是通过适当限定新设保险公司的业务范围，在源头上增强保险公司精耕细作、注重服务、不断创新的内在动力；三是通过将业务范围调整与偿付能力等监管指标挂钩，促使保险公司提高自身的资本管理能力、风险管控水平和合规经营意识。

（3）保险公司并购退出机制方面的政策法规文件。原中国保监会逐步规范和完善了保险公司的并购和退出机制，先后发布《保险公司保险业务转让管理暂行办法》和《保险公司收购合并管理办法》。2011 年 8 月，原中国保监会发布《保险公司保险业务转让管理暂行办法》。该办法规定的保险业务转让，是指保险公司之间在平等协商的基础上自愿转让全部或者部分保险业务的行为。保险公司通过业务转让，达到自愿退出保险市场或者剥离部分保险业务的目的。这种自愿转让不同于《保险法》规定的强制转让。也就是说，经营人寿保险业务的保险公司在被撤销或者破产情形下发生的保险业务转让，以及因偿付能力不足而被监管机构强制要求的保险业务转让，都不适用该办法。2014 年 3 月，原中国保监会发布《保险公司收购合并管理办法》。该办法指出，兼并重组是企业加强资源整合、实现快速发展的有效措施，也是调整优化产业结构、提高发展质量效益的重要途径。国务院出台专门意见明确了进一步优化企业兼并重组市场环境的主要目标、基本原则和具体措施。近年来，随着中国保险业加快向国内外资本开放，保险公司数量持续增加，经营管理状况开始分化，不同动机、不同形式、不同规模的保险公司的收购合并日益活跃。《保险公司收购合并管理办法》按照"一要促进、二要规范"的总体思路，坚持市场化、法治化原则，在注重保护保险消费者权益、维护保险市场公平秩序的基本前提下，着眼于促进保险业的结构优化和竞争力提升，同时丰富保险机构风险处置的工具箱。

二、保险机构治理政策法规发展脉络

（一）保险机构治理政策法规实践概述

保险机构可分为经营机构和中介机构两类。经营机构包括保险公司、再保险公司、保险集团公司、保险资产管理公司等机构以及新兴的相互保险组织。中介机构包括保险代理机构、保险经纪机构和保险公估机构。本章所讲的保险机构是指除保险公司之外的其他保险机构。

在原中国保监会成立之前，中国保险机构治理实践主要是对中介机构中的代理机构和经纪机构进行监管。例如，1992 年 11 月，中国人民银行出台的《保险代理机构管理暂行办法》加强了对保险企业设立保险代理机构的管理，规范了保险代理机构的经营活动。1997 年 11 月，中国人民银行发布《保险代理人管理规定（试行）》，从从业资格、执业管理、保险代理合同等方面对如何管理各种代理人做出了具体规定。1998 年 2 月，中国人民银行发布《保险经纪人管理规定（试行）》，对保险经纪公司的相关内容进行了规定，规范了保险经纪人的行为。

原中国保监会成立后，随着保险业的发展，中国保险机构治理实践逐渐丰富，原中国保监会先后出台文件规范了再保险公司、保险资产管理公司、保险集团公司和相互保险组织等保险经营机构以及保险代理机构、保险经纪机构和保险公估机构等保险中介机构的治理。

（二）保险经营机构治理政策法规实践

在经营机构方面，原中国保监会于 2002 年 9 月发布《再保险公司设立规定》、2004 年 4 月发布《保险资产管理公司管理暂行规定》、2010 年 3 月发布《保险集团公司管理办法（试行）》以及 2015 年 1 月发布《相互保险组织监管试行办法》，分别对再保险公司、保险资产管理公司、保险集团公司以及相互保险组织的设立、变更、人员从业资格、经营管理及监督管理进行了规范。

2002 年 9 月 17 日，原中国保监会发布《再保险公司设立规定》。此前，根据相关法规规定，除人寿保险业务外，保险公司应将其承保的每笔保险业务的 20%向中国再保险公司办理再保险，即法定分保。据测算，目前法定分保业务占再保险市场份额的 90%左右。按中国"入世"承诺，法定分保业务将逐年下调 5%，"入世" 4 年内，20%的法定分保业务将完全取消，再保险市场将完全商业化。在此背景下，原中国保监会发布《再保险公司设立规定》，明确了"入世"开放新格局下再保险公司设立的条件。

2004 年 4 月 25 日，原中国保监会发布《保险资产管理公司管理暂行规定》。保险资金运用是保险市场联系资本市场和货币市场的重要环节，也是保险业发挥资金融通功能，是支持国家经济建设的重要途径。面对日益增加的保险资金，作为保险公司业务部门的保险资金管理中心显然已力不从心，难当大任。因为内设投资部门的管理形式只适合于小规模的、单一品种的投资活动，并不能适应保险资金规模日益扩大以及投资业务量和投资品种快速增长的需要，特别是今后可能进一步扩大投资领域，保险公司内设投资部门的架构，很难为保险公司投资业务的进一步发展提供人才及制度保障，在一定程度上限制了保险资金投资领域的拓宽。国外实践证明，设立专业化的保险资产管理公司可根据保险资金运用的实际需要，从市场研究、投资决策、业务操作、风险控制等诸方面对保险资金运用实行规范化管理和风险控制。设立专业化的保险资产管理公司，是保险公司适应投资规模迅速扩大、投资领域不断拓展的形势的需要，从根本上说是中国保险资金运用长远发展的大计。2004 年，全国保险工作会议提出，要推进资金运用管理体制改革，逐步把保险业务和资金运用业务彻底分离，允许有条件的公司成立保险资产管理公司。在此之前，经国务院批准，中国人保控股公司、中国人寿保险集团公司分别发起设立了保险资产管理公司。太平洋保险、新华人寿、华泰保险、中国再保险等保险经营机构相继提交了设立保险资产管理公司的申请。为保证保险资产管理公司规范健康发展，促进保险资金的专业化运作，确保保险资金运用的安全与有效，原中国保监会经过广泛调研和多方协调，制定出台了上述规定。

2010 年 3 月 12 日，《保险集团公司管理办法（试行）》出台。当时中国保险业共有 8 家保险集团（控股）公司，其合并总资产、净资产和保费收入均占行业总规模的 3/4，对行业发展起着主导作用。加强保险集团公司监管，对于维护市场安全稳定运行、防范化解金融风险、保护被保险人利益都具有十分重要的意义。为了加强保险集团公司监管，防范保险集团经营风险，更好地促进保险主业发展，原中国保监会发布《保险集团公司管理办法（试行）》，对保险集团公司的准入条件、公司治理、资本管理、信息披露以及监督管理做出规定。

2015 年 1 月 23 日，《相互保险组织监管试行办法》出台。相互保险是指有相同风险保障需求的投保人，在平等自愿、民主管理的基础上，以互相帮助、共摊风险为目的，为自己办理保险的经济活动。相互保险发展历史悠久，起源早于股份制保险，目前在国际保险市场仍占据重要地位，尤其在高风险领域如农业、渔业和中低收入人群风险保障方面被广泛应用。中国对相互保险进行了长期探索，随着市场经济的发展和人们风险防范需求的增加，各类社会主体发展相互保险的愿望愈发强烈，特别是互联网技术的发展使相互保险面临新的发展机遇。《国务院关于加快发展现代保险服务业的若干意见》明确提出"鼓励开展多种形式的互助合作保险"。为加强对相互保险组织的监督管理，促进相互保险规范健康发展，原中国保监会在充分借鉴国际监管经验并结合中国保险市场实际的基础上，制定了上述办法，从总体原则、设立、会员、组织机构、业务规则和监督管理等方面明确了对相互保险组织的监管要求。此外，2017 年 3 月 28 日，《中国保监会关于加强相互保险组织信息披露有关事项的通知》进一步规范了相互保险组织信息披露行为，明确了相互保险组织的信息披露内容和要求。

（三）保险中介机构治理政策法规实践

原中国保监会于 2005 年 2 月发布《保险中介机构法人治理指引（试行）》和《保险中介机构内部控制指引（试行）》，对中介机构法人治理和内部控制进行规范的引导。

《保险公估机构管理规定》于 2002 年 1 月 1 日起实施，《保险代理机构管理规定》和《保险经纪机构管理规定》于 2005 年 1 月 1 日起实施，这三部针对保险中介机构的管理规定对于建立保险中介市场体系、完善有序竞争的市场格局发挥了重要作用。而随着中国保险市场的快速发展，保险中介机构的经营理念、体制、机制、专业水平都发生了很大变化，保险市场也对保险中介行业提出了更高的要求。同时随着新《保险法》的实施，对保险中介机构的监管也需要及时梳理已有的法规，做好与新《保险法》的衔接工作。因此，2009 年 9 月，原中国保监会颁布了新的《保险专业代理机构监管规定》《保险经纪机构监管规定》和《保险公估机构监管规定》。新的三个规章主要对市场准入、经营规则、市场退出、监督检查和法律责任等方面进行了修订，更加注重对被保险人利益的保护，监管重心转移到关注市场和风险，监管力度进一步强化，适当提高市场准入标准，注重发挥市场对资源配置和整合的作用，提高保险中介业的服务能力和竞争能力。

2015 年 9 月 17 日，《中国保监会关于深化保险中介市场改革的意见》出台。为进一步推进保险中介市场深化改革，促进保险中介市场有序健康发展，原中国保监会发布《中国保监会关于深化保险中介市场改革的意见》。该意见明确了保险中介市场深化改革的总体目标，确定了保险中介市场深化改革要遵循的三个基本原则，并要求各相关单位加强组织领导、加强内部协作、密切外部协调、加强宣传引导。

三、保险业治理政策法规发展脉络

（一）中国保险业的恢复建立和初步发展

1979 年 4 月，国务院批准《中国人民银行分行行长会议纪要》，做出了"逐步恢复国内保险业务"的重大决策，直到同年 11 月全国保险工作会议召开，停办了 20 多年的国内保险业务才就此恢复。保险事业恢复后立即发挥出积极的作用，但当时中国保险事业的经营规模以及在国民经济中发挥的作用远远落后于中国经济迅速发展的需要，也远远落后于发达国家甚至一些发展中国家。国务院于 1984 年发布了《关于加快发展我国保险事业的报告》，对中国保险事业的现状进行了分析，提出了六点具体的加速发展中国保险事业的意见，并根据工作中的实践，提出了需要采取的五项措施，进一步推动中国保险事业发展。在这一时期，中国人民银行实际上扮演了保险业监管者的角色，为了维护被保险方和保险企业的合法权益，1988 年 3 月，中国人民银行出台《关于依法加强人民银行行使国家保险管理机关职责的通知》，要求各级人民银行履行国家保险管理机关的各项职责，加强对保险企业的管理。1989 年 2 月，国务院发布《国务院办公厅关于加强保险事业管理的通知》，在肯定保险事业快速发展的同时指出了现存的比较突出的问题，强调了中国人民保险公司在中国保险事业中的主渠道作用，突出中国人民银行作为中国保险事业主管机关的地位，进一步规范中国保险事业管理。

（二）《保险法》的出台和修订

1995 年 6 月 30 日，《保险法》出台。该法律集保险合同法与保险业法于一身，共 8 章 151 条，包括总则、保险合同、保险公司、保险经营规则、保险业的监督管理、保险代理人及保险经纪人、法律责任及附则等。其彻底结束了中国保险业无法可依的局面，是中国保险法制建设史上的一个重要里程碑，掀开了中国保险业发展新的一页，与《公司法》共同构成了中国保险公司治理的基础法律。

为履行加入世贸组织时的承诺，2002 年 10 月，第九届全国人大常委会第三十次会议对《保险法》进行修改，对其中许多不符合入世承诺的条款如原《保险法》第 93 条规定的提取和结转责任准备金的比例、第 101 条规定的办理再保险的比例等问题做了修改，此次修改的内容重在"保险业法"部分。2009 年 2 月 28 日，第十一届全国人大常委会第七次会议对《保险法》进行第二次修改，此次修改的内容主要涉及"保险合同法"部分。在制度设计及规制完善上，加强对被保险人利益保护的立法精神贯穿始终，成为本次《保险法》修改的最大亮点，例如：明确了保险双方当事人的权利与义务，有利于减少保险合同纠纷；规范了保险公司的经营行为，保护了被保险人的利益；进一步完善了保险基本制度、规则，为保险业拓宽了发展空间；加强了对保险公司偿付能力的监管，确保保险公司稳健经营。2014 年 8 月 31 日，为适应修订后的《公司法》，第十二届全国人大常委会第十次会议对《保险法》进行了第三次修改。2015 年 4 月 24 日，第十二届全国人大常委会第十四次会议对《保险法》进行第四次修改，主要修改了行政审批、工商登记前置审批或者价格管理的相关内容，与"放开前端、管住后端"的监管思路相适应，在放松行政管制的同时加强后端管理。

（三）原中国保监会的成立及其自身的治理

1998 年 11 月，原中国保监会在北京成立，保险业有了单独的监管机构。原中国保监会在促进保险业发展的同时，也加强了对作为监管机构自身的监管。1999 年 3 月，国务院发布《国务院办公厅关于印发中国保险监督管理委员会职能配置内设机构和人员编制规定的通知》，明确原中国保监会是全国商业保险的主管部门，根据国务院授权履行行政管理职能，依照法律、法规统一监督管理全国保险市场，将原来由中国人民银行履行的保险监管职能交给原中国保监会，并明确了原中国保监会的内设机构和相关人员编制。2003 年 7 月，原中国保监会发布《中国保险监督管理委员会主要职责内设机构和人员编制规定》，对原中国保监会的职责、机构和人员编制进行更新和明确。

针对自身内部的治理，原中国保监会于 2010 年出台《中国保险监督管理委员会行政处罚程序规定》，规范了行政处罚的程序；2015 年出台的《中国保险监督管理委员会政务信息工作办法》，进一步推进了原中国保监会的政务信息工作。

原中国保监会还针对自身派出机构出台了一系列治理要求。2004 年发布的《中国保监会派出机构管理部工作规则》以及 2016 年发布的《中国保险监督管理委员会派出机构监管职责规定》分别明确了派出机构管理部的职责和派出机构监管工作的职责，进一步明确派出机构监管职责，加强和改善派出机构对保险市场的监督管理，促进保险业的健康有序发展。

（四）中国保险业发展的两次顶层设计

1. 2006 年保险业的"国十条"

2006 年 6 月 15 日，《国务院关于保险业改革发展的若干意见》出台。改革开放，特别是党的十六大以来，中国保险业改革取得了举世瞩目的成就。但保险业起步晚、基础薄弱、覆盖面不广，其功能和作用发挥不充分，与全面建设小康社会和构建社会主义和谐社会的要求不相适应，与建立完善的社会主义市场经济体制不相适应，与经济全球化、金融一体化和全面对外开放的新形势不相适应。为全面贯彻落实科学发展观，明确今后一个时期保险业改革发展的指导思想、目标任务和政策措施，加快保险业改革发展，促进社会主义和谐社会建设，该意见提出了十条具体意见。这是国务院首次对中国保险业发展进行的顶层设计。

2. 2014 年保险业的新"国十条"

2014 年 8 月 10 日，《国务院关于加快发展现代保险服务业的若干意见》出台。该意见明确了今后较长一段时期保险业发展的总体要求、重点任务和政策措施，提出到 2020 年，基本建成保障全面、功能完善、安全稳健、诚信规范，具有较强服务能力、创新能力和国际竞争力，与中国经济社会发展需求相适应的现代保险服务业，努力由保险大国向保险强国转变。这是继 2006 年国务院首次对中国保险业发展进行顶层设计之后的再一次宏观布局。

（五）中国保险业的五年规划

从 2006 年起，原中国保监会连续发布保险业发展的"五年规划纲要"，明确保险业的发展方向、预期目标和政策措施。

2006 年 9 月 21 日，原中国保监会发布《中国保险业发展"十一五"规划纲要》（以下简称《"十一五"规划纲要》）。《"十一五"规划纲要》对中国"十五"期间中国保险业的发展进行了回顾，并对"十一五"期间中国保险发展做出规划。"十一五"期间，保险业的发展总目标是：到 2010 年，基本建成一个业务规模较大、市场体系完善、服务领域广泛、经营诚信规范、偿付能力充足、综合竞争力较强，发展速度、质量和效益相统一，充满生机和活力的现代保险业。五个子目标包括业务发展目标、综合竞争力目标、功能作用目标、风险防范目标和环境建设目标。其中，政策措施中第 8 条明确提出加强和改善保险监管，健全风险防范机制，要求坚持把防范风险作为保险业健康发展的生命线，按照依法监管、防范风险和保护被保险人利益的原则，进一步健全保险监管体系，完善监管制度，建立防范化解风险的长效机制。

2011 年 8 月 18 日，原中国保监会发布《中国保险业发展"十二五"规划纲要》（以下简称《"十二五"规划纲要》）。《"十二五"规划纲要》是中国保险业 2011—2015 年科学发展的战略性和指导性规划。编制和实施《"十二五"规划纲要》是保险业深入落实科学发展观的重大战略举措。其中第 22 条明确提出："深化保险公司治理改革。继续引入各类优质资本，适当放宽保险公司股权比例限制，加强保险公司控股股东和实际控制人管理，建立适合稳健发展和持续增资需求的合理的股权结构。进一步完善董事会制度，规范董事会运作，增强董事会的独立性，强化董事尽职监督。规范保险公司薪酬考核制度，建立稳健薪酬机制，将长期风险和合规指标纳入薪酬考核体系，强化董事会在保险公司薪酬管理中的作用。健全保险公司监督问责机制，强化独立董事和监事会的监督职能。增强经营管理层的执行力，强化总精算师、合规责任人和审计责任人等关键岗位职责。深化内部审计体制改革，完善保险公司内控管理，健全风险管控体系。推动保险机构不断优化组织体系，提高管理效率。加大对非上市保险机构的信息披露力度，加强社会公众监督。"

2016 年 8 月 23 日，原中国保监会发布《中国保险业发展"十三五"规划纲要》（以下简称《"十三五"规划纲要》）。党的十八大以来，中国经济社会发展进入新的阶段，党中央、国务院高度重视保险业在经济社会发展战略全局中的重要作用。2014 年 8 月，国务院发布了保险业新"国十条"，标志着党中央、国务院把发展现代保险服务业放在经济社会工作整体布局中统筹考虑，保险业成为中国经济社会发展总体布局中的重要一环。行业战略定位发生的根本性改变为制定规划提出了更高的战略要求，同时保险业的发展基础有了根本性提升。经过"十一五"和"十二五"两个完整规划周期，保险业自身的发展水平有了明显提升，保险市场体系、业务结构更加优化完善，行业实力和经营效益明显提升，改革创新取得实质性突破。保险业具备了更强的内生活力，能够承担国家、经济社会及保险客户对行业的更高要求。这些变化使得保险业"十三五"规划应当着眼于提升保险业在国家治理体系和治理能力现代化中的地位和作用，稳步实现新"国十条"提出的"到 2020 年基本建成现代保险服务业"发展目标。《"十三五"规划纲要》的具体措施中第七章明确提出，要加强监管，筑牢风险防范底线。具体来说，要坚持机构监管与功能监管相统一、宏观审慎监管与微观审慎监管相统一，风险防范与消费者权益保护并重，完善公司治理、偿付能力和市场行为"三支柱"监管制度，建立全面风险管理体系，牢牢守住不发生系统性区域性风险底线。

第三节　1979—2017 年中国保险公司治理政策法规具体分析

一、保险公司治理政策法规内容类型分析

将中国保险公司治理政策法规按照类别进行分类，可以根据政策法规的适用范围分为三方面：适用于保险公司治理的政策法规、适用于保险机构治理的政策法规和适用于保险业治理的政策法规（见表 5-1）。

表 5-1　中国保险公司治理政策法规内容分类

内容分类			数量（部）	比例（%）
公司治理基础			14	8.70
保险公司治理	内部治理	股东治理	11	6.83
		董事会治理	4	2.48
		监事会治理	1	0.62
		董监高	13	8.07
		风险管理	2	1.24
		合规管理	5	3.11
		内部控制	2	1.24
		内部审计	3	1.86
	外部治理	并购机制	1	0.62
		退出机制	1	0.62
		信科治理	2	1.24
		信息披露	9	5.59
		外部监管	18	11.18
		其他主题	9	5.59

续表

		内容分类	数量（部）	比例（%）
保险机构治理	经营机构	保险集团、保险公司、保险资产管理公司	6	3.73
		保险集团、保险公司、保险资产管理公司、再保险公司	2	1.24
		保险公司、保险资产管理公司	1	0.62
		相互保险组织	2	1.24
		保险集团	1	0.62
		再保险公司	1	0.62
		保险资产管理公司	1	0.62
		外国保险机构	1	0.62
	中介机构	代理机构	6	3.73
		经纪机构	3	1.86
		公估机构	1	0.62
		中介服务集团公司	1	0.62
		中介机构治理基础	4	2.48
保险业治理		法律	1	0.62
		发展方针	6	3.73
		发展规划	7	4.35
		行业监管	14	8.70
		行业协会	1	0.62
		监管机构	7	4.35
		合计	161	100.00

资料来源：作者整理。

适用于保险公司治理的政策法规可以按照内容分为公司治理基础政策法规、内部治理政策法规、外部治理政策法规和其他主题政策法规四类。公司治理基础政策法规有 14 部，占总量的 8.70%。内部治理政策法规共有 41 部，占所有公司治理政策法规数量的 25.45%。其中董监高和股东治理方面的政策法规数量最多，分别为 13 部（占 8.07%）、11 部（占 6.83%），其次分别为合规管理（5 部，占 3.11%）、董事会治理（4 部，占 2.48%）、内部审计（3 部、占 1.86%）、风险管理（2 部，占 1.24%）、内部控制（2 部，占 1.24%）以及监事会治理（1 部，占 0.62%）。外部治理政策法规有 31 部，为总量的 19.25%。其中，外部监管、信息披露、信科治理、退出机制和并购机制方面的政策法规分别有 18 部（占 11.18%）、9 部（占 5.59%）、2 部（占 1.24%）、1 部（占 0.62%）和 1 部（占 0.62%）。此外，其他主题的保险公司治理政策法规共有 9 部，占保险公司治理政策法规总数的 5.59%。

适用于保险机构治理的政策法规可以分为适用于保险经营机构治理的政策法规和适用于保险中介机构治理的政策法规。保险经营机构治理政策法规有 15 部，占 9.31%，分别适用于保险公司、保险集团、保险资产管理公司、再保险公司、相互保险组织和外国保险机构等不同保险经营机构中的一类或几类。保险中介机构治理政策法规也有 15 部，占 9.31%，包括中介机构治理基础（4 部，占 2.48%）以及分别适用于代理机构（6 部，占 3.73%）、经纪机构（3 部，占 1.86%）、公估机构（1 部，占 0.62%）和中介服务集团公司（1 部，占 0.62%）这四类不同保险中介机构治理的政策法规。

适用于保险业治理的政策法规可以按照内容分为法律、发展方针、发展规划、行业监管、行业协会和监管机构六类。其中，行业监管方面的政策法规数量最多，达到 14 部（占 8.70%）；监管机构方面和发展规划方面的政策法规分别为 7 部，各占 4.35%；发展方针方面的政策法规有 6 部，占 3.73%；此外还有行业协会方面的政策法规 1 部，法律 1 部，各占到 0.62%。

二、保险公司治理政策法规发布主体分析

通过表 5-2 可知，中国保险公司治理政策法规共有 10 个发布主体。其中，原中国保监会发布了 118 部保险公司治理政策法规，占中国保险公司治理政策法规总数的 73.29%，是中国保险公司治理政策法规的第一大发布主体。中国人民保险公司作为第二大发布主体，共发布 14 部（占 8.70%）中国保险公司治理政策法规。其后分别为国务院（11 部，占 6.83%）、中国人民银行（9 部，占 5.59%）、财政部（4 部，占 2.48%）。此外，还有 5 个发布主体分别发布 1 部保险公司治理政策法规，例如全国人民代表大会常务委员会于 1995 年颁布的《保险法》，中国保险行业协会于 2015 年发布的《保险公司董事会提案管理指南》。

表 5-2　中国保险公司治理政策法规发布主体统计

发布主体	数量（部）	比例（%）
全国人民代表大会常务委员会	1	0.62
国务院	12	7.45
财政部、中国人民银行、中国工商银行、中国农业银行、中国银行、中国人民建设银行、中国人民保险公司联合	1	0.62
财政部	4	2.48
中国人民银行	9	5.59
原中国保监会	117	72.67
中国证监会	1	0.62
中国人民保险公司	13	8.07
中国保险行业协会	1	0.62
13 家保险公司联合	1	0.62
原中国保监会、中国证监会	1	0.62
合计	161	100.00

资料来源：作者整理。

三、保险公司治理政策法规文件层次分析

依照文件层次进行分类，中国保险公司治理政策法规可以分为法律、行政法规、部门规章、国务院规范性文件、部门规范性文件和行业规定六大类，其中数量最多的部门规范

性文件，共有 101 部，占所有保险公司治理政策法规总数的 62.73%。部门规章有 31 部，占政策法规总数的 19.88%。行业规定有 16 部，占政策法规总数的 9.94%。国务院规范性文件有 8 部，占政策法规总数的 4.97%。此外，还有 3 部行政法规和 1 部法律，分别占比 1.86%和 0.62%，它们是国务院在 1983 年发布的《财产保险合同条例》、在 1985 年发布的《保险企业管理暂行条例》、在 2001 年发布的《外资保险公司管理条例》，以及全国人民代表大会常务委员会在 1995 年发布的《保险法》（见表 5-3）。

表 5-3　中国保险公司治理政策法规文件层次统计

文件层次	数量（部）	比例（%）
法律	1	0.62
行政法规	3	1.86
部门规章	32	19.88
国务院规范性文件	8	4.97
部门规范性文件	101	62.73
行业规定	16	9.94
合计	161	100.00

资料来源：作者整理。

四、保险公司治理政策法规发布年份分析

依据表 5-4，自 1979 年中国发布了第一部保险公司治理政策法规以来，1982 年、1983 年、1984 年、1985 年、1988 年、1989 年、1990 年和 1991 年各发布 1 部保险公司治理政策法规，1992 年发布 3 部保险公司治理政策法规，1993 年和 1994 年分别发布 2 部保险公司治理政策法规。而 1995 年共发布保险公司治理政策法规 9 部，数量激增，这主要是由于 1995 年 6 月 30 日第八届全国人民代表大会常务委员会第十四次会议通过了《保险法》，因而保险公司治理亟须随之调整，大量保险公司治理政策法规应运而生。1996—2005 年间，中国保险公司治理政策法规发布数量一直保持在 2—6 部（分别为 2 部、3 部、3 部、5 部、3 部、5 部、2 部、2 部、6 部和 3 部）。自从 2006 年国务院颁布了推动和完善中国保险事业的《国务院关于保险业改革发展的若干意见》（简称"国十条"），各年份保险公司治理政策法规发布数量明显增加。在 2006—2017 年间，每年发布的政策法规数量分别为 9 部、7 部、7 部、7 部、7 部、5 部、4 部、7 部、7 部、20 部、12 部和 10 部。

表 5-4　中国保险公司治理政策法规发布数量年份统计

发布年份	数量（部）	比例（%）
1979	1	0.62
1982	1	0.62
1983	1	0.62
1984	1	0.62
1985	1	0.62
1988	1	0.62

续表

发布年份	数量（部）	比例（%）
1989	1	0.62
1990	1	0.62
1991	1	0.62
1992	3	1.86
1993	2	1.24
1994	2	1.24
1995	9	5.59
1996	2	1.24
1997	3	1.86
1998	3	1.86
1999	5	3.11
2000	3	1.86
2001	5	3.11
2002	2	1.24
2003	2	1.24
2004	6	3.72
2005	3	1.86
2006	9	5.59
2007	7	4.35
2008	7	4.35
2009	7	4.35
2010	7	4.35
2011	5	3.11
2012	4	2.48
2013	7	4.35
2014	7	4.35
2015	20	12.42
2016	12	7.45
2017	10	6.21
合计	161	100.00

资料来源：作者整理。

五、保险公司治理政策法规效力情况分析

在我国 161 部保险公司治理政策法规中，现行有效的法规共 88 部，约占总量的 54.66%，已有 31 部（约 19.25%）政策法现已废止。其余 42 部为特定背景政策法规，占总量的 26.09%（见表 5-5）。

表 5-5　中国保险公司治理政策法规效力情况统计

效力情况	数量（部）	比例（%）
现行有效	88	56.66
已废止	31	19.25
特定背景	42	26.09
合计	161	100.00

资料来源：作者整理。

六、保险公司治理政策法规修订情况分析

根据表 5-6，中国所有的保险公司治理政策法规中，有 141 部（占 87.58%）自颁布以来未曾修订过，另有 12 部修订过 1 次，所占比例为 7.45%。此外，还有 8 部经过多次修订：《中国保险监督管理委员会派出机构监管职责规定》《保险公估机构监管规定》《保险经纪机构监管规定》《保险专业代理机构监管规定》《外资保险公司管理条例》分别修订过 2 次；《保险公司管理规定》修订过 3 次；《保险法》《中国保险监督管理委员会行政处罚程序规定》分别修订过 4 次。

表 5-6　我国保险公司治理政策法规修订次数统计

修订次数	数量（部）	比例（%）
未修订	141	87.58
修订 1 次	12	7.45
修订 2 次	5	3.11
修订 3 次	1	0.62
修订 4 次	2	1.24
合计	161	100.00

资料来源：作者整理。

第六章　2018 年保险公司治理政策法规分析

本章对 2018 年 1—10 月中国保险公司治理政策法规文件进行了较为系统和全面的梳理，总结了 2018 年以来中国保险公司治理政策法规的发展，并从发布主体、文件层次、发布时间、修订情况等方面进行了具体分析，使读者能够较为全面地了解 2018 年以来保险公司治理发展的政策法律环境。

第一节　2018 年保险公司治理政策法规概况

一、2018 年保险公司治理政策法规总体情况

第五章第一节已经对保险公司治理政策法规的类型进行了界定，本章在整理 2018 年保险公司治理政策法规时沿用第五章的界定。

依据上述政策法规的界定，本报告采用手工方式对中国保险公司治理政策法规进行收集整理。政策法规原文主要来源于中国政府网、中国银行保险监督管理委员会官网和北大法宝网。所有政策法规的发布主体、发布时间、文件层次和修订情况等基础信息均通过手工整理和校对。经整理的政策法规的发布时间范围为 2018 年 1 月 1 日至 2018 年 10 月 31 日，涉及政策、法律、行政法规、部门规章和规范性文件等。

截止到 2018 年 10 月底，中国保险公司治理政策法规总共有 169 部。在这些保险公司治理政策法规中，适用的范围从小到大依次涵盖保险公司治理、保险机构治理和保险业治理的内容，其中适用于保险公司治理的政策法规有 96 部，适用于保险机构治理的政策法规有 36 部，适用于保险业治理的政策法规有 37 部，每部分又可以根据其内容进行细分。其中，2018 年新出台的政策法规有 7 部，另外有 5 部政策法规在 2018 年进行了修订，还有 4 部政策法规在 2018 年被废止。2018 年新出台、修订和废止的 16 部保险公司治理政策法规统计详见本节后续内容。168 部保险公司治理政策法规文件详见附表 3，除了整理每部文件的文件名、发布主体、文件编号、文件层次、一级分类和二级分类外，本报告还特别整理了每部政策法规文件的治理意义附在表格中。

二、2018 年新出台保险公司治理政策法规统计

本部分统计了 2018 年新出台的 7 部保险公司治理政策法规的基本信息，并按照第五章对应的分类标准对其进行分类，具体内容详见表 6-1。从发布主体来看，这 7 部新出台的保险公司治理政策法规分别由三个发布主体发布：中共第十九届中央委员会（1 部），原中国保监会（2 部），中国银保监会（4 部）。从文件层次来看，包含党内法规 1 部，部门规章 2 部，部门规范性文件 4 部；从内容分类来看，包含 6 部保险机构治理政策法规文件（其中 5 部关于中介机构，1 部关于经营机构）和 1 部保险业治理政策法规文件。

表 6-1　2018 年新出台保险公司治理政策法规文件目录

文件名	发布主体	文件编号	文件层次	一级分类	二级分类	发布时间
《保险经纪人监管规定》	原中国保监会	中国保监会令2018 年第 3 号	部门规章	保险机构治理	中介机构	2018-02-01
《保险公估人监管规定》	原中国保监会	中国保监会令2018 年第 2 号	部门规章	保险机构治理	中介机构	2018-02-01
《深化党和国家机构改革方案》	中共第十九届中央委员会	无	党内法规	保险业治理	监管部门	2018-03-21
《中国银行保险监督管理委员会关于放开外资保险经纪公司经营范围的通知》	中国银保监会	银保监发〔2018〕19 号	部门规范性文件	保险机构治理	中介机构	2018-04-27
《中国银保监会关于允许境外投资者来华经营保险代理业务的通知》	中国银保监会	银保监发〔2018〕30 号	部门规范性文件	保险机构治理	中介机构	2018-06-19
《中国银保监会关于允许境外投资者来华经营保险公估业务的通知》	中国银保监会	银保监发〔2018〕29 号	部门规范性文件	保险机构治理	中介机构	2018-06-19
《中国银保监会关于印发〈保险机构独立董事管理办法〉的通知》	中国银保监会	银保监发〔2018〕35 号	部门规范性文件	保险机构治理	经营机构	2018-06-30

资料来源：作者自制。

注：表格中"文件编号"指该文件最新版本的编号。

三、2018 年新修订保险公司治理政策法规统计

本部分统计了 2018 年新修订的 5 部保险公司治理政策法规的基本信息，具体内容详见表 6-2。从修订情况来看，《外国保险机构驻华代表机构管理办法》《保险公司董事、监事和高级管理人员任职资格管理规定》和《外资保险公司管理条例实施细则》均根据《中国保险监督管理委员会关于修改〈中华人民共和国外资保险公司管理条例实施细则〉等四部规章的决定》修改了文件中的部分条文内容，而《保险公司股权管理办法》和《保险公司信息披露管理办法》则均直接以重新发布新文件的方式修订。

表 6-2 2018 年新修订保险公司治理政策法规文件目录

文件名	发布主体	文件编号	文件层次	修订情况
《外国保险机构驻华代表机构管理办法》	原中国保监会	中国保监会令 2006 年第 5 号	部门规章	根据 2018 年 2 月 13 日《中国保险监督管理委员会关于修改〈中华人民共和国外资保险公司管理条例实施细则〉等四部规章的决定》修订
《保险公司董事、监事和高级管理人员任职资格管理规定》	原中国保监会	中国保监会令 2014 年第 1 号	部门规章	根据 2018 年 2 月 13 日《中国保险监督管理委员会关于修改〈中华人民共和国外资保险公司管理条例实施细则〉等四部规章的决定》修订
《保险公司股权管理办法》	原中国保监会	中国保监会令 2018 年第 5 号	部门规章	根据 2018 年 3 月 2 日原中国保监会《保险公司股权管理办法》修订
《保险公司信息披露管理办法》	原中国保监会	中国银保监会令 2018 年第 2 号	部门规章	根据 2018 年 4 月 28 日中国银行保险监督管理委员会令 2018 年第 2 号修订
《外资保险公司管理条例实施细则》	中国银保监会	中国银保监会令 2018 年第 4 号	部门规章	根据 2010 年 12 月 3 日原中国保监会《外资保险公司管理条例实施细则》修订

资料来源：作者自制。

注：表格中"文件编号"指该文件最新版本的编号；表中的前两个文件均仅修改部分条文而非重新发布，所以其文件编号没有更新。

四、2018 年新废止保险公司治理政策法规统计

本部分统计了 2018 年新废止的 5 部保险公司治理政策法规的基本信息。从废止原因来看，这 5 部文件均是由于发布新文件而废止。废止的 5 部文件均由原中国保监会发布，有 2 部为部门规章，另外 3 部为部门规范性文件。具体内容详见表 6-3。

表 6-3 2018 年新废止保险公司治理政策法规文件目录

文件名	发布主体	文件编号	文件层次	废止原因
《保险公司独立董事管理暂行办法》	原中国保监会	保监发〔2007〕22 号	部门规范性文件	根据 2018 年 6 月 30 日《中国银保监会关于印发〈保险机构独立董事管理办法〉的通知》（银保监发〔2018〕35 号）废止
《保险公估机构监管规定》	原中国保监会	中国保监会令 2013 年第 10 号	部门规章	根据 2018 年 2 月 1 日《保险公估人监管规定》（中国保监会令 2018 年第 2 号）废止
《保险经纪机构监管规定》	原中国保监会	中国保监会令 2013 年第 6 号	部门规章	根据 2018 年 2 月 1 日《保险经纪人监管规定》（中国保监会令 2018 年第 3 号）废止
《保险公司收购合并管理办法》	原中国保监会	保监发〔2014〕26 号	部门规范性文件	根据 2018 年 3 月 2 日《保险公司股权管理办法》（中国保监会令 2018 年第 5 号）废止

续表

文件名	发布主体	文件编号	文件层次	废止原因
《中国保监会关于规范有限合伙式股权投资企业投资入股保险公司有关问题的通知》	原中国保监会	保监发〔2013〕36号	部门规范性文件	根据2018年3月2日《保险公司股权管理办法》(中国保监会令2018年第5号)废止

资料来源：作者自制。

注：表格中"文件编号"指该文件最新版本的编号。

第二节　2018年保险公司治理政策法规发展脉络

一、机构调整：原中国保监会到中国银保监会

2018年3月，《深化党和国家机构改革方案》公开发布。为深化金融监管体制改革，解决现行体制存在的监管职责不清晰、交叉监管和监管空白等问题，强化综合监管，优化监管资源配置，更好统筹系统重要性金融机构监管，逐步建立符合现代金融特点、统筹协调监管、有力有效的现代金融监管框架，守住不发生系统性金融风险的底线，原中国银监会和原中国保监会合并组建中国银行保险监督管理委员会（以下简称"中国银保监会"），其主要职责是依照法律法规统一监督管理银行业和保险业，保护金融消费者合法权益，维护银行业和保险业合法、稳健运行，防范和化解金融风险，维护金融稳定，等等。保险行业监督管理机构由原中国保监会变更为中国银保监会，这一机构调整顺应了金融危机以后全球金融监管制度的变化，能够起到强化综合监管，提高统筹协调的效果。

二、"放管服"改革：进一步简政放权

（一）进一步提升行政服务规范化水平

为贯彻落实国务院关于清理规范行政审批中介服务事项的要求，原中国保监会决定对《外资保险公司管理条例实施细则》等4部规章的部门条款予以修改，本次以"修改决定"的形式对《外资保险公司管理条例实施细则》《外国保险机构驻华代表机构管理办法》《保险公司次级定期债务管理办法》《保险公司董事、监事和高级管理人员任职资格管理规定》等4部规章相关条文进行集中统一修改。主要对已取消的"设立外资保险公司相关材料公证""外国保险机构驻华代表机构设立及重大事项变更相关材料公证""出具保险公司发行私募次级债法律意见书""保险公司的董事、监事和高级管理人员任职材料中文译本公证"等中介服务事项所涉条文进行调整。同时，对保险公司申请募集次级债务所需提交的材料做进一步删减，以更好适应行政审批改革要求。本次修改进一步适应了简政放权、放管结合和转变政府职能的需要，落实深化行政审批改革的要求，将有

利于提升行政审批中介服务规范化水平。

（二）从"主要管机构"到"重点管业务"的转变

为贯彻落实中央经济工作会议和全国金融工作会议精神，进一步规范保险经纪业务，原中国保监会于 2018 年 2 月发布了《保险经纪人监管规定》和《保险公估人监管规定》（以下分别简称《经纪人规定》和《公估人规定》）。这两个文件的颁布进一步巩固了简政放权改革的成果，实现了从"主要管机构"到"重点管业务"的转变，将进一步规范保险经纪业务和公估业务，防范风险，维护投保人、被保险人、受益人的合法权益。

《经纪人规定》在已有关于经纪业务的政策法规的基础上，针对近年来特别是 2014 年保险中介市场清理整顿以来市场出现的新情况以及监管面临的新环境，对保险经纪人市场准入、经营规则、市场退出、行业自律、监督检查、法律责任等方面做出了更加全面和详细的规定。其有四个突出特点：一是完善市场准入退出机制；二是对已取消许可的事项进行有效管理；三是促进专业化和规范化经营；四是加强消费者权益保护。

《公估人规定》在已有关于公估业务的政策法规基础上，结合近年来特别是 2014 年保险中介市场清理整顿以来市场出现的新情况以及监管面临的新环境，完善了相关制度：一是规定经营条件；二是加强事中、事后监管；三是规范市场经营秩序；四是新增行业自律。《公估人规定》的发布施行对进一步明确经营保险公估业务备案、优化保险公估监管体系、保护保险公估活动当事人合法权益具有重要作用，将为实现保险公估由业务许可转为业务备案提供有效制度支撑。

三、取消限制：进一步扩大保险业对外开放

2018 年 4 月 10 日，习近平主席在博鳌亚洲论坛主旨演讲中提出要"加快保险行业开放进程"，中国人民银行行长易纲随后于 4 月 11 日在博鳌亚洲论坛宣布进一步扩大金融业对外开放的具体措施和时间表，其中涉及保险业的包括"允许符合条件的外国投资者来华经营保险代理业务和保险公估业务""放开外资保险经纪公司经营范围，与中资机构一致""全面取消外资保险公司设立前须开设两年代表处的要求"等内容。

中国银保监会积极落实扩大保险业对外开放的承诺，于 2018 年 4 月 27 日发布《关于放开外资保险经纪公司经营范围的通知》（银保监发〔2018〕19 号），于 2018 年 6 月 28 日发布《中国银保监会关于允许境外投资者来华经营保险公估业务的通知》（银保监发〔2018〕29 号）和《中国银保监会关于允许境外投资者来华经营保险代理业务的通知》（银保监发〔2018〕30 号），已经实现了易刚行长在博鳌亚洲论坛上提出的前两项对外开放具体措施，进一步扩大了保险业的对外开放水平，这些举措有利于促进中国保险业，特别是保险中介行业的发展。

四、加强监管：重点关注公司治理

（一）进一步加强保险公司股权监管

为贯彻落实党的十九大、中央经济工作会议和全国金融工作会议精神，加强股权监管，弥补监管短板，有效防范风险，原中国保监会于 2018 年 3 月 2 日修订发布《保险公

司股权管理办法》。该办法共 9 章 94 条，主要包括三个方面的规则体系：一是投资入股保险公司之前的规则，包括对股东资质、股权取得方式、入股资金的具体要求；二是成为保险公司股东之后的规则，包括股东行为规范、保险公司股权事务管理规则；三是股权监督管理规则，包括对股权监管的重点、措施以及违规问责机制。其坚持问题导向，针对股东虚假出资、违规代持、通过增加股权层级规避监管、股权结构不透明等现象，进一步明确股权管理的基本原则，丰富股权监管手段，加大对违规行为的问责力度；重点明确了保险公司股东准入、股权结构、资本真实性、穿透监管等方面的规范。它的出台有利于持续加强保险公司股权监管，弥补监管短板，严格市场准入监管，规范保险公司股东行为，严厉打击违规行为，切实防范并化解风险。

（二）进一步加强保险公司信息披露监管

为了进一步规范保险公司的信息披露行为，中国银保监会在 2018 年第 1 次主席会议上通过了《保险公司信息披露管理办法》，该办法于 2018 年 4 月 28 日发布，自 2018 年 7 月 1 日起施行。该办法是对原中国保监会于 2010 年 5 月发布的《保险公司信息披露管理办法》（保监会令 2010 年第 7 号）的全面修订。其共 6 章 40 条，主要从三个方面加强了对保险公司信息披露的管理：一是细化保险公司信息披露内容，并明确每一项具体内容的披露要求；二是明确了保险公司信息披露的方式和时间，例如明确要求公司基本信息发生变动的保险公司在 10 日内更新公司网站的相应信息，明确要求保险公司要在 4 月 30 日前发布公司年度信息披露报告，等等；三是明确了信息披露的管理制度，例如要求保险公司在公司网站的显著位置设置"公开信息披露"专栏，并在专栏下分类设置多项一、二级子栏目等。这些要求进一步细化了保险公司信息披露的要求，有利于保障投保人、被保险人、受益人以及相关当事人的合法权益，促进保险业健康发展。

（三）进一步加强保险公司独立董事监管

为了进一步防范保险行业公司治理风险，强化保险机构公司治理监管，2018 年 6 月 30 日，中国银保监会发布《保险机构独立董事管理办法》该办法共 8 章 56 条，是对 2007 年发布的《保险公司独立董事管理暂行办法》的一次全面修订。针对保险机构独立董事独立性不足、勤勉尽职不到位、专业能力欠缺，以及履职配套机制不健全等方面的问题，该办法通过建立健全独立董事制度运行机制、明确主体责任、规范主体行为、强化监管约束等制度安排，进一步改善独立董事履职的内外部环境，促进独立董事在公司治理结构中充分发挥作用。其主要从五个方面对原暂行办法做了修订：完善了制度的适用范围及独立董事设置要求；优化了独立董事的提名及任免机制；明确了独立董事的权利义务及履职保障；建立了独立董事履职评价和信息公开机制；健全了对独立董事及相关主体的监督和问责机制。同时，该办法规定，中国保险行业协会负责保险机构独立董事人才库建设，使之成为独立董事人才资源、履职评价、信息公开、履职监督管理的平台。

第三篇

发展内容篇

　　建立和完善具有中国特色的现代公司治理机制，是现阶段深化银行业和保险业改革的重点任务，是防范和化解各类金融风险、实现金融机构稳健发展的主要保障。

　　——郭树清 2018 年 4 月 16—17 日在中小银行及保险公司公司治理培训座谈会上的讲话

第七章 保险公司内部治理状况分析

本章分别关注了保险公司股东会/股东大会召开情况、股权结构、董事会和监事会规模、董事和监事的学历和职业背景、高管规模以及四个特殊高管设置等保险公司内部治理指标，从股东与股东会/股东大会、董事与董事会、监事与监事会以及高管治理四个方面对保险公司内部治理状况进行了统计、描述和分析。此外，本章最后同样从这四个方面分析了再保险公司的内部治理状况。

第一节 股东与股东会/股东大会

一、股权结构

（一）股权结构总体状况

股权结构是衡量公司治理好坏的一个重要指标。股权集中有利于公司决策，但同时也有可能导致中小股东利益难以保障，股权过于分散则不利于公司的稳定经营。表 7-1 显示了我国保险公司第一大股东持股比例和股权集中度指标。其中，Z 指数是第一大股东持股比例与第二大股东持股比例的比值，H3 指数是前三大股东持股比例平方之和，H5 指数是前五大股东持股比例平方之和。其中，在统计的 159 家保险公司中，第一大股东持股比例的平均值为 52.10%，说明其具有优势控股地位；标准差为 30.18%，体现出不同保险公司的股权结构有较为明显的差异。Z 指数平均值为 82.10，体现了第一大股东和第二大股东持股水平相差较为悬殊。H3 指数平均值为 0.43，H5 指数平均值为 0.44，均为大于 0.25，反映出我国保险公司股权相对集中。此外，从有效样本量来看，在 159 家样本中，92 家公司有 3 个以上股东，62 家公司有 5 个以上股东，具有 5 个以上股东的保险公司较少，可见股权相对集中在前五大股东上。

表 7-1 保险公司第一大股东持股比例及股权集中度指标

持股比例及股权集中度统计			
统计指标	第一大股东持股比例（%）	Z 指数	H3 指数	H5 指数
平均值	52.10	82.10	0.20	0.15
中位数	50.00	1.34	0.12	0.13
标准差	30.18	890.56	0.16	0.08

持股比例及股权集中度统计				
统计指标	第一大股东持股比例（%）	Z 指数	H3 指数	H5 指数
极差	88.45	9998.00	0.78	0.47
最小值	11.55	1.00	0.03	0.05
最大值	100.00	9999.00	0.82	0.52
样本情况统计（家）				
统计样本	第一大股东持股比例	Z 指数	H3 指数	H5 指数
有效样本	159	126	92	62
缺失样本	6	39	73	103

资料来源：根据各保险公司网站公开数据整理。

（二）股权结构分类比较

下文主要描述了不同组织形式、资本性质和险种类型的保险公司股东在持股情况上的差异。

表 7-2 显示了股份制和有限制保险公司股东的持股情况。从第一大股东持股情况来看，有限责任制保险公司第一大股东持股优势更明显，业内平均值为 68.67%，而股份制公司为 42.59%。从 Z 指数、H3 指数和 H5 指数的平均值来看，股份制公司分别为 115.42、0.31 和 0.32，有限制公司分别为 1.96、0.65 和 0.65。因此，有限制公司相较于股份制公司股权结构更加集中。

表 7-2　不同组织形式的保险公司股权集中度对比

组织形式	数据统计情况			
	股权集中度对比			
	统计指标	第一大股东持股比例（%）	Z 指数	H3 指数	H5 指数
股份制	平均值	42.59	115.42	0.31	0.32
	中位数	30.00	1.43	0.15	0.18
	标准差	28.63	1059.59	0.30	0.29
	极差	88.45	9998.00	0.97	0.97
	最小值	11.55	1.00	0.03	0.03
	最大值	100.00	9999.00	1.00	1.00
	样本统计情况（家）			
	统计样本	第一大股东持股比例	Z 指数	H3 指数	H5 指数
	有效样本	101	89	101	101
	缺失样本	4	16	4	4
	股权集中度对比			
	统计指标	第一大股东持股比例（%）	Z 指数	H3 指数	H5 指数
有限制	平均值	68.67	1.96	0.65	0.65
	中位数	51.00	1.04	0.50	0.50
	标准差	25.45	2.93	0.29	0.28
	极差	85.00	17.41	0.94	0.90
	最小值	15.00	1.00	0.06	0.10
	最大值	100.00	18.41	1.00	1.00

续表

组织形式	数据统计情况			
	样本统计情况（家）			
有限制	统计样本	第一大股东持股比例	Z 指数	H3 指数	H5 指数
	有效样本	58	37	58	58
	缺失样本	2	23	2	2

资料来源：根据各保险公司网站公开数据整理。

据表 7-3 可知，外资保险公司第一大股东持股比例的平均值为 66.78%，高于中资保险公司的 45.76%。从 Z 指数、H3 指数和 H5 指数的平均值来看，中资公司分别为 111.87、0.35 和 0.36，外资公司分别为 1.55、0.63 和 0.63。总体上来说，外资保险公司的股权结构更加集中一些。

表 7-3　不同资本性质的保险公司股权集中度对比

资本性质	数据统计情况			
	股权集中度对比			
	统计指标	第一大股东持股比例（%）	Z 指数	H3 指数	H5 指数
外资	平均值	66.78	1.55	0.63	0.63
	中位数	51.00	1.04	0.50	0.50
	标准差	22.44	0.83	0.25	0.25
	极差	50.00	2.98	0.72	0.70
	最小值	50.00	1.00	0.28	0.30
	最大值	100.00	3.98	1.00	1.00
	样本情况统计（家）			
	统计样本	第一大股东持股比例	Z 指数	H3 指数	H5 指数
	有效样本	48	34	48	48
	缺失样本	1	15	1	1
	股权集中度对比			
	统计指标	第一大股东持股比例（%）	Z 指数	H3 指数	H5 指数
中资	平均值	45.76	111.87	0.35	0.36
	中位数	33.33	1.43	0.17	0.20
	标准差	30.97	1042.16	0.34	0.33
	极差	88.45	9998.00	0.97	0.97
	最小值	11.55	1.00	0.03	0.03
	最大值	100.00	9999.00	1.00	1.00
	样本情况统计（家）			
	统计样本	第一大股东持股比例	Z 指数	H3 指数	H5 指数
	有效样本	111	92	111	111
	缺失样本	5	24	5	5

资料来源：根据各保险公司网站公开数据整理。

依据表 7-4 数据可知，经营财产险的保险公司第一大股东持股比例为 55.00%，而经营人身险的保险公司为49.38%，二者均在50%左右。从Z指数的中位数来看，财产险公司和人身险公司不存在显著差异，而在平均值上差异显著；从H3指数和H5指数的平均值和中位数来看，两类公司也不存在显著差异。

表7-4 经营不同险种类型的保险公司股权集中度对比

险种类型	数据统计情况				
	股权集中度对比				
	统计指标	第一大股东持股比例（%）	Z指数	H3指数	H5指数
财产险	平均值	55.00	2.72	0.47	0.48
	中位数	50.00	1.35	0.32	0.33
	标准差	34.78	4.12	0.40	0.38
	中位数	50.00	1.35	0.32	0.33
	标准差	34.78	4.12	0.40	0.38
	极差	86.46	21.98	0.97	0.97
	最小值	13.54	1.00	0.03	0.03
	最大值	100.00	22.98	1.00	1.00
	样本情况统计（家）				
	统计样本	第一大股东持股比例	Z指数	H3指数	H5指数
	有效样本	77	52	77	77
	缺失样本	4	29	4	4
	股权集中度对比				
	统计指标	第一大股东持股比例（%）	Z指数	H3指数	H5指数
人身险	平均值	49.38	137.88	0.40	0.41
	中位数	50.00	1.31	0.38	0.38
	标准差	25.04	1162.06	0.27	0.26
	极差	88.45	9998.00	0.97	0.94
	最小值	11.55	1.00	0.03	0.06
	最大值	100.00	9999.00	1.00	1.00
	样本情况统计（家）				
	统计样本	第一大股东持股比例	Z指数	H3指数	H5指数
	有效样本	82	74	82	82
	缺失样本	2	10	2	2

资料来源：根据各保险公司网站公开数据整理。

二、股东会/股东大会

股东会和股东大会分别是有限责任公司和股份有限公司的最高权力机关，它是作为企业财产所有者的股东对企业行使财产管理权的组织。股东会/股东大会有定期与临时举行两种方式，即年度股东会/股东大会和临时股东会/股东大会。报告对保险公司近5年召开股东会/股东大会次数进行了统计，并按组织形式、资本性质和险种类型对保险公司进行了分类，对比分析了各组股东会/股东大会召开情况。

（一）近 5 年保险公司股东会/股东大会召开情况统计

监管机构要求保险公司在网站上披露近 3 年股东会/股东大会主要决议。本部分统计了 2014—2018 年的保险公司股东会/股东大会召开情况，2014 年距今已经 5 年，数据缺失较多。从 2014 年的有效数据来看，多数公司召开的股东会/股东大会次数在 4 次（含 4 次）以下，最多召开次数为 8 次（见表 7-5）。

表 7-5　2014 年保险公司召开股东会/股东大会频数统计

样本情况	股东会/股东大会次数	频数	比例（%）	有效样本比例（%）
有效样本	1	12	7.27	24.49
	2	11	6.67	22.45
	3	10	6.06	20.41
	4	7	4.24	14.29
	5	4	2.42	8.16
	6	2	1.21	4.08
	7	2	1.21	4.08
	8	1	0.61	2.04
	小计	49	29.70	100.00
缺失样本		116	70.30	—
合计		165	100.00	—

资料来源：根据各保险公司网站公开数据整理。

从 2015 年股东会/股东大会有效数据来看，近 1/4 的公司每年召开一次股东会/股东大会，即每年定期召开一次年度股东会/股东大会。召开次数在 4 次以上（不含 4 次）的公司占比 20.22%（见表 7-6）。

表 7-6　2015 年保险公司召开股东会/股东大会频数统计

样本情况	股东会/股东大会次数	频数	比例（%）	有效样本比例（%）
有效样本	1	22	13.33	24.72
	2	15	9.09	16.85
	3	15	9.09	16.85
	4	19	11.52	21.35
	5	5	3.03	5.62
	6	6	3.64	6.74
	7	4	2.42	4.49
	8	3	1.82	3.37
	小计	89	53.94	100.00
缺失样本		76	46.06	—
合计		165	100.00	—

资料来源：根据各保险公司网站公开数据整理。

2016 年公司股东会/股东大会召开次数的众数为 2 和 3。对比2014 年、2015 年的数据，2016 年保险公司召开股东会/股东大会的次数有显著上升的趋势，最多召开次数为 11 次，且召开 1 次股东会/股东大会的公司比例明显下降（见表 7-7）。

表 7-7　2016 年保险公司召开股东会/股东大会频数统计

样本情况	股东会/股东大会次数	频数	比例（%）	有效样本比例（%）
有效样本	1	18	10.91	16.22
	2	25	15.15	22.52
	3	25	15.15	22.52
	4	14	8.48	12.61
	5	13	7.88	11.71
	6	7	4.24	6.31
	7	2	1.21	1.80
	8	1	0.61	0.90
	9	5	3.03	4.50
	11	1	0.61	0.90
	小计	111	67.27	100.00
缺失样本		54	32.73	—
合计		165	100.00	—

资料来源：根据各保险公司网站公开数据整理。

2017 年，随着监管的加强，越来越多的保险公司增加了召开股东会/股东大会的次数。仅召开 1 次股东会/股东大会的公司数量占比低于 10%，多数公司选择每年召开 1 次年度股东会/股东大会、N 次（N 不等于 0）临时股东会/股东大会议的形式（见表 7-8）。

表 7-8　2017 年保险公司召开股东会/股东大会频数统计

样本情况	股东会/股东大会次数	频数	比例（%）	有效样本比例（%）
有效样本	1	9	5.45	8.11
	2	29	17.58	26.13
	3	22	13.33	19.82
	4	29	17.58	26.13
	5	10	6.06	9.01
	6	7	4.24	6.31
	7	2	1.21	1.80
	8	1	0.61	0.90
	10	2	1.21	1.80
	小计	111	67.27	100.00
缺失样本		54	32.73	—
合计		165	100.00	—

资料来源：根据各保险公司网站公开数据整理。

截止到 2018 年 10 月底，部分公司尚未披露 2018 年股东会/股东大会召开情况，数据样本缺失较多，且多家公司存在实际召开股东会/股东大会却未在公司官网披露相关决议的情况。从目前所获数据来看，多数公司召开股东会/股东大会次数为 1—3 次，股东会/股东大会召开在 6 次及以上的公司有两家（见表 7-9）。

表 7-9　2018 年保险公司召开股东会/股东大会频数统计

样本情况	股东会/股东大会次数	频数	比例（%）	有效样本比例（%）
有效样本	1	29	17.58	30.21
	2	31	18.79	32.29
	3	19	11.52	19.79
	4	11	6.67	11.46
	5	4	2.42	4.17
	6	1	0.61	1.04
	8	1	0.61	1.04
	小计	96	58.18	100.00
缺失样本		69	41.82	—
合计		165	100.00	—

资料来源：根据各保险公司网站公开数据整理。

综合来看，2014—2018 年间，保险公司召开股东会/股东大会次数呈现上升趋势，2014 年所有保险公司股东会/股东大会召开的平均次数为 2.98，2017 年为 3.45（见表 7-10）。

表 7-10　近五年保险公司股东会/股东大会召开情况统计

统计指标	2014 年	2015 年	2016 年	2017 年	2018 年
有效样本（家）	49	89	111	111	96
缺失样本（家）	116	76	54	54	69
平均值（次）	2.98	3.21	3.46	3.45	2.35
中位数（次）	3	3	3	3	2
标准差（次）	1.81	1.94	2.14	1.73	1.33
极差（次）	7	7	10	9	7
最小值（次）	1	1	1	1	1
最大值（次）	8	8	11	10	8

资料来源：根据各保险公司网站公开数据整理。

（二）近 5 年保险公司召开股东会/股东大会分类比较

从组织形式分类来看，多数保险公司以股份有限公司的组织形式存在，股份有限公司占比达 64%。2014—2016 年，有限责任公司与股份有限公司在平均召开股东会/股东大会次数上的差距并不明显。但在 2017 年，有限责任公司的股东会召开次数明显多于股份有限公司，二者平均值分别为 4.29 和 3.30（见表 7-11）。

表 7-11　近五年保险公司股东会/股东大会召开情况统计（按组织形式分类）

组织形式	统计指标	2014 年	2015 年	2016 年	2017 年	2018 年
股份制	有效样本（家）	42	74	94	94	83
	缺失样本（家）	63	31	11	11	22
	平均值（次）	3.00	3.18	3.50	3.30	2.31
	中位数（次）	3	3	3	3	2
	标准差（次）	1.90	1.90	2.06	1.59	1.17
	极差（次）	7	7	10	9	4
	最小值（次）	1	1	1	1	1
	最大值（次）	8	8	11	10	5
有限制	有效样本（家）	7	15	17	17	13
	缺失样本（家）	53	45	43	43	47
	平均值（次）	2.86	3.40	3.24	4.29	2.62
	中位数（次）	3	3	3	4	2
	标准差（次）	1.21	2.20	2.59	2.26	2.14
	极差（次）	3	7	8	9	7
	最小值（次）	1	1	1	1	1
	最大值（次）	4	8	9	10	8

资料来源：根据各保险公司网站公开数据整理。

目前我国中资的保险公司占比约为 31%，其近几年的信息披露情况有所改善，在公司网站上能查询到股东会/股东大会相关决议；外资保险公司数据缺失比较严重。从召开次数来看，中资保险公司股东会/股东大会的召开次数明显多于外资保险公司，2018 年，中资保险公司和外资保险公司召开次数平均值分别为 2.40 次和 1.88 次（见表 7-12）。

表 7-12　近五年保险公司股东会/股东大会召开情况统计（按资本性质分类）

资本性质	统计指标	2014 年	2015 年	2016 年	2017 年	2018 年
中资	有效样本（家）	44	79	99	100	88
	缺失样本（家）	72	37	17	16	28
	平均值（次）	3.02	3.24	3.54	3.52	2.40
	中位数（次）	3	3	3	3	2
	标准差（次）	1.87	1.99	2.16	1.74	1.34
	极差（次）	7	7	10	9	7
	最小值（次）	1	1	1	1	1
	最大值（次）	8	8	11	10	8
外资	有效样本（家）	5	10	12	11	8
	缺失样本（家）	44	39	37	38	41

续表

资本性质	统计指标	2014 年	2015 年	2016 年	2017 年	2018 年
外资	平均值（次）	2.60	3.00	2.83	2.82	1.88
	中位数（次）	3	3	2	3	1
	标准差（次）	1.14	1.49	1.95	1.60	1.25
	极差（次）	3	5	5	5	3
	最小值（次）	1	1	1	1	1
	最大值（次）	4	6	6	6	4

资料来源：根据各保险公司网站公开数据整理。

从险种类型来看，经营人身险业务的保险公司召开股东会/股东大会的次数总体上多于经营财产险业务的保险公司。2018 年，经营人身险业务的保险公司股东会/股东大会召开次数平均值为 2.34 次，财产险公司平均值仅有 2.37 次（见表 7-13）。

表 7-13　近五年保险公司股东会/股东大会召开情况统计（按险种类型分类）

险种类型	统计指标	2014 年	2015 年	2016 年	2017 年	2018 年
财产险	有效样本（家）	23	45	57	55	49
	缺失样本（家）	58	36	24	26	32
	平均值（次）	2.61	2.87	3.39	3.25	2.37
	中位数（次）	2	3	3	3	2
	标准差（次）	1.88	1.98	1.83	1.68	1.17
	极差（次）	6	7	8	9	4
	最小值（次）	1	1	1	1	1
	最大值（次）	7	8	9	10	5
人身险	有效样本（家）	26	44	54	56	47
	缺失样本（家）	58	40	30	28	37
	平均值（次）	3.31	3.57	3.54	3.64	2.34
	中位数（次）	3	4	3	4	2
	标准差（次）	1.72	1.85	2.44	1.77	1.49
	极差（次）	7	7	10	9	7
	最小值（次）	1	1	1	1	1
	最大值（次）	8	8	11	10	8

资料来源：根据各保险公司网站公开数据整理。

三、关联交易

本报告针对 145 家有效样本分析了保险公司合并披露的关联交易金额。总样本中，保险公司关联交易金额的平均值为 19.82 亿元，中位数为 0.65 亿元，标准差为 81.21，说明不同保险公司关联交易金额相差较大（极差为 571.58 亿元）。从公司的组织形式来看，保险公司可分为股份制和有限制公司；从资本性质来看，可分为中资和外资公司；从保险公司险种类型来看，可分为财产险和人身险公司。通过比较可以看出，不同类型保险公司关联交易水平存在明显区别（见表 7-14）。

表 7-14　保险公司关联交易金额描述性统计

统计指标	总样本	股份制	有限制	外资	中资	财产险	人身险
有效样本（家）	145	93	52	43	102	68	77
缺失样本（家）	20	12	8	6	14	13	7
平均值（亿元）	19.82	21.94	16.03	8.62	24.54	5.14	32.79
中位数（亿元）	0.65	0.59	1.60	0.64	0.70	0.63	0.81
标准差（亿元）	81.21	90.50	61.85	17.92	95.89	16.22	109.10
极差（亿元）	571.58	571.58	437.81	95.71	571.58	105.10	571.58
最小值（亿元）	0.00	0.00	0.00	0.00	0.00	0.00	0.00
最大值（亿元）	571.58	571.58	437.81	95.71	571.58	105.10	571.58

资料来源：根据各保险公司网站公开数据整理。

第二节　董事与董事会

一、董事会规模结构

董事会是由董事组成的，对内掌管公司财务，对外代表公司的经营决策机构。董事会的有效运行对于保险公司的平稳发展至关重要。

本书分析了保险公司官网上找到的 165 家样本保险公司的董事会情况，其中有效样本有 161 家，无效样本有 4 家，为未披露数据的保险公司。统计结果显示，平均一家保险公司的董事会总人数为 8.08；独立董事人数平均值为 2.65；执行董事人数平均值为 2.72；两职设置（董事长兼任总经理的为 1，否则为 0）平均值为 0.16；独立董事比例平均值为 29.70%；保险公司董事长有同时兼任党委书记的情况，每家保险公司董事长兼任党委书记的平均值为 0.13（见表 7-15）。

表 7-15 保险公司董事会规模结构统计

董事会规模统计						
统计指标	董事会规模（人）	独立董事（人）	执行董事（人）	两职设置	独董比例（%）	兼任党委书记
平均值	8.08	2.65	2.72	0.16	29.70	0.13
中位数	8	2	2	0	30.00	0
标准差	2.87	1.16	2.71	0.37	9.43	0.34
极差	16	6	12	1	37.50	1
最小值	2	1	0	0	12.50	0
最大值	18	7	12	1	50.00	1
样本情况统计（家）						
统计样本	董事会规模	独立董事	执行董事	两职设置	独董比例	兼任党委书记
有效样本	161	106	157	162	106	162
缺失样本	4	59	8	3	59	3

资料来源：根据各保险公司网站公开数据整理。

保险公司有很多类型，按其组织形式分为股份制公司和有限制公司，表 7-16 从不同组织形式角度分析了保险公司董事会构成。股份制公司的有效样本为 101 家，有限制公司的有效样本为 60 家。从平均值和中位数来看，股份制公司的董事会规模普遍高于有限制公司，股份制公司董事会人数平均值为 9.07，中位数为 9，而有限制公司董事会人数平均值为 6.42，中位数为 6。股份制公司独立董事人数平均值（2.84）高于有限制公司（1.90）。股份制公司执行董事人数平均值也高于有限制公司平均值。相比股份制公司，有限制公司的董事长更有可能兼任总经理，而股份制公司董事长担任党委书记的人数比有限制公司更多（见表 7-16）。

表 7-16 不同组织形式的保险公司董事会构成

组织形式	数据统计情况						
	董事会构成						
	统计指标	董事会规模（人）	独立董事（人）	执行董事（人）	两职设置	独董比例（%）	兼任党委书记
	平均值	9.07	2.84	2.96	0.14	30.06	0.18
	中位数	9	3	2	0	30.00	0
	标准差	2.88	1.19	2.84	0.35	9.02	0.38
股份制	极差	16	6	12	1	37.5	1
	最小值	2	1	0	0	12.5	0
	最大值	18	7	12	1	50.00	1
	样本情况统计（家）						
	统计样本	董事会规模	独立董事	执行董事	两职设置	独董比例	兼任党委书记
	有效样本	101	85	100	102	85	102
	缺失样本	4	20	5	3	20	3

组织形式	数据统计情况					
	董事会构成					
	统计指标	董事会规模（人）	独立董事（人）	执行董事（人）	两职设置	独董比例（%）	兼任党委书记
有限制	平均值	6.42	1.90	2.30	0.20	28.25	0.05
	中位数	6	2	1	0	25.00	0
	标准差	1.93	0.54	2.43	0.40	11.06	0.22
	极差	7	2	10	1	37.50	1
	最小值	3	1	0	0	12.50	0
	最大值	10	3	10	1	50.00	1
	样本情况统计（家）					
	统计样本	董事会规模	独立董事	执行董事	两职设置	独董比例	兼任党委书记
	有效样本	60	21	57	60	21	60
	缺失样本	0	39	3	0	39	0

资料来源：根据各保险公司网站公开数据整理。

保险公司按其资本性质划分为中资保险公司和外资保险公司。在对不同资本性质的保险公司董事会构成的调查中，中资保险公司的有效样本为 112 家，外资保险公司的有效样本为 49 家。中资保险公司董事会规模中位数为 9，外资保险公司董事会规模中位数为 6，说明中资保险公司的董事会规模高于外资保险公司。中资保险公司独立董事平均值为 2.80，外资保险公司独立董事平均值为 1.64，说明中资保险公司独立董事人数多于外资保险公司。中资保险公司执行董事极差为 12，外资保险公司执行董事极差为 10。中资保险公司和外资保险公司两职设置和独董比例相差不大，而中资保险公司兼任党委书记人数多于外资保险公司，反映了中国公司职位的特色（见表 7-17）。

表 7-17　不同资本性质的保险公司董事会构成

资本性质	数据统计情况					
	董事会构成					
	统计指标	董事会规模（人）	独立董事（人）	执行董事（人）	两职设置	独董比例（%）	兼任党委书记
中资	平均值	8.91	2.80	2.88	0.12	30.31	0.17
	中位数	9	3	2	0	30.38	0
	标准差	2.84	1.15	2.78	0.32	8.80	0.38
	极差	16	6	12	1	37.50	1
	最小值	2	1	0	0	12.50	0
	最大值	18	7	12	1	50.00	1
	样本统计情况（家）					
	统计样本	董事会规模	独立董事	执行董事	两职设置	独董比例	兼任党委书记
	有效样本	112	92	110	113	92	113
	缺失样本	4	24	6	3	24	3

续表

资本性质	数据统计情况					
	董事会构成					
	统计指标	董事会规模（人）	独立董事（人）	执行董事（人）	两职设置	独董比例（%）	兼任党委书记
外资	平均值	6.18	1.64	2.34	0.27	25.69	0.04
	中位数	6	2	1	0	22.22	0
	标准差	1.87	0.50	2.52	0.45	12.49	0.20
	极差	7	1	10	1	37.50	1
	最小值	3	1	0	0	12.50	0
	最大值	10	2	10	1	50.00	1
	样本统计情况（家）					
	统计样本	董事会规模	独立董事	执行董事	两职设置	独董比例	兼任党委书记
	有效样本	49	14	47	49	14	49
	缺失样本	0	35	2	0	35	0

资料来源：根据各保险公司网站公开数据整理

　　按照不同险种类型划分，可以把保险公司分为财产险公司和人身险公司，这也是保险公司治理区别于其他公司治理的特征。不同险种类型保险公司的董事会构成，包括独立董事人数、执行董事、两职设置、独董比例和兼任党委书记，相差不大，董事会规模在8人左右（见表7-18）。

表7-18　不同险种类型的保险公司董事会构成

险种类型	数据统计情况					
	董事会构成					
	统计指标	董事会规模（人）	独立董事（人）	执行董事	两职设置	独董比例（%）	兼任党委书记
财产险	平均值	8.03	2.73	2.86	0.18	29.06	0.15
	中位数	8	3	2	0	28.57	0
	标准差	3.19	1.19	2.86	0.38	8.84	0.36
	极差	16	5	12	1	35.71	1
	最小值	2	1	0	0	14.29	0
	最大值	18	6	12	1	50.00	1
	样本统计情况（家）					
	统计样本	董事会规模	独立董事	执行董事	两职设置	独董比例	兼任党委书记
	有效样本	79	52	76	80	52	80
	缺失样本	2	29	5	1	29	1

险种类型	数据统计情况					
	董事会构成					
	统计指标	董事会规模（人）	独立董事（人）	执行董事（人）	两职设置	独董比例（%）	兼任党委书记
人身险	平均值	8.13	2.57	2.59	0.15	30.32	0.11
	中位数	8	2	2	0	30.77	0
	标准差	2.54	1.13	2.57	0.36	10.02	0.31
	极差	14	6	10	1	37.50	1
	最小值	4	1	0	0	12.50	0
	最大值	18	7	10	1	50.00	1
	样本统计情况（家）					
	统计样本	董事会规模	独立董事	执行董事	两职设置	独董比例	兼任党委书记
	有效样本	82	54	81	82	54	82
	缺失样本	2	30	3	2	30	2

资料来源：根据各保险公司网站公开数据整理。

　　独立董事须具备一定的专业素质和能力，能够凭借自己的专业知识和经验对公司的有关问题独立做出判断和发表有价值的意见。中国银保监会规定保险公司独立董事不少于 3 人，占董事会比例不少于 1/3。从表 7-19 可以看出，有效样本中 44.33%的公司的独立董事比例符合这一要求。

表 7-19　保险公司独立董事比例统计分析

样本情况	独董比例（%）	频数	比例（%）	有效样本比例（%）
有效样本	12.50	2	1.21	1.89
	14.29	3	1.82	2.83
	16.67	6	3.64	5.66
	18.18	4	2.42	3.77
	20.00	9	5.45	8.49
	22.22	10	6.06	9.43
	23.08	1	0.61	0.94
	25.00	5	3.03	4.72
	27.27	3	1.82	2.83
	28.57	8	4.85	7.55
	30.00	6	3.64	5.66
	30.77	2	1.21	1.89
	33.33	17	10.30	16.04
	35.71	2	1.21	1.89
	36.36	1	0.61	0.94
	37.50	7	4.24	6.60
	38.46	3	1.82	2.83

续表

样本情况	独董比例（%）	频数	比例（%）	有效样本比例（%）
有效样本	38.89	1	0.61	0.94
	40.00	4	2.42	3.77
	42.86	5	3.03	4.72
	44.44	1	0.61	0.94
	45.45	1	0.61	0.94
	50.00	5	3.03	4.72
	小计	106	64.24	100.00
缺失样本		59	35.76	—
合计		165	100.00	—

资料来源：根据各保险公司网站公开数据整理。

董事会是保险公司治理中内部治理的重要部分，董事会负责公司业务经营活动的指挥与管理，董事会规模反映了公司的治理状况。从表 7-20 可以看出，董事会人数为 7 的公司比例最高；超过半数的公司的董事会人数为 6—9 人，占样本量的 54.05%。

表 7-20　保险公司董事会规模频数分布表

样本情况	人数	频数	比例（%）	有效样本比例（%）
有效样本	2	1	0.61	0.62
	3	3	1.82	1.86
	4	9	5.45	5.59
	5	16	9.70	9.94
	6	23	13.94	14.29
	7	24	14.55	14.91
	8	17	10.30	10.56
	9	23	13.94	14.29
	10	17	10.30	10.56
	11	10	6.06	6.21
	12	4	2.42	2.48
	13	8	4.85	4.97
	14	3	1.82	1.86
	15	1	0.61	0.62
	18	2	1.21	1.24
	小计	161	97.58	100.00
缺失样本		4	2.42	—
合计		165	100.00	—

资料来源：根据各保险公司网站公开数据整理。

二、董事会成员

（一）董事学历频数统计

学历是评价董事专业素养和能力的一个重要方面，从表 7-21 可以看出，有效样本中仅有 9.32% 的保险公司具有最高学历为大专或中专的董事。董事中有 1 名最高学历为大专或中专的保险公司占比 8.70%，董事中有 3 人最高学历为大专或中专的保险公司比例仅为 0.62%。

表 7-21　大专、中专学历董事频数分布表

样本情况	董事人数	频数	比例（%）	有效样本比例（%）
有效样本	0	146	88.48	90.68
	1	14	8.48	8.70
	3	1	0.61	0.62
	小计	161	97.58	100.00
缺失样本		4	2.42	—
合计		165	100.00	—

资料来源：根据各保险公司网站公开数据整理。

各保险公司董事会中本科学历的董事人数较多，从 0 人到 8 人不等。从表 7-22 可以看出拥有不同数量本科学历董事的公司数量和占比。

表 7-22　本科学历董事频数分布表

样本情况	董事人数	频数	比例（%）	有效样本比例（%）
有效样本	0	33	20.00	20.50
	1	31	18.79	19.25
	2	31	18.79	19.25
	3	20	12.12	12.42
	4	22	13.33	13.66
	5	11	6.67	6.83
	6	5	3.03	3.11
	7	5	3.03	3.11
	8	3	1.82	1.86
	小计	161	97.58	100.00
缺失样本		4	2.42	—
合计		165	100.00	—

资料来源：根据各保险公司网站公开数据整理。

表 7-23 反映了各保险公司硕士研究生学历（以下简称"硕士学历"）董事的分布状况。各公司董事会中具有硕士学历的董事有 0 到 11 人不等。有效数据中，董事会有 3 名硕士学历董事的公司比例最高，占比 19.25%。

表 7-23 硕士学历董事频数分布表

样本情况	董事人数	频数	比例（%）	有效样本比例（%）
有效样本	0	17	10.30	10.56
	1	15	9.09	9.32
	2	24	14.55	14.91
	3	31	18.79	19.25
	4	29	17.58	18.01
	5	19	11.52	11.80
	6	15	9.09	9.32
	7	7	4.24	4.35
	8	2	1.21	1.24
	9	1	0.61	0.62
	11	1	0.61	0.62
	小计	161	97.58	100.00
缺失样本		4	2.42	—
合计		165	100.00	—

资料来源：根据各保险公司网站公开数据整理。

表 7-24 反映了博士研究生学历（以下简称"博士学历"）董事的分布状况。各公司董事会中具有博士学历的董事有 0 到 7 人不等，从表中可以看出拥有不同数量博士学历董事的公司数量和比例。

表 7-24 博士学历董事频数分布表

样本情况	董事人数	频数	比例（%）	有效样本比例（%）
有效样本	0	58	35.15	36.02
	1	34	20.61	21.12
	2	33	20.00	20.50
	3	23	13.94	14.29
	4	5	3.03	3.11
	5	6	3.64	3.73
	7	2	1.21	1.24
	小计	161	97.58	100.00
缺失样本		4	2.42	—
合计		165	100.00	—

资料来源：根据各保险公司网站公开数据整理。

表 7-25 是未披露学历董事的频数分布状况。表格中董事人数为 0 表示该公司所有董事的学历均进行了披露，即有效数据中，77.64%的公司披露了董事的学历情况，有 9.32%的公司有 1 名董事未披露学历。

表 7-25 未披露学历董事频数分布表

样本情况	董事人数	频数	比例（%）	有效样本比例（%）
有效样本	0	125	75.76	77.64
	1	15	9.09	9.32
	2	5	3.03	3.11
	3	7	4.24	4.35
	4	2	1.21	1.24
	5	1	0.61	0.62
	6	1	0.61	0.62
	8	2	1.21	1.24
	9	1	0.61	0.62
	12	1	0.61	0.62
	15	1	0.61	0.62
	小计	161	97.58	100.00
缺失样本		4	2.42	—
合计		165	100.00	—

资料来源：根据各保险公司网站公开数据整理。

（二）董事职业背景频数统计

表 7-26 显示了各公司董事会中具备财务审计背景的董事的情况。从有效数据来看，董事会中没有具备财务审计背景董事的保险公司比例为 36.02%，所占比例最高。27.95% 的公司董事会中只有 1 名具有财会背景的董事。16.77% 的公司董事会中有 2 名具有财会背景的董事。董事会中拥有 4 名以上具备财会背景的董事的公司占比很小。

表 7-26 具备财务审计背景董事频数分布表

样本情况	董事人数	频数	比例（%）	有效样本比例（%）
有效样本	0	58	35.15	36.02
	1	45	27.27	27.95
	2	27	16.36	16.77
	3	21	12.73	13.04
	4	4	2.42	2.48
	5	2	1.21	1.24
	6	2	1.21	1.24
	8	1	0.61	0.62
	9	1	0.61	0.62
	小计	161	97.58	100.00
缺失样本		4	2.42	—
合计		165	100.00	—

资料来源：根据各保险公司网站公开数据整理。

表 7-27 反映了各公司董事会中具备金融背景的董事的情况。从有效数据来看，有

36.65%的保险公司没有具备金融背景的董事，各保险公司董事会中具备金融背景的董事人数集中在1—4人。

表 7-27　具备金融背景董事频数分布表

样本情况	董事人数	频数	比例（%）	有效样本比例（%）
有效样本	0	59	35.76	36.65
	1	34	20.61	21.12
	2	24	14.55	14.91
	3	18	10.91	11.18
	4	17	10.30	10.56
	5	6	3.64	3.73
	6	2	1.21	1.24
	7	1	0.61	0.62
	小计	161	97.58	100.00
缺失样本		4	2.42	—
合计		165	100.00	—

资料来源：根据各保险公司网站公开数据整理。

表 7-28 显示了各保险公司董事会中具备保险精算背景的董事的情况。从有效数据来看，22.98%的保险公司没有具备保险精算背景的董事，各保险公司董事会中具备保险精算背景的董事人数集中在1—5人。

表 7-28　具备保险精算背景董事频数分布表

样本情况	董事人数	频数	比例（%）	有效样本比例（%）
有效样本	0	37	22.42	22.98
	1	27	16.36	16.77
	2	29	17.58	18.01
	3	31	18.79	19.25
	4	16	9.70	9.94
	5	14	8.48	8.70
	6	4	2.42	2.48
	7	2	1.21	1.24
	8	1	0.61	0.62
	小计	161	97.58	100.00
缺失样本		4	2.42	—
合计		165	100.00	—

资料来源：根据各保险公司网站公开数据整理。

表 7-29 显示了各保险公司董事会中具备经济管理背景的董事的情况。从有效数据来看，其中18.01%的保险公司没有具备经济管理背景的董事，各保险公司董事会中具备经

济管理背景的董事人数在 1—5 人。

表 7-29　具备经济管理背景董事频数分布表

样本情况	董事人数	频数	比例（%）	有效样本比例（%）
有效样本	0	29	17.58	18.01
	1	29	17.58	18.01
	2	32	19.39	19.88
	3	28	16.97	17.39
	4	21	12.73	13.04
	5	12	7.27	7.45
	6	6	3.64	3.73
	7	2	1.21	1.24
	8	2	1.21	1.24
	小计	161	97.58	100.00
缺失样本		4	2.42	—
合计		165	100.00	—

资料来源：根据各保险公司网站公开数据整理。

表 7-30 说明董事背景未披露的情况较少，在有效样本中占比 8.07%，董事会中未披露职业背景的董事人数分布在 1—10 人。

表 7-30　未披露背景董事频数分布表

样本情况	董事人数	频数	比例（%）	有效样本比例（%）
有效样本	0	148	89.70	91.93
	1	1	0.61	0.62
	3	1	0.61	0.62
	4	1	0.61	0.62
	6	3	1.82	1.86
	7	1	0.61	0.62
	8	3	1.82	1.86
	9	1	0.61	0.62
	10	2	1.21	1.24
	小计	161	97.58	100.00
缺失样本		4	2.42	—
合计		165	100.00	—

资料来源：根据各保险公司网站公开数据整理。

（三）董事学历、职业背景分类统计

本报告通过统计保险公司董事会成员学历及任职时的从业背景来反映各保险公司董事会的状况，同时按照组织形式、资本性质和险种类型对保险公司进行分类并对其董事

会成员的学历及任职时的从业背景进行对比。

从所有保险公司有效数据来看，董事会成员具有高学历特征。具有本科及以上（包含本科）学历成员平均占比达 88.83%，具有硕士研究生及以上学历成员平均占比接近 60%，具有博士学历成员平均占比为 16.63%（见表 7-31）。从董事会成员职业背景来看，62.22% 的成员之前从事财务审计、金融、保险精算等与保险行业相关的行业，其中从事保险精算行业人员占比达 28.65%（见表 7-32）。

表 7-31　保险公司董事学历情况

统计指标	本科及以上	硕士及以上	博士
有效样本（家）	161	161	161
缺失样本（家）	4	4	4
平均值（%）	88.83	59.21	16.63
中位数（%）	100.00	63.64	14.29
标准差（%）	25.34	28.20	16.32
极差（%）	100.00	100.00	70.00
最小值（%）	0.00	0.00	0.00
最大值（%）	100.00	100.00	70.00

资料来源：根据各保险公司网站公开数据整理。

表 7-32　保险公司董事职业背景情况

统计指标	行业相关背景	财务审计	金融	保险精算	经济管理
有效样本（家）	161	161	161	161	161
缺失样本（家）	4	4	4	4	4
平均值（%）	62.22	15.86	17.70	28.65	30.23
中位数（%）	66.67	12.50	12.50	25.00	27.27
标准差（%）	28.58	17.19	18.08	24.29	24.06
极差（%）	100.00	100.00	71.43	100.00	100.00
最小值（%）	0.00	0.00	0.00	0.00	0.00
最大值（%）	100.00	100.00	71.43	100.00	100.00

资料来源：根据各保险公司网站公开数据整理。

从组织形式来看，股份有限公司董事会成员学历水平普遍高于有限责任公司，表现在股份有限公司平均有 91.77% 的董事会成员拥有本科及以上学历，而有限责任公司董事会成员拥有本科及以上学历的平均比例为 83.87%。同样的情况出现在硕士及以上学历和博士学历人员占比（见表 7-33）。董事会成员职业背景占比在股份有限公司与有限责任公司两种类型上并没有表现出明显差异。但有限责任公司董事会成员具有保险精算行业背景的比例明显高于股份有限公司，平均值分别为 34.45% 和 25.21%（见表 7-34）。

表 7-33　不同组织形式公司董事学历情况

统计指标	股份制			有限制		
	本科及以上	硕士及以上	博士	本科及以上	硕士及以上	博士
有效样本（家）	101	101	101	60	60	60
缺失样本（家）	4	4	4	0	0	0
平均值（%）	91.77	64.17	19.36	83.87	50.87	12.03
中位数（%）	100.00	66.67	16.67	100.00	50.00	0.00
标准差（%）	19.61	23.90	16.52	32.40	32.79	15.01
极差（%）	100.00	100.00	70.00	100.00	100.00	50.00
最小值（%）	0.00	0.00	0.00	0.00	0.00	0.00
最大值（%）	100.00	100.00	70.00	100.00	100.00	50.00

资料来源：根据各保险公司网站公开数据整理。

表 7-34　不同组织形式公司董事职业背景情况

统计指标	股份制					有限制				
	行业相关背景	财务审计	金融	保险精算	经济管理	行业相关背景	财务审计	金融	保险精算	经济管理
有效样本（家）	101	101	101	101	101	60	60	60	60	60
缺失样本（家）	4	4	4	4	4	0	0	0	0	0
平均值（%）	62.21	18.63	18.38	25.21	32.67	62.22	11.20	16.57	34.45	26.11
中位数（%）	66.67	15.38	16.67	22.22	30.00	71.43	0.00	0.00	33.33	23.61
标准差（%）	25.90	17.63	15.90	22.45	22.94	32.84	15.47	21.35	26.28	25.50
极差（%）	100.00	100.00	71.43	100.00	100.00	100.00	50.00	70.00	100.00	100.00
最小值（%）	0.00	0.00	0.00	0.00	0.00	0.00	0.00	0.00	0.00	0.00
最大值（%）	100.00	100.00	71.43	100.00	100.00	100.00	50.00	70.00	100.00	100.00

资料来源：根据各保险公司网站公开数据整理。

从资本性质来看，中资保险公司董事会成员学历普遍高于外资保险公司。具体表现在中资保险公司本科及以上学历董事占比为 90.81%，高于外资的 84.28%；中资保险公司博士学历董事占比为 20.18%，也高于外资的 8.51%（见表 7-35）。从董事会成员职业背景来看，外资保险公司董事会具有行业相关背景的成员平均占比略高于中资保险公司，其中外资保险公司具有保险精算行业背景的董事会成员占比明显高于中资保险公司，分别为 39.14% 和 24.06%（见表 7-36）。

表 7-35　不同资本性质董事学历情况

统计指标	中资			外资		
	本科及以上	硕士及以上	博士	本科及以上	硕士及以上	博士
有效样本（家）	112	112	112	49	49	49
缺失样本（家）	4	4	4	0	0	0
平均值（%）	90.81	63.51	20.18	84.28	49.38	8.51
中位数（%）	100.00	66.67	20.00	100.00	50.00	0.00
标准差（%）	22.41	24.78	16.69	30.80	32.99	12.10
极差（%）	100.00	100.00	70.00	100.00	100.00	40.00
最小值（%）	0.00	0.00	0.00	0.00	0.00	0.00
最大值（%）	100.00	100.00	70.00	100.00	100.00	40.00

资料来源：根据各保险公司网站公开数据整理。

表 7-36　不同资本性质董事职业背景情况

统计指标	中资					外资				
	行业相关背景	财务审计	金融	保险精算	经济管理	行业相关背景	财务审计	金融	保险精算	经济管理
有效样本（家）	112	112	112	112	112	49	49	49	49	49
缺失样本（家）	4	4	4	4	4	0	0	0	0	0
平均值（%）	61.09	18.49	18.53	24.06	32.66	64.79	9.84	15.81	39.14	24.66
中位数（%）	66.67	14.84	16.67	21.43	29.29	75.00	0.00	0.00	37.50	20.00
标准差（%）	26.63	17.50	16.39	20.74	23.01	32.77	14.94	21.53	28.45	25.68
极差（%）	100.00	100.00	71.43	83.33	100.00	100.00	50.00	70.00	100.00	100.00
最小值（%）	0.00	0.00	0.00	0.00	0.00	0.00	0.00	0.00	0.00	0.00
最大值（%）	100.00	100.00	71.43	83.33	100.00	100.00	50.00	70.00	100.00	100.00

资料来源：根据各保险公司网站公开数据整理。

从险种类型来看，人身险公司具备职业背景的董事占比明显高于财产险公司，两者平均值分别为 66.60% 和 57.67%（见表 7-37 和表 7-38）。

表 7-37　不同险种类型公司董事学历情况

统计指标	财产险			人身险		
	本科及以上	硕士及以上	博士	本科及以上	硕士及以上	博士
有效样本（家）	79	79	79	82	82	82
缺失样本（家）	2	2	2	2	2	2
平均值（%）	87.13	55.13	15.95	90.46	63.14	17.28
中位数（%）	100.00	61.54	14.29	100.00	66.67	14.29

续表

统计指标	财产险			人身险		
	本科及以上	硕士及以上	博士	本科及以上	硕士及以上	博士
标准差（%）	27.66	30.53	15.42	22.95	25.32	17.21
极差（%）	100.00	100.00	50.00	100.00	100.00	70.00
最小值（%）	0.00	0.00	0.00	0.00	0.00	0.00
最大值（%）	100.00	100.00	50.00	100.00	100.00	70.00

资料来源：根据各保险公司网站公开数据整理。

表 7-38　不同险种类型公司董事职业背景情况

统计指标	财产险					人身险				
	行业相关背景	财务审计	金融	保险精算	经济管理	行业相关背景	财务审计	金融	保险精算	经济管理
有效样本（家）	79	79	79	79	79	82	82	82	82	82
缺失样本（家）	2	2	2	2	2	2	2	2	2	2
平均值（%）	57.67	16.04	13.75	27.88	33.26	66.60	15.68	21.51	29.40	27.31
中位数（%）	62.50	12.50	9.09	20.00	30.00	71.43	12.50	16.67	26.79	25.00
标准差（%）	30.25	19.12	15.05	27.28	26.49	26.32	15.21	19.95	21.15	21.22
极差（%）	100.00	100.00	50.00	100.00	100.00	100.00	66.67	71.43	100.00	85.71
最小值（%）	0.00	0.00	0.00	0.00	0.00	0.00	0.00	0.00	0.00	0.00
最大值（%）	100.00	100.00	50.00	100.00	100.00	100.00	66.67	71.43	100.00	85.71

资料来源：根据各保险公司网站公开数据整理。

第三节　监事与监事会

一、监事会规模结构

（一）监事会规模结构概述

监事会是公司的监督机关，其职能是监督董事会及经营层的决策活动，对于促进公司治理有重要作用。如表 7-39 所示，我国保险公司监事会人数平均值为 3.78，职工监事人数平均值为 1.71。根据法律规定，保险公司监事会要设立职工监事，我国保险公司职工监事情况基本符合法律规定。

表 7-39　监事会规模和职工监事情况

统计指标	监事会规模	职工监事
有效样本（家）	147	106
缺失样本（家）	18	59
平均值（人）	3.78	1.71
中位数（人）	3	1
标准差（人）	2.23	0.88
极差（人）	14	4
最小值（人）	1	1
最大值（人）	15	5

资料来源：根据各保险公司网站公开数据整理。

如表 7-40 所示，各保险公司监事会的人数分布在 1—15 人，其中 57.82% 的公司监事会人数在 3 人以内（人数为 1 和 2 的 34 个样本中有 22 个公司未设监事会；我国《公司法》规定，规模小的有限责任公司可以不设立监事会，但必须有 1—2 名监事，而设立监事会的监事人数至少为 3 人），90.48% 的公司监事会组成人数在 6 人以内。频次第一和第二的监事会人数分别是 3 人和 5 人，分别有 51 家公司和 30 家公司。

表 7-40　监事会具体人数统计表

样本情况	人数	频数	比例（%）	有效比例（%）
有效样本	1	19	11.52	12.93
	2	15	9.09	10.20
	3	51	30.91	34.69
	4	13	7.88	8.84
	5	30	18.18	20.41
	6	5	3.03	3.40
	7	6	3.64	4.08
	8	4	2.42	2.72
	9	1	0.61	0.68
	10	1	0.61	0.68
	14	1	0.61	0.68
	15	1	0.61	0.68
	小计	147	89.09	100.00
缺失样本		18	10.91	—
合计		165	100.00	—

资料来源：根据各保险公司网站公开数据整理。

（二）监事会规模结构分类比较

下文主要说明了不同组织形式、资本性质和险种类型保险公司的监事会情况的差异。

如表 7-41 所示，股份制公司监事会规模的平均值为 4.43，有限制公司监事会规模的平均值为 2.37，股份制公司监事会大约比有限制公司的监事会多 2 人。二者的职工监事人数平均值相差不大，分别为 1.77 和 1.48。

表 7-41 不同组织形式保险公司监事会情况

组织形式	统计指标	监事会规模	职工监事
有限制	有效样本（家）	46	23
	缺失样本（家）	14	37
	平均值（人）	2.37	1.48
	中位数（人）	2	1
	标准差（人）	1.50	0.79
	极差（人）	6	3
	最小值（人）	1	1
	最大值（人）	7	4
股份制	有效样本（家）	101	83
	缺失样本（家）	4	22
	平均值（人）	4.43	1.77
	中位数（人）	4	2
	标准差（人）	2.22	0.90
	极差（人）	14	4
	最小值（人）	1	1
	最大值（人）	15	5

资料来源：根据各保险公司网站公开数据整理。

如表 7-42 所示，中资保险公司监事会规模是外资保险公司的 2 倍多，平均值为 4.32。中资保险公司监事会规模的波动状况较大，标准差为 2.21，最小规模和最大规模之间相差 14 人。从职工监事情况来看，中资保险公司和外资保险公司差异不大，二者有效样本数分别为 91 和 15，未披露监事会情况的公司较多。

表 7-42 不同资本性质保险公司监事会情况

资本性质	统计指标	监事会规模	职工监事
中资	有效样本（家）	112	91
	缺失样本（家）	4	25
	平均值（人）	4.32	1.78
	中位数（人）	4	2
	标准差（人）	2.21	0.88
	极差（人）	14	4
	最小值（人）	1	1
	最大值（人）	15	5
外资	有效样本（家）	35	15
	缺失样本（家）	14	34
	平均值（人）	2.06	1.27
	中位数（人）	2	1
	标准差（人）	1.19	0.80
	极差（人）	4	3
	最小值（人）	1	1
	最大值（人）	5	4

资料来源：根据各保险公司网站公开数据整理。

　　如表 7-43 所示,经营财产险和人身险的保险公司的监事会和职工监事规模平均值没有明显差异,监事会规模平均值分别为 3.82 和 3.75,职工监事规模平均值分别为 1.81 和 1.60。

表 7-43　不同险种类型保险公司监事会情况

险种类型	统计指标	监事会规模	职工监事
人身险	有效样本（家）	71	52
	缺失样本（家）	13	32
	平均值（人）	3.75	1.60
	中位数（人）	3	1
	标准差（人）	1.78	0.75
	极差（人）	9	2
	最小值（人）	1	1
	最大值（人）	10	3
财产险	有效样本（家）	76	54
	缺失样本（家）	5	27
	平均值（人）	3.82	1.81
	中位数（人）	3	2
	标准差（人）	2.59	0.99
	极差（人）	14	4
	最小值（人）	1	1
	最大值（人）	15	5

资料来源：根据各保险公司网站公开数据整理。

二、监事会成员

（一）监事学历情况频数统计

　　表 7-44 显示了各保险公司监事会中具备大专或中专背景的监事情况。其中,91.16%的公司没有大专或中专学历的监事。仅有 11 家公司有 1 名大专或中专学历的监事,仅有 2 家公司有 2 名大专或中专学历的监事。

表 7-44　大专、中专学历监事频数分布表

样本情况	监事人数	频数	比例（%）	有效样本比例（%）
有效样本	0	134	81.21	91.16
	1	11	6.67	7.48
	2	2	1.21	1.36
	小计	147	89.09	100.00
缺失样本		18	10.91	—
合计		165	100.00	—

资料来源：根据各保险公司网站公开数据整理。

表 7-45 显示了各保险公司监事会中具备本科背景的监事情况，其中有 29.93%的企业没有本科学历的监事。43 家企业有 1 名本科学历的监事，23 家企业有 2 名本科学历的监事，22 家企业有 3 名本科学历的监事，11 家企业有 4 名本科学历的监事。

表 7-45　本科学历监事频数分布表

样本情况	监事人数	频数	比例（%）	有效样本比例（%）
有效样本	0	44	26.67	29.93
	1	43	26.06	29.25
	2	23	13.94	15.65
	3	22	13.33	14.97
	4	11	6.67	7.48
	5	4	2.42	2.72
	小计	147	89.09	100.00
缺失样本		18	10.91	—
合计		165	100.00	—

资料来源：根据各保险公司网站公开数据整理。

表 7-46 显示了各保险公司监事会中具备硕士学历背景的监事情况。其中有 29.25%的监事会不设有硕士学历背景的监事，26.53%的监事会有 1 名硕士学历背景的监事，25.17%的监事会有 2 名硕士学历背景的监事，13.61%的监事会有 3 名硕士学历背景的监事。

表 7-46　硕士学历监事频数分布表

样本情况	监事人数	频数	比例（%）	有效样本比例（%）
有效样本	0	43	26.06	29.25
	1	39	23.64	26.53
	2	37	22.42	25.17
	3	20	12.12	13.61
	4	5	3.03	3.40
	5	2	1.21	1.36
	8	1	0.61	0.68
	小计	147	89.09	100.00
缺失样本		18	10.91	—
合计		165	100.00	—

资料来源：根据各保险公司网站公开数据整理。

表 7-47 反映了各保险公司监事会中具备博士学历背景的监事情况。其中有 80.27%的监事会不具备有博士学历背景的监事，15.65%的监事会有 1 名博士学历背景的监事，3.40%的监事会有 2 名博士学历背景的监事，仅 0.68%的监事会有 3 名博士学历背景的监事。

表 7-47 博士学历监事频数分布表

样本情况	监事人数	频数	比例（%）	有效样本比例（%）
有效样本	0	118	71.52	80.27
	1	23	13.94	15.65
	2	5	3.03	3.40
	3	1	0.61	0.68
	小计	147	89.09	100.00
缺失样本		18	10.91	—
合计		165	100.00	

资料来源：根据各保险公司网站公开数据整理。

从表 7-48 可知，有效样本中，有 81.63% 的监事会披露了全部监事的学历状况。7.48% 的监事会有 1 名监事的学历状况未披露，2.04% 的监事会有 2 名监事的学历状况未披露，5.44% 的监事会有 3 名监事的学历状况未披露。3 名以上的监事学历状况未得到披露的监事会占比仅为 3.40%。

表 7-48 未披露学历监事频数分布表

样本情况	监事人数	频数	比例（%）	有效样本比例（%）
有效样本	0	120	72.73	81.63
	1	11	6.67	7.48
	2	3	1.82	2.04
	3	8	4.85	5.44
	4	2	1.21	1.36
	5	2	1.21	1.36
	15	1	0.61	0.68
	小计	147	89.09	100.00
缺失样本		18	10.91	—
合计		165	100.00	—

资料来源：根据各保险公司网站公开数据整理。

（二）监事职业背景情况频数统计

表 7-49 反映了各保险公司监事会中具备财务审计背景的监事的情况。其中 48.98% 的监事会没有具备财务审计背景的监事，34.01% 的监事会只有 1 名具有财会背景的监事，有 2 名或者 3 名具备财会背景的监事的监事会比例均为 5.44%，4.76% 的监事会有 4 名具备财会背景的监事。具有 4 名以上具备财会背景监事的监事会占比较小。

表 7-49 具备财务审计背景监事频数分布表

样本情况	监事人数	频数	比例（%）	有效样本比例（%）
有效样本	0	72	43.64	48.98
	1	50	30.30	34.01
	2	8	4.85	5.44
	3	8	4.85	5.44
	4	7	4.24	4.76
	5	1	0.61	0.68
	9	1	0.61	0.68
	小计	147	89.09	100.00
缺失样本		18	10.91	—
合计		165	100.00	—

资料来源：根据各保险公司网站公开数据整理。

表 7-50 反映了各保险公司监事会中具备金融背景的监事的情况。其中 67.35%的监事会没有具备金融背景的监事，19.05%的监事会只有 1 名具有金融背景的监事，10.88%的监事会有 2 名具备金融背景的监事，2.72%的监事会有 3 名具备金融背景的监事。

表 7-50 具备金融背景监事频数分布表

样本情况	监事人数	频数	比例（%）	有效样本比例（%）
有效样本	0	99	60.00	67.35
	1	28	16.97	19.05
	2	16	9.70	10.88
	3	4	2.42	2.72
	小计	147	89.09	100.00
缺失样本		18	10.91	—
合计		165	100.00	—

资料来源：根据各保险公司网站公开数据整理。

表 7-51 反映说明了各保险公司监事会中具备保险精算背景的监事的情况。其中 47.62%的监事会没有具备保险精算背景的监事，23.13%的监事会只有 1 名具有保险精算背景的监事，12.93%的监事会有 2 名具备保险精算背景的监事，13.61%的监事会有 3 名具备保险精算背景的监事。有 3 名以上具备保险精算背景监事的监事会比较少。

表 7-51 具备保险精算背景监事频数分布表

样本情况	监事人数	频数	比例（%）	有效样本比例（%）
有效样本	0	70	42.42	47.62
	1	34	20.61	23.13
	2	19	11.52	12.93
	3	20	12.12	13.61
	4	3	1.82	2.04
	5	1	0.61	0.68
	小计	147	89.09	100.00
缺失样本		18	10.91	—
合计		165	100.00	—

资料来源：根据各保险公司网站公开数据整理。

表 7-52 说明了各保险公司监事会中具备经济管理背景的监事的情况。其中，42.86%的监事会没有具备经济管理背景的监事，25.17%的监事会只有 1 名具有经济管理背景的监事，17.69%的监事会有 2 名具备经济管理背景的监事，8.16%的监事会有 3 名具备经济管理背景的监事，有 3 名以上具备经济管理背景监事的监事会比较少。

表 7-52　具备经济管理背景监事频数分布表

样本情况	监事人数	频数	比例（%）	有效样本比例（%）
有效样本	0	63	38.18	42.86
	1	37	22.42	25.17
	2	26	15.76	17.69
	3	12	7.27	8.16
	4	5	3.03	3.40
	5	4	2.42	2.72
	小计	147	89.09	100.00
缺失样本		18	10.91	—
合计		165	100.00	—

资料来源：根据各保险公司网站公开数据整理。

从表 7-53 可知，有效样本中，90.48%的监事会披露了所有监事的专业背景。有 5 个监事会各有 1 名监事的专业背景未被披露，有 6 个监事会各有 3 名监事的专业背景未被披露。4 名及以上监事的专业背景没有得到披露的监事会仅占比 2.04%。

表 7-53　未披露背景监事频数分布表

样本情况	监事人数	频数	比例（%）	有效样本比例（%）
有效样本	0	133	80.61	90.48
	1	5	3.03	3.40
	3	6	3.64	4.08
	4	1	0.61	0.68
	5	1	0.61	0.68
	6	1	0.61	0.68
	小计	147	89.09	100.00
缺失样本		18	10.91	—
合计		165	100.00	—

资料来源：根据各保险公司网站公开数据整理。

（三）监事学历、职业背景占比分类统计

本报告通过统计保险公司监事会成员学历及任职时从业背景来反映保险公司监事会的状况，根据组织形式、资本性质和险种类型对保险公司进行分类并对监事会成员学历及任职时从业背景进行比较。

从所有保险公司有效数据来看，监事会成员具有高学历特征。具有本科及以上学历成员占比达 84.37%，具有研究生及以上学历成员占比 45.86%，但不同公司监事会本科及以上学历成员占比波动较大（见表 7-54）。

表 7-54　保险公司监事学历情况

统计指标	本科及以上	硕士及以上	博士
有效样本（家）	147	147	147
缺失样本（家）	18	18	18
平均值（%）	84.37	45.86	6.64
中位数（%）	100.00	50.00	0.00
标准差（%）	31.57	33.98	16.59
极差（%）	100.00	100.00	100.00
最小值（%）	0.00	0.00	0.00
最大值（%）	100.00	100.00	100.00

资料来源：根据各保险公司网站公开数据整理。

从监事会成员职业背景来看，62.42%成员之前从事财务审计、金融、保险精算等与保险行业相关的行业，其中直接从事保险精算人员占比达 28.42%，从事财务审计人员占比达 22.34%（见表 7-55）。

表 7-55　保险公司监事职业背景情况

统计指标	行业相关背景	财务审计	金融	保险精算	经济管理
有效样本（家）	147	147	147	147	147
缺失样本（家）	18	18	18	18	18
平均值（%）	66.42	22.34	11.66	28.42	27.10
中位数（%）	66.67	12.50	0.00	14.29	20.00
标准差（%）	28.53	20.57	34.20	31.82	35.81
极差（%）	100.00	100.00	100.00	100.00	100.00
最小值（%）	0.00	0.00	0.00	0.00	0.00
最大值（%）	100.00	100.00	100.00	100.00	100.00

资料来源：根据各保险公司网站公开数据整理。

从组织形式来看，股份有限公司监事会硕博学历成员占比明显低于有限责任公司，其中股份有限公司监事会硕博成员学历占比 42.15%，有限责任公司为 54.00%（见表 7-56）。有限责任公司监事会人员具有行业相关背景的比例为 67.05%，高于股份有限责任公司的 60.31%（见表 7-57）。

表 7-56　不同组织形式监事学历情况

统计指标	股份制			有限制		
	本科及以上	硕士及以上	博士	本科及以上	硕士及以上	博士
有效样本（家）	101	101	101	46	46	46
缺失样本（家）	4	4	4	14	14	14
平均值（%）	84.68	42.15	5.43	83.70	54.00	9.28
中位数（%）	100.00	42.86	0.00	100.00	58.57	0.00
标准差（%）	29.19	30.51	12.02	36.60	39.73	23.69
极差（%）	100.00	100.00	60.00	100.00	100.00	100.00
最小值（%）	0.00	0.00	0.00	0.00	0.00	0.00
最大值（%）	100.00	100.00	60.00	100.00	100.00	100.00

资料来源：根据各保险公司网站公开数据整理。

从资本性质来看，外资保险公司监事会成员学历普遍高于中资保险公司，主要表现在外资保险公司监事会中拥有本科及以上学历成员占比 87.14%、拥有研究生及以上学历成员占比 54.86%，而中资保险公司的对应数据分别为 83.50% 和 43.05%（见表 7-58）。在职业背景方面，外资保险公司中有 72.05% 的监事会成员具有行业相关背景，其中具有保险精算背景成员占比达到 39.38%，而中资保险公司监事会具有行业相关背景成员占比59.41%，保险精算行业背景成员占比 24.99%（见表 7-59）。

表 7-57　不同组织形式监事职业背景情况

统计指标	股份制					有限制				
	行业相关背景	财务审计	金融	保险精算	经济管理	行业相关背景	财务审计	金融	保险精算	经济管理
有效样本（家）	101	101	101	101	101	46	46	46	46	46
缺失样本（家）	4	4	4	4	4	14	14	14	14	14
平均值（%）	67.05	23.36	11.85	25.10	33.30	60.31	20.09	11.25	35.71	19.90
中位数（%）	80.00	20.00	0.00	20.00	33.33	66.67	0.00	0.00	7.14	0.00
标准差（%）	39.78	26.31	18.21	30.52	31.50	33.85	33.07	25.21	40.56	30.88
极差（%）	100.00	23.36	11.85	25.10	33.30	60.31	20.09	11.25	35.71	19.90
最小值（%）	0.00	0.00	0.00	0.00	0.00	0.00	0.00	0.00	0.00	0.00
最大值（%）	100.00	66.67	100.00	100.00	100.00	100.00	100.00	100.00	100.00	100.00

资料来源：根据各保险公司网站公开数据整理。

表 7-58　不同资本性质保险公司监事学历情况

统计指标	中资			外资		
	本科及以上	硕士及以上	博士	本科及以上	硕士及以上	博士
有效样本（家）	112	112	112	35	35	35
缺失样本（家）	4	4	4	14	14	14
平均值（%）	83.50	43.05	5.70	87.14	54.86	9.62
中位数（%）	100.00	47.22	0.00	100.00	50.00	0.00
标准差（%）	31.26	30.83	12.70	32.86	41.78	25.37
极差（%）	100.00	100.00	60.00	100.00	100.00	100.00
最小值（%）	0.00	0.00	0.00	0.00	0.00	0.00
最大值（%）	100.00	100.00	60.00	100.00	100.00	100.00

资料来源：根据各保险公司网站公开数据整理。

表 7-59　不同资本性质保险公司监事职业背景情况

统计指标	中资					外资				
	行业相关背景	财务审计	金融	保险精算	经济管理	行业相关背景	财务审计	金融	保险精算	经济管理
有效样本（家）	112	112	112	112	112	35	35	35	35	35
缺失样本（家）	4	4	4	4	4	14	14	14	14	14
平均值（%）	72.05	10.67	11.97	24.99	33.33	59.41	11.97	10.67	39.38	15.57
中位数（%）	100.00	0.00	0.00	17.14	33.33	66.67	0.00	0.00	0.00	0.00
标准差（%）	39.53	26.42	18.50	30.06	31.27	34.20	18.50	26.42	43.70	30.13
极差（%）	66.67	100.00	100.00	100.00	66.67	100.00	100.00	100.00	100.00	100.00
最小值（%）	0.00	0.00	0.00	0.00	0.00	0.00	0.00	0.00	0.00	0.00
最大值（%）	66.67	100.00	100.00	100.00	66.67	100.00	100.00	100.00	100.00	100.00

资料来源：根据各保险公司网站公开数据整理。

从险种类型来看，财产险与人身险公司监事会成员学历差异不大。职业背景方面，财产险公司监事会成员中有 26.57% 具有财务审计背景，而人身险公司监事会具有财务审计背景的成员占比 17.80%（见表 7-60 和 7-61）。

表 7-60　不同险种类型保险公司监事学历情况

统计指标	财产险			人身险		
	本科及以上	硕士及以上	博士	本科及以上	硕士及以上	博士
有效样本（家）	76	76	76	71	71	71
缺失样本（家）	5	5	5	13	13	13
平均值（%）	85.07	44.50	6.23	83.62	47.32	7.07
中位数（%）	100.00	50.00	0.00	100.00	50.00	0.00
标准差（%）	31.86	35.43	16.48	31.47	32.54	16.81
极差（%）	100.00	100.00	100.00	100.00	100.00	100.00
最小值（%）	0.00	0.00	0.00	0.00	0.00	0.00
最大值（%）	100.00	100.00	100.00	100.00	100.00	100.00

资料来源：根据各保险公司网站公开数据整理。

表 7-61　不同险种类型保险公司监事职业背景情况

统计指标	财产险					人身险				
	行业相关背景	财务审计	金融	保险精算	经济管理	行业相关背景	财务审计	金融	保险精算	经济管理
有效样本（家）	76	76	76	76	76	71	71	71	71	71
缺失样本（家）	5	5	5	5	5	13	13	13	13	13
平均值（%）	63.91	26.57	8.00	26.46	29.59	61.03	17.80	15.58	30.52	28.58
中位数（%）	66.67	20.00	0.00	0.00	20.00	66.67	0.00	0.00	20.00	25.00
标准差（%）	34.28	31.14	14.66	34.96	33.09	37.36	24.86	24.94	33.47	30.62
极差（%）	100.00	60.00	100.00	100.00	100.00	100.00	100.00	100.00	100.00	100.00
最小值（%）	0.00	0.00	0.00	0.00	0.00	0.00	0.00	0.00	0.00	0.00
最大值（%）	100.00	60.00	100.00	100.00	100.00	100.00	100.00	100.00	100.00	100.00

资料来源：根据各保险公司网站公开数据整理。

第四节　高管治理

一、高管规模

（一）高管规模的总体分析

高管[①]人员是指在公司管理层中担任重要职务，负责公司经营管理、掌握公司重要信息的人员，主要包括总经理、副总经理、财务负责人、上市公司董事会秘书和公司章程

---

① 广义的高管实际上还包括董事和监事，与经营者的概念相似，多应用在理论研究中。而实务界中的高管（狭义的）和经理层的内涵是一样的，考虑本报告的定位和特点，同时为了保持上下文行文的一致性，本报告采用了狭义高管的概念。

中规定的其他人员，对于公司内部治理具有重要意义。本报告统计了保险公司高管层规模，并按组织形式、资本性质和险种类型对比分析了高管人员规模。

表 7-62 显示了中国保险公司高管的整体情况。从数据来看，平均每家保险公司高管人数在 8 人左右，其中人数最多达到了 19 人，最少仅有 2 人，差异很大。

表 7-62　中国保险公司高管规模

统计指标	数值
有效样本（家）	159
缺失样本（家）	6
平均值（人）	8.13
中位数（人）	8
标准差（人）	3.27
极差（人）	17
最小值（人）	2
最大值（人）	19

资料来源：根据各保险公司网站公开数据整理。

如表 7-63 所示，中国保险公司高管人数在 2—19 人不等，其中 74.23% 的公司高管人数集中在 5—10 人，61.65% 的公司的高管人数在 8 人以内。此项信息披露缺失值较小。其中高管人员数量的众数是 5，出现 23 次，其次为 7 与 8，均出现 22 次。高管人数在 3 人以下（含 3 人）的保险公司占比不足 5%，15 人以上（含 15 人）保险公司占比约为 5%。

表 7-63　中国保险公司高管人员数量频数分布表

样本情况	人数	频数	比例（%）	有效样本比例（%）
有效样本	2	2	1.21	1.26
	3	3	1.82	1.89
	4	8	4.85	5.03
	5	23	13.94	14.47
	6	18	10.91	11.32
	7	22	13.33	13.84
	8	22	13.33	13.84
	9	19	11.52	11.95
	10	14	8.48	8.81
	11	5	3.03	3.14
	12	5	3.03	3.14
	13	5	3.03	3.14
	14	5	3.03	3.14
	15	3	1.82	1.89
	16	1	0.61	0.63
	17	2	1.21	1.26
	19	2	1.21	1.26
	小计	159	96.36	100.00
缺失样本		6	3.64	—
合计		165	100.00	—

资料来源：根据各保险公司网站公开数据整理。

（二）高管规模的比较分析

表 7-64 显示了不同组织形式、资本性质和险种类型保险公司高管情况。从平均值上来看，尽管各保险公司的组织形式、资本性质和险种类型不尽相同，但高管规模均稳定在 8 人左右，并且标准差以及极差均无显著差异。

表 7-64   不同组织形式、资本性质和险种类型保险公司高管情况对比

划分标准	类型	平均值（人）	中位数（人）	标准差（人）	极差（人）	最小值（人）	最大值（人）	有效样本（个）	缺失样本（个）
组织形式	股份制	8.08	8	3.10	15	2	17	101	4
	有限制	8.21	7	3.58	17	2	19	58	2
资本性质	中资	8.16	8	3.25	17	2	19	111	5
	外资	8.04	7	3.36	17	2	19	48	1
险种类型	财产险	7.46	7	3.34	17	2	19	78	3
	人身险	8.77	8	3.10	17	2	19	81	3

资料来源：根据各保险公司网站公开数据整理。

从组织形式来看，有限责任公司高管人员平均数量与股份有限公司相差不大，两者平均值分别为 8.21 和 8.08，但股份有限公司高管人员数量标准差低于有限责任公司。有限责任公司高管层人员数量最大值为 19，股份有限公司高管层人员数量最大值为 17（见表 7-65）。

表 7-65   不同组织形式高管数量对比

组织形式	统计指标	数值
股份制	有效样本（家）	101
	缺失样本（家）	4
	平均值（人）	8.08
	中位数（人）	8
	标准差（人）	3.10
	极差（人）	15
	最小值（人）	2
	最大值（人）	17
有限制	有效数据（家）	58
	缺失样本（家）	2
	平均值（人）	8.21
	中位数（人）	7
	标准差（人）	3.58
	极差（人）	17
	最小值（人）	2
	最大值（人）	19

资料来源：根据各保险公司网站公开数据整理。

从资本性质来看，中资保险公司高管人员平均数量略高于外资保险公司。两者的高管人员数量最大值均为 19，最小值均为 2（见表 7-66）。

表 7-66　中外资公司高管数量对比

资本性质	统计指标	数值
中资	有效数据（家）	111
	缺失样本（家）	5
	平均值（人）	8.16
	中位数（人）	8
	标准差（人）	3.25
	极差（人）	17
	最小值（人）	2
	最大值（人）	19
外资	有效样本（家）	48
	缺失样本（家）	1
	平均值（人）	8.04
	中位数（人）	7
	标准差（人）	3.36
	极差（人）	17
	最小值（人）	2
	最大值（人）	19

资料来源：根据各保险公司网站公开数据整理。

从险种类型来看，人身险公司高管人员数量明显多于财产险公司，人身险公司高管人员数量平均值为 8.77，财产险高管人员数量平均值为 7.46。两者在最小值、最大值方面没有差异。从标准差数据来看，人身险公司高管人员数量差异较小（见表 7-67）。

表 7-67　不同险种类型公司高管数量对比

险种类型	统计指标	数值
财产险	有效样本（家）	78
	缺失样本（家）	3
	平均值（人）	7.46
	中位数（人）	7
	标准差（人）	3.34
	极差（人）	17
	最小值（人）	2
	最大值（人）	19
人身险	有效数据（家）	81
	缺失样本（家）	3
	平均值（人）	8.77
	中位数（人）	8
	标准差（人）	3.10
	极差（人）	17
	最小值（人）	2
	最大值（人）	19

资料来源：根据各保险公司网站公开数据整理。

二、特殊高管设置

（一）保险公司四类特殊高管设置的整体情况

本报告整理了保险公司中四类特殊高管（总精算师、合规负责人、首席风险官、审计负责人）的设置情况。

在 161 家保险公司中，有 90 家设立了总精算师职位，占整体样本的 55.90%；设立合规负责人职位的保险公司有 115 家，占整体样本的 71.43%；设立首席风险官职位的保险公司有 77 家，占整体样本的 47.83%；设立审计负责人职位的保险公司有 105 家，占整体样本的 65.22%。

通过比较可以发现，161 家保险公司样本中，合规负责人职位的设立比例最高，其次是审计负责人职位和总精算师职位，而首席风险官职位的设置比例最低，未达到 50%（见表 7-68）。

表 7-68 保险公司四类特殊高管设置的整体情况

高管类型	类型	频数	比例（%）
总精算师	未设置	71	44.10
	设置	90	55.90
合规负责人	未设置	46	28.57
	设置	115	71.43
首席风险官	未设置	84	52.17
	设置	77	47.83
审计负责人	未设置	56	34.78
	设置	105	65.22

资料来源：根据各保险公司网站公开数据整理。

（二）不同资本性质保险公司四类特殊高管设置情况比较

本报告将保险公司按照中资、外资进行分类，并对其特殊高管设置情况进行比较。结果显示，外资保险公司对于四类特殊高管的设置比例均高于中资保险公司，且外资保险公司四类特殊高管的设置比例均不低于 50%（见表 7-69、表 7-70 和图 7-1）。

表 7-69 中外资保险公司总精算师和合规负责人设置情况比较

资本性质	总精算师			合规负责人		
	类型	频数	比例（%）	类型	频数	比例（%）
中资	未设置	19	39.58	未设置	9	18.75
	设置	29	60.42	设置	39	81.25
	合计	48	100.00	合计	48	100.00
外资	未设置	52	46.02	未设置	37	32.74
	设置	61	53.98	设置	76	67.26
	合计	113	100.00	合计	113	100.00

资料来源：根据各保险公司官网公开数据整理。

表7-70　中外资保险公司首席风险官和审计负责人设置情况比较

资本性质	首席风险官			审计负责人		
	类型	频数	比例（%）	类型	频数	比例（%）
中资	未设置	24	50.00	未设置	9	18.75
	设置	24	50.00	设置	39	81.25
	合计	48	100.00	合计	48	100.00
外资	未设置	60	53.10	未设置	47	41.59
	设置	53	46.90	设置	66	58.41
	合计	113	100.00	合计	113	100.00

资料来源：根据各保险公司官网公开数据整理。

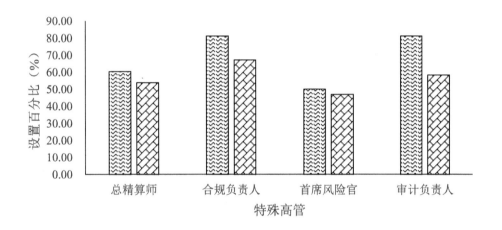

图7-1　中外资保险公司四类特殊高管设置百分比

资料来源：根据各保险公司网站公开数据整理。

（三）不同组织形式保险公司四类特殊高管设置情况比较

本报告将保险公司按照组织形式划分为股份制、相互制和有限制保险公司，并对其特殊高管设置情况进行比较。结果显示，相互制保险公司的总精算师和首席风险官的设置比例最高，而合规负责人和审计负责人的设置比例最低。同时，有限制保险公司对于总精算师、合规负责人、首席风险官和审计负责人四类特殊高管的设置比例均高于股份制保险公司（见表7-71、表7-72和图7-2）。

表 7-71　不同组织形式的保险公司总精算师和合规负责人设置情况比较

组织形式	总精算师			合规负责人		
	类型	频数	比例（%）	类型	频数	比例（%）
股份制	未设置	47	46.08	未设置	34	33.33
	设置	55	53.92	设置	68	66.67
	合计	102	100.00	合计	102	100.00
有限制	未设置	23	41.07	未设置	10	17.86
	设置	33	58.93	设置	46	82.14
	合计	56	100.00	合计	56	100.00
相互制	未设置	1	33.33	未设置	2	66.67
	设置	2	66.67	设置	1	33.33
	合计	3	100.00	合计	3	100.00

资料来源：根据各保险公司官网公开数据整理。

表 7-72 不同组织形式的保险公司首席风险官和审计负责人设置情况比较

组织形式	首席风险官			审计负责人		
	类型	频数	比例（%）	类型	频数	比例（%）
股份制	未设置	56	54.90	未设置	43	42.16
	设置	46	45.10	设置	59	57.84
	合计	102	100.00	合计	102	100.00
有限制	未设置	27	48.21	未设置	11	19.64
	设置	29	51.79	设置	45	80.36
	合计	56	100.00	合计	56	100.00
相互制	未设置	1	33.33	未设置	2	66.67
	设置	2	66.67	设置	1	33.33
	合计	3	100.00	合计	3	100.00

资料来源：根据各保险公司官网公开数据整理。

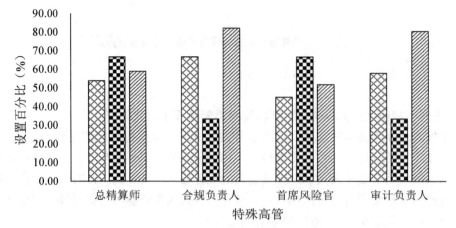

图 7-2　不同组织形式的保险公司四类特殊高管设置百分比

资料来源：根据各保险公司网站公开数据整理。

（四）不同险种类型保险公司的四类特殊高管设置情况比较

将保险公司按照险种类型划分为财产险、人身险和再保险公司，并对其特殊高管设置情况进行比较。结果显示，样本中唯一一家再保险公司设置了总精算师、合规负责人、首席风险官、审计负责人四类特殊高管，人身险公司的总精算师、合规负责人、审计负责人设置比例均高于财产险公司，特别是精算师的设置比例，人身险公司是财产险公司的两倍多（见表7-73、表7-74和图7-3）。

表7-73 不同险种类型保险公司的总精算师和合规负责人设置情况比较

险种类型	总精算师			合规负责人		
	类型	频数	比例（%）	类型	频数	比例（%）
财产险	未设置	50	63.29	未设置	24	30.38
	设置	29	36.71	设置	55	69.62
	合计	79	100.00	合计	79	100.00
人身险	未设置	21	25.93	未设置	22	27.16
	设置	60	74.07	设置	59	72.84
	合计	81	100.00	合计	81	100.00
再保险	设置	1	100.00	设置	1	100.00

资料来源：根据各保险公司官网公开数据整理。

表7-74 不同险种类型保险公司的首席风险官和审计负责人设置情况比较

险种类型	首席风险官			审计负责人		
	类型	频数	比例（%）	类型	频数	比例（%）
财产险	未设置	41	51.90	未设置	29	36.71
	设置	38	48.10	设置	50	63.29
	合计	79	100.00	合计	79	100.00
人身险	未设置	43	53.09	未设置	27	33.33
	设置	38	46.91	设置	54	66.67
	合计	81	100.00	合计	81	100.00
再保险	设置	1	100.00	设置	1	100.00

资料来源：根据各保险公司官网公开数据整理。

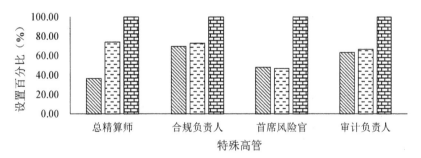

图7-3 不同险种类型保险公司的四类特殊高管设置百分比

资料来源：根据各保险公司网站公开数据整理。

（五）保险公司四类特殊高管兼任情况统计

本报告统计了保险公司四类特殊高管兼任情况，结果发现，161 家保险公司中，有 47 家保险公司的总精算师是专职，42 家保险公司的合规负责人是专职，8 家保险公司的首席风险官是专职，84 家保险公司的审计负责人是专职。分析数据发现，保险公司样本中审计负责人专职比例最大，其次是总精算师和合规负责人，而首席风险官很少是专职。同时，保险公司首席风险官兼任副总经理、合规负责人、总经理助理的比例大于专职比例（见表 7-75 至表 7-78）。

表 7-75 总精算师兼任情况

总精算师兼任情况	频数	比例（%）	累计比例（%）
未设立或未披露	71	44.10	44.10
专职	47	29.19	73.29
副总经理、党委委员	1	0.62	73.91
财务负责人	3	1.86	75.78
定价官	1	0.62	76.40
董事	1	0.62	77.02
法律合规部负责人	1	0.62	77.64
副总裁	4	2.48	80.12
副总裁、财务负责人	1	0.62	80.75
副总裁、财务负责人、首席风险官	1	0.62	81.37
副总裁、董事会秘书	1	0.62	81.99
副总裁、董事	1	0.62	82.61
副总经理	13	8.07	90.68
副总经理、合规负责人、首席风险官	1	0.62	91.30
公司总裁助理	1	0.62	91.93
合规负责人	3	1.86	93.79
首席风险官	1	0.62	94.41
首席风险官、管理委员会成员	1	0.62	95.03
首席市场运营执行官	1	0.62	95.65
执行董事	1	0.62	96.27
执行委员	1	0.62	96.89
总经理	1	0.62	97.52
总经理助理	2	1.24	98.76
总经理助理、财务负责人、首席风险官	1	0.62	99.38
总经理助理、董事会秘书	1	0.62	100.00
合计	161	100.00	—

资料来源：根据各保险公司网站公开数据整理。

表 7-76 合规负责人兼任情况

合规负责人兼任情况	频数	比例（%）	累计比例（%）
未设立或未披露	46	28.57	28.57
专职	42	26.09	54.66
部门总经理	2	1.24	55.90
常务副总理、首席风险官	1	0.62	56.52
党委书记、纪委书记	1	0.62	57.14
董事会秘书	11	6.83	63.98
董事会秘书、副总经理	1	0.62	64.60
董事	2	1.24	65.84
董事会办公室负责人	1	0.62	66.46
法律负责人、首席运营官、执行委员	1	0.62	67.08
法律合规部负责人	1	0.62	67.70
法律合规部总经理	1	0.62	68.32
法律责任人	4	2.48	70.81
法律责任人、法律合规部、风险管理部总经理	1	0.62	71.43
风险合规部总经理	1	0.62	72.05
副董事长	1	0.62	72.67
副总裁、首席风险官	1	0.62	73.29
副总经理	4	2.48	75.78
副总经理、董事会秘书	1	0.62	76.40
副总经理、首席风险官	2	1.24	77.64
副总经理、总精算师、首席风险官	1	0.62	78.26
公司总裁助理	1	0.62	78.88
审计负责人	1	0.62	79.50
审计责任人、首席风险官、党委副书记、纪检委书记	1	0.62	80.12
首席风险官	19	11.80	91.93
首席风险官、副总经理	1	0.62	92.55
首席风险官、总经理助理	1	0.62	93.17
首席审计官、副总裁、首席风险官	1	0.62	93.79
执行委员会委员	1	0.62	94.41
助理总裁、董事会秘书	1	0.62	95.03
总经理、董事	1	0.62	95.65
总经理助理	1	0.62	96.27
总经理助理、办公室主任	1	0.62	96.89
总经理助理、董事会秘书	1	0.62	97.52
总经理助理、首席风险官	2	1.24	98.76
总精算师	2	1.24	100.00
合计	161	100.00	—

资料来源：根据各保险公司网站公开数据整理。

表 7-77 首席风险官兼任情况

首席风险官兼任情况	频数	比例（%）	累计比例（%）
未设立或未披露	84	52.17	52.17
专职	8	4.97	57.14
总经理	1	0.62	57.76
副总经理	1	0.62	58.39
合规负责人	1	0.62	59.01
首席风险官	1	0.62	59.63
常务副总理、合规负责人	1	0.62	60.25
党委委员、董事会秘书、副总经理、财务负责人	1	0.62	60.87
董事会秘书	6	3.73	64.60
董事会秘书、副总经理	1	0.62	65.22
董事	2	1.24	66.46
法律合规部负责人	1	0.62	67.08
副总裁	2	1.24	68.32
副总裁、财务负责人、总精算师	1	0.62	68.94
副总裁、合规负责人	1	0.62	69.57
副总裁、合规负责人、首席审计官	1	0.62	70.19
副总经理	2	1.24	71.43
副总经理、合规负责人	2	1.24	72.67
副总经理、欺诈风险管理负责人	1	0.62	73.29
副总经理、审计负责人	1	0.62	73.91
副总经理、总精算师、合规负责人	1	0.62	74.53
合规负责人	17	10.56	85.09
合规负责人、副总经理	1	0.62	85.71
合规负责人、总经理助理	1	0.62	86.34
审计负责人、党委副书记、纪检委书记	1	0.62	86.96
首席人才官	1	0.62	87.58
执行委员、财务负责人	1	0.62	88.20
执行委员会委员	1	0.62	88.82
总裁助理	1	0.62	89.44
总经理	1	0.62	90.06
总经理助理	9	5.59	95.65
总经理助理、党委组织部总经理	1	0.62	96.27
总经理助理、合规负责人	2	1.24	97.52
总经理助理、总精算师、财务负责人	1	0.62	98.14
总精算师	2	1.24	99.38
总精算师、管理委员会成员	1	0.62	100.00
合计	161	100.00	—

资料来源：根据各保险公司网站公开数据整理。

表 7-78 审计负责人兼任情况

审计负责人兼任情况	频数	比例（%）	累计比例（%）
未设立或未披露	56	34.78	34.78
专职	84	52.17	86.96
部门总经理	1	0.62	87.58
常务副总裁	1	0.62	88.20
党委副书记、纪委书记、工会主席	1	0.62	88.82
董事	1	0.62	89.44
董事会秘书	3	1.86	91.30
董事长兼总经理	1	0.62	91.93
副总裁、首席风险官、合规负责人	1	0.62	92.55
副总经理	1	0.62	93.17
副总经理、首席风险官	1	0.62	93.79
合规负责人	1	0.62	94.41
合规官、首席风险官、党委副书记、纪检委书记	1	0.62	95.03
稽核部负责人	1	0.62	95.65
稽核监察部总经理	1	0.62	96.27
稽核审计部总经理助理	1	0.62	96.89
监事会主席	1	0.62	97.52
内审部总经理	1	0.62	98.14
执行委员、董事会秘书	1	0.62	98.76
总经理助理	2	1.24	100.00
合计	161	100.00	—

资料来源：根据各保险公司网站公开数据整理。

第五节 再保险公司治理

一、股东与股东会/股东大会[①]

股权结构方面，有 3 家再保险公司为全资子公司，其中前海再保险股份有限公司为国内首家社会资本主导发起设立的再保险公司，第一大股东持股比例为 20.00%（见表 7-79）。

[①] 本章前四节主要是针对财产险和人身险公司的治理状况展开分析，因此，本节重点关注了再保险公司的治理状况。我国目前总共有 5 家法人再保险公司，分别是太平再保险（中国）有限公司、前海再保险股份有限公司、中国人寿再保险股份有限公司、中国财产再保险股份有限公司和人保再保股份有限公司。其中人保再保股份有限公司虽在官网上设立"信息披露"栏目，但能获取信息较少，因此本报告以其余 4 家公司为研究样本进行治理状况的分析。

表 7-79　再保险公司第一大股东持股比例

公司名称	第一大股东持股比例（%）
太平再保险（中国）有限公司	100.00
中国人寿再保险股份有限公司	100.00
中国财产再保险有限责任公司	100.00
前海再保险股份有限公司	20.00

资料来源：根据各保险公司网站公开数据整理。

股东会/股东大会召开方面，有 3 家公司未在官网披露股东会/股东大会召开情况，主要有两方面原因：一是信息未得到及时披露；二是有些公司为全资子公司，并未成立股东会或股东大会（见表 7-80）。

表 7-80　再保险公司近三年股东会/股东大会召开次数

公司名称	设立年份	2018 年	2017 年	2016 年
太平再保险（中国）有限公司	2015	3	4	未披露
前海再保险股份有限公司	2016	1	2	1
中国人寿再保险股份有限公司	2003	未披露	未披露	未披露
中国财产再保险有限责任公司	2003	未披露	未披露	未披露
人保再保险股份有限公司	2017	未披露	未披露	未披露

资料来源：根据各保险公司网站公开数据整理。

二、董事与董事会

再保险公司的董事会规模平均值为 5.75 人，独立董事规模平均值为 1.00 人，5 家再保险公司均未两职分立设置（见表 7-81）。

表 7-81　再保险公司董事会情况分析

统计指标	董事会规模（人）	独立董事人数（人）	执行董事（人）	两职设置	独董比例（%）	兼任党委书记
董事会情况						
平均值	5.75	1.00	0	0	26.11	0.50
中位数	5	0.50	0	0	25.00	0.50
标准差	1.92	1.22	0	0	6.73	0.50
极差	5	3	0	0	13.33	1
最小值	4	0	0	0	20.00	0
最大值	9	3	0	0	33.33	1
样本情况统计（个）						
统计样本	董事会规模	独立董事人数	执行董事	两职设置	独董比例	兼任党委书记
有效样本	4	4	4	4	4	4
缺失样本	1	1	1	1	1	1

资料来源：根据各保险公司网站公开数据整理。

从再保险公司董事会成员学历来看，4 家再保险公司的董事会成员均为本科及以上学历，硕士及以上学历成员比例达到 71.94%（见表 7-82）。职业背景方面，具备行业相关背景的比例达到 88.19%，其中具备保险精算背景董事比例高达 79.86%（见表 7-83）。

表 7-82　再保险公司董事学历情况

统计指标	本科及以上	硕士及以上	博士
有效样本（家）	4	4	4
缺失样本（家）	1	1	1
平均值（%）	100.00	71.94	28.33
中位数（%）	100.00	78.89	26.67
标准差（%）	0.00	12.70	21.79
极差（%）	0.00	30.00	60.00
最小值（%）	100.00	50.00	0.00
最大值（%）	100.00	80.00	60.00

资料来源：根据各保险公司网站公开数据整理。

表 7-83　再保险公司董事职业背景情况

统计指标	行业相关背景	财务审计	金融	保险精算	经济管理
有效样本（家）	4	4	4	4	4
缺失样本（家）	1	1	1	1	1
平均值（%）	88.19	0.00	13.33	79.86	0.00
中位数（%）	88.89	0.00	10.00	87.50	0.00
标准差（%）	11.85	0.00	14.14	22.85	0.00
极差（%）	25.00	0.00	33.33	55.56	0.00
最小值（%）	75.00	0.00	0.00	44.44	0.00
最大值（%）	100.00	0.00	33.33	100.00	0.00

资料来源：根据各保险公司网站公开数据整理。

三、监事与监事会

再保险公司监事会规模平均值为 3.50 人，职工监事平均值为 1.00 人。各保险公司监事会规模为 3—5 人（见表 7-84）。

表 7-84　再保险公司监事会规模和职工监事情况

统计指标	监事会规模	职工监事
有效样本（家）	4	4
缺失样本（家）	1	1

统计指标	监事会规模	职工监事
平均值（人）	3.50	1.00
中位数（人）	3	1
标准差（人）	0.87	0.71
极差（人）	2	2
最小值（人）	3	0
最大值（人）	5	2

资料来源：根据各保险公司网站公开数据整理。

从再保险公司监事会成员学历方面来看，本科及以上学历成员比例为 100%，硕士及以上学历成员比例高达 78.33%（见表 7-85）。职业背景方面，具有行业相关背景的监事会成员占比 95.00%，其中保险精算类相关背景最高，占比 85%（见表 7-86）。

表 7-85 再保险公司监事会成员学历情况

统计指标	本科及以上	硕士及以上	博士
有效样本（家）	4	4	4
缺失样本（家）	1	1	1
平均值（%）	100.00	78.33	16.67
中位数（%）	100.00	73.33	16.67
标准差（%）	0.00	13.64	16.67
极差（%）	0.00	33.33	33.33
最小值（%）	100.00	66.67	0.00
最大值（%）	100.00	100.00	33.33

资料来源：根据各保险公司网站公开数据整理。

表 7-86 再保险公司监事会成员职业背景情况

统计指标	行业相关背景	财务审计	金融	保险精算	经济管理
有效样本（家）	4	4	4	4	4
缺失样本（家）	1	1	1	1	1
平均值（%）	95.00	21.67	10.00	85.00	5.00
中位数（%）	100.00	26.67	0.00	100.00	0.00
标准差（%）	8.66	13.64	17.32	25.98	9.66
极差（%）	20.00	33.33	33.33	60.00	20.00
最小值（%）	80.00	0.00	0.00	40.00	0.00
最大值（%）	100.00	33.33	40.00	100.00	20.00

资料来源：根据各保险公司网站公开数据整理。

四、高管规模

各再保险公司高管层人数分布在 5—7 人，平均值为 6.25 人（见表 7-87）。

表 7-87 再保险公司高管规模情况

统计指标	规模
有效样本（家）	4
缺失样本（家）	1
平均值（人）	6.25
中位数（人）	6.50
标准差（人）	0.83
极差（人）	2
最小值（人）	5
最大值（人）	7

资料来源：根据各保险公司网站公开数据整理。

第八章　保险公司外部治理：外部监管

监管是监管机构的最主要职责。从保险公司角度来看，来自监管机构的外部监管是其重要的外部治理机制，这不仅是由保险公司的经营特殊性所决定的，还是保险公司外部治理特殊性的重要体现。因此，本章首先介绍了我国保险监管体系，然后基于监管部门公开披露的文件，对下发监管函和行政处罚两大类保险监管手段的使用情况以及2018年的最新趋势进行了统计分析。

第一节　外部监管概述

一、保险监管与保险监管体系

（一）保险监管及其发展过程

保险监管是指国家对保险业的监督和管理，是保险监管机构依法对保险人、保险市场进行监督管理，以确保保险市场的规范运作和保险人的稳健经营，保护被保险人的根本利益，促进保险业健康发展的整个过程。

综观各国保险的监管制度，不难发现，一些国家对保险实施较为严格的监管，一些国家的保险监管却较为宽松。一般认为，保险监管的宽松抑或是严格是不同国家有差异性的经济发展与人文及保险的制度背景的必然结果。事实上，保险监管的宽严与采取何种保险监管理论为依据密切相关，而保险监管理论更受经济理论（如保险监管的公众利益理论、捕捉或追逐理论和监管经济理论）或经济学派的影响（卓志，2001）。

除了理论因素之外，保险监管还受实践因素的影响。保险监管就是在保险业发展的否定之否定过程中不断发展和完善的（冷煜，2009）。当保险监管满足不了行业发展需要，成为制约其进一步发展的因素时，国家就需要根据新条件修订或制定监管规则。从全球监管变迁看，自保险监管起源至今，全球监管已经历了放松监管和严格监管之间的几个周期的转换。每一次的转换都是由一些保险公司的连续破产或者波及所在国甚至全球保险市场的重大事件所直接诱发的。19世纪初，保险业崇尚价格自由，保险公司自主定价，恶性竞争加剧，导致风险大量积累，由此引发全球保险监管进入严格监管阶段；20世纪中后期，由于长期以来的过度严格监管，保险公司效率低下，同时伴随着保险市场全球化和国际化趋势的日益加剧，国际保险市场逐步形成，保险监管遇到了新的难题，监管难度大幅度增加，从而各国进入了逐步放松市场行为监管并加强偿付能力监管的阶段；再到 21 世纪初期，美国安然事件的发生，以及几乎所有出现问题的金融保险机构都被指出存在糟糕的公司治理结构，再次引发了保险市场对重新建立严格管制的呼吁。从各国监管的演进看，尽管不同国家的监管模式发生转变的具体时间各不相同，但基本上都遵循了全球监管变迁的规律：都根据本国保险市场发展的实际情况逐步完善，在严格监管与放松监管间转换；都从单一的市场行为监管，到市场行为与偿付能力监管并重，再到以偿付能力监管为主，最终又都认识到基于风险的动态偿付能力监管的重要性。全球保险监管模式呈螺旋状发展、波浪性前进的趋势，随着保险业的创新与发展而不断健全和完善。

（二）一套完整的保险监管体系的构成要素

监管的本质是公权力对市场的合理干预。从自由主义经济学的观点出发，政府规制市场的合法性主要基于两点：一是校正非公平性，二是抑制负外部性。监管作为一种行政行为，必然包括规则、执行、效果等要素。换句话说，一套完整的保险公司监管体系，应当包括：一个事先公开的、为保险公司所普遍遵守的、以惩罚机制作为强制性保障的规则体系，即良好的保险公司监管的制度环境；一个有严格程序约束和权利保障的执行体系，涉及监管的行为或手段以及部分监管的制度环境内容；一个科学严谨的效果评价和反馈体系，例如原中国保监会开展的保险公司治理评价就是典型的评价机制之一。总体来说，一套完整的保险公司监管体系主要包括：监管的目标、监管的行为或手段、监管的内容、监管的原则、监管的效果评价与反馈和监管的制度环境六大核心内容。监管的目标决定了监管行为或手段以及监管的内容，而监管的行为或手段以及监管内容又会反过来影响监管目标的实现；监管行为或手段侧重点不同，或者说导向不同，又会产生监管方式的不同，常见的监管方式有市场型、行政型和法律引导型；监管内容侧重点不同就会带来监管的导向问题，即合规性导向还是有效性导向的问题。

二、我国的保险监管机构

（一）原中国保监会成立前的保险监管机构

保险监管制度的完善与否、保险监管职能是否充分发挥及保险监管效果是否显著，在很大程度上取决于保险监管组织的完善程度，即保险监管主体或机构的建立和完善程度（刘宝璋，2005）。

中国保险监管始于计划经济体制下的政府管制。中华人民共和国成立后，中国人民银行既是经营实体，也是保险业最初的主管机关，承担了金融管理的部分职能。1952年，中国人民银行仿效苏联将保险交由财政部管理。国内保险停办期间，中国人民保险公司在行政上成为中国人民银行国外业务局的一个处。1984 年，中国人民保险公司从中国人民银行分离，后者开始专门行使中央银行职能，同时对保险业实施监管。1985年 3 月 3 日由国务院发布的《保险企业管理暂行条例》是我国第一部保险业管理方面的规范性法律文件，该条例于 1985 年 4 月 1 日开始生效，其中规定国家保险管理机关是中国人民银行。

之后，中国人民银行逐步建立和完善了监管保险业的内设机构。1995 年颁布的《保险法》也明确规定中国人民银行是保险业的监管机关。1995 年 7 月，中国人民银行成立保险司，专司对中资保险公司的监管。同时，中国人民银行加强了保险监管机构的系统建设，要求在省级分行设立保险科，省以下分支行配备专职保险监管人员。

（二）原中国保监会成立后的保险监管机构

为落实银行、证券、保险分业经营、分业管理的方针，更好地对保险业进行监督管理，国务院于 1998 年 11 月 18 日批准原中国保监会成立。作为国务院直属事业单位，原中国保监会实质拥有独立和完整的行政管理权，是依据《保险法》授权的具有全国商业保险市场的监管职能的部门。

2003 年，原中国保监会从副部级单位升格为正部级单位，同时原中国银行业监督管理委员会（以下简称"原中国银监会"）成立，形成了"一行三会"①的中国金融监管格局。

（三）中国银保监会成立后的保险监管机构

根据第十三届全国人民代表大会第一次会议批准的国务院机构改革方案，我国将原中国银监会和原中国保监会的职责整合，设立中国银保监会，作为国务院直属事业单位。2018 年 3 月 21 日 15 时，各主要人员在原中国银监会 302 报告厅召开会议，宣布中国银保监会成立有关事项，在京会管单位副局级以上干部参会。会上，中共中央组织部宣布中国银保监会成立，并宣布由郭树清出任中国银保监会党委书记、主席。这意味着，2003年 4 月 28 日成立的原中国银监会和 1998 年 11 月 18 日成立的原中国保监会，在相伴前行多年之后，正式退出历史舞台。

中国银保监会的主要职责是依照法律法规统一监督管理银行业和保险业，保护金融消费者合法权益，维护银行业和保险业合法、稳健运行，防范和化解金融风险，维护金融稳定，等等。2017 年 11 月，经党中央、国务院批准，国务院金融稳定发展委员会正式成立，进一步协调原"一行三会"和现在"一行两会"之间的职能，进而形成了目前我国金融业的"一委一行两会"的全新监管格局。

三、保险监管的目标

（一）部分国家、地区和组织的保险监管目标梳理

保险监管作为一种具有特定内容的政府规制行为，有其确定的目标。保险监管目标（regulation goal），是指一个国家或地区建立整个保险监管制度的动机，即通过保险监管所要实现的目的，它是一切保险监管制度设计、方式采纳与手段选择的出发点（胡坚，高飞，2004）。

美国保险监督官协会（The National Association of Insurance Commissioners，NAIC）指出保险监管的目标是保护公众利益，提高市场竞争，公平与公正地对待保险投保人，提高保险机构的可靠性、偿付能力和财务稳健性，支持和完善保险业的国家监管。英国

---

① "一行三会"指中国人民银行、中国证监会、原中国保监会和原中国银监会。中国人民银行于 1948 年 12 月成立，中国证监会于 1992 年 10 月成立，原中国保监会于 1998 年 11 月成立，原中国银监会于 2003 年 4 月成立。

审慎监管局（The Prudential Regulation Authority，PRA）指出保险监管的目标是促进被监管公司的安全与稳健运行，确保为保险投保人或潜在投保人提供适度的保护，促进有效竞争。德国联邦金融监管局（Federal Financial Supervisory Authority，BaFin）指出保险监管的目标是充分保护投保人的利益，使保险机构随时可以履行保险合同规定的义务，保证商业运作正常进行并符合法律规定。瑞士金融市场监督管理局（Swiss Financial Market Supervisory Authority，FINMA）指出金融监管的目标是保护债权人、投资者和保险投保人的利益，确保金融市场的正常运作，保持瑞士金融中心的声誉和竞争力。日本金融监管厅（Financial Services Agency，FSA）指出，鉴于保险行业的公共性，其保险监管的目的在于确保保险业务的健全性以及运营的合理性、保险销售的公正性，进而确保签订保险者的利益，也有益于国民生活的安定以及国民经济的健全发展。我国香港保险业监理处（Office of the Commissioner of Insurance，OCI）指出该处的使命是保障保单持有人的利益、促进保险业的整体稳定。IAIS指出保险监管的目标是保持高效、公平、安全和稳定的保险市场，以保护投保人的利益。

（二）我国保险监管目标的梳理

1998年11月18日，时任国务院总理温家宝在出席原中国保监会成立大会上的讲话中指出："中国保监会为国务院直属事业单位，是全国商业保险的主管机关，根据国务院授权履行行政管理职能，依照法律、法规统一监督管理保险市场。主要任务是：拟定有关商业保险的政策法规和行业规划；依法对保险企业的经营活动进行监督管理和业务指导，依法查处保险企业违法违规行为，保护被保险人的利益；维护保险市场秩序，培育和发展保险市场，完善保险市场体系，推进保险改革，促进保险企业公平竞争；建立保险业风险的评价与预警系统，防范和化解保险业风险，促进保险企业稳健经营与业务的健康发展。"

2001年10月11日在中国人民大学举办的"中国的保险监管与精算实务国际学术研讨会"上，时任原中国保监会副主席的吴小平指出了我国保险监管三大目标。第一个目标是维护被保险人的利益。在保险市场上，由于保险知识的专业性很强，保险合同也是由保险公司单方面制定的，保险费率等重要事项已经事先确定，因而被保险人处于弱势地位。同时，由于保险代理人实行的是佣金制，存在营销员误导投保人的问题，被保险人的利益也容易受到侵害。如果不加强监管，侵害被保险人利益的事层出不穷，就会使投保人或被保险人对市场失去信心，从而危及保险业的健康发展。因此，保险监管必须把维护被保险人的利益放在首位。第二个目标是维护公平竞争的市场秩序。我国的保险公司中既有国有独资的，也有股份制的，还有外资的。保险监管就是要充当球场裁判的角色，维护公平竞争的市场秩序，一要防止市场垄断，二要防止过度竞争，因为二者最终都将损害被保险人的利益。第三个目标是维护保险体系的安全与稳定。金融体系的安全与稳定不仅关系到一个国家的经济稳定，还关系到一个国家的政治稳定。金融体系稳定，才能很好地保护被保险人的利益。这里包括两层含义：一是不能以损害被保险人利益、抑制竞争和效率为代价；二是不排除单个保险机构因经营失败而自动或被强制退出市场。吴小平透露，原中国保监会正在研究保险机构市场退出的相关问题。

2010年原中国保监会系统招考录用计划机构介绍中，原中国保监会监管目标为保护保单持有人利益，促进保险业持续、快速、协调发展，防范和化解风险。

原中国保监会出版的《中国保险市场年报》逐年表述了原中国保监会的监管目标。

其中，2005—2012年《中国保险市场年报》将原中国保监会监管目标表述为"保护保单持有人利益，促进保险业持续、快速、协调发展，防范和化解风险"，2013—2016年《中国保险市场年报》将原中国保监会监管目标表述为"保护保单持有人的利益，防范和化解风险，促进保险业持续健康发展"。

除此之外，相关法规文件中也给出了我国保险监管目标的不同表述方式，整理如表8-1所示。

表8-1　相关法规文件关于我国保险监管目标的表述

序号	发布时间	出处	监管目标
1	1985年3月3日	《保险企业管理暂行条例》	促进保险事业的发展，维护被保险方（在保险单或保险凭证中称"被保险人"）的利益，发挥保险的经济补偿作用，以利于社会主义现代化建设和人民生活的安定
2	1992年11月7日	《中华人民共和国海商法》	维护当事人各方的合法权益，促进海上运输和经济贸易的发展
3	1995年6月30日	《中华人民共和国保险法》	保护保险活动当事人的合法权益，加强对保险业的监督管理，促进保险事业的健康发展
4	1996年7月25日	《保险管理暂行规定》	促进保险事业健康发展
5	2000年1月3日	《保险公司管理规定》	维护保险市场的正常秩序，保护被保险人的合法权益，促进保险事业健康发展
6	2003年7月7日	《中国保险监督管理委员会主要职责内设机构和人员编制规定》	维护保险业的合法、稳健运行
7	2004年5月13日	《保险公司管理规定》	维护保险市场的正常秩序，保护被保险人的合法权益，促进保险业健康发展
8	2009年2月28日	《中华人民共和国保险法》	保护保险活动当事人的合法权益，加强对保险业的监督管理，维护社会经济秩序和社会公共利益，促进保险事业的健康发展

资料来源：作者整理。

（三）我国保险监管目标的确定

关于保险监管的目标，有的国家在保险立法中予以明确规定，有的则使之体现在其监管制度中。设定明确的监管目标，是建立我国保险监管制度体系的基础，更是制定各项监管政策和措施的依据和出发点。实际工作中的经验和常识也告诉我们，做任何一件事情，明确的目标都是工作效率的保证。因此，我国保险监管制度体系建设是否需要有明确的监管目标已不需要再进行论证，需要论证的是我国保险监管的目标究竟是什么，但是这个问题却一直没有得到很好的解决（谢志刚，崔亚，2014）。

保护保险消费者的利益是保险业发展的基石，但中国保险监管存在监管目标不明确，监管重点不突出，监管手段简单化等问题（王峰虎，张怀连，2003）。当前保险业抵御化解风险的能力明显提高，但个别公司在经营中偏离"保险姓保"的发展理念，偏离保险保障的主业，存在潜在的风险。对此监管机构应更加居安思危，把防范风险放在更加突出的位置。谢志刚和崔亚认为，保险业中的风险按照主体不同可分为保险消费者的风险、保险公司的风险和保险行业的系统性风险。针对上述三类风险，保险监管的目标应相应地设定为：提升社会公众的保险意识，保护消费者的合法权益；督促保险公司合规经营、审慎经营；完善行业治理，营造良好市场环境。要建立一套风险导向的保险监管制度体系，首先应该有风险导向的监管目标，而且监管目标应该直接针对保险业中的主要风险类别，即消费者的风险、保险公司的风险以及行业系统性风险。根据对风险后果的承担者和风险形成、传导路径的分析，得出上述三类风险互为因果关系的结论，因此不宜将保护消费者的合法权益作为保险监管的唯一目标和终极目标，而应该将保险监管目标按照三个层次分别列示，并按照风险的形成和演变规律制定相应的监管措施，尤其是针对行业系统性风险实施行业治理，营造良好的市场环境。

基于上述梳理和分析，本报告认为，监管目标应具有多元性、层次性和简洁性三个特点。多元性是指监管目标可以包括多方面内容，层次性是指这些内容逻辑上多层次递进，简洁性是指内容表述上力求简洁。因此，本报告将我国保险监管目标表述为：保护保单持有人的合法权益，确保保险机构合规、审慎经营，促进保险业健康发展。

四、我国保险监管的方式

（一）主要的保险监管方式

目前，主要的保险监管方式有三种：公告监管、规范监管和实体监管。

公告监管，又称公示主义，是指保险机构定期将营业结果呈报监管机构，并予以公告。除此之外，国家很少对保险业进行其他干预。其优点是通过自由经营，保险业在自由竞争的环境中得到充分发展；缺点是一般公众对保险业的优劣评判标准不易掌握，对不正当竞争无能为力。这种方式最为宽松，英国主要采取这种监管方式。

规范监管，又称准则主义，是指由保险监管机构规定保险业经营的一定准则，要求保险业共同遵守的监管方式。这种监管方式与公告方式相比，虽对保险经营的重大事项，如最低资本额的要求、法定公布的主要内容等有明确规定，但对保险机关的监管仅仅是在形式上加以审查，这就导致形式上合法，而实质上不合法的行为时有发生，难以管理。这种方式较前一种方式严格，但未触及保险业经营管理的实体，荷兰和德国曾经采用这种方式，但目前大部分国家都不采用这种方式。

实体监管，又称批准主义，是指国家制定完善的保险监管规则，国家保险监管机构具有较大的权威和权力的监管方式。保险组织在创设时，必须经政府审批核准，发放许可证。经营开始后，监管机构在其财务、业务等方面进行有效的监督和管理，在破产清算时，仍予以监管，这就是所谓的"全程"监管方式。实体监管方式是从规范监管方式的基础上发展而来的。规范监管的基础是立法，实体监管的基础除了完备的法律体系外，还包括严格的执法和高素质的行政管理人员。这是当今大多数国家，如日本、美国、德国等都采用的监管方式。

（二）我国目前的保险监管方式

我国的保险监管一直采用实体监管方式。与公告监管和规范监管两种监管方式相比，实体监管回避了许多形式上的内容，追求更有效的监督管理，更为严格、具体和全面。

五、我国保险监管的手段

（一）主要的保险监管手段

保险监管手段是保险监管机关实施监管的工作方法的总称，是监管方式的具体体现。一般来说，国家不同，保险监管手段的使用及作用效果会略有侧重和差异，同时，同一国家内，不同监管手段在不同的经济、社会、文化时期所起的作用也是不同的。保险监管手段因保险监管方式不同而有差异，主要有行政手段（administrative means）、经济手段（economic means）和法律手段（legal means）。

行政手段就是依靠国家和政府以及企业行政领导机构自上而下的行政隶属关系，采用指示、命令、规定等形式强制干预保险活动。市场经济并不绝对排斥国家和政府的行政管理，有时还要凭借这些行政力为保险经济运行创造良好的外部环境和社会条件，及时纠正干扰保险市场正常秩序的不良倾向。但过分集中化、行政化管理，会阻碍保险业务的拓展和保险经营者积极性的发挥，要使保险市场真正充满生机和活力，就应使保险企业真正成为独立核算、自主经营、自负盈亏，具有自我发展、自我约束能力的企业，尽量减少和弱化行政干预手段。

经济手段就是国家根据客观经济规律的要求，运用财政、税收、信贷等各种经济杠杆，正确处理各种经济关系来管理保险业的方法。用经济手段管理保险市场，就要尊重经济运行规律，遵守等价交换原则，充分发挥市场、价格、竞争的作用，以使效益最大化。

法律手段是指运用有关经济和保险方面的法律、规定、法令、条例等对保险业进行监督管理的方法。市场经济发展到今天，其对法治的呼唤也越来越强烈，因而法律手段逐渐受到各国保险监管机构的青睐。

（二）我国目前的保险监管手段

监管手段的选择往往需要考虑保险业发展的实际状况和所要解决的问题，在我国保险业发展初期，行政手段和经济手段是主要的监管手段；而随着我国保险业政策法规的完善，法律手段是最主要的监管手段，行政手段和经济手段为辅助手段，有时应用行政手段解决一些问题则会更加高效。目前，监管函和行政处罚是我国主要的两大监管手段，后文将详细介绍。

六、我国保险监管的途径

（一）主要的保险监管途径

保险监管的途径包括现场检查（on-site regulation）和非现场监管（off-site regulation）。现场检查需要监管人员到监管对象现场进行监管，包括常规检查和专项检查。非现场监管是指监管机构在采集、分析、处理保险公司相关信息的基础上，监测、评估保险公司风险状况，进行异动预警和分类监管的过程。

非现场监管与现场检查一样，都是保险监管的重要手段。非现场监管与现场检查是相辅相成的监管手段。与现场检查相比，非现场监管主要具有如下特点。

第一，全面综合。通过每年对各保险公司的风险状况、风险管理能力进行综合分析、评价，能够全面反映各保险公司的整体风险状况。

第二，提前预警。通过对保险公司的业务风险进行季度监测，能够提早预警保险公司可能存在的风险。

第三，节省成本。非现场监管在采集保险公司相关信息的基础上，尽可能地借助信息技术对风险进行监测、评价，并根据评价结果实施分类监管，能够最大限度地节省成本。

第四，非现场实施。现场检查需要进驻保险公司，在公司经营现场实施检查；而非现场监管是对保险公司相关信息的采集、分析和处理，基本在非现场实施。

（二）我国目前的保险监管途径

在保险业信息化水平比较低的阶段，现场检查是我国保险业监管的重要途径。随着我国保险业信息化水平的提高以及大数据技术的应用和各种模型的开发，非现场监管的重要性日益凸显。二者相辅相成，非现场监管发现的问题可能需要到现场进行检查和确认，而现场检查的结果又会反过来指导非现场监管的开展。

七、我国保险监管的内容

（一）主要的保险监管内容

保险监管内容按照监管对象不同，可以分为保险经营机构监管和保险中介机构监管。其中，对保险经营机构的监管可以分为保险机构监管、保险经营方监管和保险资金运用监管。保险机构监管包括对保险机构准入和退出的监管（包括对保险机构设立、变更、整顿、接管、分立、合并、撤销以及破产清算等方面的监管）、对保险机构管理人员及专业人员的监管、对外资保险公司的监管。保险经营方监管包括对经营范围的监管、对偿付能力的监管、对费率和条款的监管、对再保险业务的监管、对业务竞争的监管、对衍生工具的监管以及对交易行为的监管等。保险资金运用监管包括对资金运用的渠道和比例的监管。对保险中介机构的监管包括资格监管、业务监管和财务监管。

本节将主要从监管主要内容或者核心内容出发来探讨宏观层面的保险监管内容问题。保险监管内容或者支柱包括市场行为（market conduct）、偿付能力（solvency）和公司治理（corporate governance）三个方面。市场行为监管实际就是市场交易行为监管。偿付能力监管的概念有广义和狭义之分：广义的偿付能力监管实际是指以确保公司最终能履行对客户的承诺和其他偿债义务为目的的监管，基本涵盖了整个监管体系；狭义的偿付能力监管主要指财务监管（financial regulatory）。研究中一般采用狭义概念。偿付能力监管的实质是资本充足率监管。西方国家一系列公司丑闻发生后，国际组织和政府机构对公司治理监管有了深入认识，相继发布了一系列指引文件或监管规则，如 OECD 发布的《保险公司治理指引》（Guidelines for Insurers' Governance）、IAIS 发布的《保险公司治理核心原则》（Insurance Core Principles on Corporate Governance）等，把公司治理纳入监管范畴，推动监管的深入。特别是 2006 年 IAIS 维也纳年会明确提出市场行为、偿付能力和公司治理三支柱的现代保险监管框架，使公司治理监管成为各国保险监管的一致行动。

（二）我国目前的保险监管内容

如果从人民银行退出经营领域专司央行职能起算，保险监管的历史可以按监管内容的不同分为三个阶段。

第一个阶段：市场行为监管独重阶段（1984—2003年）。我国早期对保险公司的监管行为，大部分可以纳入市场行为监管的范畴，大体包括针对保险公司经营过程中以下环节行为的监管：市场准入环节，主要通过对保险公司及其分支机构的牌照审查，确保保险公司取得合格的交易主体资格；交易达成环节，主要通过对保险产品和费率的审查以及对交易过程中误导、不正当竞争等行为的控制，确保公平交易和公平竞争；服务履行环节，通过对后续经营过程的监管，确保保险公司按照合同约定提供合格的保险服务。从国际上看，部分国家对市场行为监管持放松的态度，除保险公司经营保险业务须取得许可之外，保险产品、交易达成等都不是监管的重点。随着市场日益成熟，我国保险监管在这些环节上也有所放松。但从我国保险市场的发展阶段来看，市场行为监管在保险监管中将长期占据重要地位，理由如下：一是我国关于消费者保护的法律体系不完善，尤其是民事追责机制极不发达，经营者在单个市场交易中仍处于明显的强势地位；二是社会诚信体系不完善，经营过程中弄虚作假行为仍然严重，违规成本低，违规现象普遍；三是保险消费者的消费识别和理性选择能力弱。这些都导致了我国保险市场和发达国家保险市场有很大区别，因此市场行为监管在中国保险监管中将长期居于重要地位且具有很强的中国特色。

第二个阶段：市场行为和偿付能力监管并重阶段（2003—2006年）。偿付能力监管最早是在1995年颁布的《保险法》中规定的。1996年，中国人民银行发布《保险管理暂行规定》，专门用一章的内容规定偿付能力监管，明确规定了偿付能力最低额度要求和实际偿付能力的确定规则。但在当时的情况下，偿付能力监管并未实际开展，主要有以下几个方面的原因：一是在计划经济体制下，国有企业并不是市场风险的最终承担者，国家对金融机构实际上提供了隐形的信用担保，金融机构一旦存在破产可能，国家也会采取财政注资或剥离坏账等方式对金融机构实施救助，偿付能力监管无实际意义；二是当时国家对国有保险公司的注资并未实际到账，没有资本金，无法计算偿付能力；三是国有保险公司在市场中占垄断地位，如果对其他保险公司实施偿付能力监管而豁免最大的国有保险公司，有失公平；四是偿付能力监管规则比较笼统，实施细则极不完善。2003年，原中国保监会发布《保险公司偿付能力额度及监管指标管理规定》，标志着偿付能力监管正式启动。中国人保和中国人寿两家国有保险公司上市募集了大量资金，使资本金得以落实，也为偿付能力监管创造了条件。截至目前，偿付能力监管的制度体系已基本建成，对公司经营也发挥着越来越实质的约束作用。

第三个阶段：市场行为、偿付能力和公司治理三支柱的监管框架基本确立阶段（2006年至今）。2006年，原中国保监会发布《关于规范保险公司治理结构的指导意见》，标志着公司治理监管的确立，也标志着三支柱监管框架的确立。公司治理监管的形成，有多方面的背景因素。一是改革深入的需要。2003年，国有公司改制并上市，但上市本身并不是目的，目的在于利用引入外部资本所带来的约束，迫使国有公司接受国际资本市场规则的改造，从而克服国有体制的问题，成为真正能够做到自主经营、自负盈亏的市场化的公司。如何才能完成上市后时代的公司改革并且实现目标？答案就是进行公司治理。

因此，启动公司治理监管，进一步完善公司治理就成为继续深化公司体制改革的中心任务，也是最终实现改革目标的必由之路。二是改善监管的需要。对于市场秩序的建立，外部监管固然重要，但市场主体自身的约束力才是根本。治理不善的公司对风险缺乏本能的应对反应，对市场信号不敏感，其利润机制对公司的指导效应不强，导致公司失常、市场失灵。实践中，在监管机构多年的严厉查处下，公司违规行为依然屡禁屡犯，甚至出现保险行业所有公司都亏损的局面。因此，确立公司治理监管制度使公司成为利润导向正常、具备有效风险应对机制的公司，是提高监管效能的治本之策。三是顺应国际监管趋势的需要。我国正是在这样的背景下，开始了保险公司治理的实践历程，并使三支柱的模式成为我国保险监管的架构体系。"十三五"期间，我国保险监管体系方面，坚持机构监管与功能监管相统一，宏观审慎和微观审慎相统一，加快建设以风险为导向的监管制度，不断加强公司治理、偿付能力和市场行为的三支柱监管。

第二节　监管函视角的分析

一、监管函概述

中国银保监会官网在 2013—2018 年间公开披露监管函共计 141 封，本报告手工整理了监管函发布的时间分布情况、主要监管方向和监管要求，并重点分析了监管函中对公司治理下合规、偿付能力等各细类的监管关注度。

监管部门披露的监管函中，提出 2 项监管要求的监管函 31 封，占比 21.99%；提出 3 项监管要求的监管函 82 封，占比最大，达 58.16%；提出 4 项监管要求的监管函 17 封，占比 12.06%。

本报告进一步具体分析了监管部门提出的 387 项要求，发现有 8 项监管要求被提及 10 次及以上。其中，有 3 项监管要求被提及 14 次：①"你公司应当高度重视公司治理评估发现的问题，在接到本监管函后立即实施整改工作，成立由主要负责人牵头的专项工作组，制订切实可行的整改方案。整改方案应当明确具体时间和措施，确保将每一项问题的整改工作落实到具体部门和责任人"；②"你公司应当依据相关法律法规、监管规定和公司内控制度的有关要求，按照整改方案，对评估发现的问题逐项整改，形成整改报告，并于 2017 年 12 月 30 日前书面报至我会。已经整改完成的列明整改完成时间及具体措施；尚未完成的，列明整改时限及具体方案"；③"你公司应当以此次检查和整改为契机，加强对公司治理相关监管规定的学习，牢固树立依法合规意识，全面查找公司在'三会一层'运作、内部控制、关联交易等方面存在的问题，进一步完善制度，规范运作，加强问责，有效防范风险"。同时，有 5 项监管要求被提及 10 次，包括：①"你公司应高度重视产品开发管理方面存在的问题，切实承担起产品管理主体责任，完善产品管理制度流程，严格按照法律法规和监管规定，对产品开发管理工作进行全面自查整改"；②"你公司应及时向我会报送自查整改报告。自查整改报告包括：公司落实监管要求情况、对相关责任人的处理情况、对产品自查整改回头看的情况、完善产品管理制度和提升产品管理质量的切实措施等。我会将视你公司整改情况，决定是否恢复你公司申报新的保险条款和保险费率或采取进一步监管措施"；③"你公司应立即停止使用问题产品"；④"自本监管函发文之日起，暂停你公司增设分支机构"；⑤"自本监管函下发之日起三个月内，禁止你公司备案新的保险条款和保险费率（农险产品除外）"。从监管部门频繁提及的监管要求中可以看出，内部控制、高管治理、关联交易等均为监管部门重点关注的领域。

二、监管函数量的统计分析

监管部门在 2013—2018 年间发布的监管函数量整体呈现出先减少后增加的趋势，如图 8-1 所示。2015 年监管部门仅公布了 5 封监管函，为近年来最少。2015 年之后，监管部门开始加大监管力度，发布监管函的数量逐年增长，2016 年监管函数量较上一年度增长两倍多，2017 年监管函更是上一年的两倍多。截至 2018 年 10 月份的统计数据显示，2018 年监管部门已公布监管函 45 封，占近 6 年监管函总数的 31.91%。

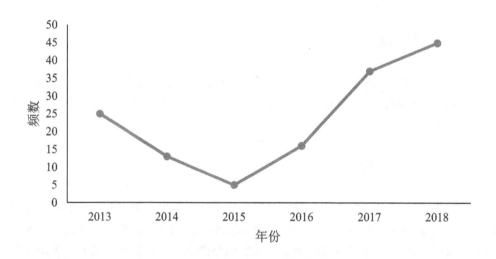

图 8-1　各年度监管部门公布监管函数量趋势

资料来源：根据中国银保监会官网公开数据统计。

三、监管函内容的大类分析

监管部门 2013—2018 年公布的监管函，主要涉及产品、公司治理、经营、营销、资金运用五大类。通过比较分析可以发现，涉及产品和公司治理的监管函最多：产品类 54 封，占比 38.30%；公司治理类 52 封，占比 36.88%。其次是营销类、经营类和资金运用类，如表 8-2 所示。可以看出，监管部门对保险产品和公司治理的监管十分重视。

表 8-2　监管函的类型划分情况

类型	数量（封）	比例（%）
产品	54	38.30
公司治理	52	36.88
经营	9	6.38
营销	18	12.77
资金运用	8	5.67
合计	141	100.00

资料来源：根据中国银保监会官网公开数据统计。

四、公司治理相关监管函的详细分析

对监管部门公布的公司治理相关的 52 封监管函进行细分，结果显示，监管函涉及了公司治理中报告报送、偿付能力、董事会治理、分支机构、高管治理、股东治理、关联交易、内部控制、信息披露、依法合规、治理要素这 11 个方面，如表 8-3 所示。其中，关于治理要素的监管函占比最大，达到 46.15%。同时，分支机构的公司治理问题也引起监管部门的高度重视。

表 8-3　公司治理类监管函的细分情况

类型	数量（封）	比例（%）
报告保送	1	1.92
偿付能力	3	5.77
董事会治理	1	1.92
分支机构	9	17.31
高管治理	1	1.92
股东治理	1	1.92
关联交易	5	9.62
内部控制	2	3.85
信息披露	1	1.92
依法合规	4	7.69
治理要素	24	46.15
合计	52	100.00

资料来源：根据中国银保监会官网公开数据统计。

五、监管函内容的年度趋势分析

比较各年度监管函涉及的内容，可以发现，产品和公司治理是监管部门长期监管的重点，如表 8-4 所示。2013 年公布的监管函中，68%的监管函涉及公司治理；2014—2016 年，产品监管成为监管部门的监管重点。2017 年，公司治理又成为监管函中涉及最多的方面。观察各年度监管函涉及的内容，结果显示，监管部门监管的领域在逐渐扩大，从

2013 年只涉及产品和公司治理两方面，逐渐扩大到 2018 年涉及产品、公司治理、经营、营销、资金运用五个监管领域。

表 8-4 监管部门历年监管函内容统计

年份	内容	数量（封）	比例（%）
2013	产品	8	32.00
	公司治理	17	68.00
	小计	25	100.00
2014	产品	6	46.15
	公司治理	3	23.08
	经营	3	23.08
	营销	1	7.69
	小计	13	100.00
2015	产品	4	80.00
	经营	1	20.00
	小计	5	100.00
2016	产品	7	43.75
	公司治理	3	18.75
	经营	3	18.75
	营销	3	18.75
	小计	16	100.00
2017	产品	8	21.62
	公司治理	22	59.46
	营销	6	16.22
	资金运用	1	2.70
	小计	37	100.00
2018	产品	21	46.67
	公司治理	7	15.56
	经营	2	4.44
	营销	8	17.78
	资金运用	7	15.55
	小计	45	100.00

资料来源：根据中国银保监会官网公开数据统计。

第三节　行政处罚视角的分析

一、行政处罚概述

本报告手工整理了 2008—2018 年中国银保监会官网公开披露的 217 份行政处罚决定书，并按照处罚年度、处罚对象、违法违规行为数量、违法违规行为分类等角度进行比较分析。结果显示，监管部门的行政处罚对象以公司为主，呈现多元化趋势，行政处罚决定书多针对一项违法违规行为，20%左右的行政处罚是针对公司治理方面的违法违规行为，并且近两年数量不断增加，可以看出公司治理正在逐渐成为监管部门的监管重点。各年度行政处罚数量详见图8-2。

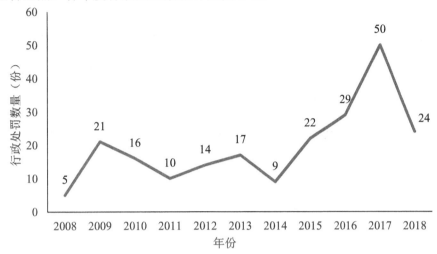

图 8-2　监管部门行政处罚数量的发展趋势（2008—2018 年）

资料来源：根据中国银保监会官网公开数据统计。

二、行政处罚对象分析

2008—2018 年，中国银保监会官网公开披露的行政处罚决定书共计 217 份。其中，108 份处罚决定书的对象为公司，占整体样本的 49.77%；其次为分公司，占整体样本的 24.42%；而针对支公司、中心支公司、个人、其他部门等处罚相对较少（见表 8-5）。

表 8-5　监管部门行政处罚决定书中行政处罚对象分类统计

处罚对象	数量（份）	比例（%）
分公司	53	24.42
分理处	2	0.92
个人	21	9.68
公司	108	49.77
其他	2	0.92
销售中心	10	4.61
信用卡中心	1	0.46
营销服务部	2	0.92
支公司	11	5.07
中心支公司	7	3.23
合计	217	100.00

资料来源：根据中国银保监会官网公开数据统计。

通过分析 2008—2018 年监管部门各年度行政处罚决定书针对的处罚对象可以发现，2012 年以前，监管部门主要的行政处罚对象为个人、公司及分公司，而在 2012 年以后，监管部门的处罚对象呈现多元化的发展趋势，分理处、销售中心、信用卡中心等逐渐开始成为监管部门的处罚对象（见表 8-6）。

表 8-6　监管部门行政处罚对象分类（2008—2018 年）

年份	对象分类	数量（份）	比例（%）
2008	个人	1	20.00
	公司	4	80.00
	小计	5	100.00
2009	个人	8	38.10
	公司	11	52.38
	分公司	2	9.52
	小计	21	100.00
2010	个人	9	56.25
	公司	6	37.50
	分公司	1	6.25
	小计	16	100.00
2011	公司	7	70.00
	分公司	3	30.00
	小计	10	100.00
2012	公司	9	64.29
	分公司	3	21.43
	中心支公司	2	14.28
	小计	14	100.00
2013	公司	9	52.95
	分公司	2	11.76
	中心支公司	3	17.65
	分理处	2	11.76
	其他	1	5.88
	小计	17	100.00
2014	公司	7	77.78
	分公司	2	22.22
	小计	9	100.00
2015	公司	11	50.00
	分公司	6	27.27
	中心支公司	1	4.55
	其他	1	4.55
	支公司	3	13.63
	小计	22	100.00
2016	公司	10	34.48
	分公司	5	17.24
	中心支公司	1	3.45
	支公司	8	27.59
	销售中心	3	10.34
	营销服务部	2	6.90
	小计	29	100.00

续表

年份	对象分类	数量（份）	比例（%）
2017	公司	24	48.00
	分公司	18	36.00
	销售中心	7	14.00
	信用卡中心	1	2.00
	小计	50	100.00
2018	个人	3	12.50
	公司	10	41.67
	分公司	11	45.83
	小计	24	100.00
合计		217	—

资料来源：根据中国银保监会官网公开数据统计。

三、行政处罚违法违规行为数量统计

按照各行政处罚决定书针对的违法违规行为数量进行划分，可以发现，处罚决定书仅针对 1 项违法违规行为进行处罚的占比 72.35%，而针对 5 项及以上的违规行为统一进行行政处罚的决定书占比较小，仅为 2.76%（见表 8-7）。

表 8-7　监管部门行政处罚决定书数量统计（按违法违规行为数量分类）

违法违规行为数量	份数	比例（%）
1	157	72.35
2	44	20.28
3	9	4.15
4	1	0.46
5	2	0.92
6	3	1.38
7	1	0.46
小计	217	100.00

资料来源：根据中国银保监会官网公开数据统计。

四、行政处罚内容的统计分析

（一）内容框架：治理问题与非治理问题

本报告将监管部门行政处罚决定书处罚的违法违规行为按照其是否涉及公司治理问题进行了划分。整理数据后发现，涉及公司治理问题的行政处罚决定书占全部样本的 19.82%，涉及经营问题、产品问题等而不涉及公司治理问题的行政处罚决定书占全部样本的 80.18%（见表 8-8）。

表 8-8 监管部门行政处罚决定书数量统计（按是否涉及公司治理问题分类）

分类	数量（份）	比例（%）
非公司治理问题	174	80.18
公司治理问题	43	19.82
小计	217	100.00

资料来源：根据中国银保监会官网公开数据统计。

（二）行政处罚内容的年度趋势分析

报告将 2008—2018 年间监管部门行政处罚决定书处罚的违法违规行为划分为公司治理类和非公司治理类，通过比较可以发现，2016 年以后，监管部门处罚的公司治理类违法违规行为越来越多，特别是在 2017—2018 年，监管部门处罚的非公司治理行为开始减少，而越来越多地处罚公司治理类违法违规行为（见表 8-9 和图 8-3）。

表 8-9 监管部门行政处罚内容分析（2008—2018 年）

年份	违法违规类型	数量（份）	比例（%）
2008	非公司治理问题	4	80.00
	公司治理问题	1	20.00
	小计	5	100.00
2009	非公司治理问题	16	76.19
	公司治理问题	5	23.81
	小计	21	100.00
2010	非公司治理问题	9	56.25
	公司治理问题	7	43.75
	小计	16	100.00
2011	非公司治理问题	7	70.00
	公司治理问题	3	30.00
	小计	10	100.00
2012	非公司治理问题	13	92.86
	公司治理问题	1	7.14
	小计	14	100.00
2013	非公司治理问题	15	88.24
	公司治理问题	2	11.76
	小计	17	100.00
2014	非公司治理问题	7	77.78
	公司治理问题	2	22.22
	小计	9	100.00
2015	非公司治理问题	18	81.82
	公司治理问题	4	18.18
	小计	22	100.00
2016	非公司治理问题	27	93.10
	公司治理问题	2	6.90
	小计	29	100.00
2017	非公司治理问题	44	88.00
	公司治理问题	6	12.00
	小计	50	100.00
2018	非公司治理问题	14	58.33
	公司治理问题	10	41.67
	小计	24	100.00
合计		217	—

资料来源：根据中国银保监会官网公开数据统计。

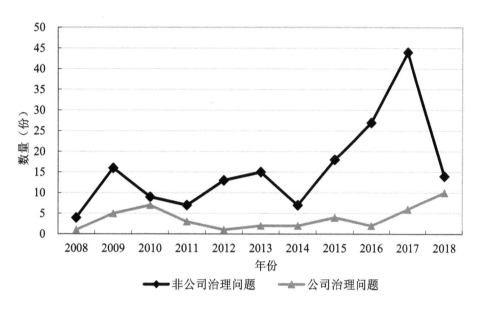

图 8-3　监管部门行政处罚决定书数量（2008—2018 年）

资料来源：根据中国银保监会官网公开数据统计。

（三）违法违规行为的具体分析

通过整理 2008—2018 年间监管部门行政处罚决定书中公布的各类违法违规行为，本报告对非公司治理类和公司治理类违法违规行为进行了进一步细分。非公司治理类违法违规行为涉及编制提供虚假材料、经营业务问题、欺骗投保人、资金运用问题、产品销售问题等。其中，经营业务问题、欺骗投保人、编制提供虚假材料为三个主要的非公司治理类违法违规行为。公司治理类违法违规行为涉及报告报送编制问题、内部控制问题、关联交易问题、分支机构管理问题、机构设置问题等。任职资格不符合规定、自查报告与实际不符、信息披露问题是三个主要的公司治理类违法违规行为；还有 10 份处罚决定书涉及多个方面的公司治理问题（见表 8-11）。

表 8-10　行政处罚决定书中各违法违规行为占比

行为分类	具体行为	数量（份）	比例（%）
非公司治理	经营业务问题	72	41.38
	欺骗投保人	36	20.69
	编制提供虚假材料	31	17.82
	产品销售问题	14	8.05
	编制提供虚假材料、经营业务问题	6	3.45
	产品销售问题、编制提供虚假材料	5	2.87
	资金运用问题	5	2.87
	编制提供虚假材料、资金运用问题	2	1.15
	编制提供虚假材料、欺骗投保人	1	0.57
	产品销售问题、经营业务问题	1	0.57
	经营业务问题、资金运用问题	1	0.57
	小计	174	100.00

行为分类	具体行为	数量（份）	比例（%）
公司治理	任职资格不符合规定	11	25.58
	多方面问题	10	23.26
	自查报告与实际不符	9	20.93
	信息披露问题	3	6.98
	报告报送编制问题	2	4.65
	关联交易问题	2	4.65
	机构设置问题	2	4.65
	分支机构管理问题	1	2.33
	报告报送编制问题、内部控制问题	1	2.33
	任职资格不符合规定、机构设置问题	1	2.33
	拒绝妨碍监督检查	1	2.33
	小计	43	100.00
合计		217	—

资料来源：根据中国银保监会官网公开数据统计。

五、公司治理问题的年度趋势分析

针对 2008—2018 年间监管部门公布的涉及公司治理类违法违规行为的行政处罚决定书，本报告将其中的公司治理违法违规行为进行细分，并在不同年度间进行比较。分析发现，因任职资格不符合规定或编制提供虚假材料而受到监管部门行政处罚的情况在很多年份都有出现，成为监管部门在对公司治理类违法违规行为进行行政处罚时的重点关注问题（见表 8-11）。

表 8-11　基于文件的各年度涉及公司治理问题的违法违规行为统计

年份	行为种类	数量（份）	比例（%）
2008	关联交易问题	1	100.00
2009	关联交易问题	1	20.00
	多方面问题	1	20.00
	任职资格不符合规定	1	20.00
	信息披露问题	2	40.00
	小计	5	100.00
2010	多方面问题	4	57.14
	信息披露问题	1	14.29
	任职资格不符合规定、机构设置问题	1	14.29
	拒绝、妨碍监督检查	1	14.29
	小计	7	100.00
2011	多方面问题	2	66.67
	任职资格不符合规定	1	33.33
	小计	3	100.00
2012	任职资格不符合	1	100.00

年份	行为种类	数量（份）	比例（%）
2013	任职资格不符合	1	50.00
	报告报送编制问题	1	50.00
	小计	2	100.00
2014	任职资格不符合	1	50.00
	报告报送编制问题、内部控制问题	1	50.00
	小计	2	100.00
2015	多方面问题	1	25.00
	任职资格不符合	3	75.00
	小计	4	100.00
2016	分支机构管理问题	1	50.00
	机构设置问题	1	50.00
	小计	2	100.00
2017	多方面问题	2	33.33
	任职资格不符合	3	50.00
	机构设置问题	1	16.67
	小计	6	100.00
2018	报告报送编制问题	1	10.00
	自查报告与实际不符	9	90.00
	小计	10	100.00
合计		43	—

资料来源：根据中国银保监会官网公开数据统计。

六、行政处罚对象违反法规分析

（一）违反法规的总体分析

报告对 2008—2018 年间监管部门行政处罚中提及的处罚对象所违反的法规进行了统计，结果发现，处罚对象违反《保险法》的在整体样本中占比最高，达到 56.68%；如果同时违反的多个法规中包含《保险法》的话，那么比例高达 76.47%。其次是《农业保险条例》和《机动车交通事故责任强制保险条例》等（见表 8-12）。

表 8-12 行政处罚对象行为所违反的法规分析

编号	违反法规	数量（份）	比例（%）
1	《中华人民共和国行政处罚法》《保险公估机构管理规定》	1	0.46
2	《保险公估机构监管规定》	1	0.46
3	《保险公司董事、监事和高级管理人员任职资格管理规定》	1	0.46
4	《保险公司非人身险业务准备金管理办法》	2	0.92
5	《保险公司管理规定》	2	0.92
6	《保险法》《保险公司管理规定》	1	0.46
7	《保险公司总精算师管理办法》《人身保险公司保险条款和保险费率管理办法》《人寿保险精算规定》	1	0.46

编号	违反法规	数量（份）	比例（%）
8	《保险公司总精算师管理办法》《人身保险公司保险条款和保险费率管理办法》《人寿保险精算规定》	2	0.92
9	《保险兼业代理管理暂行办法》《保险公司管理规定》	1	0.46
10	《保险经纪机构管理规定》	1	0.46
11	《保险法》《保险资金境外投资管理暂行办法》	1	0.46
12	《保险法》《保险资金境外投资管理暂行规定》	1	0.46
13	《保险法》《关于调整人身险保单预定利率的紧急通知》	2	0.92
14	《机动车交通事故责任强制保险条例》	12	5.53
15	《健康保险管理办法》	1	0.46
16	《农业保险条例》	17	7.83
17	《人身保险新型产品信息披露管理办法》	1	0.46
18	《保险法》《中国保监会关于父母为其未成年子女投保以死亡为给付保险金条件人身保险有关问题的通知》	1	0.46
19	《保险法》	123	56.68
20	《保险法》《保险公司董事、监事和高级管理人员任职资格管理规定》	1	0.46
21	《保险法》《保险公司董事和高级管理人员任职资格管理规定》	5	2.30
22	《保险法》《保险公司董事和高级管理人员任职资格管理规定》《保险公司投资证券投资基金管理暂行办法》《保险公司管理规定》	1	0.46
23	《保险法》《保险公司董事和高级管理人员任职资格管理规定》《关于加强保险机构债券回购业务管理的通知》	1	0.46
24	《保险法》《保险公司管理规定》	11	5.07
25	《保险法》《保险公司管理规定》《保险资金运用管理暂行办法》《保险资金运用管理暂行办法》	1	0.46
26	《保险法》《保险公司投资证券投资基金管理暂行办法》	1	0.46
27	《保险法》《保险合同相关会计处理规定》《企业会计准则第 3 号——投资性房地产》《企业会计准则第 3 号——投资性房地产》	1	0.46
28	《保险法》《保险机构投资者股票投资管理暂行办法》	1	0.46
29	《保险法》《保险机构投资者股票投资管理暂行办法》《财产保险公司保险条款和保险费率管理办法》《保险公司管理规定》	1	0.46
30	《保险法》《保险机构投资者股票投资管理暂行办法》《保险公司管理规定》	1	0.46
31	《保险法》《保险机构投资者债券投资管理暂行办法》	1	0.46
32	《保险法》《保险资金运用管理暂行办法》	1	0.46
33	《保险法》《保险资金运用管理暂行办法》《保险资金委托投资管理暂行办法》	1	0.46
34	《保险法》《保险资金运用管理暂行办法》《人身保险新型产品信息披露管理办法》《保险公司偿付能力报告编报规则第 15 号：再保险业务》	1	0.46
35	《保险法》《关于加强保险机构债券回购业务管理的通知》《人身保险新型产品信息披露管理办法》	1	0.46
36	《保险法》《机动车交通事故责任强制保险条例》	1	0.46
37	《保险法》《机动车交通事故责任强制保险条例》	1	0.46
38	《保险法》《健康保险管理办法》《人身保险新型产品信息披露管理办法》	1	0.46

续表

编号	违反法规	数量（份）	比例（%）
39	《保险法》《人身保险电话销售业务管理办法》	1	0.46
40	《保险法》《人身保险电话销售业务管理办法》《关于保险资金投资有关金融产品的通知》《保险资金投资不动产暂行办法》	1	0.46
41	《保险法》《人身保险新型产品信息披露管理办法》	1	0.46
42	《保险法》《人身保险新型产品信息披露管理办法》《健康保险管理办法》	1	0.46
43	《外资保险公司管理条例》	2	0.92
44	《外资保险公司管理条例》《保险公司董事和高级管理人员任职资格管理规定》《保险机构董事、监事和高级管理人员任职资格管理规定》	1	0.46
45	《中华人民共和国行政许可法》	5	2.30
	合计	217	100.00

资料来源：根据中国银保监会官网公开数据统计。

（二）各年度违反法规趋势分析

通过对 2008—2018 年间监管部门行政处罚中提及的处罚对象所违反的法规进行统计，结果显示，2008—2018 年的行政处罚中均出现处罚对象的行为违反《保险法》的情况，特别是在 2018 年，涉及处罚对象违反《保险法》的行政处罚决定书占 2018 年已公布处罚决定书的 87.50%（见表 8-13）。

表 8-13　各年度行政处罚对象违反法规趋势分析

年份	违反法规	数量（份）	比例（%）
2008	《保险法》《关于调整寿险保单预定利率的紧急通知》	2	40.00
	《保险法》	2	40.00
	《外资保险公司管理条例》	1	20.00
	小计	5	100.00
2009	《保险公估机构管理规定》《中华人民共和国行政处罚法》	1	4.80
	《保险公司非寿险业务准备金管理办法》	2	9.50
	《保险公司管理规定》	1	4.80
	《保险经纪机构管理规定》	1	4.80
	《保险资金境外投资管理暂行办法》《保险法》	2	9.60
	《保险法》	2	9.50
	《保险法》《保险公司董事和高级管理人员任职资格管理规定》	1	4.80
	《保险法》《保险公司管理规定》	3	14.30
	《保险法》《保险机构投资者股票投资管理暂行办法》《保险公司管理规定》	1	4.80
	《保险法》《保险机构投资者债券投资管理暂行办法》	1	4.80
	《外资保险公司管理条例》	1	4.80
	《中华人民共和国行政许可法》	5	23.80
	小计	21	100.00

年份	违反法规	数量（份）	比例（%）
2010	《保险法》《保险公司管理规定》	2	12.40
	《保险法》	8	50.00
	《保险法》《保险公司董事和高级管理人员任职资格管理规定》	2	12.50
	《保险法》《保险公司董事和高级管理人员任职资格管理规定》《保险公司投资证券投资基金管理暂行办法》《保险公司管理规定》	1	6.20
	《保险法》《保险公司董事和高级管理人员任职资格管理规定》《关于加强保险机构债券回购业务管理的通知》	1	6.20
	《保险法》《保险公司投资证券投资基金管理暂行办法》	1	6.20
	《保险法》《保险机构投资者股票投资管理暂行办法》	1	6.20
	小计	16	100.00
2011	《保险公估机构监管规定》	1	10.00
	《保险法》	6	60.00
	《保险法》《保险公司董事和高级管理人员任职资格管理规定》	2	20.00
	《外资保险公司管理条例》《保险公司董事和高级管理人员任职资格管理规定》《保险机构董事、监事和高级管理人员任职资格管理规定》	1	10.00
	小计	10	100.00
2012	《保险法》《保险公司管理规定》	1	7.10
	《保险法》《健康保险管理办法》《人身保险新型产品信息披露管理办法》	1	7.10
	《保险法》	9	64.30
	《保险法》《保险公司管理规定》	2	14.30
	《保险法》《关于加强保险机构债券回购业务管理的通知》《人身保险新型产品信息披露管理办法》	1	7.10
	小计	14	100.00
2013	《保险法》	1	5.90
	《保险公司董事、监事和高级管理人员任职资格管理规定》	1	5.90
	《保险法》	12	70.60
	《保险法》《保险公司管理规定》	2	11.80
	《保险法》《保险资金运用管理暂行办法》《人身保险新型产品信息披露管理办法》《保险公司偿付能力报告编报规则第15号：再保险业务》	1	5.90
	小计	17	100.00
2014	《保险法》	2	22.20
	《保险兼业代理管理暂行办法》《保险公司管理规定》	1	11.10
	《保险法》	2	22.20
	《保险法》《保险公司管理规定》	2	22.20
	《保险法》《保险公司管理规定》《保险资金运用管理暂行办法》	1	11.10
	《保险法》《人身保险新型产品信息披露管理办法》《健康保险管理办法》	1	11.10
	小计	9	100.00

续表

年份	违反法规	数量（份）	比例（%）
	《保险法》	1	4.50
	《保险公司管理规定》	1	4.50
	《健康保险管理办法》	1	4.50
	《保险法》	15	68.20
	《保险法》《保险公司董事、监事和高级管理人员任职资格管理规定》	1	4.50
2015	《保险法》《保险合同相关会计处理规定》《企业会计准则第 3 号——投资性房地》	1	4.50
	《保险法》《人身保险电话销售业务管理办法》《关于保险资金投资有关金融产品的通知》《保险资金投资不动产暂行办法》	1	4.50
	《保险法》《人身保险新型产品信息披露管理办法》	1	4.50
	小计	22	100.00
	《农业保险条例》	17	58.60
2016	《人身保险新型产品信息披露管理办法》	1	3.40
	《保险法》	11	37.90
	小计	29	100.00
	《保险法》《保险机构投资者股票投资管理暂行办法》《财产保险公司保险条款和保险费率管理办法》《保险公司管理规定》	1	2.00
	《机动车交通事故责任强制保险条例》	12	24.00
	《中国保监会关于父母为其未成年子女投保以死亡为给付保险金条件人身保险有关问题的通知》《保险法》	1	2.00
	《保险法》	31	62.00
2017	《保险法》《保险资金运用管理暂行办法》	1	2.00
	《保险法》《保险资金运用管理暂行办法》《保险资金委托投资管理暂行办法》	1	2.00
	《保险法》《机动车交通事故责任强制保险条例》	2	4.00
	《保险法》《人身保险电话销售业务管理办法》	1	2.00
	小计	50	100.00
	《保险公司总精算师管理办法》《人身保险公司保险条款和保险费率管理办法》《人寿保险精算规定》	3	12.50
2018	《保险法》	21	87.50
	小计	24	100.00
合计		217	—

资料来源：根据中国银保监会官网公开数据统计。

第九章　保险公司外部治理：信息披露

信息披露能够降低公司与各利益相关者之间的信息不对称程度，进而缓解各类委托代理问题。因此，信息披露是公司重要的外部治理机制。本章首先对上市公司的信息披露的实践进行了介绍，在此基础上提出非上市保险公司因为经营的特殊性而同样需要更高水平的信息披露，以保护投保人利益。其次，对监管部门开展的信息披露检查和学者进行的信息披露状况评价进行了梳理。最后，从公司网站及其"公司信息披露"专栏的建设情况视角，对我国保险公司 2018 年的信息披露状况进行了总体分析。

第一节　保险公司信息披露及其重要性

一、上市公司信息披露实践

信息披露（information disclosure）主要是指公众公司以招股说明书、上市公告书以及定期报告和临时报告等形式，把公司及与公司相关的信息，向投资者和社会公众公开披露的行为。信息披露的基本内容包括：发行和上市新股的初次披露，主要包括招股说明书、上市公告书；定期报告，主要包括年度报告、半年度报告和季度报告；临时报告，即上市公司根据有关法规对某些可能对上市公司股票的市场价格产生较大影响的事件予以披露的报告，包括会议决议、重大事件公告和公司收购公告，具体包括公司董事会决议、公司监事会决议、公司股东大会决议、公司资产的收购与出售、关联交易、公司股票异常波动，公司的其他重大事项如重大担保、重大诉讼仲裁、重大投资行为、重大损失、重大行政处罚、募集资金的使用与公司变更、减资、合并、分立、解散或申请破产的决定，更换会计师事务所、经营方针和经营范围的重大变化等。具体见图9-1。

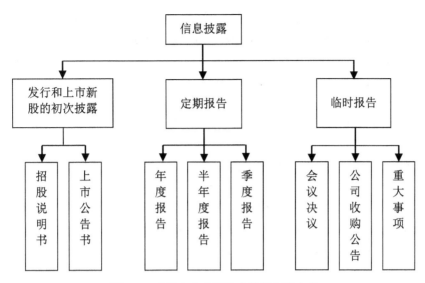

图 9-1　我国上市公司信息披露主要内容

资料来源：作者自制。

　　《公司法》和《证券法》中有关于上市公司信息披露的法律规定，而 2007 年 1 月 30 日发布的《上市公司信息披露管理办法》（证监会令第 40 号）是我国迄今为止最权威、最全面的上市公司信息披露法规。自《上市公司信息披露管理办法》施行以来，其他的信息披露法规，如《公开发行股票公司信息披露实施细则（试行）》（证监上字〔1993〕43 号）、《关于股票公开发行与上市公司信息披露有关事项的通知》（证监研字〔1993〕19 号）、《关于加强对上市公司临时报告审查的通知》（证监上字〔1996〕26 号）、《中国证券监督管理委员会关于上市公司发布澄清公告若干问题的通知》（证监上字〔1996〕28 号）、《关于上市公司披露信息电子存档事宜的通知》（证监信字〔1998〕50 号）、《关于进一步加强 ST、PT 公司信息披露监管工作的通知》（证监公司字〔2000〕63 号）、《关于拟发行新股的上市公司中期报告有关问题的通知》（证监公司字〔2001〕69 号）、《关于上市公司临时公告及相关附件报送中国证监会派出机构备案的通知》（证监公司字〔2003〕7 号）等同时废止。

　　信息披露的原则包括公开性、全面性、真实性、及时性、持续性和易得性。①公开性原则是指证券发行人必须依法向所有投资者和债权人公开披露法律所规定的信息，禁止只向部分投资者或债权人透露信息而构成选择性信息，产生内幕交易和投机行为。②全面性原则是指证券发行者必须全面披露和公开提供供投资人判断证券投资价值的有关资料。如果公开的资料有隐瞒、遗漏的情形，那么所公开的资料将不发生法律效力。③真实性原则是指证券发行人向外公开的信息必须符合客观实际情况，严禁披露作假和失实的信息以误导投资者。④及时性原则要求证券发行者向公众投资者公开的信息应当具有最新性，即所公开的资料必须反映公司当前的现实状况，并且一旦有重大事项发生或重大变动就要立即做出公告。⑤持续性原则是指上市公司一旦发行证券，必须定期向公众投资者公开和披露有关财务状况、经营状况等报告，以使投资者对公司的发展状况有较为完整和准确的了解和把握。⑥易得性原则是指上市公司所公开披露的资料容易为一般投资者所获得，以消除在信息披露过程中由于公开方式不当造成的公开性原则"名存实亡"的情形，以保证证券市场的平等竞争。

《上市公司治理准则》①指出：持续信息披露是上市公司的责任，上市公司应严格按照法律法规和公司章程的规定，真实、准确、完整、及时地披露信息；上市公司除按照强制性规定披露信息外，应主动、及时地披露所有可能对股东和其他利益相关者决策产生实质性影响的信息，并保证所有股东有平等的机会获得信息；上市公司披露的信息应当便于理解；上市公司应保证使用者能够通过经济、便捷的方式（如互联网）获得信息；上市公司董事会秘书负责信息披露事项，包括建立信息披露制度、接待来访、回答咨询、联系股东、向投资者提供公司公开披露的资料等；董事会及经理人员应对董事会秘书的工作予以积极支持；任何机构及个人不得干预董事会秘书的工作。

信息披露的方式包括强制性披露和自愿性披露。信息披露的途径很多，如在交易网站上发布公告，在本公司网站上提供相关信息，在媒体上发布公告，与投资者和分析师举行现场会议（分为公司发行时的交易路演和上市后的非交易路演）和电话会议，接待投资者的来访，接听投资者的电话和传真，给投资者发送各种电子版或纸质版的信息，等等。强制信息披露的渠道和形式包括年报、公告和股东大会。自愿信息披露的渠道包括分析师会议或说明会、一对一沟通、网站、广告、公司调研、媒体报道、邮寄资料、现场参观、电话咨询、路演等。

相对于我国信息披露制度的不完善，美国纳斯达克（National Association of Securities Dealers Automated Quotations，NASDAQ）市场作为全球最大的资本市场之一，拥有一套较为完善的、行之有效的信息披露制度。其信息披露制度主要分为三个层次：第一个层次是美国国会颁布的有关法律，包括1933年的《证券法》和1934年的《证券交易法》等；第二个层次是美国证监会制定的关于证券市场信息披露的各种规则，主要包括会计资料编制公告、财务报告编制制度、财务信息披露内容与格式条例、非财务信息披露内容与格式、C条例等；第三个层次是美国全国证券交易商协会制定的有关市场规则。从披露的形式来看，首先是初次披露，主要以登记说明书和初步招股说明书的形式披露。其次是持续披露，主要包括定期报告和临时报告两种形式，而定期报告又分为年度报告、季度报告。

二、保险公司的信息披露

现代金融市场实际上是一个庞大的信息市场，市场的运作过程就是各个市场主体信息处理的过程。社会资金以信息为导向，流向各实体部门，从而实现金融市场的资源配置功能。保险公司作为金融市场的一个重要主体，它以风险为经营对象，以提供保险保障获得相应的利润，具有高度风险性和不确定性。投保人作为保险公司债权人，必然会通过保险公司披露的信息来评价保险公司经营的好坏、履约的可能性大小，从而做出进

---

① 《上市公司治理准则》首次提出与公司治理有关的信息披露问题，包括但不限于：（1）董事会、监事会的人员及构成；（2）董事会、监事会的工作及评价；（3）独立董事工作情况及评价，包括独立董事出席董事会的情况、发表独立意见的情况及对关联交易、董事及高级管理人员的任免等事项的意见；（4）各专门委员会的组成及工作情况；（5）公司治理的实际状况及与本准则存在的差异及其原因；（6）改进公司治理的具体计划和措施。

一步购买保单、转让或退保等决策。原中国保监会等机构作为市场的监管者，必然会根据保险公司提供的信息来实现对保险行业的有效管理。由此可见，企业的信息披露对行业监管、企业自身的稳定以及市场的良性发展都具有不可替代的作用（杨华良，2001）。

增加保险运行透明度、规范信息披露制度已成为当今保险业运行与监管的重要问题（侯旭华，许闲，2008）。在我国保险公司信息披露实践中，2010年6月开始实行的《保险公司信息披露管理办法》明确界定了保险公司信息披露的内涵：所谓保险公司信息披露是指保险公司为了规范其信息披露行为，保障投保人、被保险人和受益人的合法权益，促进保险业的健康发展，向社会公众公开其经营管理相关信息的行为。此后，《人身保险电话销售业务管理办法》《互联网保险业务信息披露管理细则》《中国保监会关于进一步加强保险公司关联交易信息披露工作有关问题的通知》等文件相继出台，对我国保险公司信息披露的各个方面进行详细规定。这些文件的出台，反映出监管部门对信息披露的重视程度在不断加强。然而由于信息披露成本较高等多方面原因，各家保险公司信息披露水平参差不齐，因此，评价我国保险公司信息披露水平对于研究现阶段我国保险公司信息披露水平与监管预期之间的差异进而提高保险公司信息披露水平具有重要现实意义。

在一般公司治理领域，保护中小股东等利益相关者的利益是公司治理的核心内容，而由于保险公司资本结构具有高负债性的特点，投保人对公司资产的贡献程度远高于股东，因而投保人成为保险行业稳健发展的重要利益相关者。投保人为了自身的利益常常倾向于经营稳健的保险公司，而股东出于无限的对剩余利益索取的欲望，往往追求高收益的风险回报。因此，在保险公司治理中，股东与投保人之间存在着委托代理矛盾。同时，因为保险合约长期性和保险产品专业性的特点，相比保险公司股东而言，投保人往往处于信息劣势。这种市场信息不平衡的格局常常会激化委托代理矛盾，从而损害投保人等利益相关者的利益，因此，加强对投保人等利益相关者的保护成了保险公司治理的重要目标。而信息披露作为公司管理者与外部投资者等利益相关者交流公司绩效和公司治理的重要手段（Healy & Palepu，2001），也因此成为保险监管部门关注的重点内容。

基于以上分析，信息披露作为帮助监管部门实行有效监管的重要手段以及为投保人和投资者提供投资决策依据从而实现市场资源有效配置的一种重要机制，其初衷是通过外部监管实现保险公司治理的有效性，从而缓解保险公司投保人与股东之间委托代理问题，降低代理成本，保护投保人利益。

第二节 我国保险公司信息披露总体状况

一、监管部门开展的保险公司信息披露核查工作

为进一步规范保险公司信息披露行为，强化信息披露的市场约束作用，原中国保监会组织开展了2015年保险公司信息披露核查工作。此次信息披露核查对象为根据《保险公司信息披露管理办法》相关规定应当披露2014年度信息披露报告的133家保险公司。

核查内容主要包括两方面：一是各公司在其官网以及行业协会网站上披露的信息；

二是各公司信息披露管理制度的建设情况和执行情况。核查时间范围为 2015 年 1 月 1 日至 6 月 30 日。核查发现的主要问题如下。

（一）应当披露的信息未予披露

第一，8 家基本信息披露不完整的公司为：安盛天平、中华财险、安诚财险、英大财险、国寿集团、安邦财险、中荷人寿、农银人寿。

第二，4 家 2014 年度信息披露报告中财务报表附注部分披露不完整的公司为：泰山财险、长江财险、安诚财险、英大财险。

第三，5 家 2014 年度信息披露报告中未披露审计报告的主要意见的公司为：华安财险、中新大东方（现为恒大人寿）、华夏人寿、泰康养老、幸福人寿。

第四，8 家 2014 年度信息披露报告中风险管理状况信息披露不完整的公司为：安盛天平、鑫安保险、中华财险、长江财险、浙商财险、民安财险（现为亚太财险）、众安财险、长江养老。

第五，和谐健康在 2014 年度信息披露报告中未披露保险产品的原保险保费收入和新单标准保费。

第六，15 家 2014 年度信息披露报告中偿付能力信息披露不完整的公司为：泰山财险、和谐健康、安诚财险、中法人寿、长安责任、诚泰财险、珠江人寿、泰康养老、北部湾财险、信泰人寿、百年人寿、丘博保险、平安人寿、利安人寿、前海人寿。

第七，6 家重大关联交易信息未披露、披露不完整或无法链接临时信息披露报告的公司为：安盛天平、泰山财险、英大财险、长安责任、华夏人寿、劳合社中国。

第八，泰山财险未披露更换总经理的重大事项。

第九，7 家未披露处罚信息或者披露不完整的公司为：安盛天平、都邦财险、安诚财险、英大财险、长安责任、中新大东方（现为恒大人寿）、光大永明。

（二）披露的信息不符合要求

第一，都邦财险法定代表人变更后未更新基本信息。

第二，14 家公司披露的产品经营信息数据口径不符合要求，分别为：昆仑健康、富邦财险、中新大东方（现为恒大人寿）、日本财险、信达财险、华泰人寿、瑞再企商、幸福人寿、工银安盛、北部湾财险、友邦、中华财险、长江财险、诚泰财险。

第三，部分公司披露信息的格式不符合要求：①泰山财险年度信息披露报告格式不符合要求；② 6 家公司的重大关联交易或重大事项未标注披露时间，分别为：安邦养老、和谐健康、国华人寿、安邦财险、同方全球、东吴人寿；③ 6 家公司未编制临时信息披露报告或者未按照事项发生的先后顺序进行编号，分别为：安盛天平、安邦养老、合众人寿、泰山财险、华夏人寿、劳合社中国。

（三）网站展示存在问题

第一，7 家公司"公开信息披露"专栏位置不显著，分别为：弘康人寿、国寿集团、安华农险、富邦财险、安盛天平、众安财险、天安财险。

第二，中法人寿"公开信息披露"专栏下子栏目的设置不符合要求。

（四）未按要求备案

7 家公司未按相关要求向监管部门报备信息披露管理制度，分别为：鑫安保险、安邦养老、中韩人寿、诚泰财险、复星保德信、农银人寿、锦泰财险。

二、学者开展的保险公司信息披露状况评价研究

（一）保险公司信息披露评价指标体系的构建

1. 保险公司信息披露评价指标的设立与赋值

笔者 2017 年尝试构建了保险公司信息披露评价指标体系，并利用该指标体系评价了我国保险公司信息披露的状况。该评价以信息真实性、准确性、完整性、及时性和有效性为基本原则，以《保险公司信息披露管理办法》及国务院、保险监管机构等部门颁布的其他有关保险公司信息披露的部门规章为主要依据，将信息披露评价指标体系主要分为强制性信息披露和自愿性信息披露两方面，其中强制性信息披露又可分为披露行为、披露效度和披露内容三方面（见表 9-1）。信息披露评价指标共计 95 项，其中，准则层 M 包括三个方面，即 M1 披露行为、M2 披露效度和 M3 披露内容。子准则层 M1 包括两个方面，即 M11 披露信息更新时间和 M12 及时披露。子准则层 M2 也包括两个方面，即 M21 披露内容冲突和 M22 内容更正与补充行为；子准则层 M3 包括十一个方面，即 M31 公司基本信息、M32 公司治理信息、M33 财务会计信息、M34 风险管理信息、M35 保险产品信息、M36 偿付能力信息、M37 重大关联交易、M38 重大事项、M39 资金运用、M310 互联网保险业务、M311 电话销售业务。按照《保险公司信息披露管理办法》《保险公司偿付能力管理规定》《互联网保险业务信息披露管理细则》《保险电话销售业务管理办法》等相关规定，准则层 M 所有指标均为强制性信息披露。准则层 V 包括 18 项自愿性信息披露指标。

该评价重点对子准则层 M3 下的指标进行了说明。其中，要素层 M31 至 M38 的各指标为《保险公司信息披露管理办法》第二章第六条至第十六条所有款项包含的信息披露内容。要素层 M31 至 M36 下的各指标层指标只涉及披露与否两种情况，即披露赋值为 1，否则为 0。而要素层 M37、M38 内容，涉及样本公司是否发生以及发生后是否及时披露的情况，由于 M37、M38 为强制性指标，以样本中各项信息应该得到及时披露为标准：当样本发生该事件而未及时披露时，会为其带来负面的评价，赋值为 0；若样本公司未发生该事项而未进行披露时仍然赋值为 1；若样本发生某一事项且进行及时披露则赋值为 1。要素层 M39、M310 下的各指标分别为《互联网保险业务信息披露管理细则》中第六条及《保险电话销售业务管理办法》中第二十一条包含的所有内容，评价标准同 M31 至 M36，即披露赋值为 1，否则为 0。

具体来说，要素层 M31 指标包括：成立时间；注册资本；注册地；法定代表人；经营范围和经营区域；经营的保险产品目录及条款；客服电话和投诉电话；各分支机构营业场所；联系电话。要素层 M32 指标包括：董事会规模；独立董事规模；董事简历；董事履职情况；监事会规模；监事简历；监事履职情况；高管规模；高管人员简历；高管人员职责；高管人员履职情况；第一大股东持股比例；持股 5%以上的股东持股情况；股东大会次数；近三年股东大会主要决议；委员会种类；公司部门设置情况。要素层 M33 指标包括：资产负债表；利润表；现金流量表；所有者权益变动表；财务报表的编制基础；重要会计政策说明；会计估计的说明；对公司财务状况有重大影响的再保险安排说明；公司合并、分立的说明。要素层 M34 指标包括：对保险风险的识别和评价；对

市场风险的识别和评价；对信用风险的识别和评价；对操作风险的识别和评价；对风险管理组织体系的简要介绍；风险管理总体策略；风险管理总体策略执行情况。要素层M35指标包括：上一年度保费收入前5位的保险产品名称；赔款支出；准备金；保费收入；承保利润；保险金额；前5位保险产品的保费收入；前5位保险产品新单标准保费收入（前4项为人身险和财产险公司共有，第5、6项为财产险公司特有，第7、8项为人身险公司特有）。要素层M36指标包括：实际资本；最低资本；资本溢额或缺口；偿付能力充足率；相比前一年偿付能力充足率变化情况及原因。要素层M37指标包括：交易对手；定价政策；交易目的；交易的内部审批流程；交易对公司本期和未来财务及经营状况的影响；独立董事的意见。要素层M38指标包括：重大事项。要素层M39指标包括：关联交易信息；风险责任人信息；举牌上市公司股票信息；大额未上市股权、大额不动产投资信息。要素层M310指标包括：网站名称；网址；业务合作范围；客服及消费者投诉电话；产品信息。要素层M311指标包括：专用号码；产品目录；保险代理机构；投诉维权途径。

准则层V指标包括：非保险子公司信息披露；新型产品信息披露；专门委员会；董事会召开情况；营业执照信息；信息披露制度；公司章程；社会责任；信用评级；相关政策客户告知书；招标公告；公司荣誉；公司文化；绩效评价与激励约束机制；在线咨询；公司新闻；大事记；战略和价值观。准则层V指标选取原则为国务院、保险监管机构等部门没有强制保险公司进行披露，但又能够有效帮助投保人等利益相关者、社会公众及监管部门更好地了解保险公司的经营状况的信息，因此这类信息可以视为自愿性评价指标，如保险公司公司章程、董事会专业管理委员会的组成及职责、董事会召开情况、信用评级、公司文化、绩效评价与激励约束机制等。需要与M37、M38区分的是，由于准则层V各指标均为自愿性披露指标，因此以未进行披露即赋值为0为评价标准，即使各分项指标发生却未进行披露也不会为样本信息披露质量带来负面评价，赋值为0；若各分项指标发生且进行披露则可以为样本信息披露质量带来正向评价，赋值为1。

表9-1 保险公司信息披露评价指标体系

准则层		要素层	评价标准
M 强制性信息披露（共计77项）	M1 披露行为（共计2项）	M11 披露信息更新时间	有1，无0
		M12 及时披露	有1，无0
	M2 披露效度（共计2项）	M21 披露内容冲突	无1，有0
		M22 内容更正与补充行为	有1，无0
	M3 披露内容（共计73项）	M31 公司基本信息（共计9项）	每项有1，无0；各项加和
		M32 公司治理信息（共计17项）	每项有1，无0；各项加和
		M33 财务会计信息（共计9项）	每项有1，无0；各项加和
		M34 风险管理信息（共计7项）	每项有1，无0；各项加和
		M35 保险产品信息（人身险、财产险公司均共计6项）	每项有1，无0；各项加和
		M36 偿付能力信息（共计5项）	每项有1，无0；各项加和
		M37 重大关联交易（共计6项）	有且进行及时披露则记为1，有但未进行及时披露则记为0，其他情况记为1

续表

准则层		要素层	评价标准
M 强制性信息披露（共计 77 项）	M3 披露内容（共计 73 项）	M38 重大事项（共计 1 项）	有且进行及时披露则记为 1，有但未进行及时披露则为 0，其他情况记为 1
		M39 资金运用（共计 4 项）	有且进行及时披露则记为 1，有但未进行及时披露则为 0，其他情况记为 1
		M310 互联网保险业务（共计 5 项）	每项有 1，无 0；各项加和
		M311 电话销售业务（共计 4 项）	每项有 1，无 0；各项加和
V 自愿性信息披露（共计 18 项）		V 自愿性信息披露（共计 18 项）	有且进行及时披露则记为 1，有但未进行及时披露则为 0，其他情况记为 0

资料来源：作者自制。

2. 保险公司信息披露指数的生成

该评价在生成保险公司信息披露指数时借助了信息论中的熵模型。"熵"原本是热力学中用于衡量系统无序程度的一个概念，后来被克劳德·香农（Claude Shannon）于 1948 年引入信息论中，成为衡量信息量大小的一个标准。相比一般信息披露指数构建方法，熵模型在一定程度上克服了主观评价的弊端，这主要得益于熵模型自身的特点：一方面，本评价在构建熵模型时采用了归一化处理的方法，通过量化方法客观地处理一些定性指标；另一方面，熵模型的熵权系数均由自身数据决定，而非采用统一的权数标准，因而避免了标准误可能导致的样本之间业务差异而造成的不可比性，从而提高了信息披露评价的准确性。

根据 2016 年监管部门公布的保险公司原保险保费收入情况，该评价整理了我国保险公司名单，其中人身险公司 78 家，财产险公司 73 家。剔除公司由于成立不足一年以及官方网站正在建设无法获得信息披露评价指标这两种情况导致的无效样本，最终有效评价样本包括人身险公司 68 家、财产险公司 62 家，共 130 家。评价指标体系中各指标披露情况均通过浏览保险公司官网并参考中国保险行业协会网站等手工收集获得。

（二）保险公司信息披露评价结果总体和比较分析

通过对评价结果进行统计，得到样本信息披露指数的描述性统计（见表 9-2）。我国保险公司信息披露指数的平均值为 81.34，最大值为 88.61，最小值为 69.03，标准差为 3.55。强制性信息披露指数的平均值为 92.06，最大值为 98.65，最小值为 72.36。自愿性信息披露指数的平均值仅有 66.35，尽管最大值为 87.50，但是极差非常大，为 37.05，标准差也较高，为 7.11。因此，我国各保险公司自愿性信息披露水平差异明显，且整体来说自愿性信息披露状况较差。强制性信息披露指数高于自愿性信息披露指数，前者平均值比后者高 25.71。

表 9-2　我国保险公司信息披露指数描述性统计

评价指数	平均值	中位数	标准差	极差	最大值	最小值
信息披露指数	81.34	81.79	3.55	19.58	88.61	69.03
强制性信息披露指数	92.06	92.34	3.64	26.29	98.65	72.36
自愿性信息披露指数	66.35	65.60	7.11	37.05	87.50	50.45

资料来源：作者自制。

表 9-3 的统计结果表明保险公司经营的险种类型不同，信息披露水平也不同。本评价研究中包含 68 家人身险公司，其信息披露指数平均值为 82.30，最大值为 88.61，最小值为 69.03，标准差为 3.30；强制性信息披露指数平均值为 92.38，最大值为 97.02，最小值为 72.36，标准差为 3.56；但自愿性信息披露指数的平均值只有 69.16，且标准差较大，为 7.57，说明人身险公司的自愿性信息披露水平参差不齐。财产险公司共计 62 家，信息披露指数、强制性信息披露指数和自愿性信息披露指数的平均值分别为 80.28、91.70 和 63.27，均略低于人身险公司。

表 9-3　人身险、财产险公司信息披露指数描述性统计

险种类型	评价指数	平均值	中位数	标准差	极差	最大值	最小值
人身险	信息披露指数	82.30	82.53	3.30	19.58	88.61	69.03
	强制性信息披露指数	92.38	92.64	3.56	24.66	97.02	72.36
	自愿性信息披露指数	69.16	68.51	7.57	32.24	87.50	55.25
财产险	信息披露指数	80.28	80.66	3.55	12.97	85.07	72.10
	强制性信息披露指数	91.70	92.03	3.74	18.27	98.65	80.38
	自愿性信息披露指数	63.27	63.97	5.03	23.13	73.58	50.45

资料来源：作者自制。

根据表 9-4 统计的数据，可以发现控股股东类型不同，保险公司信息披露水平也存在差异。该评价研究包含中资保险公司 85 家，其信息披露指数的平均值为 81.79，最大值为 88.61，最小值为 72.37，标准差为 3.08；中资保险公司的强制性信息披露指数的平均值为 92.73，最大值为 98.65，最小值为 80.38，标准差为 3.09；然而中资公司的自愿性信息披露水平较低，平均值仅有 67.23，且分布不均匀，标准差为 7.33。该评价研究包含外资保险公司 45 家，其信息披露指数、强制性信息披露指数以及自愿性信息披露指数均低于中资保险公司，平均值分别为 80.47、90.77 和 64.70，说明目前我国中资保险公司的信息披露整体水平要高于外资保险公司。

表 9-4　中资、外资保险公司信息披露指数描述性统计

资本性质	评价指数	平均值	中位数	标准差	极差	最大值	最小值
中资	信息披露指数	81.79	82.30	3.08	16.24	88.61	72.37
	强制性信息披露指数	92.73	92.57	3.09	18.27	98.65	80.38
	自愿性信息披露指数	67.23	66.72	7.33	32.50	87.50	55.00

续表

资本性质	评价指数	平均值	中位数	标准差	极差	最大值	最小值
外资	信息披露指数	80.47	81.19	4.22	17.88	86.91	69.03
	强制性信息披露指数	90.77	91.68	4.25	24.67	97.03	72.36
	自愿性信息披露指数	64.70	64.00	6.43	26.51	76.96	50.45

资料来源：作者自制。

（三）保险公司信息披露评价结果具体分析

表 9-5 显示了我国保险公司的信息披露水平。由表 9-5 可知，保险公司信息披露指数平均值在[85，90）的保险公司共 16 家，占样本的 12.31%；平均值在[80，85）的保险公司共 76 家，占样本的 58.46%；平均值在[75，80）的保险公司共 30 家，占样本的 23.08%；平均值在[70，75）的保险公司共 7 家，占样本的 5.38%；平均值在 70 以下的保险公司仅 1 家，占样本的 0.77%。其中，信息披露指数排名前十的保险公司分别是光大永明人寿、富德生命、人保寿险、招商信诺、交银康联、中德安联、平安人寿、中美联泰、建信人寿和合众人寿。

保险公司强制性信息披露指数平均值在[95，100）的保险公司共 27 家，占样本的 20.77%；平均值在[90，95）的保险公司共 76 家，占样本的 58.46%；平均值在[85，90）的保险公司共 23 家，占样本的 17.69%；平均值在[80，85）的保险公司共 3 家，占样本的 2.31%；平均值在 80 以下的保险公司仅 1 家，占样本的 0.77%。其中，强制性信息披露指数排名前十的保险公司分别是中银保险、恒邦财险、交银康联、富德生命、东京海上日动、人保健康、国寿财险、中邮人寿、中融人寿和三星财险。

保险公司自愿性信息披露指数平均值在[85，90）的保险公司共 1 家，占样本的 0.77%；在[80，85）的保险公司共 5 家，占样本的 3.85%；平均值在[75，80）的保险公司共 8 家，占样本的 6.15%；平均值在[70，75）的保险公司共 17 家，占样本的 13.08%；平均值在[65，70）的保险公司共 35 家，占样本的 26.92%；平均值在[60，65）的保险公司共 39 家，占样本的 30.00%；平均值在 60 以下的保险公司共 22 家，占样本的 16.92%。这表明自愿性信息披露指数总体偏低。其中，自愿性信息披露指数排名前十的保险公司分别是平安人寿、平安养老、建信人寿、光大永明人寿、富德生命、国寿股份、合众人寿、天安人寿、中融人寿和太平养老。

表 9-5 我国保险公司信息披露指数

序号	公司简称	信息披露指数	强制性信息披露指数	自愿性信息披露指数	序号	公司简称	信息披露指数	强制性信息披露指数	自愿性信息披露指数
1	光大永明人寿	88.61	94.61	83.25	66	美亚保险	81.69	93.40	64.26
2	富德生命	87.89	97.02	83.02	67	众诚车险	81.58	92.33	65.57
3	人保寿险	87.20	94.67	76.65	68	中银三星	81.56	88.82	71.18
4	招商信诺	86.91	93.17	76.74	69	中煤财险	81.56	91.26	67.09
5	交银康联	86.91	97.03	70.76	70	中华人寿	81.51	90.24	68.48
6	中德安联	86.70	92.67	76.96	71	安邦财险	81.40	89.91	68.67

序号	公司简称	信息披露指数	强制性信息披露指数	自愿性信息披露指数	序号	公司简称	信息披露指数	强制性信息披露指数	自愿性信息披露指数
7	平安人寿	86.64	95.47	86.53	72	人保健康	81.23	96.92	57.81
8	中美联泰	86.54	93.34	75.51	73	中宏人寿	81.19	93.45	61.57
9	建信人寿	86.16	94.67	83.59	74	太保安联健康	81.09	93.23	63.15
10	合众人寿	86.06	95.75	81.71	75	长城人寿	81.01	91.51	65.60
11	北大方正	86.01	93.40	75.54	76	农银人寿	81.00	90.54	67.08
12	信诚人寿	85.10	92.21	73.56	77	珠江人寿	80.90	90.54	66.82
13	天安人寿	85.08	96.04	80.69	78	安联财险	80.80	92.24	63.76
14	英大财险	85.07	95.97	68.82	79	北部湾财险	80.75	92.05	63.92
15	华安财险	85.05	94.00	71.66	80	吉祥人寿	80.64	90.62	66.01
16	恒安标准	85.02	94.20	70.26	81	安邦养老	80.62	90.67	65.89
17	太平财险	84.80	94.96	69.65	82	幸福人寿	80.60	94.09	59.06
18	国寿财险	84.78	96.90	66.72	83	太保寿险	80.59	92.34	75.48
19	中银保险	84.73	98.65	64.02	84	富邦财险	80.58	90.47	65.83
20	中融人寿	84.69	96.66	78.31	85	弘康人寿	80.52	90.32	66.19
21	信达财险	84.45	95.04	68.67	86	英大人寿	80.50	92.57	62.65
22	君龙人寿	84.42	92.88	70.76	87	长江财险	80.43	92.52	62.44
23	太保财险	84.42	95.83	67.43	88	鼎和财险	80.39	95.20	58.39
24	渤海财险	84.35	96.16	66.77	89	华海财险	80.30	89.16	67.09
25	浙商财险	84.31	94.60	68.95	90	长安责任	80.27	93.15	61.11
26	百年人寿	84.25	93.86	70.29	91	中邮人寿	80.15	96.77	55.25
27	永安财险	84.17	95.63	67.10	92	国泰财险	80.11	92.87	61.14
28	锦泰财险	84.15	95.48	67.26	93	安华农险	79.70	89.91	64.48
29	平安养老	84.13	92.60	84.09	94	三井住友	79.63	92.46	60.55
30	中英人寿	83.85	92.10	70.52	95	华夏人寿	79.49	89.95	64.10
31	民生人寿	83.85	93.64	69.89	96	安信农险	79.46	90.91	62.42
32	和谐健康	83.83	92.80	70.88	97	苏黎世财险	79.36	90.32	63.04
33	平安财险	83.78	90.58	73.58	98	泰康人寿	79.31	92.06	72.05
34	工银安盛	83.77	92.54	71.11	99	信泰人寿	79.19	90.32	62.75
35	阳光人寿	83.71	94.10	68.56	100	中意人寿	79.15	89.07	64.59
36	前海人寿	83.67	95.70	64.48	101	现代财险	78.99	87.37	66.47
37	恒大人寿	83.66	95.64	64.56	102	泰山财险	78.87	88.52	64.48
38	天安财险	83.56	93.89	68.16	103	都邦财险	78.84	88.99	63.71
39	三星财险	83.56	96.22	64.72	104	太平人寿	78.61	91.84	70.30
40	陆家嘴国泰	83.47	92.80	68.47	105	中原农险	78.54	90.92	60.13
41	诚泰财险	83.43	95.48	65.49	106	安邦人寿	78.37	92.00	58.05
42	同方全球人寿	83.40	91.04	70.99	107	中韩人寿	78.31	88.05	64.00

续表

序号	公司简称	信息披露指数	强制性信息披露指数	自愿性信息披露指数	序号	公司简称	信息披露指数	强制性信息披露指数	自愿性信息披露指数
43	恒邦财险	83.36	97.56	62.24	108	华泰人寿	78.11	89.84	59.23
44	君康人寿	83.31	95.66	65.10	109	合众财险	78.11	91.90	57.63
45	国华人寿	83.31	91.02	72.28	110	复星保德信	77.90	90.32	57.95
46	东京海上日动	83.21	96.95	62.78	111	华农财险	77.85	92.47	56.13
47	华泰财险	83.17	92.03	69.93	112	中荷人寿	77.40	85.57	64.00
48	紫金财险	83.08	95.83	64.11	113	安盛天平	77.01	89.54	58.37
49	国联人寿	83.06	95.95	64.00	114	中法人寿	76.90	88.01	60.43
50	永诚财险	82.74	95.48	63.79	115	日本财险	76.79	85.94	63.15
51	安诚财险	82.66	90.76	70.53	116	富德财险	76.72	87.50	60.67
52	国寿股份	82.65	91.82	82.78	117	燕赵财险	76.67	90.36	56.33
53	太平养老	82.65	94.90	77.09	118	史带财险	76.33	89.81	56.29
54	东吴人寿	82.59	90.97	69.00	119	众安在线	76.22	90.51	55.00
55	渤海人寿	82.55	94.93	62.78	120	爱和谊财险	76.18	91.07	54.07
56	新光海航	82.52	92.49	67.98	121	鑫安车险	75.87	88.70	56.79
57	同方全球人寿	82.51	90.38	69.71	122	利宝保险	75.21	88.01	56.18
58	利安人寿	82.49	94.67	63.04	123	上海人寿	74.97	86.12	58.40
59	瑞泰人寿	82.39	91.68	67.40	124	信利保险	74.88	91.35	50.45
60	亚太财险	82.31	92.17	67.61	125	中航安盟	74.43	86.73	56.13
61	昆仑健康	82.30	89.51	72.02	126	瑞再企商	73.69	87.13	53.73
62	大地财险	82.13	92.28	67.01	127	中石油自保	72.91	83.50	57.15
63	国元农险	82.08	93.14	65.59	128	中铁自保	72.37	80.38	60.41
64	平安健康	82.03	94.28	63.96	129	中意财险	72.10	81.01	58.80
65	汇丰人寿	81.88	94.79	61.29	130	长生人寿	69.03	72.36	62.88

资料来源：作者自制。

第三节　基于保险公司网站专栏的信息披露分析

一、我国保险公司网站建设总体情况

我国保险公司网站整体建设情况如表 9-6 所示，统计的 183 个有效样本中，127 家公司网站建设正常，占比 69.40%；8 家公司没有网站，占比 4.37%；网站无法打开的公司有 1 家，占比 0.55%；信息披露存在问题的公司数为 47 家，占比 25.68%。

表 9-6　我国保险公司网站建设情况

网站建设情况	频数	有效样本比例（%）
没有网站	8	4.37
年度信息披露暂缓	3	1.64
网站无法打开	1	0.55
无信息披露专栏	5	2.73
信息披露专栏不显著	6	3.28
信息披露专栏部分信息缺失	4	2.19
信息披露专栏全部信息缺失	1	0.55
子栏目设置不符合规定	28	15.30
正常	127	69.40
总计	183	100.00

资料来源：根据各保险公司官网整理。

二、我国保险公司网站"公开信息披露"栏目建设总体分析

总体来看，中国保险公司公开信息披露存在以下问题：3 家公司年度信息披露暂缓；5 家公司无信息披露专栏；6 家公司信息披露专栏不显著；4 家公司信息披露专栏部分信息缺失；1 家公司信息披露专栏全部信息缺失；28 家公司子栏目设置不符合规定。判断信息披露专栏是否显著有两条标准：是否在页面顶端以及字体是否清楚。判断子栏目设置是否符合规定的标准是《保险公司信息披露管理办法》（中国银行保险监督管理委员会令 2018 年第 2 号）中的相关内容，其中规定一级子栏目名称分别为"基本信息""年度信息""重大事项"和"专项信息"，没有如此设置的都属于"子栏目设置不符合规定"的情况。

三、各个保险公司网站"公开信息披露"栏目建设具体分析

表 9-7 显示了中资和外资保险公司信息披露栏目建设情况。在统计的 49 家外资企业中，36 家公司信息披露正常，11 家公司子栏目设置不符合规定，2 家公司信息披露专栏不显著。在统计的 134 家中资企业中，91 家公司信息披露正常，4 家公司信息披露专栏不显著，17 家公司子栏目设置不符合规定，3 家公司年度信息披露暂缓，5 家公司无信息披露专栏，4 家公司信息披露专栏部分信息缺失，1 家公司信息披露专栏全部信息缺失。中资和外资公司中最显著的问题都是子栏目设置不符合规定，这一问题在外资公司中占比为 22.45%，在中资公司中占比为 12.69%。

表 9-7　中外资保险公司信息披露栏目建设情况

资本性质	信息披露栏目建设情况	频数	有效样本比例（%）
外资	信息披露专栏不显著	2	4.08
	子栏目设置不符合规定	11	22.45
	正常	36	73.47
	小计	49	100.00
中资	信息披露专栏不显著	4	2.99
	子栏目设置不符合规定	17	12.69
	没有网站	8	5.97
	年度信息披露暂缓	3	2.24
	网站无法打开	1	0.75
	无信息披露专栏	5	3.73
	信息披露专栏部分信息缺失	4	2.99
	信息披露专栏全部信息缺失	1	0.75
	正常	91	67.91
	小计	134	100.00

资料来源：根据各保险公司官网整理。

表 9-8 显示了不同组织形式保险公司信息披露栏目建设情况。在统计的 116 家股份制公司中，80 家公司信息披露正常，3 家公司年度信息披露暂缓，2 家公司无信息披露专栏，6 家公司信息披露专栏不显著，3 家公司信息披露专栏部分信息缺失，1 家公司信息披露专栏全部信息缺失，17 家公司子栏目设置不符合规定。在统计的 6 家相互保险公司中，2 家公司信息披露正常，1 家公司子栏目设置不符合规定。在统计的 61 家有限制公司中，45 家公司信息披露正常，3 家公司无信息披露专栏，1 家公司信息披露专栏部分信息缺失，10 家公司子栏目设置不符合规定。从以上数据来看，三种组织形式的公司存在最明显的问题都是子栏目设置不符合规定，股份制、相互制、有限制比例分别为 14.66%、16.67%和 16.39%。股份公司信息披露专栏不显著的问题也比较突出，占比 5.17%，且股份制和有限制公司都存在信息披露缺失的状况。

表 9-8　不同组织形式保险公司信息披露栏目建设情况

组织形式	信息披露栏目建设情况	频数	有效样本比例（%）
股份制	没有网站	3	2.59
	年度信息披露暂缓	3	2.59
	网站无法打开	1	0.86
	无信息披露专栏	2	1.72
	信息披露专栏不显著	6	5.17
	信息披露专栏部分信息缺失	3	2.59
	信息披露专栏全部信息缺失	1	0.86
	子栏目设置不符合规定	17	14.66
	正常	80	68.97
	小计	116	100.00

续表

组织形式	信息披露栏目建设情况	频数	有效样本比例（%）
相互制	没有网站	3	50.00
	子栏目设置不符合规定	1	16.67
	正常	2	33.33
	小计	6	100.00
有限制	没有网站	2	3.28
	无信息披露专栏	3	4.92
	信息披露专栏部分信息缺失	1	1.64
	子栏目设置不符合规定	10	16.39
	正常	45	73.77
	小计	61	100.00

资料来源：根据各保险公司官网整理。

表 9-9 显示了经营不同险种保险公司的信息披露栏目建设情况。在统计的 88 家经营财产险的保险公司中，59 家公司信息披露正常，4 家公司无信息披露专栏，4 家公司信息披露专栏不显著，1 家公司信息披露专栏部分信息缺失，16 家公司子栏目设置不符合规定。在统计的 89 家人身险公司中，66 家公司信息披露正常，2 家公司信息披露专栏不显著，1 家公司信息披露专栏部分信息缺失，11 家公司子栏目设置不符合规定，3 家公司年度信息披露暂缓，1 家公司信息披露专栏全部信息缺失。在统计的 6 家再保险公司中，2 家公司信息披露正常，各有 1 家公司无信息披露专栏和子栏目设置不符合规定，2 家公司信息披露专栏部分信息缺失。最显著的问题依旧是子栏目设置不符合规定，财产险、人身险和再保险比例分别是 18.18%、12.36% 和 16.67%。其中经营财产险的保险公司无信息披露专栏和信息披露专栏不显著的问题也比较明显，占比均为 4.55%，经营人身险的保险公司存在年度信息披露暂缓的问题，再保险公司信息披露专栏部分信息缺失的问题占比较大，为 33.33%，但这也与样本数较小有关。

表 9-9 经营不同险种保险公司信息披露栏目建设情况

险种类型	信息披露栏目建设情况	频数	有效样本比例（%）
财产险	没有网站	3	3.41
	网站无法打开	1	1.14
	无信息披露专栏	4	4.55
	信息披露专栏不显著	4	4.55
	信息披露专栏部分信息缺失	1	1.14
	子栏目设置不符合规定	16	18.18
	正常	59	67.05
	小计	88	100.00

续表

险种类型	信息披露栏目建设情况	频数	有效样本比例（%）
人身险	没有网站	5	5.62
	信息披露专栏不显著	2	2.25
	信息披露专栏部分信息缺失	1	1.12
	子栏目设置不符合规定	11	12.36
	年度信息披露暂缓	3	3.37
	信息披露专栏全部信息缺失	1	1.12
	正常	66	74.16
	小计	89	100.00
再保险	无信息披露专栏	1	16.67
	信息披露专栏部分信息缺失	2	33.33
	子栏目设置不符合规定	1	16.67
	正常	2	33.33
	小计	6	100.00

资料来源：根据各保险公司官网整理。

第十章 保险公司外部治理：消费者保护

投保人是保险公司重要的利益相关者之一，因此保护投保人的利益是保险公司治理的重要目标。对于投保人的利益保护包括保护保障和治理参与。本章首先从偿付能力的视角分析了我国保险公司"偿一代"和"偿二代"下的偿付能力现状以及 2018 年的投保人利益保护保障情况，然后分别从消费者投诉和投诉处理工作考评两个方面来分析投保人的治理参与情况。

第一节 保险公司偿付能力状况分析

一、我国保险公司偿付能力监管体系的演变

保险公司是协助被保险人管理自身风险、实现社会经济稳健发展的重要金融机构。保险行业的良好发展，离不开对投保人利益的重视和保护。为切实保护投保人利益，保险公司需要稳健经营。其中，偿付能力是影响保险公司风险管控和绩效的一个重要因素。偿付能力是保险公司应满足的自有资本要求，其可使保险公司避免遭遇不利因素时，因挤兑导致持续经营能力丧失。由于保险公司偿付能力对投保人利益影响重大，因此随着保险公司治理实践的展开，国际上对保险公司偿付能力的要求和监管也呈现出不断升级的趋势。欧盟在 2001 年开始启动偿付能力 II（Solvency II），提出了定量监管要求、定性监管要求和市场约束机制三重支柱框架，随后此监管模式在国际上逐渐通行。2005 年，IAIS 借鉴银行业的经验，提出了保险监管三层级和偿付能力监管三支柱（财务状况、公司治理和市场行为）的"国际模型"。美国保险监督官协会（NAIC）自 2008 年开始，推进了美国偿付能力现代化工程（SMI），完善了美国已有的以风险资本方法（RBC）为核心的偿付能力监管体系。

我国自 2003 年开始实施《保险公司偿付能力额度及监管指标管理规定》（简称"偿一代"），以规模为导向，着重定量监管。实施"偿一代"的主要目的是针对保险公司的规模进行管控和调整。随着保险行业的不断发展，保险公司偿付能力和风险管控的重要

性不断提升。为了更好地促进保险业发展和监管，原中国保监会在 2012 年初发布了《中国第二代偿付能力监管制度体系建设规划》（简称"偿二代"）。至此，我国保险偿付能力监管的制度改革开启了新的阶段。2015 年，原中国保监会正式发布保险公司偿付能力的监管规则，监管体系的转变进入过渡期。2016 年，我国开始正式实施风险导向的偿付能力监管体系。"偿二代"运用国际通用的三重支柱框架制定监管制度，以风险导向、行业实际和国际可比作为显著特征。在"偿二代"体系下，按照监管部门的要求，保险公司的偿付能力必须定期进行评估和披露，而偿付能力又将资本要求和保险公司的风险管理能力相结合，所以保险公司会不断提高风险管理能力来满足偿付能力的要求。这样一来，投保人利益的保护更容易落实。

二、2009—2017 年我国保险公司偿付能力状况分析

按照原中国保监会对保险公司信息披露的要求，我国保险公司自 2010 年开始公开披露年度信息披露报告，2016 年开始公开披露偿付能力季度报告。本部分分析的偿付能力所用数据均手工整理自保险公司年度信息披露报告以及偿付能力季度报告。其中，"偿一代"监管体系下的数据整理参考保险公司 2010—2015 年的年度信息披露报告。由于 2010 年的年度信息披露报告同时披露了 2009 年的偿付能力信息，因此"偿一代"的数据的年度区间为 2009—2015 年；"偿二代"监管体系下的数据整理参考保险公司 2016—2017 年的偿付能力第四季度报告，用来反映各个保险公司当年的偿付能力状况。

本部分通过查阅原中国保监会官网中的保险机构信息，确定了保险公司全样本的名单。再通过浏览中国保险行业协会官网以及各保险公司官网，收集并下载了保险公司的年度信息披露报告以及偿付能力季度报告。通过手工整理，统计了 2009—2017 年的 1171 个样本数据。其中，2009—2015 年共 865 个样本数据（2009 年为 105 家、2010 年为 111 家、2011 年为 117 家、2012 年为 127 家、2013 年为 130 家、2014 年为 132 家、2015 年为 143 家）；2016—2017 年共 306 个样本数据（2016 年为 151 家、2017 年为 155 家）。

（一）"偿一代"下保险公司偿付能力状况分析

在"偿一代"的监管体系下，衡量偿付能力的指标主要是偿付能力充足率，它的计算公式为：偿付能力充足率＝实际资本/最低资本×100%。其中，实际资本等于认可资产与认可负债的差额；认可资产是保险公司在评估偿付能力时依据监管部门的规定所确认的资产；认可负债是保险公司在评估偿付能力时依据监管部门的规定所确认的负债；最低资本是保险公司为应对资产风险、承保风险等风险对偿付能力的不利影响，依据监管部门的规定而应当具有的资本数额。如表 10-1 所示，这 7 年间所统计的保险公司历年的平均偿付能力充足率最小值为 2764.18%，在 2010 年，保险公司偿付能力充足率的平均值达到了 298909.98%。保险公司偿付能力充足率的中位数处于 248.50%～328.00%。但仍然有 22 家保险公司的偿付能力在某些年份略显不足，其偿付能力充足率均低于100%，如安华农险（2009 年、2010 年）、都邦财险（2009 年、2010 年、2011 年）、和谐

健康（2009 年）、华安保险（2009 年）、农银人寿（2010 年、2011 年）、天安保险（2009年、2011 年）、新光海航人寿（2015 年）、信泰人寿（2009 年、2013 年）、中华财险（2011年）、昆仑健康（2011 年、2012 年）、新华人寿（2009 年、2010 年）、幸福人寿（2012年）、中融人寿（2015 年）和华安财险（2010 年）。保险公司 2009—2015 年的偿付能力充足率区间分布如图 10-1 所示。

表 10-1　2009—2015 年保险公司偿付能力充足率情况

统计指标	2009 年	2010 年	2011 年	2012 年	2013 年	2014 年	2015 年
样本数（家）	105	111	117	127	130	132	143
平均值（%）	5815.77	298909.98	53450.00	10795.72	3200.52	64000.71	2764.18
中位数（%）	294.24	274.00	256.00	328.00	248.50	295.78	326.67
标准差（%）	26202.47	3043281.32	550077.79	48462.96	18985.21	724117.20	13482.87
最小值（%）	−160.36	−61.00	−346.00	48.45	−183.00	151.02	−237.31
最大值（%）	246329.88	32065014.00	5951627.00	397300.00	205772.00	8320393.84	133936.00

资料来源：根据各保险公司官网公开资料整理。

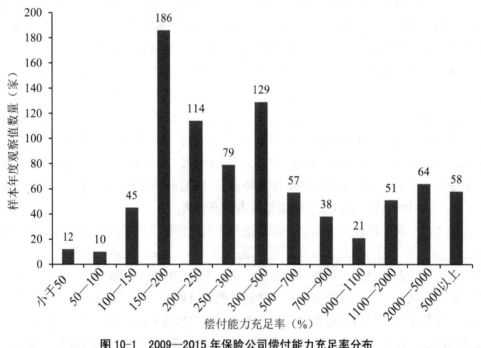

图 10-1　2009—2015 年保险公司偿付能力充足率分布

资料来源：根据各保险公司官网公开资料整理。

（二）"偿二代"下保险公司偿付能力状况分析

在"偿二代"的监管体系下，衡量偿付能力的指标主要是综合偿付能力充足率和核心偿付能力充足率。这两个指标的计算依旧是建立在偿付能力充足率计算公式的基础之上。其中，综合偿付能力充足率＝实际资本/最低资本×100%，用于衡量保险公司资本的总体充足状况；核心偿付能力充足率＝核心资本/最低资本×100%，用于衡量保险公司高质量资本的充足状况。核心资本是指保险公司在持续经营状态下和破产清算状态下均可以吸收损失的资本。如表 10-2 所示，2016—2017 年间，这 306 个样本数据的综合偿付能力充足率的平均值达到了 94149.29%，中位数为 257.00%，仅有中法人寿（2016年、2017 年）、新光海航（2017 年）的综合偿付能力充足率不足监管部门要求的 100%，其余保险公司的综合偿付能力充足率均在 100%以上。此外，核心偿付能力充足率的平均值达到了 94138.58%，中位数为 246.90%，仅有中法人寿（2016 年、2017 年）、新光海航（2017 年）的核心偿付能力充足率不足监管部门要求的 50%，其余保险公司的核心偿付能力充足率均在 50%以上（见图 10-2）。这 306 个样本数据的综合偿付能力溢额的平均值达到了 87.33 亿元，核心偿付能力溢额的平均值达到了 73.02 亿元。

表 10-2　2016—2017 年保险公司偿付能力情况

变量	样本数	平均值	中位数	标准差	最小值	最大值
综合偿付能力充足率(%)	306	94149.29	257.00	1643289.40	-4035.94	28793116.84
核心偿付能力充足率(%)	306	94138.58	246.90	1643290.01	-4035.94	28793116.84
综合偿付能力溢额（亿元）	306	87.33	12.97	362.78	-6.24	4029.97
核心偿付能力溢额（亿元）	306	73.02	10.39	332.68	-114.41	3799.97

资料来源：根据各保险公司官网公开资料整理。

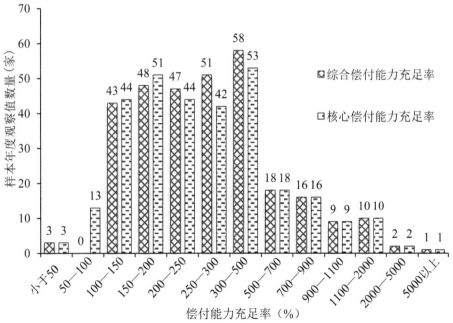

图 10-2　2016—2017 年保险公司偿付能力充足率分布

资料来源：根据各保险公司官网公开资料整理。

此外，本部分还比较分析了不同资本性质、险种类型的保险公司的偿付能力状况：就保险公司的资本性质而言，中资保险公司的综合偿付能力充足率和核心偿付能力充足率的平均值分别为442.12%和428.11%，明显高于外资保险公司的191.37%和187.54%；就保险公司的险种类型而言，财产险公司的综合偿付能力充足率和核心偿付能力充足率的平均值分别为385.11%和374.09%，略高于人身险公司的374.72%和336.93%。

三、2018 年我国保险公司偿付能力状况分析

（一）基于 2018 年第三季度偿付能力报告的偿付能力状况总体分析

对我国保险公司 2018 年第三季度偿付能力状况进行统计分析发现，整体样本中，综合偿付能力充足率的平均值为 734.62%，核心偿付能力充足率的平均值为 727.16%。观察 2018 年第三季度保险公司综合偿付能力充足率和核心偿付能力充足率的分布图可以发现，两个指标均呈现右偏分布形态（见图 10-3 和图 10-4）。

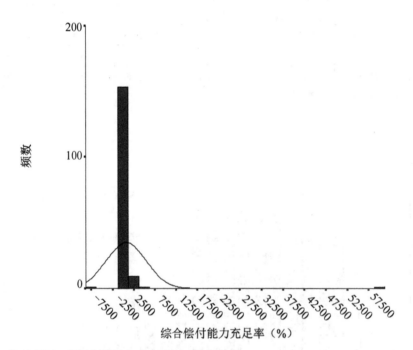

资料来源：根据各保险公司官网公开资料整理。

图 10-3　2018 年第三季度保险公司综合偿付能力充足率分布图

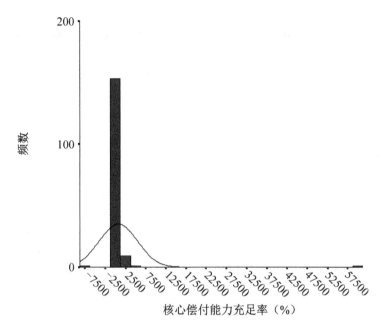

资料来源：根据各保险公司官网公开资料整理。

图 10-4　2018 年第三季度保险公司核心偿付能力充足率分布图

按照险种类型不同将保险公司划分为财产险和人身险公司。其中，财产险公司的综合偿付能力充足率平均值为 1127.72%，核心偿付能力充足率平均值为 1121.99%，均高于总体样本的平均水平；而人身险公司的综合偿付能力充足率平均值为 346.26%，核心偿付能力充足率平均值为 337.08%，明显低于财产险的偿付能力充足率（见表 10-3）。

表 10-3　2018 年保险公司综合偿付能力充足率和核心偿付能力充足率统计

统计指标	偿付能力充足率					
	所有保险公司		财产险公司		人身险公司	
	综合	核心	综合	核心	综合	核心
样本数（家）	165	165	82	82	83	83
平均值（%）	734.62	727.16	1127.72	1121.99	346.26	337.08
中位数（%）	247.35	231.97	263.29	253.91	231.32	222.00
标准差（%）	4682.47	4683.32	6548.86	6549.66	1085.99	1087.26
极差（%）	66344.43	66344.43	59598.36	59598.36	12449.85	12449.85
最小值（%）	−6739.43	−6739.43	6.64	6.64	−6739.43	−6739.43
最大值（%）	59605.00	59605.00	59605.00	59605.00	5710.42	5710.42

资料来源：根据各保险公司官网公开资料整理。

（二）基于 2018 年第三季度偿付能力报告的偿付能力状况区间分布分析

基于 2018 年第三季度偿付能力报告数据，本报告对保险公司的偿付能力状况区间分布进行了分析。结果表明，综合偿付能力充足率分布在 200%～300% 区间的占整体样本的 32.73%，分布在 150%～200% 区间的占 20.61%，即超过半数的样本综合偿付能力充足率分布在 150%～300%的区间内。核心偿付能力充足率分布在 200%～300%区间的占整体样本的 30.91%，分布在 150%～200%区间的占 17.58%，超过半数的样本核心偿付能力充足率分布在 150%～500%的区间内。整体而言，保险公司偿付能力区间分布主要集中于 150%～500%（见表 10-4）。

表 10-4　保险公司偿付能力区间分布

区间（%）	综合偿付能力充足率			核心偿付能力充足率		
	频数	比例（%）	累计比例（%）	频数	比例（%）	累计比例（%）
0 以下	1	0.61	0.61	1	0.61	0.61
0～50	2	1.21	1.82	2	1.21	1.82
50～100	1	0.61	2.43	7	4.24	6.06
100～150	16	9.70	12.13	20	12.12	18.18
150～200	34	20.61	32.74	29	17.58	35.76
200～300	54	32.73	65.47	51	30.91	66.67
300～500	27	16.36	81.83	25	15.15	81.82
500～700	9	5.45	87.28	9	5.45	87.27
700～900	7	4.24	91.52	7	4.24	91.52
900 以上	14	8.48	100.00	14	8.48	100.00
总计	165	100.00	—	165	100.00	—

资料来源：根据各保险公司官网公开资料整理。

（三）基于 2018 年第三季度偿付能力报告的风险综合评级结果分析

基于 2018 年第三季度偿付能力报告数据，本报告对保险公司的风险综合评级结果进行了统计分析，过程中结合考虑了第三季度披露的评级结果和第三季度未披露但之前季度披露的评级结果（第三季度未披露的考虑第二季度，第二季度未披露的考虑第一季度）。

165 家保险公司样本中，2018 年底第三季度披露评级结果为 A 的保险公司有 50 家，占整体样本 30.30%；2018 年第三季度及近一期的评级结果中，评级结果为 A 的保险公司有 107 家，占整体样本的 64.85%（见表 10-5）。

表 10-5　保险公司风险综合评级结果

评级	2018 年第三季度		2018 年第三季度及近一期	
	频数	比例（%）	频数	比例（%）
A	50	30.30	107	64.85
B	20	12.12	48	29.09
C	1	0.61	2	1.21
D	—	—	2	1.21

资料来源：根据各保险公司官网公开资料整理。

（四）基于 2018 年第三季度偿付能力报告的案例公司偿付能力分析

基于 2018 年第三季度偿付能力报告的数据，本报告对案例公司的偿付能力进行了分析（见表 10-6）。

综合偿付能力充足率排名前十位的保险公司为融盛财产保险股份有限公司、三峡人寿保险股份有限公司、海保人寿保险股份有限公司、北京人寿保险股份有限公司、太平科技保险股份有限公司、汇友财产相互保险社、国富人寿保险股份有限公司、国宝人寿保险股份有限公司、黄河财产保险股份有限公司、爱心人寿保险股份有限公司。其中，融盛财产保险股份有限公司的综合偿付能力充足率最高，达到 59605.00%。综合偿付能力充足率排名后十位的保险公司为中法人寿保险有限责任公司、久隆财产保险有限公司、新光海航人寿保险有限责任公司、吉祥人寿保险股份有限公司、珠江人寿保险股份有限公司、百年人寿保险股份有限公司、天安人寿保险股份有限公司、富德生命人寿保险股份有限公司、安华农业保险股份有限公司、华夏人寿保险股份有限公司。其中，中法人寿保险有限责任公司的综合偿付能力充足率排名最后，为-6739.43%，是所有保险公司样本中唯一综合偿付能力充足率为负值的保险公司。

核心偿付能力充足率排名前十位的保险公司为融盛财产保险股份有限公司、三峡人寿保险股份有限公司、海保人寿保险股份有限公司、北京人寿保险股份有限公司、太平科技保险股份有限公司、汇友财产相互保险社、国富人寿保险股份有限公司、国宝人寿保险股份有限公司、黄河财产保险股份有限公司、爱心人寿保险股份有限公司，与综合偿付能力充足率排名前十的公司相同，表明综合偿付能力好的保险公司，其核心偿付能力也较好。核心偿付能力充足率排名后十位的保险公司为中法人寿保险有限责任公司、久隆财产保险有限公司、新光海航人寿保险有限责任公司、前海人寿保险股份有限公司、吉祥人寿保险股份有限公司、珠江人寿保险股份有限公司、富德生命人寿保险股份有限公司、百年人寿保险股份有限公司、天安人寿保险股份有限公司、华夏人寿保险股份有限公司。其中，中法人寿保险有限责任公司的核心偿付能力充足率排名最后，为-6739.43%，是所有保险公司样本中核心偿付能力充足率唯一为负值的保险公司。

中法人寿作为我国第一家银行系保险公司，近年来的业绩表现一直不尽如人意，连续几年出现亏损。虽然中法人寿增资扩股计划一直在推进之中，但因偿付能力不足，中法人寿面临着人员流失、关键岗位人员配备不足等问题，最近一期风险综合评级（包括第三季度和第二季度）也仅为 D 级。

表 10-6　2018 年第三季度各保险公司偿付能力状况

公司简称	综合偿付能力充足率（%）	核心偿付能力充足率（%）	风险综合评级（仅第三季度）	最近一期风险综合评级（包括第三季度和第二季度）
融盛保险	59605.00	59605.00	—	—
三峡人寿	5710.42	5710.42	A	A
海保人寿	2636.71	2636.71	A	A
北京人寿	2204.00	2204.00	A	A
太平科技	2190.13	2190.13	A	A
汇友相互	2185.98	2185.98	—	A
国富人寿	2179.82	2179.82	—	—
国宝人寿	1578.75	1578.75	A	A
黄河财险	1435.92	1435.92	A	A
爱心人寿	1379.63	1379.63	A	A

公司简称	综合偿付能力充足率（％）	核心偿付能力充足率（％）	风险综合评级（仅第三季度）	最近一期风险综合评级（包括第三季度和第二季度）
阳光信保	1371.97	1371.97	B	B
招商仁和人寿	1032.00	1032.00	—	A
瑞华健康	1028.22	1028.22	—	A
诚泰财险	1014.00	1014.00	A	A
恒邦财险	899.87	899.87	—	B
海峡金桥	890.24	890.24	—	A
东海航运	875.39	875.39	A	A
众惠相互	836.20	836.20	A	A
华汇人寿	797.80	797.80	B	B
信美相互	762.54	762.54	A	A
合众财险	738.80	738.80	—	A
众安在线	681.93	681.93		B
富德财险	680.47	680.47	—	A
中铁自保	653.49	653.49	—	A
鑫安车险	650.38	650.38	—	A
珠峰财险	565.05	565.05	A	A
和泰人寿	546.60	546.60	A	A
复星保德信	542.90	542.90	A	A
渤海人寿	515.84	515.84	—	B
建信财险	508.11	508.11	—	A
安诚财险	496.46	496.46	—	B
泰山财险	470.14	470.14	A	A
中路财险	469.40	469.40	—	A
中石油自保	454.00	454.00	A	A
安联财险	448.40	448.40	A	A
大地财险	436.00	436.00	A	A
中远海运自保	428.00	428.00	—	A
日本兴亚	419.14	419.14	—	A
友邦上海	417.02	417.02	—	A
横琴人寿	398.53	398.53	A	A
民生人寿	372.00	324.00	—	B
亚太财险	371.11	371.11	B	B
众诚车险	360.46	360.46	—	A
劳合社中国	352.77	352.77	A	A
人保健康	351.00	233.00	A	A
中华人寿	347.16	347.16	—	B
安盛天平	328.38	322.48	—	A
中美联泰	325.00	309.00	A	A
交银康联	322.58	322.58	—	A

续表

公司简称	综合偿付能力充足率（%）	核心偿付能力充足率（%）	风险综合评级（仅第三季度）	最近一期风险综合评级（包括第三季度和第二季度）
爱和谊财险	319.00	319.00	—	A
泰康在线	316.44	316.44	—	B
华农财险	313.56	313.56	B	B
太平养老	312.93	312.93	A	A
国元农险	310.54	310.54	A	A
前海联合	309.63	309.63	A	A
太保财险	308.00	218.00	—	A
长江财险	300.05	300.05	A	A
中华财险	300.00	216.00	—	B
国任财险	287.38	287.38	—	B
华泰财险	286.20	286.20	—	A
华贵保险	282.46	282.46	—	A
人保寿险	280.12	213.88	—	A
信诚人寿	274.52	268.14	A	A
新华人寿	273.25	268.33	—	B
人保财险	272.43	226.54	B	B
国联人寿	268.00	268.00	—	B
安信农险	267.00	267.00	—	A
国寿股份	262.17	262.17	—	A
招商信诺	261.00	261.00	A	A
太保安联健康	260.00	260.00	—	A
三星财险	259.57	259.57	—	A
紫金财险	258.27	258.27	—	B
汇丰人寿	258.00	258.00	—	A
北部湾财险	255.75	255.75	—	A
太保寿险	255.00	255.00	—	A
中宏人寿	253.58	253.58	—	A
三井住友	252.07	252.07	—	A
中银保险	252.06	252.06	—	A
平安养老	250.83	250.83	A	A
泰康人寿	250.04	249.60	A	A
阳光农险	248.00	248.00	A	A
永安财险	247.84	247.84	C	C
平安健康	247.35	247.35	A	A
德华安顾	242.10	242.10	—	B
利安人寿	238.00	226.00	B	B
泰康养老	236.00	236.00	—	A
瑞泰人寿	235.36	235.36	B	B
太平人寿	232.00	227.00	—	A

续表

公司简称	综合偿付能力充足率（%）	核心偿付能力充足率（%）	风险综合评级（仅第三季度）	最近一期风险综合评级（包括第三季度和第二季度）
光大永明人寿	231.97	231.97	—	A
陆家嘴国泰	231.32	231.32	A	A
现代财险	231.00	231.00	—	A
东京海上日动	230.65	230.65	—	A
平安人寿	227.83	221.13	A	A
信利保险	223.60	223.60	A	A
华安财险	223.56	211.70	B	B
工银安盛	222.00	222.00	—	A
阳光人寿	221.53	195.98	—	B
中原农险	219.91	219.91	—	A
永诚财险	219.04	187.71	—	B
平安财险	218.97	196.74	B	B
恒安标准	217.00	217.00	A	A
锦泰财险	215.00	215.00	—	A
美亚保险	214.87	214.87	—	A
史带财险	212.97	212.97	—	A
鼎和财险	209.19	209.19	—	A
太平财险	208.00	172.00	—	B
中意财险	206.38	206.38	—	A
英大人寿	206.27	206.27	—	B
瑞再企商	205.00	205.00	A	A
日本财险	203.56	203.56	—	A
同方全球人寿	202.00	185.00	A	A
东吴人寿	199.67	199.67	—	—
长城人寿	199.41	194.02	A	A
中韩人寿	197.47	197.47	—	A
国寿财险	196.08	196.08	B	B
乐爱金财险	195.00	195.00	—	A
阳光产险	193.03	135.44	B	B
中英人寿	191.90	191.90	A	A
安达保险	190.32	190.32	B	B
华海财险	188.53	188.53	—	B
中航安盟	188.18	188.18	—	A
北大方正	188.07	188.07	—	A
君龙人寿	187.76	187.76	A	A
苏黎世财险	187.72	187.72	A	A
利宝保险	186.00	186.00	A	A
易安财险	184.86	184.86	A	A
浙商财险	184.31	130.16	B	B

续表

公司简称	综合偿付能力充足率（%）	核心偿付能力充足率（%）	风险综合评级（仅第三季度）	最近一期风险综合评级（包括第三季度和第二季度）
中意人寿	183.85	183.85	—	A
合众人寿	181.26	135.09	A	A
长生人寿	179.00	179.00	—	A
中德安联	174.78	174.78	A	A
农银人寿	173.60	115.03	—	B
中融人寿	172.62	172.62	—	B
中荷人寿	171.23	147.03	—	A
华泰人寿	169.24	169.24	A	A
建信人寿	168.00	131.00	—	B
国泰财险	167.95	167.95	—	A
都邦财险	161.00	161.00	B	B
幸福人寿	157.85	110.28	—	B
天安财险	157.05	126.56	—	—
复星联合健康	156.26	156.26	—	A
中银三星	155.60	155.60	A	A
中邮人寿	154.78	139.06	—	A
前海人寿	152.96	76.48	—	B
英大财险	152.89	152.89	A	A
恒大人寿	141.02	138.11	—	B
昆仑健康	140.88	140.88	B	B
国华人寿	131.28	122.69	B	B
渤海财险	131.00	131.00	A	A
信泰人寿	130.36	130.36	—	B
中煤财险	130.03	130.03	—	A
君康人寿	129.55	129.55	—	B
弘康人寿	126.77	126.77	B	B
富邦财险	126.60	126.60	—	A
上海人寿	125.00	117.00	—	B
华夏人寿	123.86	99.50	—	—
安华农险	123.00	123.00	B	B
富德生命	118.00	91.00	—	—
天安人寿	117.64	98.20	—	B
百年人寿	103.78	91.19	B	B
珠江人寿	101.89	87.50	B	B
吉祥人寿	85.44	78.37	—	C
新光海航	7.21	7.21	—	D
久隆财险	6.64	6.64	—	A
中法人寿	-6739.43	-6739.43	—	D

资料来源：根据各保险公司官网公开资料整理。

注：表中没有风险综合评级的是指截至报告提交出版社时监管部门仍然没有披露的情况。

第二节　近年来保险消费者投诉情况统计分析

一、消费者投诉概述

2018 年上半年，中国银保监会及各银保监局接收涉及保险公司的保险消费投诉 47900 件，较上年同期下降 0.72%。其中，保险合同纠纷投诉 46896 件，占投诉总量的 97.90%，较上年同期下降 0.77%；涉嫌违法违规投诉 1004 件，占投诉总量的 2.10%，较上年同期增长 1.83%。

本报告整理了 2012 年以来中国银保监会公布的接收保险消费投诉的情况，结果发现，各年度投诉总量和保险公司亿元保费投诉量呈现逐年增长的趋势，仅在 2016 年出现下降。特别是 2017 年和 2018 年，中国银保监会接收的保险消费投诉远高于以往年度。通过比较财产险和人身险的消费投诉数据，本报告发现，财产险的平均投诉量要高于人身险。

二、各年份投诉总量统计

2012—2015 年，中国银保监会接收的保险消费投诉量逐年增加，在 2016 年接收的保险消费投诉量有较大幅度下降，而 2017 年接收的保险消费投诉量出现了近 4 倍的增长。

2018 年统计的数据仅截至 2018 年上半年度，但中国银保监会接收的保险消费投诉量已经超过 2017 年的一半，表明 2018 年的保险消费投诉量很可能与 2017 年相当甚至更多（见表 10-7）。

表 10-7　各年份投诉总量统计

年份	保险公司数量（家）	投诉总量（件）
2012	99	17157
2013	102	21283
2014	120	27818
2015	124	30133
2016	126	19422
2017	147	93111
2018	149	47900

资料来源：根据中国银保监会官网公开资料整理。

三、各年份亿元保费投诉量统计

通过整理中国银保监会公布的接收保险消费投诉情况，本报告对保险公司亿元保费投诉量进行了计算，计算公式为：保险公司亿元保费投诉量＝当期投诉件总量/当期保费总量（单位：件/亿元）。

统计分析表明，2012—2018 年，平均每一亿保费会出现至少一个投诉。2013—2016 年保险公司亿元保费投诉量呈现下降趋势，而 2016 年之后，保险公司亿元保费投诉量开始大幅度增长。特别是 2018 年，保险公司亿元保费投诉量已经超过 5 件/亿元，保险消费投诉量越来越多（见表 10-8）。

表 10-8　各年份亿元保费投诉量统计

年份	样本数（家）	平均值（件）	中位数（件）	标准差（件）	极差（件）	最小值（件）	最大值（件）
2012	96	2.26	1.50	3.77	35.28	0.01	35.29
2013	100	4.11	1.85	18.98	190.87	0.04	190.91
2014	115	2.62	1.77	3.53	25.04	0.02	25.06
2015	120	2.37	1.56	3.61	33.05	0.02	33.07
2016	123	1.32	0.79	2.30	19.69	0.00	19.69
2017	144	4.56	2.70	5.10	26.66	0.03	26.69
2018	145	5.31	2.84	10.68	109.67	0.10	109.77

资料来源：根据中国银保监会官网公开资料整理。

四、各年份万张保单投诉量统计

通过整理中国银保监会公布的接收保险消费投诉情况，本报告对保险公司万张保单投诉量进行了计算，计算公式为：保险公司万张保单投诉量＝当期投诉件总量/保单总量（单位：件/万张）。

统计分析表明，2014—2016 年，保险公司万张保单平均投诉量逐年下降，2016 年低至 0.27 件/万张。而 2017 年的万张保单平均投诉量增长了 2 倍多，2018 年万张保单平均投诉量也达到了 0.73 件/万张，保险消费投诉量持续保持在较高水平（见表 10-9）。

表 10-9　各年份万张保单投诉量统计

年份	样本数（家）	平均值（件）	中位数（件）	标准差（件）	极差（件）	最小值（件）	最大值（件）
2014	117	0.71	0.40	1.08	7.18	0.00	7.18
2015	120	0.53	0.37	0.61	5.45	0.00	5.45
2016	123	0.27	0.18	0.35	2.21	0.00	2.21
2017	144	0.85	0.64	0.75	3.37	0.00	3.37
2018	145	0.73	0.42	0.92	6.02	0.00	6.02

资料来源：根据中国银保监会官网公开资料整理。

五、不同险种类型的对比分析

本报告对中国银保监会接收财产险和人身险消费投诉情况分别进行统计，结果发现，财产险平均消费投诉量高于人身险平均消费投诉量，财产险的亿元保费平均投诉量和万张保单平均投诉量也高于人身险，表明投保人对财产险的消费投诉比人身险的消费投诉更加频繁（见表 10-10）。

表 10-10　不同险种类型的消费投诉量对比分析

财产险						
统计指标	样本数（家）	平均值（件）	中位数（件）	标准差（件）	极差（件）	最小值（件）	最大值（件）
投诉总量	398	323.82	67.00	929.75	11712.00	1.00	11713.00
亿元投诉	390	4.59	2.61	7.47	109.76	0.01	109.77
万张投诉	306	0.66	0.39	0.83	6.02	0.00	6.02
人身险						
统计指标	样本数（家）	平均值（件）	中位数（件）	标准差（件）	极差（件）	最小值（件）	最大值（件）
投诉总量	469	272.80	40.00	836.01	11600.00	1.00	11601.00
亿元投诉	453	2.24	1.17	9.35	190.91	0.00	190.91
万张投诉	343	0.60	0.37	0.79	7.18	0.00	7.18

资料来源：根据中国银保监会官网公开资料整理。

六、各年度分险种类型的比较分析

本报告对不同年度中国银保监会接收财产险和人身险消费投诉的情况进行了统计，其中中国银保监会没有公布 2012 年和 2013 年的万张保单投诉量。通过分析 2014—2018 年的数据发现，各年度财产险的投诉总量和亿元保费投诉量均大于人身险，人身险的万张保单投诉量仅在 2014 年和 2015 年超过了财产险，在 2016 年与之持平。特别是 2018 年，财产险的万张保单投诉量为 1.07 件/万张，超过人身险一倍多（见表 10-11）。

表 10-11　各年份分险种类型的保单投诉量平均值比较

年份	险种类型	样本数（家）	投诉总量（件）	亿元投诉（件）	万张投诉（件）
2012	财产险	43	171.84	1.95	—
	人身险	56	174.43	2.49	—
2013	财产险	43	210.58	2.31	—
	人身险	59	207.25	5.41	—
2014	财产险	53	239.75	2.97	0.40
	人身险	67	225.54	2.33	0.97
2015	财产险	55	268.15	3.29	0.41
	人身险	69	222.97	1.63	0.62

续表

年份	险种类型	样本数（家）	投诉总量（件）	亿元投诉（件）	万张投诉（件）
2016	财产险	62	161.39	2.12	0.27
	人身险	64	147.13	0.55	0.27
2017	财产险	72	680.96	7.59	0.97
	人身险	75	587.76	1.62	0.73
2018	财产险	70	370.64	8.88	1.07
	人身险	79	277.91	2.08	0.43

资料来源：根据中国银保监会官网公开资料整理。

第三节　监管部门关于保险公司处理投诉工作状况的评价

一、监管部门考评的评价指标体系

通过分析 2014—2017 年各年度监管部门公布的保险公司投诉处理工作考评情况，本报告整理了 2014—2017 年监管部门对保险公司投诉处理工作考评的评价体系框架演变过程。

2014 年，监管部门仅针对 8 项指标对保险公司投诉处理工作展开考评：每千张保单被投诉的数量、每亿元保费被投诉的数量、亿元保费投诉变化率、监管机构转办件办理及时率、接访响应情况、越级投诉率、媒体负面报道情况、重大群体性事件和越级群体访事件。

2015 年，监管部门对保险公司投诉处理的考评体系发生了较大变化，考评内容分为定性指标和定量指标。其中，定性指标包括制度建设、体制架构和重大应急处理机制 3 项；定量指标为 2014 年考评体系中的 8 项指标。

2016 年，监管部门对保险公司投诉处理的考评从定性和定量两类指标进行。其中，定性指标包括制度建设、组织管理和应急处理 3 项，较 2015 年有所变化，而定量指标与 2015 年相同。

根据《中国保监会关于开展 2017 年度保险公司投诉处理考评工作的通知》，本报告发现 2017 年监管部门对保险公司投诉处理的考评体系发生了重大变化。其中，定性指标包括制度建设、机制建立和制度执行 3 项，而财产险、人身险的定量指标均新增至 10 项：投诉相对量（3 项）、亿元保费投诉量变化率、投诉件处理及时率、撤诉率、越级投诉量、违法违规案件、重大群体性事件和负面舆情。

二、保险公司处理投诉工作考评结果总体状况

本报告对监管部门公布的保险公司投诉处理工作考评结果进行了整理，结果发现，2014—2016 年保险公司投诉处理工作考评平均分数逐年上升，而 2017 年出现较大幅度

下降，平均分数低于 70 分（表 10-12）。

表 10-12 保险公司投诉处理工作考评结果（2014—2017 年）

统计指标	2014 年	2015 年	2016 年	2017 年
样本数	130	134	143	145
平均值	72.88	75.98	80.39	68.72
中位数	69.97	74.77	80.75	68.08
标准差	15.72	13.99	14.00	16.05
极差	60.00	50.85	59.79	84.01
最小值	40.00	49.15	40.21	15.99
最大值	100.00	100.00	100.00	100.00

资料来源：根据中国银保监会官网公开资料整理。

三、不同险种类型保险公司处理投诉工作考评结果比较

通过比较监管部门对保险公司关于财产险和人身险的投诉处理工作考评结果，本报告发现，人身险的平均投诉处理考评得分高于财产险，极差较大而标准差较小，表明保险公司人身险的投诉处理考评得分更加集中（见表 10-13）。

表 10-13 保险公司投诉处理工作考评结果（按险种类型分析）

统计指标	财产险	人身险
样本数	273	279
平均值	73.95	75.01
中位数	71.49	75.55
标准差	15.84	15.28
极差	59.79	84.01
最小值	40.21	15.99
最大值	100.00	100.00

资料来源：根据中国银保监会官网公开资料整理。

四、各年份不同险种类型的保险公司处理投诉工作考评结果

通过比较 2014—2017 年各年度保险公司财产险和人身险的平均投诉处理考评得分，本报告发现，仅在 2014 年，财产险的平均投诉处理考评得分高于人身险，而 2015—2017 年，人身险的平均投诉处理考评得分均高于财产险（见表 10-14）。

表 10-14　保险公司投诉处理工作考评结果（按险种类型、年份双维度分析）

统计指标	2014 年		2015 年		2016 年		2017 年	
	财产险	人身险	财产险	人身险	财产险	人身险	财产险	人身险
样本数	64	66	65	69	71	72	73	72
平均值	75.56	70.28	75.15	76.77	77.79	82.95	67.73	69.73
中位数	73.71	68.55	72.16	75.55	78.98	83.32	64.80	73.11
标准差	16.69	14.38	15.58	12.37	15.01	12.52	14.55	17.49
极差	53.95	60.00	50.85	50.00	59.79	50.86	57.23	80.91
最小值	46.05	40.00	49.15	50.00	40.21	49.14	42.77	15.99
最大值	100.00	100.00	100.00	100.00	100.00	100.00	100.00	96.90

资料来源：根据中国银保监会官网公开资料整理。

第四篇

发展案例篇

　　从保险业当前的情势来看，总体态势良好，但仍须特别警惕和防范公司治理风险、偿付能力不足风险、流动性风险和信用风险等四类风险。其中，中国企业普遍存在的治理结构不完善、内控制度不健全、一股独大、内部人控制等问题在保险业也都存在。

　　——孙祁祥.在防范风险中更好地发挥保险的功能[N].中国保险报，2017-08-29(4).

第十一章　英大财险公司治理案例分析

本章将从公司概况、股东大会运作及股权结构、董事会运作及构成、监事会运作及构成以及高级管理层运作及构成五个方面介绍英大泰和财产保险股份有限公司的治理情况，最后从党组织参与公司治理的角度分析该保险公司治理的特点。

第一节　英大财险公司概况

一、公司简介

英大泰和财产保险股份有限公司（以下简称"英大财险"）[①]以科学发展观为统领，弘扬"努力超越、追求卓越"的企业精神，坚持市场化的发展方向，坚持以效益为中心，努力发挥经济"助推器"和社会"稳定器"的作用并承担更多更大的社会责任。

英大财险贯彻执行国家金融保险方针政策，依法合规经营，崇尚科学发展。在监管部门的正确指导下，努力打造一个治理结构规范、具有核心竞争力和市场影响力、效益与规模同步增长、客户和股东满意的效益成长型企业。

英大财险 2008 年筹备，截至 2017 年 12 月 31 日，英大财险实收资本 31 亿元，公司原保费收入 83.04 亿元，保险风险最低资本 21.86 亿元，综合偿付能力充足率 154.09%。

二、公司理念

英大财险的战略定位是"面向主业、产融结合、以融促产、协调发展"；战略布局为"坚持服务主业、服务行业、质量为先、效率至上，有所为有所不为，做强做优做专做精保险业务，在管控好风险的基础上实现质量发展"；宗旨是"为人民电业提供优质保险服务"；核心价值观为"以客户为中心、专业专注、持续改善"；战略愿景是"建成偿付能力坚强、资产优良、服务优质、业绩优秀的国内一流、国际知名的现代保险公司"；战略目标是"做强电网、做优车险、做专特色、做精团队"；基本方针为"效益优先、兼顾规

---

① 英大财险在监管部门 2017 年进行的公司治理评价中，无论是综合评价还是监管评价均是中资财产险中的第一名，详见本报告第十五章第二节相关内容，因此本章选择了该公司作为案例分析对象。

模"；经营理念是"效益争先，服务创优，诚信树标，品牌求胜"。

三、客户服务

英大财险以客户关系管理为核心，建立一体化的客户服务体系。建设以客服柜面、呼叫中心、门户网站为主的全方位客户沟通平台，并随着信息技术的发展与社交习惯的变化，不断探索和实现新的沟通方式，实现公司与客户间的零距离接触，具体如下。

"一柜通"——完整、一体化的客户服务柜面，提供财务收支、新契约受理、保全、客户投诉、简易理赔案件办理及大额理赔受理等服务。

呼叫中心——全国集中式呼叫中心，统一的客户服务专线电话，随时随地提供客户咨询、受理投诉、理赔报案、电话回访等服务，充当投保人的贴身保险顾问。

网站服务——通过公司网站进行保单查询服务，通过知识库的建立提供与健康、医疗以及投资理财等相关的资讯。

针对团体保险提供以下增值服务：针对法律、法规的问卷调查，定期上门回访，定期资料寄送，邀请客户参与公司重大活动，客户祝贺，等。

对于客户最为关注的理赔服务，英大财险提供了较高水平的服务项目：简易理赔案件柜面当即快速给付；住院客户探视慰问；承诺服务时间，如赔款延迟给付贴息。

四、公司历史

2005 年 11 月 11 日，国家电网公司决定成立国家电网财产保险公司筹备组。

2008 年 3 月 22 日，原中国保监会复函国家电网公司，同意国家电网公司发起组建英大财险。

2008 年 3 月 18 日，原中国保监会核准了英大财险委托股票投资资格。

2008 年 7 月 9 日，原中国保监会批准英大财险筹建。

2008 年 8 月 28 日，英大财险在北京召开创立大会。同日，召开了第一次股东大会、第一届董事会第一次会议、第一届监事会第一次会议。

2008 年 10 月 28 日，原中国保监会批复英大财险开业。

2008 年 11 月 6 日，英大财险正式揭牌开业。

2012 年 10 月 30 日，《2011 年中国财产险公司盈利能力分析》发布，公布中国盈利能力最强的财产保险公司，英大财险排名居首。

2014 年，在中国保险学会、中国社会科学院共同发布的《中国保险业竞争力报告》中，英大财险综合竞争力在行业主体中排名第 5 位。

2017 年，在原中国保监会印发的《关于 2017 年保险法人机构公司治理评估有关情况的通报》中，英大财险综合评价得分 95.4 分，监管评价得分 93 分，两项得分均位列财险行业第一名。

五、业务范围

英大财险业务范围包括：财产损失保险；责任保险；信用保险和保证保险；短期健

康保险和意外伤害保险；上述业务的再保险业务；国家法律、法规允许的保险资金运用业务；经原中国保监会批准的其他业务。

六、治理结构

英大财险的治理结构如图 11-1 所示。公司设置董事会、监事会，并设置董事会专门委员会，包括审计委员会、提名薪酬委员会、战略委员会、资产负债管理委员会和风险管理委员会。在管理层组织结构设置中，设有绩效管理委员会、特殊风险管理委员会以及计划与预算管理委员会等，职能部门设置也较为全面。

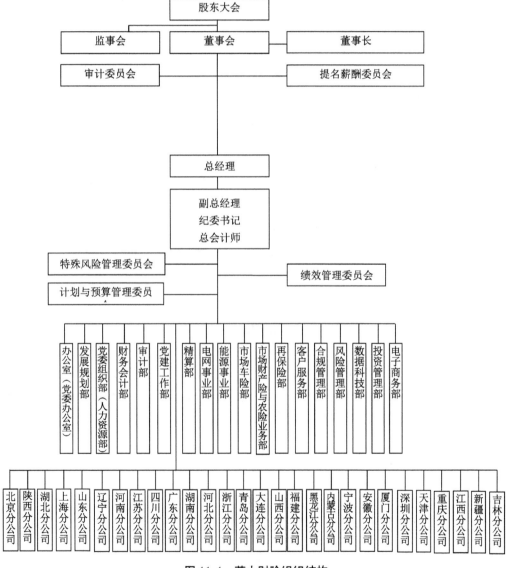

图 11-1　英大财险组织结构

资料来源：英大财险官网。

七、公司荣誉

2017 年，在原中国保监会季度风险综合评级（分类监管）评价中，英大财险获评"A类"机构。自原中国保监会于 2013 年 8 月实行监管评价季度通报以来，英大财险连续四年被评为分类监管 A 类公司。

2017 年 9 月 21 日，原中国保监会印发《关于 2017 年保险法人机构公司治理评估有关情况的通报》（保监发〔2017〕261 号）。在公司治理评估检查中，英大财险综合评价得分 95.4 分，监管评价得分 93 分，取得行业"双第一"的优异成绩。

2017 年 11 月 22 日，由中国社会科学院、中国经营报、中经新金融研究院共同主办的"2017 年（第九届）卓越竞争力金融峰会"在北京举行。凭借优秀的经营发展业绩，英大财险荣获"2017 年卓越竞争力财险公司"奖项。

2017 年 11 月 26 日，国际著名评级机构惠誉国际（Fitch）发布权威评级报告，认定英大财险财务实力评级为"A-"，公司具有良好发展前景。这是英大财险公司自 2015 年起，连续第三年取得"A-"评级。

2017 年 12 月 14 日，中国保险行业协会公布"2016 年保险公司法人机构经营评价结果"，在业内 68 家财产险公司中，英大财险获评 A 级，排名第 6。该经营评级指标体系由原中国保监会发布，主要从速度规模、效益质量和社会贡献三个维度评价保险公司的经营效果。

第二节　英大财险股东、股权结构与股东大会

一、实际控制人控制公司情况说明

公司的实际控制人为国家电网有限公司，企业类型属于有限责任公司（国有独资）。国家电网有限公司通过控制国网英大国际控股集团有限公司、中国电力财务有限公司等 26 家股东单位间接控制公司 99.43% 的股权。

二、股权结构

英大财险持股比例在 5% 以上的股东及其持股情况如表 11-1 所示。公司的第一大股东为国网英大国际控股集团有限公司，持股比例为 20%；第二大股东为中国电力财务有限公司，持股比例为 7.43%。相比之下，公司的股权结构较为分散。

表 11-1　英大财险持股比例在 5%以上的股东及其持股情况

股东名称	持股数量（万）	持股比例（%）	股份性质	备注
国网英大国际控股集团有限公司	62000	20.00	国有法人	发起人
中国电力财务有限公司	23028.5714	7.43	国有法人	发起人
国网上海市电力公司	15500	5.00	国有法人	发起人
国网湖北省电力有限公司	15500	5.00	国有法人	发起人
国网辽宁省电力有限公司	15500	5.00	国有法人	发起人
国网陕西省电力有限公司	15500	5.00	国有法人	发起人

资料来源：英大财险官网。

三、近年来股东大会召开情况

（一）2017 年度股东大会

英大财险 2017 年度股东大会于 2018 年 5 月 4 日以通讯方式召开，有 27 家股东单位出席会议。会议审议了《英大泰和财产保险股份有限公司 2017 年度董事会工作报告》《英大泰和财产保险股份有限公司 2017 年监事会工作报告》《英大泰和财产保险股份有限公司 2017 年度经营工作报告》《英大泰和财产保险股份有限公司 2017 年度财务预算完成情况及 2018 年度财务预算方案》《英大泰和财产保险股份有限公司 2017 年度利润分配方案》《关于英大泰和财产保险股份有限公司聘用瑞华会计师事务所审计的议案》《英大泰和财产保险股份有限公司 2017 年度资金运用情况及 2018 年资金运用方案》《关于英大泰和财产保险股份有限公司引进战略投资者有关事项的议案》《关于增加英大泰和财产保险股份有限公司经营范围的议案》《关于修改〈英大泰和财产保险股份有限公司章程〉的议案》《关于选举英大泰和财产保险股份有限公司第四届董事会董事的议案》《关于选举英大泰和财产保险股份有限公司第四届监事会监事的议案》《关于选举英大泰和财产保险股份有限公司第四届董事会职工董事的说明》《关于选举英大泰和财产保险股份有限公司第四届监事会职工监事的说明》《英大泰和财产保险股份有限公司 2017 年度董事尽职报告》《英大泰和财产保险股份有限公司 2017 年度独立董事尽职报告》《英大泰和财产保险股份有限公司 2017 年监事尽职报告》《英大泰和财产保险股份有限公司 2017 年关联交易报告及 2018 年度关联交易授权情况》等 18 项议案。会议一致表决通过了提交本次会议审计的各项议案。

（二）2017 年第二次临时股东大会

英大财险 2017 年第二次临时股东大会于 2017 年 11 月 16 日以通信方式召开，有 27 家股东单位出席会议。会议审议了《关于修改〈英大泰和财产保险股份有限公司章程〉的议案》《关于修改〈英大泰和财产保险股份有限公司股东大会议事规则〉的议案》《关于修改〈英大泰和财产保险股份有限公司董事会议事规则〉的议案》《关于修改〈英大泰和财产保险股份有限公司监事会议事规则〉的议案》等 4 项议案。会议一致表决通过了提交本次会议审计的各项议案。

（三）2017 年第一次临时股东大会

英大财险 2017 年第一次临时股东大会于 2017 年 8 月 25 日以通信方式召开，有 27 家股东单位出席会议。会议审议了《关于审议〈英大泰和财产保险股份有限公司发行资本补充债券相关工作的汇报〉的议案》《关于审议〈英大泰和财产保险股份有限公司董事薪酬管理暂行办法〉的议案》2 项议案。会议一致表决通过了提交本次会议审计的各项议案。

（四）2016 年度股东大会

英大财险 2016 年度股东大会于 2017 年 5 月 31 日以通信方式召开，有 27 家股东单位出席会议。会议审议了《英大泰和财产保险股份有限公司 2016 年度董事会工作报告》《英大泰和财产保险股份有限公司 2016 年度监事会工作报告》《英大泰和财产保险股份有限公司 2016 年度董事尽职报告》《英大泰和财产保险股份有限公司 2016 年度独立董事尽职报告》《英大泰和财产保险股份有限公司 2016 年度监事尽职报告》《英大泰和财产保险股份有限公司 2016 年度经营工作报告》《英大泰和财产保险股份有限公司 2016 年度财务预算完成情况和 2017 年度财务预算方案》《英大泰和财产保险股份有限公司 2016 年度利润分配方案》《英大泰和财产保险股份有限公司 2016 年关联交易报告及 2017 年关联交易授权情况》等 9 项议案。会议一致表决通过了提交本次会议审计的各项议案。

（五）2016 年第三次临时股东大会

英大财险 2016 年第三次临时股东大会于 2016 年 12 月 30 日以通信方式召开，有 27 家股东单位出席会议。会议审议了《关于英大泰和财产保险股份有限公司聘用瑞华会计师事务所审计的议案》，该议案经一致表决通过。

（六）2016 年第二次临时股东大会

英大财险 2016 年第二次临时股东大会于 2016 年 9 月 23 日在武汉东湖宾馆召开，有 25 家股东代表参会。会议审议了《关于英大泰和财产保险股份有限公司未分配利润转增资本的议案》《关于修改〈英大泰和财产保险股份有限公司章程〉的议案》2 项议案。会议一致表决通过了提交本次会议审计的各项议案。

（七）2016 年第一次临时股东大会

英大财险 2016 年第一次临时股东大会于 2016 年 8 月 26 日以通信方式召开，有 27 家股东单位出席会议。会议审议了《英大泰和财产保险股份有限公司"十三五"发展规划》《关于英大泰和财产保险股份有限公司投资上海保险交易所的议案》2 项议案。会议一致表决通过了提交本次会议审计的各项议案。

（八）2015 年度股东大会

英大财险 2015 年度股东大会于 2016 年 4 月 26 日以通信方式召开，有 27 家股东单位出席会议。会议审议了《英大泰和财产保险股份有限公司董事会 2015 年度工作报告》《英大泰和财产保险股份有限公司监事会 2015 年度工作报告》《英大泰和财产保险股份有限公司 2015 年度经营工作报告》《英大泰和财产保险股份有限公司 2015 年度独立董事尽职报告》《英大泰和财产保险股份有限公司 2015 年度财务预算和 2016 年度财务预算方案》《英大泰和财产保险股份有限公司 2015 年度利润分配方案》《英大泰和财产保险股份有限公司 2015 年度关联交易情况及 2016 年度关联交易授权情况》《关于英大泰和财产保险股份有限公司续聘立信会计师事务所审计的议案》《关于修改英大泰和财产保险股份有限公司章程的议案》等 9 项议案。会议一致表决通过了提交本次会议审计的各项议案。

（九）2015 年第一次临时股东大会

英大财险 2015 年第一次临时股东大会于 2015 年 12 月 27 日以通信方式召开，有 26 家股东单位出席会议。会议审议了《关于选举英大泰和财产保险股份有限公司第三届董事会独立董事的议案》《关于改选英大泰和财产保险股份有限公司职工董事的说明》2 项议案。会议一致表决通过了提交本次会议审计的各项议案。

第三节　英大财险董监高的构成情况

一、董事会的构成

英大财险董事人员情况如表 11-2 所示。范跃任公司董事长兼党委书记，张国兴任总经理兼任职工董事和党委副书记，董事会设有 3 名独立董事，符合中国银保监会的基本要求。公司董事长和总经理不存在两职兼任的情况，能够保障董事长和总经理的有效履职。

表 11-2　英大财险董事人员情况

姓名	职务	性别	出生年份	任期起始年份
范跃	董事长、党委书记	男	1961	2015
张国兴	总经理、职工董事、党委副书记	男	1968	2016
徐鸿	董事	男	1976	2015
李燕劳	董事	女	1962	2015
张传菊	董事	女	1957	2013
范海荣	董事	男	1969	2015
李冰清	独立董事	男	1972	2015
宫玉振	独立董事	男	1969	2015
赵晶	独立董事	女	1976	2015

资料来源：英大财险官网。

二、监事会的构成

英大财险监事会人员情况如表 11-3 所示。康彤任公司监事会主席，李路任监事，乔宏伟任职工监事。

表 11-3　英大财险监事人员情况

姓名	职务	性别	出生年份	任期起始年份
康彤	监事会主席	男	1970	2015
李路	监事	男	1962	2012
乔宏伟	职工监事	男	1963	2017

资料来源：英大财险官网。

三、高管层的构成

英大财险高级管理层人员情况如表 11-4 所示。孙江滨和周全亮任副总经理兼党委委员，章显亮任纪委书记兼工会主席和党委委员，俞华军任副总经理兼党委委员和总精算师，肖然任董事会秘书兼纪委副书记和审计负责人，李福恩任总经理助理兼办公室主任和合规负责人，赵付明任总经理助理兼党委组织部总经理和首席风险官。

表 11-4　英大财险高级管理层人员情况

姓名	职务	性别	出生年份	任期起始年份
孙江滨	副总经理兼党委委员	男	1962	2008
周全亮	副总经理兼党委委员	男	1972	2014
章显亮	纪委书记兼工会主席、党委委员	男	1966	未披露
俞华军	副总经理	男	1976	2016
	党委委员			未披露
	总精算师			2011
肖然	董事会秘书	男	1962	2015
	纪委副书记			未披露
	审计负责人			2018
李福恩	总经理助理兼办公室主任	男	1965	2017
	合规负责人			2018
赵付明	总经理助理兼党委组织部总经理	男	1973	2017
	首席风险官			2017

资料来源：英大财险官网。

第四节　英大财险党组织对公司治理的参与

一、党组织参与公司治理的一般规定

《公司法》第十九条规定："在公司中，根据中国共产党章程的规定，设立中国共产党的组织，开展党的活动。公司应当为党组织的活动提供必要条件。"根据该规定，公司中的党组织依照《中国共产党章程》活动。

而《中国共产党章程》第三十三条第 2 款规定："国有企业和集体企业中党的基层组织，发挥政治核心作用，围绕企业生产经营开展工作。保证监督党和国家的方针、政策在本企业的贯彻执行；支持股东会、董事会、监事会和经理（厂长）依法行使职权；全心全意依靠职工群众，支持职工代表大会开展工作；参与企业重大问题的决策；加强党

组织的自身建设，领导思想政治工作、精神文明建设和工会、共青团等群众组织。"以上是党组织参与公司治理的最基本法律依据。

实际上，从公司治理理论视角也可以找到党组织参与公司治理的理论依据，党组织也是公司的重要利益相关者之一，参与公司治理有其必然性，只是如何参与、参与程度以及公司的做法各有不同。

二、英大财险的做法

英大财险党组织参与公司治理情况如表 11-5 所示。董事长兼任党委书记，总经理兼任党委副书记，副总经理兼任党委委员，同时公司设置纪委书记、纪委副书记、党委办公室主任等职位，体现了国有保险公司党组织参与公司治理的治理特色。总体来说，英大财险通过交叉任职，较为充分地实现了党组织在董事会、高管层的治理参与。

表 11-5　英大财险党组织参与公司治理情况

姓名	党内职务	性别	出生年份
范跃	党委书记	男	1961
张国兴	党委副书记	男	1968
孙江滨	党委委员	男	1962
周全亮	党委委员	男	1972
章显亮	纪委书记、党委委员	男	1966
俞华军	党委委员	男	1976
肖然	纪委副书记	男	1962
李福恩	党委办公室主任	男	1965
赵付明	党委组织部总经理	男	1973

资料来源：英大财险官网。

第十二章 太平人寿公司治理案例分析

本章从公司概况、股东大会运作及股权结构、董事会运作及构成、监事会运作及构成以及高级管理层运作及构成五个方面介绍了太平人寿保险公司治理的情况，并梳理了近年来该公司积极履行社会责任的情况。

第一节 太平人寿公司概况

一、公司简介

太平人寿保险有限公司（以下简称"太平人寿"）①是中国太平保险集团有限责任公司（以下简称"中国太平"）旗下的专业人身险公司，是我国中大型人身险公司之一。中国太平拥有 89 年品牌历史，是管理总部设在中国香港的中管金融保险集团。2018 年，中国太平进入世界 500 强。

作为中国太平战略发展的主要力量，太平人寿坚持"共享太平"的发展理念，全力践行"为您分担风险，与您共享太平"的社会责任，依托集团综合性、多元化经营平台，通过个人代理、银邮代理、电话销售、网络销售等渠道，提供涵盖人寿、意外、健康、年金等多种类型的保险产品，为客户提供周全的保险保障和一站式、一揽子金融保险服务。公司总部设在上海，注册资金为 100.3 亿元，截至 2019 年底已开设 37 家分公司和 1100 余家三、四级机构，服务网络基本覆盖全国。

"太平"品牌 1929 年创立于上海。1956 年根据国家统一部署，专营境外业务。2001 年重新进军国内市场。2001 年 11 月，中国太平（时为中国保险股份有限公司）以太平人寿为经营主体，全面恢复国内人身保险经营业务，同年 12 月 5 日，太平人寿正式开业。

复业以来，太平人寿成功地走出了一条改革创新、专业发展之路：紧密围绕"用心经营，诚信服务"的经营理念，创建了具有太平特色的公司经营与业务发展模式；强化以"创新"为特色的核心竞争优势，建立起"以客户为中心"的经营管理体系；坚持以

---

① 太平人寿在监管部门 2017 年进行的公司治理评价中，无论是综合评价还是监管评价均是中资人身险公司中的第一名，详见本报告第十五章第二节相关内容，因此本章选择了该公司作为案例分析对象。

高标准、严要求引进人才，培育出一支具有竞争力的员工队伍；坚持"价值持续增长"的理念不动摇，业务结构不断优化，品质指标持续提高，企业内含价值不断提升。

太平人寿业务规模、价值稳步增长，业务品质始终保持在行业领先水平。截至 2018 年 6 月，公司总资产超过 4300 亿元，期末有效保险金额超过 112000 亿元，服务客户总量超过 4500 万人次，累计向客户支付理赔款和生存金总额超过 868 亿元，充分发挥了商业保险作为社会保障体系支柱的职能。2018 年，惠誉国际连续第三年对太平人寿做出"A+"评级，评级展望为"稳定"。

作为中管保险集团成员公司，太平人寿也积极在教育公益、绿色环保、扶贫帮困、灾害救助等公益慈善领域，主动承担企业社会责任。公司品牌形象和企业声誉获得客户、员工和社会的高度认可。

二、业务领域

太平人寿是中国第六家全国性人身险公司，拥有国内人身险公司最完善的产品线，为个人和团体提供专业的人身险金融服务。太平人寿的人身险服务分为保障与投资两大门类，数以百计的产品覆盖医疗保险、养老保险、子女教育保险和意外伤害保险等各个领域，尤其在高端人群服务领域具有行业领先地位。目前，太平人寿主要通过个人人身险营销（代理人）、银行代理、渠道合作、互联网及电话销售等营销模式销售保险产品。此外，太平人寿还依托中国太平保险集团的综合金融服务平台，为客户提供全方位的保险保障、金融理财和增值服务，如图 12-1 所示。

图 12-1　太平人寿保险公司业务板块

资料来源：根据太平人寿官网制作。

（一）个人寿险业务——培育精英团队，打造高端客户首选保险服务品牌

太平人寿自 2001 年复业以来，个人寿险业务系列始终坚持以高标准选才，即按寿险规律严格筛选队伍成员，通过科学的培训提高全员销售技能，通过诚信进取的营销文化有效提升队伍素质，通过专业化、体系化运作提高人均产能，通过市场化的激励政策增

强队伍活力，使业务团队的总体业绩始终保持较高的水平。复业以来，太平人寿的个人寿险业务已连续 17 年保持正增长。

太平人寿精心打造的精英团队，具备更高的职业操守和服务能力和比市场平均水平更高的服务标准，为客户提供更优质的保险服务。通过卓越的体验式服务，太平人寿个人业务在高端市场获得了高度认可。个险代理人人均业绩常年保持在行业平均水平的 2—3 倍，仅在 2014 年，全年业务达到百万以上的人数就高达 1257 人，出现"千人百万"的局面，其中 6 人年度销售业绩突破千万。太平人寿是全行业"百万业务员"占比最高、增速最快的寿险公司之一。

在"精品战略"的指引下，太平人寿寿险业务获得全新的发展机遇。在业务迅速增长的同时，营销队伍亦快速发展壮大，目前其营销队伍已达 14 万人，树立了个险营销高速发展的行业典范。太平人寿个人寿险业务在成为高端客户首选保险服务品牌的同时，也成为高素质人才实现人生梦想的理想平台。

（二）银行保险业务——服务、专业、创新，引领市场

银行保险是太平人寿最重要的战略发展渠道之一。目前，太平人寿已与工、农、中、建、交、招、邮等国内 20 多家主要银行建立了全面合作关系，形成了稳定、可持续增长的盈利模式。2018 年，太平人寿银行保险总保费达到近 270 亿元。

太平人寿银行保险始终坚持"以客户为中心"的经营理念，坚持价值和规模并重的经营策略，致力于提供卓越的客户体验：产品方面，建立了满足客户差异化、多层次需求的产品线，如针对健康保障的财富安泰重大疾病保障计划、幸福无忧恶性肿瘤疾病保险，针对少儿成长的幸福成长教育年金和少儿重大疾病保险，针对高品质养老和家庭理财的财富成长系列、金生恒赢年金保险、幸福一生年金保险等，深受客户欢迎；服务方面，银行保险全方位提升基础服务水平，超预期地提供增值服务，提供一揽子保险服务解决方案；根据中高端客户的需求，在业内率先为客户提供海外健康体检、基因检测、肿瘤标志物检测、健康专家讲座、海外教育体验活动、养老社区入住等增值服务。

持续创新是太平人寿银行保险快速发展的恒久动力。近年来，太平人寿银行保险突破传统银保格局，树立"大银保"观念，不断探索新业务增长点。把握当前"互联网+"的发展潮流，太平人寿与合作银行密切配合，开发网上银行、手机银行、银行网点自助终端等互联网业务模式，实现银保服务的智能化，将信息技术转化为生产力。与工商银行、招商银行等联合推出的联名芯片卡，可实现保单信息查询和修改、保单贷款、红利领取、保险续期缴费等功能。

经过 10 多年的发展，太平人寿银行保险已经成为国内银行保险领域的优秀品牌。未来，太平人寿银行保险将继续积极探寻业务发展的新蓝海、产品创新的新领域、渠道合作的新途径，不断优化产品和服务体系，为客户提供更具特色的优质保险服务。

（三）电子商务——打造"创新型、数字型、智能型"的寿险营销服务平台

紧跟现代网络社会的发展潮流，针对人们保险消费途径的变化，太平人寿于 2006 年率先设立了创新业务部门。2012 年，根据集团战略部署，太平人寿成立电子商务事业部，与中国太平旗下专业电商公司太平电子商务有限公司对接，全力推进太平人寿电子商务向"创新型、数字型、智能型"发展。

目前，太平人寿电子商务已成功集成以电话、网络、手机等现代通信和传媒渠道为平台的多元化保险销售渠道，在专业经营、人才培养、效益提升等方面处于市场领先地位。

在电话营销领域，太平人寿以专业、规范运作和行业领先的品质与绩效著称。目前，太平电销已在全国范围内与工商银行、建设银行、招商银行、交通银行、民生银行、浦发银行、兴业银行、中信银行等 10 多家国有、股份制商业银行开展近 20 个合作项目，已成为国内电销合作银行最多、合作区域最广、合作项目类型最丰富的寿险公司之一。此外，太平人寿在全国设有 7 家全国性电话销售中心和 5 家省域性电话销售中心，统一规划、集中运营，通过专业的数据库营销，为客户提供更加精准和多样的综合保险服务。在网络营销领域，太平人寿基本形成官网、官方微信直销，职域电商网销和第三方合作三大网销业务平台，并在保障型产品方面有明显优势。

在支付领域，太平人寿已与工商银行、农业银行、中国银行、建设银行、招商银行、交通银行、浦发银行等多家国有或股份制商业银行展开了银企直连合作，并与支付宝、财付通、通联、快钱和银联等大型第三方支付服务公司建立了网络支付和网络代理合作关系，支持多渠道、多模式的快捷收付服务。在保险服务领域，遍布全国的服务网点和电网结合的保全理赔模式，是太平人寿电子商务发展的有力保障。

（四）综合金融服务

中国太平以客户为中心的综合金融服务平台已经初步建立，依托该平台，太平人寿可为客户提供全方位的保险保障、金融理财和增值服务。

三、公司优势

（一）品牌与文化优势

"太平"品牌经过了 80 多年的发展和积淀，以"诚信、专业、价值"为价值观的中国太平企业文化，为太平人寿提供了丰富的品牌特质和文化内涵。目前，中国太平正在大力培育"有梦想、敢担当，有激情、在状态，有胆识、善创新"的核心文化，这也是太平人寿新时期管理智慧和管理文化的重要源泉，将为太平人寿新一轮发展带来全新动力。

（二）股东与公司治理优势

太平人寿是中央管理的四大国有保险集团之一的中国太平保险集团（以下简称"中国太平"）旗下成员公司。公司股权结构稳定，公司治理良好。股东均在全球范围内长期从事金融保险工作，具有较强资本实力、较高专业水准和国际视野。

（三）金融服务优势

"一个客户，一个太平"是中国太平的品牌特色和服务优势。依托中国太平，太平人寿涵盖财产保险、养老保险、再保险、再保险经纪及保险代理、证券经纪、资产管理、非金融投资等多个领域整合的综合金融服务平台，可为客户提供全方位的综合金融增值服务。

（四）人才队伍优势

坚持"以人为本""机制引才、制度用才、环境留才、培训育才"，通过完善的激励机制、约束机制、监督机制和灵活的用人机制，太平人寿已经锻造了一支专业、进取的内外勤骨干队伍。

（五）专业化经营体系优势

各业务条线及后援管理系列均已建立起相应的专业化经营体系，通过专业化体系的建设和运作，太平人寿的长期竞争优势已经逐步显现。伴随专业化经营体系的不断完善，公司也将获得内涵更加丰富的价值成长。

（六）创新的产品体系优势

产品创新是太平人寿复业以来一以贯之的市场策略之一。太平人寿完善的产品体系可为个人客户和企业客户提供全方位的保险保障和理财服务，其中多款创新型保险产品填补了国内市场空白，多款产品获得媒体、专业调研机构和大众评选的好评及奖项。

（七）体验式客户服务体系优势

以太平人寿独特的服务文化为基础，以"客户体验式服务平台"为核心，以遍布全国的实体服务窗口和虚拟电子化服务后台共同支撑，太平人寿确保客户随时随地获得远程和现场的高品质、同质化服务。

（八）全流程的电子信息化优势

太平人寿在业内率先利用因特网技术实现业务、财务集中管理，统一出单，统一核保，风险集中管控。以此为基础，太平人寿整合在线投保、自助服务、客户数据库、95589电话服务中心、业务处理系统、自动理赔系统、微信服务号等电子化服务平台，已初步实现业务、服务全流程的电子信息化。

四、公司荣誉

（一）2017 年太平人寿保险公司所获荣誉

2017 年，惠誉国际保持太平人寿"A+"评级：4 月，太平人寿财务实力评级保持为"A+"，评级展望为稳定，这也是惠誉国际连续第二年对太平人寿做出该评级。

获评"中国十佳年度影响力品牌"：10 月，由上海第一财经传媒有限公司主办、美国注册财务策划师（Registered Financial Planner，RFP）学会中国中心承办的"2017 年第一财经·RFP 中国理财精英颁奖典礼暨中国理财师大会"在沪举行，太平人寿凭借卓越的行业影响力和出色的业绩成绩单，荣膺"中国十佳年度影响力品牌"奖。

（二）2016 年太平人寿保险公司所获荣誉

亚洲竞争力排名提升：《亚洲保险竞争力排名研究报告》中，太平人寿名次提升两位，成为亚洲第 8、内地第 6。

获"态度风范"大奖：网易态度营销年度大奖揭晓，由太平寿提交的"微电影"《为了心中的那份太平》，获"态度风范"大奖。

获"年度最佳寿险公司"大奖："中国金融 500 强"颁奖典礼在北京举行，太平人寿获评"年度最佳寿险公司"。

获"卓越竞争力寿险公司"奖："2016（第十四届）中国企业竞争力年会"及"2016年（第八届）卓越竞争力金融机构评选"颁奖典礼在北京举行，太平人寿荣获 2016 年度"卓越竞争力寿险公司"奖项。

获"杰出寿险品牌奖"：12 月 8 日，由财经网站金融界主办的"首届智能金融国际论坛暨金融界领航中国年度盛典"在北京举行，太平人寿在本次评选中获"杰出人寿险品牌奖"。

获评"最佳保险公司"：12 月 14 日，网易举办经济学家年会，太平人寿获评"最佳保险公司"。

获评"卓越竞争力寿险公司"：12 月 13 日，由《中国经营报》主办的第八届卓越竞争力金融机构评选揭晓，太平人寿获评 2016 年度"卓越竞争力寿险公司"。

获评"年度最具创新力保险公司"：12 月 9 日，"2016 中国金融机构金牌榜·金龙奖"揭晓，太平人寿获评"年度最具创新力保险公司"。

入选"创新消费引导与服务优秀企业"：12 月 6 日，由《中国消费者报》主办的中国消费者维权高峰论坛在北京举行，太平人寿凭借其在消费维权及服务方面的突出表现，入选"创新消费引导与服务优秀企业"，成为金融业唯一入选企业。

荣获"年度最具价值保险品牌"称号，多款产品获评"最佳"：10 月，由《保险文化》杂志社主办的"第十一届中国保险创新大奖"评选结果揭晓，太平人寿荣获"2016 年度最具价值保险品牌"称号，其参评的 4 款保险产品摘得"最佳理财保险产品""最佳健康保险产品""最佳养老保险产品"等奖项。

惠誉国际评级升至"A+"：7 月，全球三大国际评级机构之一的惠誉国际已确认，太平人寿保险有限公司的保险公司财务实力评级由上年"A"升至"A+"，评级展望为稳定。

获评"值得信赖保险公司"：7 月，"2016 年中国保险业方舟奖评选"在激烈角逐后结果出炉，太平人寿获得"2016 年度值得信赖保险公司方舟奖"。

获"优质客户服务奖"：7 月 8 日，大型行业评选"2016 年度中国保险风云榜"在北京揭晓，太平人寿获"优质客户服务奖"。

获评"2015 年度值得信赖寿险公司"：1 月，由中国证券市场研究设计中心（SEEC）与和讯网联合主办的第十三届财经风云榜在北京揭晓，太平人寿在本次评选中荣获"2015 年度值得信赖寿险公司"称号。

第二节 太平人寿股东与股权结构

一、实际控制人及其控制公司情况的简要说明

太平人寿保险公司的控股股东为中国太平保险控股有限公司，实际控制人为中华人民共和国财政部（以下简称"财政部"），持股 5.00% 以上股东的具体情况如图 12-2 所示。

太平人寿保险公司的实际控制人为财政部。财政部是中国太平保险集团有限责任公司全资股东。中国太平保险集团有限责任公司对中国太平保险控股有限公司的自有持股比例为 50.71%，并透过全资子公司持有 8.93%，共计持有 59.64%。中国太平保险控股有限公司持有太平人寿保险公司 75.10% 股权，为太平人寿保险公司控股股东。

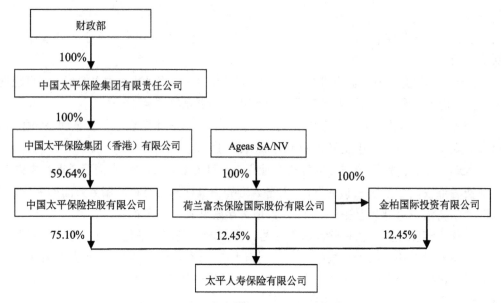

图 12-2　太平人寿持股 5% 以上股东具体情况

资料来源：太平人寿官网。

二、股权结构

太平人寿于 2001 年设立时的股权结构情况如表 12-1 所示。公司股权较为集中，第一大股东为中保国际控股有限公司，持股比例为 50.05%，超过了股本总额的一半；第二大股东为中国保险股份有限公司，持股比例为 25.05%；第三和第四大股东的持股比例均为 12.45%。

表 12-1　太平人寿 2001 年股权结构情况

发起人名称	出资额（万元）	股权比例（%）
中保国际控股有限公司	25025	50.05
中国保险股份有限公司	12525	25.05
富通国际股份有限公司	6225	12.45
金柏国际投资有限公司	6225	12.45
合计	50000	100.00

资料来源：太平人寿官网。

中国太平保险集团有限责任公司（原中国保险股份有限公司）于 2013 年 12 月获原中国保监会《关于太平人寿保险有限公司股权转让的批复》（保监许可〔2013〕507 号）批准，将其所持有的太平人寿 25.05% 的股权转让给中国太平保险控股有限公司（原中保国际控股有限公司），转让后中国太平保险集团有限责任公司不再持有太平人寿股权。目前，太平人寿的股权结构情况和各股东具体出资额如表 12-2 所示。

表 12-2　太平人寿 2018 年股权结构情况

股东名称	出资额（万元）	股权比例（%）
中国太平保险控股有限公司	753253	75.10
荷兰富杰保险国际股份有限公司	124873.5	12.45
金柏国际投资有限公司	124873.5	12.45
合计	1003000	100.00

资料来源：太平人寿官网。

中国太平保险控股有限公司（以下简称"太平控股"）成立于 2000 年。作为中国太平的控股子公司，于 2000 年 6 月 29 日在香港联合交易所挂牌上市（HK0966），成为我国第一家在境外上市的中资保险企业。太平控股业务范围包括中国内地的人寿保险业务和财产险业务、香港地区的财产险业务、各类全球性再保险承保、再保险经纪、资产管理、养老保险业务经营等。

富杰（Ageas）是一家国际保险集团（前身为"富通"）旗下的全资子公司，富杰集团拥有超过 190 年的历史，其业务分布于比利时、英国、欧洲大陆及亚洲，并在当地处于市场领先地位，拥有员工超过 40000 人，2015 年保费收入接近 300 亿欧元。

金柏国际投资有限公司是荷兰富杰保险国际股份有限公司旗下的全资子公司，其注册地在荷兰。荷兰富杰保险国际股份有限公司和金柏国际投资有限公司共同出资参股太平人寿保险有限公司，参股比例各为 12.45%。

三、公司关联交易

（一）各年度各类关联交易累计

太平人寿 2018 年前三季度资产类关联交易金额累计 3727.01 万元，劳务或服务类关联交易金额累计 42311.89 万元，保险业务类关联交易金额累计 1802.31 万元。2017 年度资产类关联交易金额累计 4542.05 万元，劳务或服务类关联交易金额累计 42311.89 万元，保险业务类关联交易金额累计 53112.73 万元。

（二）资产类关联交易

太平人寿 2018 年第三季度资产类关联交易金额累计 1291.61 万元，第二季度资产类关联交易金额累计 1210.90 万元，第一季度资产类关联交易金额累计 1224.49 万元。2017 年第四季度资产类关联交易金额累计 1119.69 万元，第三季度资产类关联交易金额累计 1649.94 万元，第二季度资产类关联交易金额累计 894.17 万元，第一季度资产类关联交易金额累计 878.24 万元。

（三）劳务或服务类关联交易

太平人寿 2018 年第三季度劳务或服务类关联交易金额累计 14665.34 万元，第二季度劳务或服务类关联交易金额累计 14984.54 万元，第一季度劳务或服务类关联交易金额累计 12662.01 万元。2017 年第四季度劳务或服务类关联交易金额累计 21121.57 万元，第三季度劳务或服务类关联交易金额累计 11605.75 万元，第二季度劳务或服务类关联交易金额累计 11808.01 万元，第一季度劳务或服务类关联交易金额累计 8577.39 万元。

（四）保险业务类关联交易

太平人寿 2018 年第三季度保险业务类关联交易金额累计 271.83 万元，第二季度保险业务类关联交易金额累计 613.78 万元，第一季度保险业务类关联交易金额累计 916.7 万元。

第三节　太平人寿董监高的构成

一、董事会的构成

太平人寿设置董事长 1 名，董事 10 名。其中，中国太平保险控股有限公司提名的董事有罗熹（拟任董事长）、王思东、任生俊、洪波、于小萍女士、肖星（拟任）、张若晗、张可，该公司股东荷兰富杰保险国际股份有限公司提名的董事为 Bart De Smet、Gary Lee Crist，该公司股东金柏国际投资有限公司提名的董事为张敬臣。拟任董事长罗熹、拟任董事肖星的任职资格尚待中国银保监会核准。

表 12-3　太平人寿董事人员情况

姓名	职务	性别	任期起始年份
王思东	董事	男	2018
Bart DE Smet	董事	男	2013
Gary Lee Crist	董事	男	2012
任生俊	董事	男	2016
洪波	董事	男	2017
于小萍	董事	女	2017
张若晗	董事	男	2015
张可	董事	男	2012
张敬臣	董事	男	2014
罗熹	董事长	男	审核中
肖星	董事	男	审核中

资料来源：太平人寿官网。

二、监事会的构成

太平人寿设置监事 7 名，其中监事长 1 名。中国太平保险控股有限公司提名的监事有陈默（监事长）、冯胜钢和权五奎，该公司股东荷兰富杰保险国际股份有限公司提名的监事为 Boizard Christophe Alexandre Henri。该公司监事会中有三名职工代表监事，分别为倪波、徐静和邓俨。

表 12-4　太平人寿监事人员情况

姓名	职务	性别	任期起始年份
陈默	监事	男	2009
	监事长		2011
冯胜钢	监事	男	2015
权五奎	监事	男	2013
Boizard Christophe Alexandre Henri	监事	男	2017
倪波	监事	男	2014
徐静	监事	女	2017
邓俨	监事	女	2017

资料来源：太平人寿官网。

三、高管层的构成

太平人寿高级管理层共 19 人，包括总经理 1 名，副总经理 6 名，同时设置了审计负责人、总精算师、财务负责人、董事会秘书、投资总监、运营总监、市场总监等高级管理层职位。

表 12-5　太平人寿高级管理层人员情况

姓名	职务	性别	任期起始年份
张可	总经理	男	2012
程永红	副总经理	女	2012
郑庆红	副总经理	女	2012
王亚军	审计负责人	男	2014
王胜江	副总经理	男	2016
杨华	副总经理	男	2016
张立辉	副总经理	男	2016
沈漪	副总经理	男	2016
欧阳家豪	财务负责人	男	2015
杨美瑛	总精算师	女	2014
王铮	工会委员会主席	女	2011
陈铂	财务副总监	男	2010
朱爽	投资总监	男	2016
乔宁	市场总监	男	2016
黄朝辉	市场总监	男	2016
严智康	运营总监	男	2016
	副总精算师		2016
熊莹	董事会秘书	女	2015
杨畅林	运营总监	男	2016
文菊田	市场总监	女	2013

资料来源：太平人寿官网。

第四节 太平人寿社会责任

一、2018 年承担的主要社会责任

2018 年，太平人寿各分公司持续通过"爱心捐款""爱心书屋""点亮微心愿""免费检测"等公益活动为贫困地区人民带去关怀与守护，多次为留守儿童、福利院儿童、敬老院孤寡老人、环卫工人、务工人员等特殊群体送去关怀与祝福，得到社会各界的广泛关注。

二、2017 年承担的主要社会责任

2017 年，太平人寿北京分公司在总公司的号召下，以"交通安全体验课"为契机，优先让"交通安全教育魔法箱"飞进北京地区太平合作的打工子弟贫困学校。

三、2016 年承担的主要社会责任

2016 年，太平人寿成为"2016 年天下女人国际论坛"战略合作伙伴，为这一着力关注中国女性成长与发展的国际论坛提供支持，是太平人寿推动和履行企业社会责任的重要活动之一。

四、2015 年承担的主要社会责任

2015 年，太平人寿推出的"点亮微心愿，太平爱传递"公益活动，通过打通线上线下的全新模式，掀起"认领"热潮，引爆爱心"刷屏"，10000 余个贫困地区孩子的"微心愿"被爱心人士"秒抢"。

五、2014 年承担的主要社会责任

2014 年 7 月，太平人寿与中国保险行业协会共同开展"中国大学生保险责任行"活动，鼓励大学生通过志愿宣讲、需求调研、社会实践、就业创业等多种形式，走进校园、社区、企业、农村和社会传播保险理念。

2014 年 10 月，太平人寿青海分公司向青海百名贫困家庭的留守儿童赠送学习用品，并赠送意外及医疗保险，总保额 550 万元。

六、2013 年承担的主要社会责任

2013 年 4 月，四川雅安地震发生后，太平人寿全系统积极行动，第一时间参与抗震

救灾。在做好灾区理赔与保险服务的同时，积极为灾区提供援助。中国太平及旗下成员公司共捐钱款及物资 1000 万元。

七、2011 年承担的主要社会责任

截至 2011 年 7 月，太平人寿上海分公司已连续 3 年为"河流·孩子"公益助学项目提供保险保障，总保额达 8700 万元。

八、2010 年承担的主要社会责任

2010 年 5 月，中国太平为青海省玉树灾区捐款 500 万元。

2010 年 6—7 月，太平人寿上海分公司积极参与上海市癌症康复俱乐部发起的"牵手看世博"活动，员工、保险代理人认捐爱心储蓄罐，资助癌症患者参观世博，公司另向癌症患者观光团捐赠意外保险，保额达 2000 万元。

九、2009 年承担的主要社会责任

2009 年 2 月，太平人寿捐资 123 万元与绵阳安县联丰村共同兴建村民文化活动中心，为联丰村及附近 5 个丘区村留守儿童学习知识、留守妇女学习技术、"空巢"老人颐养天年提供活动场所。

2009 年 6 月 12 日，太平人寿向四川灾区捐赠 100 套"空中课堂"卫星接收设备。

十、2009 年以前承担的主要社会责任

2008 年，"5·12"汶川大地震发生后，太平人寿全系统迅速行动起来，举全司之力，调动人员、资金等各项资源，全心投入抗震救灾工作。在做好灾区理赔与保险服务工作的同时，积极为灾区提供援助，共为四川灾区募集捐款 600 多万元，并为抗震救灾一线的部分志愿者、医疗工作人员、媒体人员无偿提供人身保险。

2007 年 5 月至 2008 年 5 月，太平人寿捐资 100 万元，与中国红十字基金会合作建立"小天使基金"项下的"太平人寿天使基金"，专门用于白血病儿童的救治。

2006 年 12 月 27 日，太平人寿安徽分公司在安徽财经大学设立"太平人寿助学金"，用于奖励品学兼优、家庭经济困难的学生。太平人寿是首家在安徽建立高校助学金的寿险公司。

2005 年 9 月 18 日，太平人寿江苏分公司在 SOS 儿童村举办"蓝天下的关爱"爱心活动。

2005 年 1 月 6 日，太平人寿辽宁分公司、山东分公司、苏州分公司分别举办"献爱心救灾民"捐款活动，向印度洋海啸灾民捐献善款数十万元。

2004 年 8 月，太平人寿广东分公司联合广东省希望工程办公室和广东省青少年事业发展基金会开展"阳光下的至爱"书籍捐献活动。

2004 年 3 月 21 日，太平人寿河北分公司及部分客户组成"爱心之旅"，向地平山县柳庄小学捐助学习用品。

2004 年 1 月 20 日，太平人寿深圳分公司组织员工向地中海贫血儿童家庭捐款，奉献爱心。

2003 年 6 月，太平人寿捐献 30 万元用于上海市抗"非典"工作。

2002 年 10 月 13 日，太平人寿捐助第五届上海"泰瑞·福克斯慈善慢跑"，表达对癌症患者的关怀。

第十三章　珠峰财险公司治理案例分析

本章从公司概况、股东大会运作及股权结构、董事会运作及构成、监事会运作及构成以及高级管理层运作及构成五个方面介绍了珠峰财险的公司治理情况。

第一节　珠峰财险公司概况

一、公司简介

珠峰财产保险股份有限公司（以下简称"珠峰财险"）[①]是经原中国保监会（保监许可〔2016〕371号）批准设立的全国性财产保险公司，注册地为西藏自治区拉萨市，营业场所设在北京，注册资本金为10亿元人民币。

珠峰财险是由西藏自治区投资有限公司、新疆盛凯股权投资有限公司、重庆中盛衡舜广告有限公司、康得投资集团有限公司、西藏自治区国有资产经营公司、西藏道衡投资有限公司、四川美骏置业有限公司、拉萨市城关区市政工程公司、西藏高争（集团）有限责任公司、西藏嘎吉林房地产开发有限公司、四川宝华科技有限公司等优秀企业发起组建。公司股东实力强大，涉及行业广泛，股东下属企业遍布西藏、北京、四川、新疆、重庆等省、市、自治区。

珠峰财险抓住时代机遇，面向全国，积极倡导"对客户负责，对员工负责，对伙伴负责，对社会负责，对股东负责"的经营理念；建设矩阵式扁平化管理的组织架构体系，以大数据、云计算为基础的精益运营体系，客制化的产品配置及核保定价体系，自动核赔与快速理赔体系和体验为先的客户服务体系；实施事业部制销售模式，铸造珠峰财险品牌，全力打造中国最具成长力和最有价值的创新型财产保险公司。

珠峰财险一直努力挖掘国内财产保险市场技术潜力，研究和开发满足客户各种保障需求的新型保险产品，并着重为客户提供合理的风险管理方案，帮助客户提高风险管理

---

① 珠峰财险于2016年成立，因此没有出现在监管部门2017年进行的公司治理评价的样本中，本报告专门进行珠峰财险公司治理案例分析，以展示新成立的保险公司的治理状况。

意识和风险识别水平。

二、经营范围和经营区域

珠峰财险经营范围：机动车保险，包括机动车交通事故责任强制保险和机动车商业保险；企业/家庭财产保险及工程保险（特殊风险除外）；责任保险；船舶/货运保险；短期健康/意外伤害保险；上述业务的再保险业务；国家法律、法规允许的保险资金运用业务；经监管部门批准的其他业务。

珠峰财险经营区域：截至目前，该公司经营区域包括西藏自治区、北京市、四川省。

三、企业文化

珠峰财险在拓展市场、研发产品的同时，高度重视企业文化建设，致力以高效健全的管理和高素质、高境界、高度职业化的员工队伍，为客户提供优质和稳定的服务。公司的使命为"成就自我，价值回馈；对客户负责，对员工负责，对伙伴负责，对社会负责，对股东负责"。公司愿景为"打造中国最具成长力和最有价值的创新型财产保险公司"。公司以创新与学习作为核心竞争力，致力于培育快速的市场发展能力、领先的投资增值能力和卓越的客户服务能力。为客户提供服务时坚持"注重体验、简洁高效、诚信关爱、规范统一"的原则。

四、治理结构

珠峰财险组织架构如图 13-1 所示。

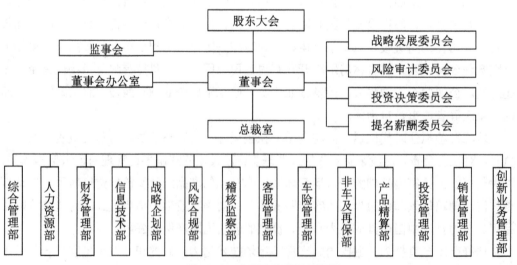

图 13-1 珠峰财险组织架构图

资料来源：珠峰财险官网。

第二节　珠峰财险股东、股东大会与关联交易

一、实际控制人及其控制珠峰财险情况的简要说明

珠峰财险无实际控制人。

二、股东及持股情况

珠峰财险持股比例在 3%以上的股东及持股情况如表 13-1 所示。

表 13-1　珠峰财险持股比例在 3%以上的股东及持股情况

序号	股东名称	股份数（万股）	持股比例（%）
1	西藏自治区投资有限公司	20000	20.0
2	新疆盛凯股权投资有限公司	20000	20.0
3	重庆中盛衡舜广告有限公司	14500	14.5
4	康得投资集团有限公司	10000	10.0
5	西藏自治区国有资产经营公司	8000	8.0
6	西藏道衡投资有限公司	7000	7.0
7	四川美骏置业有限公司	5500	5.5
8	拉萨市城关区市政工程公司	5000	5.0
9	西藏高争（集团）有限责任公司	4000	4.0
10	西藏嘎吉林房地产开发有限公司	3000	3.0
11	四川宝华科技有限公司	3000	3.0
	合计	100000	100.0

资料来源：珠峰财险官网。

三、近三年股东大会召开情况

（一）2018 年第一次临时股东大会

珠峰财险 2018 年第一次临时股东大会于 2018 年 7 月 24 日 9 时 30 在北京市丰台区广安路 9 号国投财富广场 4 号楼 18 层（同时在四川分公司、西藏分公司会议室设置分会场）以现场会议方式召开。会议应到股东（含委托代理人）11 人，实到 9 人，代表股份 89500 万股，占公司股份总额的 89.5%。公司部分董事、监事，董事会秘书、高级管理人员出席/列席了会议。会议由公司董事长陈克东主持，会议审议了《关于提请股东大会选举 Liu Taotao 为公司第一届董事会董事的议案》《关于审议与世界自然基金会开展生态保险合作及相关捐赠事项的议案》两项议案。会议一致表决通过了提交本次会议审议的各项议案。

（二）2017 年股东大会

珠峰财险 2017 年度股东大会于 2018 年 4 月 26 日 15 时 30 分在陕西省西安西藏大厦四楼会议一厅以现场会议方式召开。会议应到股东（含委托代理人）11 人，实到 11 人，代表股份 100000 万股，占公司股份总额的 100%。公司部分董事、监事，董事会秘书、高级管理人员出席/列席了会议。会议由公司董事长陈克东先生主持，会议审议了《关于审议〈2017 年度董事会工作报告〉的议案》《关于审议〈2017 年度监事会工作报告〉的议案》《关于审议〈公司 2017 年度决算报告〉的议案》《关于审议〈公司 2018 年度预算报告〉的议案》《关于审议〈2017 年度独立董事述职报告〉的议案》《关于审议〈2017 年度董事（含独立董事）履职评价报告〉的议案》《关于审议〈2017 年度监事履职评价报告〉的议案》《关于审议〈2017 年度关联交易管理报告〉的议案》等 8 项议案。会议一致表决通过了提交本次会议审议的各项议案。

（三）2017 年第一次临时股东大会

珠峰财险 2017 年第一次临时股东大会于 2017 年 12 月 12 日 9 时 30 分在北京市丰台区广安路 9 号国投财富广场 4 号楼 18 层以现场会议方式召开。会议应到股东（含委托代理人）11 人，实到 11 人，代表股份 100000 万股，占公司股份总额的 100%。公司部分董事、监事，董事会秘书、总裁及其他高级管理人员出席/列席了会议。会议由公司董事长陈克东先生主持，会议审议了《关于修订〈珠峰财产保险股份有限公司章程〉的议案》《关于修订〈珠峰财产保险股份有限公司股东大会议事规则〉的议案》《关于修订〈珠峰财产保险股份有限公司董事会议事规则〉的议案》以及《关于修订〈珠峰财产保险股份有限公司监事会议事规则〉的议案》。会议一致表决通过了提交本次会议审议的各项议案。

（四）2016 年股东大会

珠峰财险 2016 年度股东大会于 2017 年 5 月 25 日下午 14 时 30 分在西藏自治区林芝市博泰林芝大酒店以现场会议方式召开。会议应到股东（含委托代理人）11 人，实到 11 人，代表股份 100000 万股，占公司股份总额的 100%。公司董事、监事、董事会秘书、总裁及其他高级管理人员出席/列席了会议。会议由公司董事长陈克东主持，会议审议了《关于审议〈2016 年度董事会工作报告〉的议案》《关于审议〈2016 年度监事会工作报告〉的议案》《关于审议〈公司 2016 年度决算报告〉的议案》《关于审议〈公司 2017 年度预算报告〉的议案》《关于审议〈2016 年度独立董事述职报告〉的议案》《关于审议〈2016 年度董事（含独立董事）履职评价报告〉的议案》《关于审议〈2016 年度监事履职评价报告〉的议案》《关于审议监事年度津贴的议案》《关于修改公司章程的议案》《关于审议〈2016 年度关联交易管理报告〉的议案》《关于审议〈公司对外捐赠管理暂行办法〉的议案》《关于审议〈公司独立董事工作制度〉的议案》等 14 项议案。会议一致表决通过了提交本次会议审议的各项议案。

（五）2016 年第一次临时股东大会

珠峰财险 2016 年第一次临时股东大会于 2016 年 11 月 29 日 14 时 30 分在成都市锦江区芷泉段时代一号 35 楼以现场加通讯方式召开。会议应到股东（含委托代理人）11 人，实到 11 人，代表股份 100000 万股，占公司股份总额的 100%。公司董事、监事、董事会秘书、总裁及其他高级管理人员出席/列席了会议。会议由公司董事长陈克东主持，会议审议了《关于审议〈珠峰财产保险股份有限公司筹建工作报告〉的议案》《关于审议〈珠峰财产保险股份有限公司筹建期费用决算报告〉的议案》《关于审议〈珠峰财产保险股份有限公司 2016 年度预算报告〉的议案》《关于调整公司经营范围并修改公司章程的议案》《关于选举王坚先生为公司董事的议案》《关于审议公司董事年度津贴的议案》等 9 项议案。会议一致表决通过了提交本次会议审议的各项议案。

（六）创立大会

珠峰财险创立大会于 2015 年 12 月 22 日 9 时 30 分在北京市西藏大厦以现场会议方式召开。会议应到发起人（含委托代理人）11 人，实到 11 人，代表股份 100000 万股，占公司股份总额的 100%。公司拟任董事、监事和高级管理人员列席了会议。会议由召集人西藏自治区投资有限公司代表张有年先生主持。会议审议了《关于〈珠峰财产保险股份有限公司筹建工作情况的报告〉的议案》《关于〈珠峰财产保险股份有限公司筹备费用使用情况的报告〉的议案》《关于制定〈珠峰财产保险股份有限公司三年经营规划〉的议案》《关于制定〈珠峰财产保险股份有限公司章程（草案）〉的议案》《关于选举陈克东先生担任公司第一届董事会董事的议案》《关于选举杨丽华女士担任公司第一届监事会监事的议案》《关于公司组织架构设置的议案》《关于制定公司管理制度的议案》等 46 项议案。会议一致表决通过了提交本次会议审议的各项议案。

四、公司关联交易

根据中国银保监会《保险公司信息披露管理办法》、原中国保监会《关于进一步加强保险公司关联交易信息披露工作有关问题的通知》（保监发〔2016〕52 号）等相关规定，珠峰财险披露了开业以来的关联交易信息。

（一）各年度关联交易总额

截止到 2018 年 9 月 30 日，珠峰财险 2018 年各类关联交易累计金额 2681120.91 元。

截止到 2017 年 12 月 31 日，珠峰财险 2017 年各类关联交易累计金额 1795079.66 元。

珠峰财险于 2016 年 5 月 22 日正式开业。截止到 2016 年 12 月 31 日，珠峰财险 2016 年各类关联交易累计金额 1916631.95 元。

（二）未达到逐笔披露标准的资产类、利益转移类关联交易

2018 年第 3 季度，珠峰财险四川分公司与 1 家关联法人发生共计 4 笔关联交易，交易内容为办公职场租赁，关联交易总额为 339680 元。

2018 年第 2 季度，珠峰财险四川分公司与 1 家关联法人发生共计 2 笔关联交易，交易内容为办公职场租赁，关联交易总额为 169840 元。

（三）保险业务类关联交易

珠峰财险 2018 年第 2、3 季度的保险业务关联交易数量大幅增加，2018 年第 3 季度发生关联交易 78 笔，金额为 984968.92 元，远超过 2016 年以来的数据（见表 13-2）。

表 13-2　珠峰财险保险业务类关联交易情况

时间	关联交易法人	关联交易自然人	关联交易数	关联交易总额（元）
2018 年第 3 季度	7	1	78	984968.92
2018 年第 2 季度	8	3	79	752926.23
2018 年第 1 季度	8	4	38	433705.76
2017 年第 4 季度	9	3	36	395325.44
2017 年第 3 季度	7	2	53	549077.67
2017 年第 2 季度	3	3	24	542153.40
2017 年第 1 季度	4	3	20	308523.15
2016 年第 4 季度	5	1	16	319606.99
2016 年第 3 季度	4	0	18	733797.77
2016 年第 2 季度	2	0	6	863227.19

资料来源：珠峰财险官网。

第三节　珠峰财险董监高的构成情况

一、董事会的构成

珠峰财险董事人员情况如表 13-3 所示。其中，董事长 1 人，董事 9 名，包括独立董事 3 名、执行董事 1 名。

表 13-3　珠峰财险董事人员情况

姓名	职务	性别	出生年份	学历
陈克东	董事长	男	1969	本科
宿城旺	董事	男	1977	本科·
秦存良	董事	男	1968	本科
王坚	董事	男	1968	本科
苏波	执行董事、总经理助理、财务负责人	男	1977	硕士
王建丽	董事	女	1954	本科
兰小军	董事	男	1987	本科
杨明亮	独立董事	男	1972	博士
林星玉	独立董事	女	1957	本科
李琦	独立董事	男	1969	博士

资料来源：珠峰财险官网。

二、监事会的构成

珠峰财险监事人员情况如表 13-4 所示，珠峰财险共设监事 6 名，其中监事会主席 1 名。

表 13-4 珠峰财险监事人员情况

姓名	职务	性别	出生年份	学历
杨丽华	监事会主席	女	1977	大专
吕建广	监事	男	1977	本科
冯军	监事	男	1968	本科
洛桑顿珠	监事	男	1977	本科
邱凯	监事	男	1982	硕士
武敬军	监事	男	1964	本科

资料来源：珠峰财险官网。

三、高管层的构成

珠峰财险高级管理层人员情况如表 13-5 所示，珠峰财险设置副总经理 1 名，总经理助理 1 名（兼合规负责人和公司首席风险官），董事会秘书 1 名，未设置总经理。

表 13-5 珠峰财险高级管理层人员情况

姓名	职务	性别	出生年份	学历
朱金海	副总经理	男	1971	博士
陈阳	总经理助理、合规负责人、公司首席风险官	女	1977	本科
解文超	董事会秘书	男	1984	硕士

资料来源：珠峰财险官网。

第十四章 众惠相互治理案例分析

针对相互制这一特殊组织形式的保险组织，本章从组织概况、会员代表大会运作及股权结构、董事会运作及构成、监事会运作及构成、高级管理层运作及构成、内部风险管理以及公司社会责任七个方面介绍了众惠财产相互保险社的治理情况①。

第一节 众惠相互组织概况

一、组织简介

众惠财产相互保险社（以下简称"众惠相互"）是中国首家经监管部门批准设立的全国性相互保险组织。众惠相互位于金融创新窗口——深圳前海，初始运营资金10亿元，主营业务包括信用保险、保证保险、短期健康和意外伤害保险等。

众惠相互系经原中国保监会于2016年6月22日下发《关于筹建众惠财产相互保险社的批复》（保监许可〔2016〕552号）文件批准，由永泰能源股份有限公司、英联视动漫文化发展（北京）有限公司、联合创业集团有限公司、金银岛（北京）网络科技股份有限公司、上海烜裕投资管理有限公司、西藏德合投资有限公司、大连先锋投资管理有限公司、昆吾九鼎投资管理有限公司、邢台振德房地产开发有限公司、深圳市前海新金融投资有限公司等10家企业及李静女士等2名自然人提供初始运营资金借款共计十亿元人民币，由天云融创数据科技（北京）有限公司等546名中小微企业及自然人共同发起设立，并于2017年2月14日在国家工商行政管理总局注册登记，取得营业执照。

众惠相互法定代表人由董事长担任。依照法律或者章程的规定，法定代表人为代表众惠相互行使职权的负责人。

众惠相互权益属于全体会员。会员以其缴纳的保费和会员会费为限，为众惠相互债

---

① 本报告第七章主要关注了公司法人保险经营机构的治理状况，即财产险、人身险和再保险公司的公司治理；实际上，相互保险组织也是法人保险经营机构的重要组成部分，尽管相互保险组织目前在我国的发展总体上还处于起步阶段，但其治理具有一定的特殊性，因此本报告专门设立一章来介绍非公司型的相互保险组织的治理状况。

务承担责任。

众惠相互资产由运营资金借款、他人捐赠、保险保费、公积金、经营盈余、会员会费，以及众惠相互合法取得的其他财产及收益所形成的资产构成。众惠相互对上述资产享有占有、使用、收益和处分的权利，并以上述全部资产为限对众惠相互的债务承担有限责任。

二、成长轨迹

2014 年 5 月 14 日，众惠相互筹备组成立并启动相互保险研究工作。

2015 年 1 月 23 日，众惠相互筹备组向原中国保监会提交筹建申请。

2016 年 6 月 22 日，原中国保监会批复众惠相互筹建。

2016 年 9 月 27 日，众惠相互召开发起会员大会、首届会员代表大会暨创立大会。

2016 年 9 月 30 日，众惠相互向原中国保监会提交开业申请。

2016 年 12 月 15 日，众惠相互入选 2015—2016 年度中国前海优秀金融创新案例。

2017 年 1 月 17 日，原中国保监会验收组对众惠相互进行现场验收。

2017 年 2 月 10 日，原中国保监会批复众惠相互开业。

2017 年 2 月 14 日，深圳市场监督局为众惠相互颁发营业执照。

2017 年 5 月 24 日，众惠相互发布首批相互保险计划。

2017 年 6 月 28 日，众惠相互与慈溪市政府就农村相互保险试点深化工作签署战略合作协议。

2017 年 7 月 5 日，众惠相互正式受邀成为上海保险交易所的会员。

2017 年 11 月 10 日，由众惠相互负责的"全国领先的相互保险管理型服务助力普惠金融、精准扶贫"项目入选"2017 年度前海优秀金融创新案例"。

2017 年 11 月 21 日，众惠相互发布"中国物流之都驾乘人员意外伤害互助计划"，"会员共治"模式正式落地山东临沂。

2018 年 1 月 19 日，众惠相互获凤凰网 WEMONEY 颁发的"创新商业模式年度杰出机构"奖。

2018 年 3 月 11 日，众惠相互推出国内首款试管婴儿保险产品"宝宝来了——胚胎移植医疗保险"。

2018 年 4 月 12 日，众惠相互与反欺诈保险同业联盟签署联名备忘录。

2018 年 4 月 18 日，众惠相互与珠海健帆生物科技有限公司签署战略合作协议，推动肾病专项相互保险产品的开发。

2018 年 4 月 27 日，众惠相互获中国（广东）自由贸易试验区深圳前海蛇口片区颁发的"制度创新实验室"称号。

2018 年 5 月 24 日，众惠相互 2017 年年度会员代表大会顺利召开。

三、治理结构

众惠相互组织架构如图 14-1 所示。全体会员选举产生会员代表大会，下设董事会、监事会，董事会下设总经理室和董事会办公室。

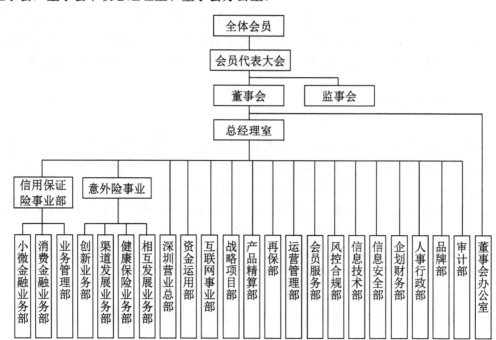

图 14-1 众惠相互组织架构图

资料来源：众惠相互官网。

第二节 众惠相互会员代表大会构成与运作情况

一、实际控制人及其控制本公司的情况

众惠相互无实际控制人。

二、主要发起会员及其出资情况

众惠相互主要发起会员及其出资情况如表 14-1 所示。

表 14-1 众惠相互主要发起会员及其出资情况

主要发起会员	性质	出资情况（万元）
永泰能源股份有限公司	法人	23000
深圳市分期乐网络科技有限公司	法人	12000
联合创业集团有限公司	法人	12000
金银岛（北京）网络科技股份有限公司	法人	10000
上海烜裕投资管理有限公司	法人	9000
西藏德合投资有限公司	法人	9000

续表

主要发起会员	性质	出资情况（万元）
珠海健帆生物科技股份有限公司	法人	8000
大连先锋投资管理有限公司	法人	3000
昆吾九鼎投资管理有限公司	法人	3000
邢台市振德房地产开发有限公司	法人	3000
李静	自然人	3000
深圳市前海新金融投资有限公司	法人	2500
宋伟青	自然人	2500

资料来源：众惠相互官网。

注：出借人李静间接持有出借人上海烜裕投资管理有限公司 50.98% 的股份，且担任上海烜裕投资管理有限公司执行董事兼总经理；出借人宋伟青持有出借人西藏德合投资有限公司 3% 的股份，且担任西藏德合投资有限公司董事长。

三、会员情况

截至 2018 年 9 月 30 日，众惠相互会员共有 82718 名。其中，个人会员有 82614 名，企业会员有 104 名。

会员代表：李静、秦晗、俞伟、杨沛栋、李蓉念、宋伟青、王世旻、张婧、赵瑾、欧阳锡伟、郑驹、王思邈、靳电入、桑育松、乐倩、雷涛、戴志强、刘云樵、钮馨蓓、徐治。

四、章程关于会员代表大会的规定

众惠相互章程对会员代表大会的规定如下。

设立会员代表大会作为该社的最高权力机构，决定该社的重大事项。会员代表大会由全体会员代表组成。会员代表大会应由过半数的会员代表（包括委托其他会员代表代为出席的会员代表）出席方可举行。会员代表大会采取一人一票的表决方式。

会员代表大会下设选举委员会，负责组织会员代表选举以及行使会员代表大会授予的其他职权。

选举委员会由 3 名委员组成，包括主任委员 1 名，委员 2 名。选举委员会由董事会下设提名薪酬委员会提名 2 名，监事会提名 1 名。提名薪酬委员会提名的人员经董事会表决通过后，3 名被提名委员是否当选将以提案的形式提交会员代表大会选举产生。选举委员会主任委员由全体委员过半数选举产生。

选举委员会委员任期 5 年，由会员代表大会表决通过产生起，至下一届选举委员会产生止。任期届满后，下一届选举委员会尚未产生的，选举委员会委员继续任职。

会员代表大会行使下列职权：①审议批准该社 5 年（含）以上战略发展规划；②决定该社的经营方针和投资计划；③审议批准该社的年度财务预算方案、决算方案；④审议批准该社董事会工作报告；⑤审议批准该社监事会工作报告；⑥审议批准董事、监事津贴报酬；⑦审议批准偿还除初始运营资金借款本金及利息以外所负初始运营资金出借人的其他债务；⑧决定该社在一年内单笔金额超过该社最近一期经审计总资产的30%及以上的对外投资、资产购置、资产处置与核销、资产抵押、对外担保事项（该社经营范围以内的信用保证保险不属于对外担保）；⑨决定聘请或更换为该社财务报告进行年度审计的会计师事务所；⑩选举非职工代表担任的董事、监事，罢免会员董事、独立董事以及会员监事；⑪审议批准选举委员会组成及会员代表选举办法；⑫审议批准该社合并、分立、变更组织形式、解散及清算方案；⑬审议批准该社章程修订案；⑭审议批准偿还初始运营资金借款本金及利息；⑮审议批准该社所有保单保额的统一调整方案；⑯审议批准弥补亏损方案和盈余分配方案；⑰审议批准初始运营资金减计方案；⑱罢免执行董事；⑲根据该社章程第二百一十六条第二款第七项规定认定该社治理机制失灵的其他事项；⑳法律、法规、监管规定以及该章程规定的其他职权。

会员代表大会决议分为普通决议、重大决议以及特别重大决议。会员代表大会对该章程第四十五条第（一）至（九）项以及第（二十）项规定的事项进行决议为普通决议，应当由出席会议的会员代表所持表决权总数过半数以上表决通过。会员代表大会对该章程第四十五条第（十）至（十一）项规定的事项以及会员代表大会以普通决议认定应当以重大决议通过的事项的决议为重大决议，应当由出席会议的会员代表所持表决权总数的三分之二以上表决通过。会员代表大会对该章程第四十五条第（十二）至（十九）项规定的事项以及会员代表大会以普通决议认定应当以特别重大决议通过的事项的决议为特别重大决议，应当由出席会议的会员代表所持表决权总数的四分之三以上表决通过。

会员代表大会应对所有提案进行逐项表决，对同一事项有不同提案的，应按提案提出的时间顺序进行表决。

会员代表大会审议提案时，不得对提案进行修改，否则，有关变更应当被视为一个新的提案。

会员代表大会采取记名方式投票表决。出席会员代表大会的会员代表，应当对提交表决的议案发表以下意见之一：同意、反对、弃权。未填、错填、字迹无法辨认的表决票、未投的表决票均视为投票人放弃表决权利，其表决结果应计为"弃权"。

会员代表大会形成书面决议，会议主持人或其授权人应当宣布每一提案的表决情况和结果，并根据表决结果宣布提案是否通过。

五、公司关联交易

（一）季度关联交易披露

2017年第一季度，众惠相互保险业务类关联交易合计金额人民币0.21万元；2017年第二季度，众惠相互保险业务类关联交易合计金额人民币2.06万元；2017年第三季度，众惠相互保险业务类关联交易合计金额人民币663.70万元；2017年第四季度，众惠相互保险业务类关联交易合计金额人民币0.29万元。

2018年第一季度，众惠相互保险业务类关联交易合计金额人民币12.19万元；2018年第二季度，众惠相互保险业务类关联交易合计金额人民币95.29万元。

（二）重大关联交易披露

根据《保险公司关联交易管理暂行办法》《保险公司信息披露管理办法》《保险公司

资金运用信息披露准则第 1 号：关联交易》等相关规定，众惠相互委外投资资金认购永泰能源股份有限公司 2017 年度第七期短期融资券关联交易的有关信息披露如下。

众惠相互委托投资管理人恒泰证券股份有限公司在"恒泰众惠 1 号定向资产管理计划"中，于 12 月 15 日认购了永泰能源股份有限公司发行的 2017 年度第七期短期融资券 4000 万元。

永泰能源股份有限公司 2017 年度第七期短期融资券是由永泰能源股份有限公司（以下简称"永泰能源"）发行的无担保短期债券。本次认购的债券发行利率为 7%，发行规模 10 亿，债券存续期限 1 年，发行人主体评级 AA+，债项评级 A-1，募集资金用途为偿还到期债券。

2017 年度（截至 12 月 18 日），众惠相互与永泰能源累计已发生的关联交易金额为人民币 4000 万元，包括上述关联交易金额。

该笔交易在信用风险可控的情况下，提高众惠相互保险资金运用收益。该债券期限短，收益高，占众惠相互资金运用比重低，收益主要发生在 2018 年，对众惠相互本年经营情况影响较小，较高的债券收益有利于众惠相互的健康运营。

第三节　众惠相互董事会构成与运作情况

一、董事基本情况

众惠相互于 2017 年 2 月 14 日正式成立，第一届董事会已经于 2017 年 7 月 25 日召开。

（一）李静——众惠相互董事长、执行董事

李静，毕业于北京大学，先后获得法学学士、硕士学位，并获清华大学五道口金融学院管理学硕士学位，任北京大学法学院校外导师、华南国际经济贸易仲裁委员会（深圳国际仲裁院）仲裁员，于 1992 年进入全球性相互保险组织中国船东互保协会工作，拥有逾 20 年保险从业经验，曾在中国平安保险（集团）股份有限公司、长城人寿保险有限公司、光大永明人寿保险股份有限公司等机构的重要管理岗位任职。

（二）秦晗——众惠相互执行董事

秦晗，毕业于北京大学，先后获法学学士学位、光华管理学院管理学硕士学位，现在中国社科院进行金融学博士学习，任联合资本（控股）集团董事长、中国创意联合会（筹）理事长、中国创意产业联盟理事长。其长期从事金融、法律和文化领域等工作，拥有 20 多年的高级管理经验，特别在金融文化融合发展、中小企业金融研究等方面积累了丰富的经验。

（三）张婧——众惠相互会员董事

张婧，毕业于北京大学法学院，获法学硕士学位，任永泰能源股份有限公司全资子公司华昇资产管理有限公司副总经理，从事法律工作十余年，先后在多家大型律师事务所担任执业律师，并曾担任大型企业的法律顾问、法律部门负责人，在公司的风险控制、法律合规、项目投资方面具有深入研究和丰富经验。

（四）桑育松——众惠相互会员董事

桑育松，毕业于北京财贸学院会计审计专业，获管理学学士学位，并具有助理会计师资质，1997 年创办北京中兴隆商贸有限责任公司并任执行董事。其创业以来，一直开展与民生密切相关的生活用品批发及零售业务，对国家经济、小微企业发展及产业链运营有着深刻的洞察和切身的感受。

（五）杨佩——众惠相互独立董事

杨佩，毕业于北京经济学院，获经济学学士学位，拥有 30 余年保险从业经验，曾在中国人民保险公司、中保再保险有限公司、华泰财产保险股份有限公司、中国出口信用保险公司等机构的重要管理岗位任职，在财务、审计、稽核等方面具有深入研究及丰富实践经验。

（六）肖莉——众惠相互独立董事

肖莉，毕业于武汉大学，获文学学士学位，之后获中欧工商管理学院管理学硕士学位，任房多多网络科技有限公司副总裁兼合伙人。曾先后供职于中南工业大学、中国科技资料进出口公司、日本三菱商事会社，并曾担任万科企业股份有限公司董事会秘书、董事、执行副总裁。曾连续 5 年荣获《新财富》杂志评选的金牌董秘之"最受机构投资者欢迎董秘"称号，还曾获得《中国企业家》杂志颁发的 2010 年度最具影响力的商界女性"商界木兰"奖。

（七）刘燕——众惠相互独立董事

刘燕，毕业于北京大学，先后获得经济法专业学士学位、社会学专业辅修学士学位、经济法专业硕士学位、国际经济法专业博士学位，任北京大学法学院教授、博士生导师、北京大学法学院公司财务与法律研究中心主任、《中外法学》副主编，在中国法学会财税法学研究会等多个学术组织任常务理事，并兼任中国注册会计师协会惩戒委员会委员、北京市仲裁委员会仲裁员，具有中国律师、中国注册会计师资质，并为英国伦敦大学高等法律研究所、荷兰莱顿大学、美国密苏里州立大学堪萨斯分校访问学者。其主要从事会计法、财税法、金融法等专业的研究，专注于会计与法律的交叉视角，发表论文 50 余篇，出版个人专著《会计法》，与人合著、译校 7 部专业书籍，并参与《合伙企业法》《注册会计师法》等多项法律的起草或修订工作。

二、章程关于董事会的规定

众惠相互董事会成员共 7 名。其中，李静任董事长兼执行董事，冯威任执行董事，张婧和桑育松任会员董事，杨佩、肖莉和刘燕任独立董事（见表 14-2）。

表 14-2　众惠相互董事人员情况

姓名	职务	性别
李静	董事长、执行董事	女
秦晗	执行董事	男
张婧	会员董事	女
桑育松	会员董事	男

续表

姓名	职务	性别
杨佩	独立董事	女
肖莉	独立董事	女
刘燕	独立董事	女

资料来源：众惠相互官网。

众惠相互章程对董事会的规定如下。

董事会由 7 名董事组成，其中，会员董事 2 名，执行董事 2 名、独立董事 3 名。执行董事、独立董事由上届董事会提名，超过三分之一会员代表可以书面联名提名一名会员董事候选人；每一名会员代表仅能提名一名会员董事候选人，会员董事候选人不足两名时，由上届董事会补充提名。董事候选人由上届董事会以提案方式提交会员代表大会表决通过，对董事候选人进行表决的提案应当包含董事候选人的简历和基本情况。

董事会设董事长 1 人，可设副董事长 1 人。董事长和副董事长经董事会全体董事过半数选举产生。董事长需由执行董事担任。

董事会向会员代表大会负责，行使下列职权：①召集会员代表大会并报告工作；②执行会员代表大会决议；③决定该社的年度经营计划和投资方案；④制订该社的年度财务预算方案、决算方案；⑤提名下届选举委员会组成人员；⑥制定初始运营资金借款本金以及利息偿还方案；⑦审议批准初始运营资金出借人对其持有的初始运营资金债权的质押、转让与交易；⑧审议批准延长初始运营资金借款期限；⑨向会员代表大会提请聘请或更换会计师事务所；⑩决定该社在一年内单笔金额超过最近一期经审计的总资产 20%且不超过最近一期经审计的总资产 30%的事项的对外投资、资产购置、资产处置与核销、资产抵押、对外担保事项（该社经营范围以内的信用保证保险不属于对外担保）；⑪审议批准该社的基本管理制度；⑫决定该社内部管理机构、分社和子社（或子公司）的设置；⑬审议批准除该章程第四十五条第（七）项规定以外的该社运营资金偿还方案；⑭制订该章程修改方案；⑮制订该社的盈余分配或弥补亏损方案；⑯制订该社分立、合并、变更组织形式、解散方案；⑰决定聘任或解聘该社总经理、董事会秘书以及首席战略官；根据总经理提名，决定聘任或解聘该社副总经理、总经理助理、首席风控官、财务负责人等高级管理人员并决定其报酬事项及奖惩事项；⑱罢免董事长；⑲法律、法规、监管规定以及该章程规定的其他职权。

董事会职权由董事会集体行使。某些具体决策事项确有必要授权的，应当通过董事会决议的方式依法进行。授权应当一事一授，不得将董事会职权笼统或永久授予其他机构或个人行使。董事会每年至少召开 4 次定期会议，由董事长召集，于会议召开 10 日前，将会议通知以书面方式送达董事，同时通知列席会议的监事，会议通知同时报告中国银保监会。

董事会会议应有过半数的董事（包括委托其他董事代为出席的董事）出席方可举行。董事会决议的表决，实行一人一票制。

董事会会议可采取现场会议和通信会议方式举行。定期会议采用现场会议方式。临时董事会会议尽量采取现场会议方式。在保障董事充分表达意见的前提下，可以采用通讯会议方式。涉及利润分配方案、薪酬方案、投资及资产处置、聘任及解聘高管人员以及其他涉及该社风险管理的议案，不得采用通信表决方式召开会议。

第四节 众惠相互监事会构成与运作情况

一、监事基本情况

（一）宋伟青——众惠相互监事长

宋伟青，毕业于武汉大学，获管理学学士学位，任西藏德合投资有限公司董事长，具备丰富的银行从业经验，曾在广发银行深圳分行、上海分行等机构重要管理岗位任职，在金融、风险、财务，特别是小微金融、信贷风险管控等方面具备深厚的理论功底和丰富的实践经验。

（二）王世旻——众惠相互监事

王世旻，毕业于东北财经大学，获管理学硕士学位，具有高级会计师资质，任联合创业集团有限公司副总经理，曾在大连光华会计师事务所、大通证券股份有限公司、大连汉信生物制药有限公司等机构重要岗位任职，一直从事会计、审计工作，对大型企业和上市公司的会计核算、财务管理、改制上市等方面有着深刻的理解和丰富的经验。

（三）李蓉念——众惠相互员工监事

李蓉念，毕业于西南民族大学，获理学学士学位，具有高级人力资源师资质，任众惠相互人力资源部总经理，曾就任鹏达环球国际物流有限公司人事经理、智德盛投资顾问有限公司人力资源总监，从事企业人力资源管理相关工作逾10年，在企业内部管理、人力资源体系设计方面有丰富的经验。

众惠相互监事会人员构成如表14-3所示。

表14-3 众惠相互监事人员情况

姓名	职务	性别
宋伟青	监事长	男
王世旻	监事	男
李蓉念	员工监事	女

资料来源：众惠相互官网。

二、章程关于监事会的规定

众惠相互对监事会的规定如下。

监事包括会员监事、职工监事。监事每届任期3年，可以连选连任。监事可以列席董事会会议，并对董事会决议事项提出质询或者建议。

该社设监事会。监事会负责对董事会、总经理执行该章程以及该社会员代表大会决定、董事会决议等情况进行监督。

监事会由 3 名监事组成，其中会员监事 2 名、职工监事 1 名。监事会中的职工代表由该社职工通过职工代表大会、职工大会或者其他形式民主选举产生。会员监事由上届监事会提名。

监事会对会员代表大会负责，行使下列职权：①应当对董事会编制的该社定期报告进行审核并提出书面审核意见；②检查该社的财务状况；③对董事、高级管理人员履职行为进行监督，对违反法律法规、该章程或会员代表大会决议的董事和高级管理人员提出罢免建议；④当董事、高级管理人员的行为损害该社利益时，要求董事、高级管理人员予以纠正；⑤提议召开临时会员代表大会会议，在董事会不履行规定的召集和主持会员代表大会的职责时召集与主持会员代表大会；⑥向会员代表大会提出议案；⑦发现该社经营情况异常，可以进行调查，必要时，可以聘请会计师事务所、律师事务所等专业机构协助其工作，费用由该社承担；⑧按照相关法律法规的规定向该社董事、高级管理人员提起诉讼；⑨法律、法规、监管规定及该章程规定的其他职权。监事可以列席董事会会议，并对董事会决议事项提出质询或者建议，监事会发现董事会决议违反法律法规或该章程时，应当依法要求其立即改正。董事会拒绝或者拖延采取改正措施的，监事会应当提议召开临时会员代表大会。

监事会每六个月至少召开一次会议。监事可以提议召开临时监事会会议。监事会决议应当经半数以上监事通过。

监事会制定监事会议事规则，明确监事会的议事方式和表决程序，以确保监事会的工作效率和科学决策。监事会议事规则规定监事会的召开和表决程序。监事会议事规则由监事会拟定，会员代表大会批准。

第五节 众惠相互高管构成情况

一、高级管理人员基本情况

（一）孙荣和——众惠相互总经理、合规负责人

孙荣和，北京理工大学工商管理专业学士。拥有近 25 年的财产保险行业从业经验，先后在平安财产险、华安财产险、中国大地财产险等公司任职。2003 年起即担任财产保险公司省级分公司负责人，深刻了解财产险市场及监管政策，具备较强的宏观把控能力、敏锐的市场洞察力、丰富的经营管理经验和业务资源以及深厚的行业积累，在财产保险的战略规划、经营管理、业务拓展、风险管理等各方面均有丰富的理论基础和实践经验。

（二）俞伟——众惠相互副总经理

俞伟，经济管理专业学士，拥有逾 20 年的保险从业经验及逾 10 年的保险公司高级管理人员工作经验。在加入众惠相互之前，曾先后在中国平安人寿保险股份有限公司、长城人寿保险股份有限公司、光大永明人寿保险有限公司等机构的重要管理岗位任职。

（三）张永志——众惠相互副总经理

张永志，厦门大学经济学硕士，本科毕业于中央财经大学国际保险专业，澳新保险学会资深会员，拥有近 30 年财产险工作经验，擅长财产险核保、核赔、产品开发，曾先后在平安保险、人保财险、太平保险、民安保险等公司重要管理岗位任职。

（四）汤宁——众惠相互副总经理兼新闻发言人

汤宁，中国人民大学会计学硕士，国际会计公会全权会员（AIA），具有 12 年以上保险行业从业经验，曾在中国人寿保险（集团）公司、中国人寿财产保险股份有限公司及其分支机构重要岗位任职，主要工作领域涉及战略规划、机构建设、财务管理等。

（五）吴晓东——众惠相互总经理助理、财务负责人

吴晓东，清华大学计算机软件工程双学士、首都经济贸易大学工商管理硕士。从事财产保险工作 10 余年，先后在都邦财产保险股份有限公司、中原农业保险股份有限公司担任财务部主要领导，在财产保险的保险业务、财务管理、战略企划、信息技术及偿付能力管理等方面具备扎实的理论功底和丰富的实践经验。

（六）冯威——众惠相互董事会秘书

冯威，对外经贸大学经济学学士。曾先后在平安人寿以及大型综合金融集团的重要岗位任职，并牵头负责金融及类金融机构的并购及筹建，在保险公司业务运营流程、内控合规建设及全面风险管理等方面有丰富的管理经验。

众惠相互高级管理层人员情况如表 14-4 所示。

表 14-4 众惠相互高级管理层人员情况

姓名	职务	性别
孙荣和	总经理、合规负责人	男
俞伟	副总经理	男
张永志	副总经理	男
汤宁	副总经理、新闻发言人	男
吴晓东	总经理助理、财务负责人	男
冯威	董事会秘书	女

资料来源：众惠相互官网。

二、章程关于高级管理层的规定

众惠相互对高级管理层的规定如下。

该社设总经理、首席战略官以及审计责任人各一名，由董事长提名，董事会聘任或解聘。该社可设副总经理若干名，由总经理提名，董事会聘任或解聘。

总经理、副总经理、总经理助理、董事会秘书、财务负责人、合规负责人、总精算师、审计责任人未经董事会批准，不得在其他机构担任除董事、监事以外的其他职务。

第六节　众惠相互内部风险管理情况

一、众惠相互内部风险管理组织架构的确定

众惠相互于 2017 年 2 月开业，众惠相互在筹建期即高度重视内部风险管理工作，在组织架构上明确了 7 个子类风险管理架构。

众惠相互董事会是最高风险决策机构，承担 7 个子类风险管理的最终责任。管理层按照董事会的授权负责 7 个子类风险的具体管理工作，行使经营层面的最高决策权。众惠相互风控合规部作为风险管理的牵头部门，在众惠相互管理层和首席风险官领导下开展工作，履行对 7 个子类风险管理工作的协调和支持等职责。7 个子类风险的管理架构及各部门职责如下所述。

（一）战略风险

众惠相互企划财务部为战略风险主要负责部门，负责战略制定与工作实施，在董事会和总经理室的领导下承担发展规划相关具体工作。

（二）声誉风险

众惠相互董事会秘书在治理和信息披露中发挥作用，以提高董事会、管理层和相关部门在声誉风险管理中的报告、决策、响应和执行率。

品牌宣传部为声誉风险主要负责部门，负责声誉风险的日常管理工作。

众惠相互其他职能部门对其业务职责范围内的声誉风险管理负直接责任。

（三）操作风险

风控合规部为操作风险管理的牵头部门，在管理层和首席风险官的领导下开展工作，履行对操作风险管理工作的牵头和协调等职责。

众惠相互各部门对各自的操作风险负责，是操作风险日常管理职责的首要承担者。

（四）市场风险

众惠相互管理层的投资管理委员会为众惠相互投资管理的核心决策机构，在投资决策、投后管理流程中遵循众惠相互的风险管理政策和程序，有效管理以上环节中的市场风险。

资金运用部作为市场风险日常管理职责的主要负责部门，按照所辖资产和负债开展市场风险识别、评估、应对、监控和报告工作，并保存市场风险管理活动的记录。

（五）信用风险

资金运用部为信用风险日常管理的主要负责部门，按照所辖资产开展信用风险识别、评估、应对、监控和报告工作，并保存信用风险管理活动的记录。

（六）保险风险

产品精算部为保险风险日常管理的主要负责部门，其工作包括对保险风险的识别、评估、应对、监控和报告，以及保险风险管理活动的记录保存。

（七）流动性风险

企划财务部为流动性风险日常管理的主要负责部门，其工作包括：根据众惠相互的承保活动、融资活动和投资活动，合理估计众惠相互每日现金流；根据各账户需求负责资金的总体调拨，合理调配资金，确保按时履行各项支付义务；监测众惠相互日间现金流，包括整体的现金流入和现金流出、投资专户等单独账户的现金流入和现金流出。

二、众惠相互内部风险管理组织架构的关键环节

众惠相互把完善内部控制制度、风险管理体系作为可持续发展、稳健经营策略的一项重要工作。从筹备期开始，众惠相互即对内部风险管理关键环节进行梳理，并制定下列相关的管理举措。

第一，众惠相互根据"偿二代"的要求，积极开展"偿二代"的基础准备工作，包括制定完善的制度，进行全面、深入的培训等。

第二，为加强财务管理工作、提升内控管理质量、防范财务风险，根据众惠相互组织架构和经营需要，企划财务部制定并下发了《财务制度（试行）汇编（一期）》，分别从核算、预算、单证、资金等多个方面规范了众惠相互的财务行为，提高了运营效率。

第三，为加强众惠相互行政管理制度体系建设，众惠相互制定并下发了《众惠财产相互保险社印章管理办法（试行）》和《众惠财产相互保险社公文管理办法（试行）》，有效防范众惠相互印章管理和使用中的风险，加强了众惠相互公文规范化管理水平，提高了工作效率。

第四，为加强反洗钱制度体系建设，有效预防洗钱和恐怖融资活动，遏制和打击洗钱犯罪及相关犯罪，维护金融秩序，履行国家规定的反洗钱义务，众惠相互制定并下发了《众惠财产相互保险社反洗钱管理办法》，成立了反洗钱工作小组，加强了众惠相互的风险控制与管理，保证了众惠相互经营的合规性与安全性。

第五，为加强众惠相互声誉风险管理，众惠相互持续加强与媒体间的联络，积极宣传，努力树立良好的企业形象，积极贯彻监管部门相关法律法规精神，严格执行众惠相互各项业务的操作流程，将声誉风险管理渗透到众惠相互经营管理的每一个环节。在2017年第二季度，制定《众惠财产相互保险社品牌危机应急预案》《众惠财产相互保险社突发事件处理制度》《众惠财产相互保险社新闻管理制度》等多项管理制度。

第七节　众惠相互社会责任

一、支农惠农计划

慈溪农村保险互助组织是监管部门于2011年批准试点设立的农村相互保险组织。互助社是由农村集体经济组织投入资本金作为初始营运资金，地方政府提供财政补贴，农民通过自主投保成为社员，以"农民互助共济、共同抵御风险"为目的的农村相互保险组织。

众惠相互与慈溪市政府双方达成共识，并于 2017 年 6 月 28 日签订了战略合作协议，明确由众惠相互向慈溪市农村保险互助组织提供专业化的运营管理服务。众惠相互将凭借自身在相互保险方面的知识储备、经验积累、专业能力和信息技术优势，助力慈溪农村相互保险组织走上科学化、专业化、规范化的发展轨道，帮助其实现快速发展和稳健经营。

二、扶助小微计划

我国从事公路物流行业的司机人群超过 3000 万人。2016 年，我国货车司机月均收入仅 6000 多元，更令人不安的是，64%的货车司机没有任何商业保险。

经过近 5 个月的筹备，众惠相互在中国物流之都山东临沂推出了针对大货车司机意外保障的定制计划——"中国物流之都驾乘人员意外伤害互助计划"。该计划首批将为 5 家物流公司的 8000 余台大货车提供相互保险服务。

本计划是以支持山东临沂地区实体经济发展，减轻中小微企业负担，不断提高高危职业人群的保险覆盖率、获得感和满意度为主旨，专为当地营运货车驾乘人员量身定制的互助保险计划。

第五篇

发展评价篇

　　所谓"治理"，即用规则和制度来约束和重塑利益相关者之间的关系，以达到决策科学化的目的。它是由治理主体、治理内容、治理结构以及治理机制等构成的，以规则、合规和问责为核心要素的一整套制度安排。

　　——李维安.推进全面深化改革的关键：树立现代治理理念[N].光明日报，2013-11-29(11).

第十五章　一般保险公司治理评价

公司治理评价是对公司治理状况的科学的、量化的反映，本章即关注了我国保险业的公司治理水平。首先，在梳理一般公司治理评价开展进程的基础上，重点总结了我国保险机构治理评价的三个阶段；其次，基于保险监管部门 2015 年和 2017 年公司治理评价结果进行了公司治理状况的分析；最后，对保险法人机构未来治理评价进行了展望。

第一节　保险法人机构治理评价探索

党的十八届三中全会明确提出，完善和发展中国特色社会主义制度，推进国家治理体系和治理能力现代化是全面深化改革的总目标。保险法人机构是保险行业的微观主体，保险法人机构治理是国家治理体系的重要组成部分，也是整个保险行业公司治理水平的体现。保险业服务国家治理能力现代化的前提是做好自身的治理。我国保险法人机构治理在经历了政企合一的完全行政型治理、治理观念的导入、治理结构与机制的建立几个阶段后，进入关注公司治理质量的新阶段。保险法人机构治理评价是以指数的形式对保险法人机构治理质量进行量化反映，能够为进行科学决策和提高治理水平提供明确的方向。因此，如何科学、客观、准确地开展评价工作就显得尤为重要。

一、公司治理评价问题的提出

我国保险业自 1980 年恢复运行以来保持了较快的发展速度，2015 年首次成为全球第三大保险市场，与第二名在市场规模上相差无几。2017 年，我国原保险保费收入 36581.01 亿元，同比增长 18.16%。这主要得益于国务院于 2006 年发布的《国务院关于保险业改革发展的若干意见》和 2014 年发布的《国务院关于加快发展现代保险服务业的若干意见》两个保险业"国十条"对我国保险业的改革发展进行的全面部署。两次保险业"顶层设计"均将保险公司现代企业制度建设和完善作为改革发展的重要内容，而其中的核心是完善保险公司治理。

自 2006 年 1 月《关于规范保险公司治理结构的指导意见（试行）》出台以来，公司治理成为保险公司继市场行为和偿付能力之后的第三大监管支柱。经过 10 多年的实践，作为我国保险公司体制改革核心的保险公司治理的状况以及其他保险法人机构如保险集团（控股）公司、保险资产管理公司、再保险公司治理的状况，是监管部门、各大保险法人机构和其他利益相关方等关注的焦点。

公司治理评价就是对公司治理状况的科学衡量，这项工作的意义在于通过治理评价发现和解决治理改革发展中的重要问题，尤其是瓶颈问题，从而全面提高公司治理水平。公司治理评价是一个系统工程，涉及治理评价主体（谁来评）、治理评价指标体系（用什么评）、治理评价对象（评价谁）、治理评价结果使用（评价作用发挥）等方面内容，其中的核心是治理评价指标体系。

二、国内外主要公司治理评价系统

公司治理评价萌芽于 1950 年杰克逊·马丁德尔（Jackson Martindell）提出的董事会绩效分析，随后一些商业性组织也推出了公司治理状况评价系统。最早的比较规范的公司治理评价研究是由美国机构投资者协会在 1952 年设计的评价董事会程序。随后出现了公司治理诊断与评价的系列研究成果，如 1998 年标准普尔公司（S&P）创立公司治理服务系统并于 2004 年修订了该系统，1999 年欧洲戴米诺（Deminor）推出戴米诺公司治理评价系统，2000 年亚洲里昂证券（CLSA）开发里昂公司治理评价系统，2003 年穆迪（Moody）将公司治理评价作为增强信用分析的一部分引入。

就国内而言，2003 年南开大学中国公司治理研究院评价课题组推出我国第一个全面、系统的公司治理评价系统，此后每年发布一次中国上市公司治理指数（CCGI[NK]），该评价系统的评价对象只包括中国人寿（601628）和新华保险（601336）两家 A 股上市保险公司以及中国平安（601318）、中国太保（601601）两家集团（控股）公司。中国社会科学院世界经济与政治研究所公司治理研究中心进行的中国上市公司 100 强公司治理评价是国内另一项较早开展且持续的评价工作，该系统的评价对象为市值排在前 100 名的公司，没有直接涉及保险公司。

早期对于保险法人机构的治理评价主要是由非官方的评级机构或媒体完成的。例如，亚太区杂志《亚洲公司治理》（*Corporate Governance Asia*）评选的亚洲公司治理年度杰出表现奖，就考虑了保险公司的治理情况，中国平安曾于 2007 年获得该奖。国际财经杂志《欧洲货币》（*Euromoney*）的最佳治理公司排名中，也增加了关于保险公司治理的排名。

但是，需要说明的是，这些治理评价都是根据一般公司的治理评价体系进行的，除了原中国保监会《保险公司治理报告》中的治理评分之外，国内外鲜有基于保险法人机构治理特点设计的专门的、详细的和可操作的治理评价指标体系。

最后，通过对国内外治理评价系统的比较，本报告发现公司治理评价的结果都是公司治理评价指数，简称"公司治理指数"，是运用统计学和运筹学等原理，根据一定的指标体系，对照一定的标准，按照科学的程序，通过定量分析与定性分析，以指数形式对公司治理状况做出的评价。

三、我国保险法人机构治理评价实践

（一）早期探索阶段：摸底检查和专项自查

我国保险法人机构治理评价工作的探索始于监管部门进行的治理摸底检查和专项自查工作。2006 年 9—10 月，原中国保监会对 44 家保险法人机构治理状况进行了首次全面摸底检查。通过这次摸底检查，监管部门基本摸清了保险法人机构治理方面存在的问题和风险，也为后续制定监管制度和治理评价方法研发打下了坚实基础。

2007 年初，原中国保监会发布了《关于落实〈关于规范保险公司治理结构的指导意见〉的通知》（保监发〔2007〕1 号）及一系列完善保险法人机构治理的制度措施。为推动保险法人机构切实落实相关制度，原中国保监会在 2007 年底开展了公司治理专项自查活动。法人机构治理的摸底检查和专项自查为正式进行保险法人机构治理评价奠定了基础。

（二）正式开展阶段：导入治理评价体系

《关于规范报送〈保险公司治理报告〉的通知》（保监发改〔2010〕169 号），要求各保险集团（控股）公司、保险公司、保险资产管理公司按照规定的内容和格式要求，于每年 4 月 30 日前向原中国保监会报送经董事会审议通过的上一年度公司治理报告。报告中关于公司治理状况的自我监管评分工作是原中国保监会全面开展保险法人机构治理评价的标志，而且是常态化进行，不同于临时性的摸底或自查。该评价体系由遵守性、有效性和调节性三类共计 100 个指标组成。

自 2010 年之后，原中国保监会又先后多次出台文件规范我国保险法人机构治理评价有关问题，如原中国保监会于 2012 年 2 月 10 日发布《关于进一步做好〈保险公司治理报告〉报送工作的通知》（保监发改〔2012〕124 号），2015 年 6 月 1 日发布《中国保监会关于进一步规范报送〈保险公司治理报告〉的通知》（保监发改〔2015〕95 号）。

（三）全面深入阶段：出台办法和发布结果

为综合评价保险法人机构治理状况，进一步完善保险法人机构治理结构，提升行业治理水平，2015 年 12 月 7 日，原中国保监会出台《保险法人机构公司治理评价办法（试行）》（以下简称《办法》）。《办法》对保险法人机构公司治理评价机制、内容和方法、结果运用等方面做了全面系统的规定。

为全面摸清保险行业治理现状，强化治理监管力度，按照《办法》规定，原中国保监会于 2017 年上半年开展了首次覆盖全行业的保险法人机构治理现场评估工作，并于 2017 年 9 月 27 日正式发布通报。130 家中资法人机构治理评价结果显示，中资保险法人机构治理指数平均分为 83.74 分；大于等于 60 分且小于 70 分的重点关注类公司有 4 家，包括君康人寿、华夏人寿、华汇人寿和长安责任；没有低于 60 分的不合格类公司。49 家外资保险法人机构治理综合评价平均得分为 86.21 分。评价结果表明，我国保险机构治理合规水平较高，但有效性总体偏低，主要反映在董事会专业委员会、风险管理与内部控制等治理机制还存在虚化现象，没有充分发挥应有的治理作用等方面。

第二节　保险法人机构治理评价结果

一、2015 年保险法人机构治理评价

为进一步完善保险法人机构治理结构，提升行业公司治理水平，根据《办法》规定，原中国保监会开展了首次保险法人机构公司治理综合评价工作，对 127 家中资保险法人机构公司治理水平和风险状况进行综合评判。

（一）评价结果

从评价得分情况来看，127 家保险法人机构 2015 年公司治理评价平均得分为 85.8 分，集团（控股）公司得分最高，平均得分 88.1 分，财产险公司得分最低，平均得分 84.2 分。127 家公司中得分在 90 分以上的有 49 家，大于等于 80 分且小于 90 分的有 56 家，大于等于 70 分且小于 80 分的有 16 家，大于等于 60 分且小于 70 分的有 2 家，小于 60 分的有 4 家。

从评价结果来看，优质类公司有 49 家，占比 38.6%；合格类公司有 72 家，占比 56.6%；重点关注类公司有 2 家，占比 1.6%；不合格类公司有 4 家，占比 3.2%。其中，集团公司中优质类公司占比较高，占集团公司总数的 72.7%；财产险公司中合格类公司占比较高，占财产险公司总数的 77.1%；人身险公司、资产管理公司优质类和合格类公司数量基本持平，分别占公司总数的 45% 左右。

从自评分值情况来看，自评平均分为 94.2 分。其中，大于等于 90 分的有 111 家，占比 88%；大于等于 80 分且小于 90 分的有 12 家，占比 9.5%；大于等于 70 分且小于 80 分的有 2 家，占比 1.6%；大于等于 60 分且小于 70 分的有 1 家，占比 0.9%。最高分 100 分，有 12 家公司自评 100 分，占比 9.5%。自评分和监管评分相差大于 25% 的公司有 4 家，占比 3.1%。

（二）评价分析

此次评价结果主要呈现出以下几个特点。一是综合评分整体分值较高。总体来看，集团公司及其子公司和近几年成立的公司得分较高，公司治理整体情况较好。但同时部分公司自评分值较高，在自评时对公司治理情况自查不到位，评价工作不够全面深入。虽整体分值较高，但是部分公司在独立董事、关键岗位人员、董事会专业委员会设置等方面还需要进一步加强和完善。二是治理机制运行不到位是扣分的主要原因。经过多年公司治理监管的发展，目前全行业对完善公司治理结构的重视程度普遍提高，落实监管制度的主动性得到提升，公司治理逐渐从监管部门的外部要求内化为公司的自发要求，但公司治理从"形似"到"神至"，充分发挥治理机制有效性方面还有一定差距，如董事会专业委员会无实质运作、独立董事独立性缺失、专职内审人员不足、内审职能作用未有效发挥和薪酬管理不规范等问题仍然存在。

二、2017 年保险法人机构治理评价

为全面摸清保险行业公司治理现状，强化公司治理监管力度，按照《保险法人机构公司治理评价办法（试行）》（以下简称《办法》）规定，原中国保监会于 2017 年上半年开展了首次覆盖全行业的保险法人机构公司治理现场评估工作。

（一）保险法人机构公司治理评估情况总体分析

1. 综合评分情况

此次参与综合评分评估的保险法人机构共计 179 家，包括财产险公司 74 家，人身险公司 70 家，再保险公司 4 家，集团公司 11 家，资产管理公司 20 家。

179 家保险法人机构公司治理综合评价平均得分 84.42 分。按公司类型来看，集团公司综合评价平均得分最高，为 89.26 分；资产管理公司综合评价平均得分最低，为 83.03 分；财产险公司、人身险公司、再保险公司平均得分在均 84 分以上。（见表 15-1）

从图 15-1 综合得分分布图中可以看出，179 家保险法人机构公司治理综合评分呈现左偏分布，大部分保险法人机构的公司治理综合评价较好。

2. 监管评分情况

此次参与综合评分评估的保险法人机构共计 181 家，包括财产险公司 75 家，人身险公司 71 家，再保险公司 4 家，集团公司 11 家，资产管理公司 20 家。

181 家保险法人机构公司治理监管评分平均值为 81.24 分。按公司业务类型来看，集团公司监管评分平均值最高，为 86.25 分；资产管理公司监管评分平均值最低，为 78.38 分；财产险公司、人身险公司、再保险公司平均评分均在 80 分以上。（见表 15-1）

从图 15-2 监管评分分布图中可以看出，181 家保险法人机构中，大部分机构的公司治理监管评分集中在 70—90 分的区间，95 分以上和 65 分以下的机构较少，不存在明显的极端情况。

表 15-1　保险机构治理评分统计

样本	评分	有效样本（个）	缺失样本（个）	平均值	中位数	标准差	极差	最小值	最大值
全样本	综合评分	179	2	84.42	86.05	7.34	32.85	63.95	96.80
	监管评分	181	0	81.24	81.75	8.50	36.75	60.25	97.00
财产险公司	综合评分	74	1	84.13	85.83	7.00	25.65	69.75	95.40
	监管评分	75	0	80.74	81.00	8.03	29.25	64.25	93.50
人身险公司	综合评分	70	1	84.36	86.30	7.66	31.75	63.95	95.70
	监管评分	71	0	81.78	82.25	8.95	36.75	60.25	97.00
再保险公司	综合评分	4	0	84.46	86.35	5.86	12.65	76.25	88.90
	监管评分	4	0	81.44	83.25	5.38	11.75	73.75	85.50
集团公司	综合评分	11	0	89.26	89.30	6.85	19.45	77.35	96.80
	监管评分	11	0	86.25	90.25	8.43	22.75	73.25	96.00
资产管理公司	综合评分	20	0	83.03	82.80	7.56	23.40	71.50	94.90
	监管评分	20	0	78.38	76.75	8.47	30.00	63.50	93.50

资料来源：根据监管部门公开披露数据整理。

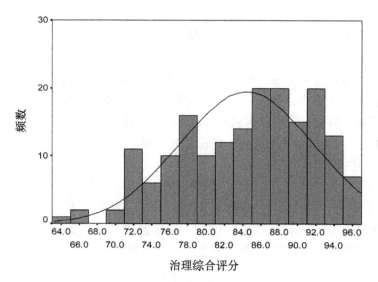

图 15-1 治理综合评分分布图

资料来源：根据监管部门公开披露数据整理。

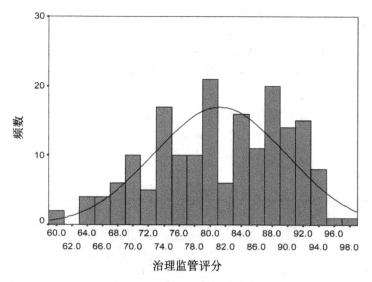

图 15-2 治理监管评分分布图

资料来源：根据监管部门公开披露数据整理。

（二）中资保险法人机构公司治理评估情况

此次参与评估的中资保险法人机构共计 130 家，包括保险集团公司 11 家，财产险公司 53 家，再保险公司 3 家，人身险公司 44 家，保险资产管理公司 19 家。具体评价结果见表 15-9。

1. 平均分情况

130 家中资保险法人机构公司治理综合评价平均得分 83.74 分。按公司业务类型来看，集团公司平均得分最高，为 89.26 分，财产险和再保险公司、人身险公司、资产管理公司平均得分在 83 分左右。（见表 15-2）

表 15-2　中资保险法人机构公司治理综合评价情况

得分情况	集团公司	财产险和再保险公司	人身险公司	资产管理公司
平均分	89.26	83.48	82.92	83.25
最高分（公司名称）	96.80（国寿集团）	95.40（英大财险）	95.70（太平人寿）	94.90（太平资产）
最低分（公司名称）	77.35（中华集团）	69.75（长安责任）	63.95（君康人寿）	71.50（阳光资产）

资料来源：根据监管部门公开披露数据整理。

2. 评级结果情况

90 分以上的优质类公司有 35 家；大于等于 70 分且小于 90 分的合格类公司有 91 家；大于等于 60 分且小于 70 分的重点关注类公司有 4 家；小于 60 分的不合格类公司有 0 家。4 家重点关注类公司为君康人寿、华夏人寿、华汇人寿和长安责任。

3. 保险机构自评结果

按照《办法》规定，各保险公司对其公司治理情况进行了自评，共 68 项指标，满分 100 分。130 家公司自评平均分为 93.79 分。按公司业务类型来看，集团公司自评平均分 97.18 分，财产险和再保险公司自评平均分 93.30 分，人身险公司自评平均分 93.32 分，资产管理公司自评平均分 94.37 分。

4. 监管评价结果

（1）平均分情况

130 家公司监管评价平均得分 79.74 分。按公司业务类型来看，集团公司平均分最高，为 86.25 分；资产管理公司最低，为 78.47 分；财产险和再保险公司为 79.30 分；人身险公司为 79.21 分（见表 15-3）。

表 15-3　中资保险法人机构公司治理监管评价情况

得分情况	集团公司	财产险和再保险公司	人身险公司	资产管理公司
平均分	86.25	79.30	79.21	78.47
最高分（公司名称）	96.00（国寿集团）	93.00（英大财险）	93.50（太平人寿）	93.50（太平资产）
最低分（公司名称）	73.25（中华集团）	64.25（长江财产）	60.25（君康人寿、华夏人寿）	63.50（阳光资产）

资料来源：根据监管部门公开披露数据整理。

（2）分数区间分布

监管评分大于等于 90 分的公司有 24 家，占参评公司总数的 18.46%；大于等于 80 分且小于 90 分的公司有 41 家，占比 31.54%；大于等于 70 分且小于 80 分的公司有 44 家，占比 33.85%；大于等于 60 分且小于 70 分的公司有 21 家，占比 16.15%；60 分以下的有 0 家。

（3）四大类评价指标得分情况

监管评价内容主要分为三会一层运作、内部管控机制、股东股权及集团公司四大类别，共计 151 项子指标。

三会一层运作与内部管控机制两大类指标主要为得分项，共 124 个指标，满分 100 分。三会一层指标中股东大会、董事会、监事会及经营管理层四个方面指标得分较高，较为薄弱的是公司章程环节。内部管控机制指标中主要失分项在关联交易、内部审计以及考核激励方面。其中关联交易指标得分薄弱点在于关联方信息档案完备性、关联交易内部审查有效性及关联交易信息披露合规性（见表 15-4）。

表 15-4　两大类得分指标得分情况

评价项目	满分	集团公司		财产险和再保险公司		人身险公司		资产管理公司	
		平均分	得分率（%）	平均分	得分率（%）	平均分	得分率（%）	平均分	得分率（%）
三会一层运作	63.00	57.45	91.19	52.59	83.48	51.88	83.25	50.20	79.68
内部管控机制	37.00	31.16	84.22	28.62	77.35	29.06	78.54	28.75	77.70

资料来源：根据监管部门公开披露数据整理。

股东股权及集团公司两大类指标为扣分项，其中集团公司考核项目主要针对 11 家集团以及拥有非保险子公司的机构。股东股权方面的扣分项主要集中在股东行为及股权变更方面，重点是股权质押未及时向监管部门报告、股东之间关联关系未报告等。集团公司指标扣分项主要集中在非保险子公司相关情况未及时披露方面（见表 15-5）。

表 15-5　两大类扣分指标和扣分公司数量统计

评价项目	扣分区间（分）	集团公司（家）	财产险和再保险公司（家）	人身险公司（家）	资产管理公司（家）
股东股权	0-20	5	29	28	3
集团公司	0-9	7	4	5	2

资料来源：根据监管部门公开披露数据整理。

5. 评估中发现的主要问题

第一，公司治理有效性有待进一步提高。一是公司章程约定和执行存在缺失。部分公司章程约定不符合监管要求，公司章程"报行不一"。二是股东大会管理不到位。存在会议通知迟滞、委托授权手续不齐和档案管理不规范等问题。三是董事会建设不完善。部分公司董事会人数同章程不一致，董事会构成不符合规定，人员素质结构不合理，存在董事超期"服役"，未建立独董制度，独立董事长期未达到章程约定人数，专业委员会建设不足，部分公司滥用通信表决方式的问题。四是监事会作用发挥不够。部分公司监事以列席董事会方式履职，监事会会议频次不足，审议流于形式。部分公司监事会组成不符合法律规定和章程约定。五是内部授权不合理。股东大会、董事会和管理层之间授权机制不明确，过度授权或授权笼统，授权没有期限，越界行权。六是董事、监事与高管人员履职和考核激励机制不合规。部分公司未明确董事尽职考核评价制度、未明确绩效薪酬延期支付、薪酬延期支付不合规等。

第二，内部管控机制需要进一步完善。一是内审力量配备不足，如：审计对象范围覆盖不全，内审人员配备不达标，未建立内审信息系统，未建立风险管理信息系统。二是发展规划程序不完整，执行不到位。部分公司规划制定、实施不及时，审议程序不合规，未设置发展规划委员会，未制定规划的分解和落实措施，现行规划未经股东大会批准等。

第三，关联交易管理亟须进一步加强。一是关联方档案管理不完备，包括更新不及时，股东未提交不存在不当利益输送书面声明。二是关联交易管理不完善，包括未对关联交易开展有效的审计，公司与主要股东及关联方重大关联交易未经独立董事审议，公司关联股东、董事未回避表决关联议题，未及时披露重大关联交易、资金运用关联交易信息，未按时向监管部门报送关联交易季度报告。三是部分公司的关联交易存在重大风险，包括通过资产管理产品、信托计划等多层嵌套，向关联方输送利益。

第四，个别公司股东股权方面存在问题。一是非自有资金出资问题。个别公司股东涉嫌使用保费自我循环注资、融资出资或增加股东层级虚假增资。二是规避持股比例限制。三是通过收购股东间接取得控制权。四是借道股权质押变相出让股权或融资。五是股东行为不合规，存在股权被诉讼保全或强制执行、质押或解除质押、股东更名等事项未及时报告，股东未告知其控股股东、实际控制人变更信息及股东间关联关系等问题。

第五，集团管控须进一步规范。一是单一股东持股比例超标。二是个别公司存在股份代持现象。三是涉嫌设置多重架构规避监管。四是股权质押比例偏高。五是非保险子公司管理不合规，表现为给非保险子公司提供担保或资金借贷，使用非自有资金出资非保险子公司，未按规定将全部子公司纳入并表范围，非保险子公司信息披露不合规，等等。

第六，公司自我评价不客观、不合规。主要表现为自我评价失真，自评满分，自评分与监管评分相差过大，没有按照自评分值要求评分等。为保证公司治理评估的客观性、准确性，针对存在上述问题的公司，按照《办法》规定，对综合得分进行了相应调整与扣减。

（三）外资保险机构公司治理评估情况

此次参与现场评估的外资保险公司共 51 家（分公司选定 2 家，恒大人寿由于上一年已接受监管部门检查，未列入此次评估），其中财产险公司 22 家，人身险公司 27 家（含1 家分公司），再保险公司 1 家（分公司），资产管理公司 1 家。具体评价结果见表 15-10。

1. 平均分情况

49 家保险法人机构（2 家外国保险公司在中国设立的分公司不参与公司自评）公司治理综合评价平均得分为 86.21 分。其中，财产险和再保险公司平均得分为 85.84 分，人身险公司平均得分 86.80 分，资产管理公司得分 78.78 分（见表 15-6）。

表 15-6　外资保险机构公司治理综合评价情况

得分情况	财产险和再保险公司	人身险公司	资产管理公司
平均分	85.84	86.80	78.78
最高分（公司名称）	95.10（三井住友）	93.40（平安健康）	—
最低分（公司名称）	75.45（史带财产）	72.10（中法人寿）	—

资料来源：根据监管部门公开披露数据整理。

2. 评级结果情况

90 分以上的优质类公司有 14 家，大于等于 70 分且小于 90 分的合格类公司有 35 家，大于等于 60 分且小于 70 分的重点关注类公司有 0 家，小于 60 分的不合格类公司有 0 家。

3. 保险机构自评结果

按照《办法》规定，各保险公司对其公司治理情况进行了自评，共 68 项指标，满分 100 分。49 家公司自评平均分为 88.93 分。其中，财产险和再保险公司平均得分 88.39 分，人身险公司平均得分 89.65 分，资产管理公司平均得分 82.20 分。

4. 监管评价结果

（1）平均分情况

51 家公司监管评价平均得分 85.06 分。其中，财产险和再保险公司平均得分 84.36 分，人身险公司平均得分 85.97 分，资产管理公司平均得分 76.50 分（见表 15-7）。

表 15-7　外资保险机构公司治理监管评价情况

得分情况	财产险和再保险公司	人身险公司	资产管理公司
平均分	84.36	85.97	76.50
最高分（公司名称）	93.50（劳合社）	97.00（友邦上海）	—
最低分（公司名称）	70.00（中意财产）	73.50（中法人寿）	—

资料来源：根据监管部门公开披露数据整理。

（2）分数区间分布

监管评分大于等于 90 分的公司有 13 家，占参评公司总数的 25.50%；大于等于 80 分且小于 90 分的公司有 29 家，占比 56.86%；大于等于 70 分且小于 80 分的公司有 9 家，占比 17.65%；大于等于 60 分且小于 70 分的公司有 0 家；60 分以下的公司有 0 家。

（3）三大类评价指标得分情况

监管评价内容主要分为约束性指标、遵循性指标和调节性指标三大类，共计 148 项。其中，约束性指标 12 项，满分 12 分；遵循性指标 98 项，满分 88 分；调节性指标为扣分项，共 38 项，每项各 1 分。

总体来看，在得分项中，财产险公司和再保险公司以及人身险公司得率分均高于 80%，评级均为合格。从指标类型来看，约束性指标得分率均达到 90% 以上，高于遵循性指标；遵循性指标中，考核激励和监督评价得分率较低，财产险公司和再保险公司以及人身险公司低于 80%。从公司类型来看，人身险公司各项指标得分均高于财产险公司和再保险公司。从调节性指标看，平均扣分均在 2 分左右（见表 15-8）。

表 15-8 外资保险法人机构公司治理评价得分及得分率

评价项目		满分	财产险和再保险公司		人身险公司		资产管理公司	
			平均得分	得分率（%）	平均得分	得分率（%）	平均得分	得分率（%）
总分		100	84.15	84.15	87.70	87.70	76.50	76.50
约束性指标		12	11.39	94.89	11.60	96.64	11.00	91.67
遵循性指标	小计	88	74.31	84.44	76.11	86.48	68.50	77.84
	组织架构	33	29.48	89.32	30.33	91.90	25.00	75.76
	运行控制	40.50	34.98	86.36	35.13	86.73	31.00	76.54
	考核激励	6.50	4.03	62.06	4.71	72.48	5.50	84.62
	监督评价	8	5.82	72.73	5.94	74.28	7.00	87.50
调节性指标		38	平均扣分	失分率（%）	平均扣分	失分率（%）	平均扣分	失分率（%）
			1.55	4.07	2.15	5.67	3.00	7.89
调节后总分		—	82.60	—	85.55	—	73.50	—

资料来源：根据监管部门公开披露数据整理。

注：（1）调节性指标为扣分项；（2）友邦保险及瑞士再保险为分公司，未纳入评估得分统计；（3）资产管理公司仅中意资产 1 家。

5. 评价中发现的主要问题。

第一，股东股权方面。个别公司股东股权方面存在问题。一是保险公司未掌握股东相关信息或未能及时了解股东变更情况。二是部分公司股东名册管理缺位，存在股东名册不完整、股东名册记录不符合实际的情况。

第二，"三会一层"运作方面。"三会一层"运作上存在如下主要问题。一是董事会建设及运转不规范，主要表现在部分公司董事会成员背景不符合要求，会议决议未报告或未及时报告监管部门等方面。二是大多数公司专业委员会的辅助决策作用发挥不足，其成员人数不足或不符合资格。三是部分公司董事会与高管层重合程度较高，造成治理结构的不稳定。

第三，内部管控和治理机制方面。部分公司在合规内控内审方面须进一步完善。一是人力不足，内控合规及风险管理专职人员较少。二是未建立风险管理信息系统，或风险管理信息系统功能不全。在关联交易管理方面，部分公司关联方档案信息不全；此外，部分公司在发展规划执行有偏差的情况下，未能对发展规划进行调整；少数公司缺乏绩效薪酬延期支付制度，或延期支付制度不符合实际、比例的要求。

第四，公司自我评价客观性须进一步加强。总体而言，外资保险公司治理自评中，自评得分较符合实际，但少数公司存在自我评价不客观、得分过高的问题。为保证公司治理评估的客观性、准确性，针对存在上述问题的公司，按照《办法》规定，对综合得分进行了相应调整与扣减。

2017 年我国集团公司、财产险公司、人身险公司、再保险公司、资产管理等公司等保险机构的公司治理评价结果详见表 15-9 和表 15-10。

表 15-9 2017 年中资保险法人机构治理评价结果

序号	机构名称	机构类型	监管评分	综合得分
1	国寿集团	集团公司	96.00	96.80
2	人保集团	集团公司	94.75	96.05
3	太平集团	集团公司	94.00	96.00
4	中再集团	集团公司	93.00	94.60
5	太保集团	集团公司	90.25	93.35
6	平安集团	集团公司	90.50	89.30
7	阳光集团	集团公司	82.00	88.00
8	泰康集团	集团公司	80.50	86.70
9	华泰集团	集团公司	80.50	84.70
10	安邦集团	集团公司	74.00	79.00
11	中华集团	集团公司	73.25	77.35
12	英大财险	财产险和再保险公司	93.00	95.40
13	阳光农险	财产险和再保险公司	91.50	94.10
14	平安财险	财产险和再保险公司	90.75	94.05
15	中银保险	财产险和再保险公司	90.25	93.35
16	太保财险	财产险和再保险公司	89.75	93.05
17	中石油自保	财产险和再保险公司	88.25	92.55
18	安信农险	财产险和再保险公司	88.75	92.45
19	合众财险	财产险和再保险公司	90.50	92.30
20	恒邦财险	财产险和再保险公司	90.25	92.15
21	东海航运	财产险和再保险公司	88.00	91.60
22	太平产险	财产险和再保险公司	88.00	91.60
23	国寿财险	财产险和再保险公司	87.00	90.20
24	人保财险	财产险和再保险公司	91.25	89.75
25	信达财险	财产险和再保险公司	84.75	89.65
26	众诚车险	财产险和再保险公司	84.75	89.25
27	华农财险	财产险和再保险公司	85.50	88.90
28	永诚财险	财产险和再保险公司	83.50	88.90
29	中再产险	财产险和再保险公司	85.50	88.90
30	阳光信保	财产险和再保险公司	84.50	88.70
31	鑫安车险	财产险和再保险公司	85.75	88.65
32	中再寿险	财产险和再保险公司	84.75	88.45
33	中铁自保	财产险和再保险公司	83.25	88.35
34	安诚财险	财产险和再保险公司	80.50	87.10
35	国元农险	财产险和再保险公司	79.50	86.90
36	大地财险	财产险和再保险公司	80.75	86.85
37	诚泰财险	财产险和再保险公司	80.00	86.40
38	中国信保	财产险和再保险公司	80.50	86.30
39	安华农险	财产险和再保险公司	80.75	85.65
40	中路财险	财产险和再保险公司	80.00	84.40
41	泰康在线	财产险和再保险公司	77.25	83.95

续表

序号	机构名称	机构类型	监管评分	综合得分
42	中原农险	财产险和再保险公司	77.00	83.40
43	安邦财险	财产险和再保险公司	77.50	81.50
44	天安财险	财产险和再保险公司	78.75	81.25
45	渤海财险	财产险和再保险公司	73.75	80.65
46	华海财险	财产险和再保险公司	76.50	80.10
47	都邦财险	财产险和再保险公司	73.50	79.30
48	华安财险	财产险和再保险公司	74.25	78.95
49	华泰财险	财产险和再保险公司	74.50	77.90
50	燕赵财险	财产险和再保险公司	73.50	77.50
51	北部湾财险	财产险和再保险公司	74.75	77.45
52	锦泰财险	财产险和再保险公司	73.75	77.25
53	阳光财险	财产险和再保险公司	72.25	77.15
54	太平再保险	财产险和再保险公司	73.75	76.25
55	亚太财险	财产险和再保险公司	73.50	75.90
56	众安在线	财产险和再保险公司	69.25	75.55
57	浙商财险	财产险和再保险公司	74.50	75.50
58	中煤财险	财产险和再保险公司	70.75	75.05
59	泰山财险	财产险和再保险公司	69.25	74.95
60	中华财险	财产险和再保险公司	71.00	74.80
61	永安财险	财产险和再保险公司	67.00	73.60
62	易安财险	财产险和再保险公司	68.75	72.65
63	鼎和财险	财产险和再保险公司	66.00	72.20
64	安心财险	财产险和再保险公司	68.25	72.15
65	紫金财险	财产险和再保险公司	70.75	72.05
66	长江财险	财产险和再保险公司	64.25	71.95
67	长安责任	财产险和再保险公司	65.25	69.75
68	太平人寿	人身险公司	93.50	95.70
69	太保安联健康	人身险公司	94.00	95.60
70	平安养老	人身险公司	92.50	94.30
71	太平养老	人身险公司	92.00	93.60
72	长江养老	人身险公司	90.25	93.35
73	太保寿险	人身险公司	90.00	92.80
74	建信人寿	人身险公司	90.25	92.55
75	人保寿险	人身险公司	90.25	91.75
76	国寿养老	人身险公司	87.25	91.15
77	人保健康	人身险公司	87.50	90.90
78	平安人寿	人身险公司	92.75	90.65
79	国寿股份	人身险公司	92.25	90.35
80	新华人寿	人身险公司	86.75	88.85
81	幸福人寿	人身险公司	84.75	88.45
82	国联人寿	人身险公司	83.00	88.20

序号	机构名称	机构类型	监管评分	综合得分
83	合众人寿	人身险公司	83.50	88.10
84	英大人寿	人身险公司	84.75	87.65
85	百年人寿	人身险公司	80.00	87.20
86	光大永明人寿	人身险公司	85.50	86.30
87	天安人寿	人身险公司	80.25	83.75
88	中华人寿	人身险公司	77.75	83.45
89	利安人寿	人身险公司	75.75	83.05
90	安邦人寿	人身险公司	79.50	82.70
91	农银人寿	人身险公司	75.50	82.50
92	吉祥人寿	人身险公司	78.00	82.40
93	安邦养老	人身险公司	77.50	81.50
94	泰康养老	人身险公司	76.75	81.25
95	和谐健康	人身险公司	76.50	80.90
96	国华人寿	人身险公司	76.50	80.10
97	长城人寿	人身险公司	74.50	79.10
98	中融人寿	人身险公司	77.50	78.90
99	中邮人寿	人身险公司	75.75	78.85
100	信泰人寿	人身险公司	71.75	78.65
101	民生人寿	人身险公司	71.50	76.70
102	昆仑健康	人身险公司	69.50	75.30
103	上海人寿	人身险公司	68.00	74.20
104	东吴人寿	人身险公司	70.50	73.70
105	珠江人寿	人身险公司	69.00	73.60
106	弘康人寿	人身险公司	66.50	72.50
107	阳光人寿	人身险公司	64.50	72.50
108	渤海人寿	人身险公司	64.75	70.65
109	华汇人寿	人身险公司	66.25	65.75
110	华夏人寿	人身险公司	60.25	65.15
111	君康人寿	人身险公司	60.25	63.95
112	太平资产	资产管理公司	93.50	94.90
113	新华资产	资产管理公司	88.75	92.45
114	平安资产	资产管理公司	88.00	92.40
115	太平洋资产	资产管理公司	88.50	92.30
116	合众资产	资产管理公司	88.25	90.95
117	人保资产	资产管理公司	84.50	90.30
118	光大永明资产	资产管理公司	83.75	89.05
119	英大资产	资产管理公司	82.00	84.00
120	国寿资产	资产管理公司	76.25	83.75
121	中再资产	资产管理公司	79.00	83.00
122	泰康资产	资产管理公司	77.00	82.60
123	中英益利	资产管理公司	75.00	81.00

续表

序号	机构名称	机构类型	监管评分	综合得分
124	安邦资产	资产管理公司	73.00	78.80
125	长城财富	资产管理公司	71.50	78.10
126	民生通惠	资产管理公司	74.00	76.60
127	华安资产	资产管理公司	69.75	76.05
128	华夏久盈	资产管理公司	67.25	72.15
129	华泰资产	资产管理公司	67.50	71.90
130	阳光资产	资产管理公司	63.50	71.50

资料来源：根据监管部门公开披露数据整理。

表 15-10　2017 年外资保险法人机构治理评价结果

序号	机构名称	机构类型	监管评分	综合得分
1	美亚保险	财产险和再保险公司	86.75	86.45
2	东京海上日动	财产险和再保险公司	83.00	80.20
3	安盛天平	财产险和再保险公司	70.25	80.55
4	瑞再企商	财产险和再保险公司	81.75	84.25
5	安达保险	财产险和再保险公司	83.00	85.40
6	三井住友	财产险和再保险公司	92.50	95.10
7	三星财险	财产险和再保险公司	83.50	85.30
8	苏黎世财险	财产险和再保险公司	86.00	86.40
9	安联财险	财产险和再保险公司	86.25	83.75
10	利宝保险	财产险和再保险公司	81.00	81.80
11	日本财险	财产险和再保险公司	91.75	91.05
12	中航安盟	财产险和再保险公司	77.25	81.35
13	劳合社中国	财产险和再保险公司	93.50	92.50
14	中意财险	财产险和再保险公司	70.00	77.60
15	现代财险	财产险和再保险公司	88.50	87.90
16	爱和谊财险	财产险和再保险公司	91.50	93.70
17	国泰财险	财产险和再保险公司	87.00	86.20
18	乐爱金财险	财产险和再保险公司	86.00	86.00
19	日本兴亚	财产险和再保险公司	82.00	86.00
20	信利保险	财产险和再保险公司	87.50	90.50
21	富邦财险	财产险和再保险公司	88.50	91.10
22	史带财险	财产险和再保险公司	73.75	75.45
23	瑞士再北京	财产险和再保险公司	89.00	不适用
24	中宏人寿	人身险公司	80.75	84.85
25	中德安联	人身险公司	82.25	87.35
26	工银安盛	人身险公司	88.00	89.60
27	信诚人寿	人身险公司	84.50	86.30
28	交银康联	人身险公司	80.25	86.95
29	中意人寿	人身险公司	80.00	81.60

序号	机构名称	机构类型	监管评分	综合得分
30	中荷人寿	人身险公司	92.00	93.20
31	同方全球人寿	人身险公司	79.25	86.35
32	中法人寿	人身险公司	73.50	72.10
33	中英人寿	人身险公司	92.00	92.40
34	中美联泰	人身险公司	90.75	92.85
35	北大方正	人身险公司	79.50	84.50
36	长生人寿	人身险公司	88.00	87.60
37	招商信诺	人身险公司	86.75	86.05
38	恒安标准	人身险公司	92.75	90.45
39	瑞泰人寿	人身险公司	80.50	80.45
40	陆家嘴国泰	人身险公司	79.75	78.85
41	华泰人寿	人身险公司	85.50	86.90
42	中银三星	人身险公司	87.25	87.55
43	平安健康	人身险公司	91.00	93.40
44	汇丰人寿	人身险公司	90.50	91.90
45	新光海航	人身险公司	80.50	78.70
46	君龙人寿	人身险公司	91.50	92.10
47	复星保德信	人身险公司	91.50	88.50
48	中韩人寿	人身险公司	87.75	90.25
49	德华安顾	人身险公司	88.25	86.15
50	友邦上海	人身险公司	97.00	不适用
51	中意资产	资产管理公司	76.50	78.78

资料来源：根据监管部门公开披露数据整理。

第三节　保险法人机构治理评价展望

一、保险法人机构治理的多维评价

评价指标体系是评价系统的核心，而评价指标体系设计的思路或者包括哪些维度则是核心中的核心。为科学、全面、准确地评价公司治理的质量，对保险法人机构治理的评价不应仅局限于按照上述提到的国内外经典公司治理评价系统中的治理内容维度进行，还要考虑合规性的层次和法人机构的类型，即从治理层次和治理对象维度进行系统全面的评价。于是本报告构建了保险法人机构治理评价的三维立体模型（见图15-3），使保险法人机构治理评价从一维拓展到三维。

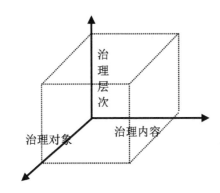

图 15-3　保险法人机构治理评价三维模型

资料来源：作者自制。

（一）治理内容维度的治理评价

已有的治理评价主要从治理内容这一维度展开，即关注具体的治理结构与机制的状况。例如，标准普尔公司治理评价体系在公司层面主要关注所有权结构、利益相关者的权利和相互关系、财务透明度和信息披露以及董事会结构和程序。中国上市公司治理指数（CCGI^{NK}）主要从股东治理、董事会治理、监事会治理、经理层治理、信息披露和利益相关者治理六个方面来评价治理状况。

在治理内容方面，保险法人机构治理评价包括内部治理和外部治理两大部分。在我国的制度背景下，保险法人机构治理评价应以内部治理为主，包括股东治理、董事会治理、监事会治理、合规官等高管设置、内部控制与风险管理等，外部治理中考虑保险法人机构治理的特殊性，信息披露和利益相关者治理等维度也需要纳入评价体系中。

（二）治理层次维度的治理评价

治理评价主要是评价治理的合规性。治理的合规性是指治理活动中遵从有关治理法律法规政策的情况，是治理有效性的必要条件。治理合规性具有层次性，可以分为强制性合规（又称为"一般合规"）和自主性合规（又称为"高级合规"）。所以，对保险法人机构治理的评价不应仅局限于按照上述提到的国内外经典治理评价系统中的治理内容维度进行，还要考虑治理层次或合规性的层次。

在治理层次方面，可以将保险法人机构治理评价分为强制合规评价和自主合规评价两个层次，其中强制合规是治理合规的底线，不允许触碰，而自主合规则是鼓励性内容，是保险法人机构在治理方面创新的重要体现。

（三）治理对象维度的治理评价

除了考虑治理的层次性，还要考虑治理对象的特殊性。在治理对象方面，不同机构经营方面存在其特殊性，而经营的特殊性又会带来治理方面的特殊性。因此，对于不同的保险法人机构，应该采用不同的治理评价指标体系。

按照资本性质不同，可将保险法人机构治理评价分为中资和外资两种类型法人机构的治理评价；按照业务类型不同，则可以分为保险集团（控股）公司、财产险公司、人身险公司、再保险公司、资产管理公司等类型机构的治理评价；按照组织形式不同，可分为相互制保险公司、有限责任保险公司和股份有限保险公司的治理评价；按照治理对象上市情况，还可划分为上市保险公司和非上市保险公司治理评价。

二、保险法人机构治理评价优化

治理评价不仅有助于保险法人机构及时掌握治理的总体运行状况，进而为从整体上剖析当前面临的困境与机遇提供现实依据，也为寻求保险法人机构治理改革深化的路径提供有益指引。为了完善我国保险法人机构治理评价工作，推进我国保险业治理能力现代化，本部分提出以下几方面的建议。

第一，建立分类治理评价体系。分类治理理念要求在治理实践中根据对象的不同而采用不同的治理模式，避免治理模式的套用和"一刀切"。在评价领域，同样要遵循分类治理理念，即为了进行科学的评价，需要考虑评价对象的特殊性。这其中既包括因评价对象业务类型不同反映出的特殊性，也包括组织形式方面的差异所带来的特殊性。目前我国保险法人机构治理评价仍然是"大一统"模式，所有类型法人机构均采用同一套评价指标体系，不能很好地反映出各类保险机构的治理特点，需要在目前评价体系基础上衍生出针对不同类型法人机构的治理评价指标体系。

第二，导入第三方治理评价机制。治理评价能够准确有效地掌握机构的治理状况，发现治理存在的突出问题，从而在第一时间加强相关监管、规避治理风险。治理评价是一项长期的系统工程，评价主体（谁来评）这个问题需要首先考虑。监管部门在治理评价方面有较强的权威性和专业性，但由于人力有限，进行大规模、大样本的评价成本较高。因此，可以建立独立的第三方评价机制，如聘请学术研究机构等作为合作伙伴，要求其提供独立、客观、科学的评价结果，为有效监管提供支撑。

第三，定期发布公司治理状况清单。根据评价结果，可以制作并发布最佳治理机构清单，形成治理的分类或分组，进而从社会声誉方面给予机构以完善治理的动力，同时也可以对全行业形成治理标杆机构的示范效应。治理标杆机构的具体实践可以带动全行业治理水平的提升，在声誉激励的推动下，其他机构会主动向治理标杆机构学习，完善其治理结构与机制。而治理标杆机构为了维护声誉和保持自身的标杆地位也会进一步提高自身的治理水平。

第四，加强对治理评价结果的利用。治理评价工作并不能单独高效地发挥其监管作用，即建立评价机制本身并不是目的所在，更重要的是配合更丰富的监管手段，比如构建治理方面的积分档案、将评价结果与相关事项审批挂钩等，可以强化治理监管的有效性。此外，监管部门可以采取双向互动方式展开评价工作，即每年评价结束后需要将评价结果反馈给评价对象，使其了解自身治理的优势和不足。若能对重点关注的机构附带相应指导建议，则会进一步提高治理评价工作的成效。

第五，开发保险法人机构治理数据库。治理评价指数是治理评价的结果。随着保险业信息化特别是监管信息化水平的提高，包括治理指数在内的治理数据的采集和存储已经不存在障碍。建设治理数据库一方面可以为基于大数据技术的建模、挖掘和使用等奠定基础，另一方面，相关数据库建设也可以推进保险法人机构治理领域研究的进展，打破理论研究的瓶颈，而理论研究的深入也能更好地指导治理实践的发展。

第十六章 上市保险公司治理评价

本章重点关注了保险机构当中的 4 家上市保险机构的治理状况，其中中国平安和中国太保是集团控股公司，中国人寿是人身险公司，新华保险是财产险公司。在介绍 4 家上市保险机构基本情况的基础上，本章利用南开大学中国公司治理研究院每年发布的中国上市公司治理指数（CCGI^{NK}）对其治理状况进行了整体和分维度的治理评价。

第一节 上市保险公司概况

一、中国人寿公司简介

（一）中国人寿发展历程

中国人寿保险股份有限公司（简称"中国人寿"或"国寿股份"，其中证券监管部门多称"中国人寿"，行业监管部门多称"国寿股份"）是中国人寿保险（集团）公司（简称"国寿集团"）的核心成员单位，公司注册资本为人民币 282.65 亿元，其控股股东国寿集团，是国有特大型金融保险央企，国家副部级单位，2018 年财富 500 强排名第 42 位。中国人寿前身是成立于 1949 年的原中国人民保险公司，1996 年其改组后下设中保人寿保险有限公司，1999 年更名为中国人寿保险公司。2003 年 12 月 17 日、18 日，中国人寿在纽约和中国香港上市，创造了 2003 年全球最大首次公开发行（Initial Public Offering，IPO）纪录。2007 年 1 月 9 日，中国人寿回归 A 股，在上海上市，成为首家在三地上市的金融保险企业。

经过长期的发展和积淀，中国人寿业务版图不断扩大，参股国寿资管、国寿财险、国寿养老，下设国寿（苏州）养老养生投资有限公司（简称"苏州养生"）、上海瑞崇投资有限公司（简称"上海瑞崇投资"）、国寿（北京）健康管理有限公司（简称"国寿健康"）等多家子公司，在 2016 年入主广发银行，业务范围全面涵盖人身险、养老保险（企业年金）、资产管理、银行等多个领域。中国银保监会官网披露数据显示，2017 年中国人寿实现原保费收入 5122.68 亿元，占市场份额 19.7%，市场排名第一位。

中国人寿作为中国人身险业的"领头羊"，股改上市 10 年后，在 2013—2017 年的 5 年间，业务稳健发展，推进转型升级，严格风险防控，经营管理成绩显著。原保费收入由 2013 年的 3267 亿元增加到 2017 年的 5123 亿元，基本实现两年跨越一个千亿平台，成为国内首家总保费过 5000 亿元的人身险公司。其中，续期保费由 2013 年的 1907 亿元增加到 2017 年的 2881 亿元，年均复合增长率超 10%；2017 年首年期交保费和续期保费之和占总保费比重达到 78.3%，续期保费拉动效应进一步显现，持续发展能力大幅增强。近年来中小险企的迅速崛起，占领挤压大型险企市场份额，加之国寿保险主动优化结构、控制趸交业务规模，使得市场份额连年下滑，2017 年企稳至 19.7%，占据行业第一的位置。但 2018 年最新数据显示，其领先优势在逐步减弱，行业地位遭遇一定挑战。

（二）中国人寿的股权结构

中国人寿公司实际控制人为财政部。财政部通过 100%持有中国人寿保险（集团）公司间接持有中国人寿 68.37%的股份（见表 16-1）。

表 16-1　中国人寿 2018 年第三季度末前十大股东情况

股东名称	股东性质	持股比例（%）	持股总数（股）
中国人寿保险（集团）公司	国有法人	68.37	19323530000
香港中央结算（代理人）有限公司	境外法人	25.90	7321787185
中国证券金融股份有限公司	国有法人	2.56	723712461
中央汇金资产管理有限责任公司	国有法人	0.42	119719900
香港中央结算有限公司（陆股通）	境外法人	0.10	29277307
中国国际电视总公司	国有法人	0.07	18452300
汇添富基金—工商银行—汇添富—添富牛 53 号资产管理计划	其他	0.05	15015845
中国工商银行—上证 50 交易型开放式指数证券投资基金	其他	0.05	14601652
中国核工业集团公司	国有法人	0.04	12400000
全国社保基金四零七组合	其他	0.03	9449731

数据来源：Wind 数据库。

（三）中国人寿股东大会、董事会、监事会与高级管理人员构成

1. 股东大会

中国人寿从 2018 年 1 月 1 日至今共召开了 2 次股东大会：2018 年 6 月 6 日召开 2017 年度股东大会；2018 年 11 月 13 日召开 2018 年第一次临时股东大会。

2. 董事会

中国人寿董事会下设 4 个委员会。中国人寿董事会成员基本情况如表 16-2 所示。

表 16-2　中国人寿董事会人员基本情况

姓名	职务	性别	年龄	任职起始日期
杨明生	董事长、执行董事	男	63	2012-05-22
林岱仁	执行董事	男	60	2008-10-27
徐海峰	执行董事	男	59	2015-07-11
许恒平	执行董事	男	60	2015-07-11
张祖同	独立董事	男	69	2014-10-20

续表

姓名	职务	性别	年龄	任职起始日期
白杰克	独立董事	男	67	2015-07-11
汤欣	独立董事	男	47	2016-03-07
梁爱诗	独立董事	女	79	2016-07-20
刘慧敏	非执行董事	男	53	2017-07-31
尹兆君	非执行董事	男	53	2017-07-31
袁长清	非执行董事	男	57	2018-02-11
苏恒轩	非执行董事	男	55	2018-07-11

数据来源：中国人寿官网。

（1）审计委员会

中国人寿于 2003 年 6 月 30 日成立审计委员会。2018 年，审计委员会全部由独立董事组成。目前，公司第六届董事会审计委员会由独立董事白杰克（Robinson Drake Pike）、张祖同和汤欣组成，白杰克担任主席。所有审计委员会成员在财务事宜方面均拥有丰富经验。该委员会的主要职责是审核和监督公司的财务报告，评价公司内部监控制度的有效性，监督公司内部审计制度及实施、提议聘请或更换外聘审计师或核数师，以及负责内外部审计之间的沟通及公司内部举报机制的审查。

（2）提名薪酬委员会

中国人寿于 2003 年 6 月 30 日成立管理人培养及薪酬委员会。2006 年 3 月 16 日，董事会决议将管理人培养及薪酬委员会更名为提名薪酬委员会，且委员会的大部分成员为独立董事。目前，公司第六届董事会提名薪酬委员会由独立董事汤欣、非执行董事袁长清、独立董事白杰克组成，汤欣担任主席。

提名薪酬委员会主要负责检讨董事会架构、人数及组成，制订董事和高级管理人员委任、继任计划，考核标准以及制定公司高级管理人员的培训和薪酬政策。提名薪酬委员会在董事提名方面担任董事会顾问角色，首先商议新董事的提名人选，然后向董事会推荐，并由董事会决定是否提交股东大会选举。提名薪酬委员会及董事会主要考虑有关人士的教育背景、保险业相关的管理及研究经验以及对公司的投入程度。对于独立董事的提名，提名薪酬委员会还会特别考虑有关人选的独立性。提名薪酬委员会获董事会转授职责厘定全体执行董事及高级管理人员的特定薪酬待遇。执行董事及其他高级管理人员的固定薪金根据市场水平和岗位价值厘定，奖金根据业绩考核酌情确定。董事袍金以及股票增值权授予数量参照市场水平和本公司的实际情况确定。

（3）风险管理委员会

中国人寿于 2003 年 6 月 30 日成立风险管理委员会。目前，公司第六届董事会风险管理委员会由独立董事梁爱诗、执行董事许恒平、非执行董事刘慧敏、非执行董事尹兆君组成，梁爱诗担任主席。风险管理委员会的主要职责是制定公司风险约束指标体系，与经营管理层讨论并协助经营管理层建立健全的风险管理及内部控制制度，审议公司风险偏好、风险容忍度，制定风险管理政策，审阅公司有关风险管理与内控状况的评价报告，并（主动或应董事会的委派）就风险管理及内部监控事宜的重要调查结果及经营管理层对调查结果的回应进行研究，协调处理风险管理重大分歧、突发性重大风险事件或危机事件。

（4）战略与投资决策委员会

中国人寿于 2003 年 6 月 30 日成立了战略委员会。2010 年 10 月，经第三届董事会第九次会议审议通过，在战略委员会的基础上，设立战略与投资决策委员会。目前，公司第五届董事会战略与投资决策委员会由独立董事张祖同、执行董事林岱仁、执行董事徐海峰、独立董事梁爱诗、非执行董事苏恒轩组成，张祖同担任主席。公司战略与投资决策委员会的主要职责是制定公司长期发展战略和重大投资融资方案，提出重大资本运作资产经营项目，对其他影响公司发展的重大事项进行研究并提出建议。

董事会从 2018 年 1 月 1 日至 10 月底共召开了 13 次会议。第六届董事会第一次会议于 2018 年 6 月 6 日在中国人寿广场 A18 层会议室召开。会议应出席董事 11 人，实际出席董事 8 人。非执行董事袁长清、尹兆君、独立董事张祖同因其他公务无法出席会议，分别书面委托独立董事白杰克（Robinson Drake Pike）、非执行董事刘慧敏、独立董事汤欣代为出席并表决。会议提出《关于选举杨明生先生担任公司第六届董事会董事长的议案》，独立董事对该项议案发表了同意的独立意见。

3. 监事会

监事会从 2018 年 1 月 1 日至 10 月底共召开了 4 次会议。

中国人寿第六届监事会第一次会议于 2018 年 7 月 17 日以书面方式通知各位监事，会议于 2018 年 7 月 20 日在北京中国人寿广场 A 座 16 层会议室召开。会议应出席监事 5 人，实际出席监事 5 人，分别为监事贾玉增、史向明、罗朝晖、宋平、黄辛。中国人寿监事会人员基本情况见表 16-3。

表 16-3　中国人寿监事会人员基本情况

姓名	职务	性别	年龄	任职起始日期
贾玉增	监事会主席	男	56	2018-07-20
史向明	监事	男	59	2009-05-25
罗朝晖	监事	男	44	2018-02-11
贾玉增	监事	男	56	2018-07-11
宋平	职工监事	男	54	2018-03-15
黄辛	职工监事	男	44	2018-06-20

数据来源：中国人寿官网。

4. 高级管理人员

中国人寿高级管理人员基本情况见表 16-4。

表 16-4　中国人寿高级管理人员基本情况

姓名	职务	性别	年龄	任职起始日期
林岱仁	总裁	男	60	2014-03-25
利明光	副总裁	男	49	2014-08-27
徐海峰	副总裁	男	59	2014-08-27
许恒平	副总裁	男	60	2014-08-27

续表

姓名	职务	性别	年龄	任职起始日期
赵立军	副总裁	男	55	2016-04-28
肖建友	副总裁	男	50	2016-10-27
阮琦	副总裁	男	52	2018-03-02
赵鹏	副总裁	男	46	2018-03-02
缪平	首席风险官	男	60	2016-10-27
贾玉增	首席风险官	男	56	2018-08-23
赵立军	财务负责人	男	55	2016-11-15
利明光	董事会秘书	男	49	2017-04-27
赵鹏	总裁助理	男	46	2017-08-24
邢家维	公司秘书	男	41	2013-04-25
阮琦	首席信息技术执行官	男	52	2016-10-27
詹忠	营销总监	男	50	2017-08-24
杨红	运营总监	女	51	2018-03-02
利明光	总精算师	男	49	2012-03-26
许崇苗	合规负责人	男	49	2018-06-05

数据来源：中国人寿官网。

二、中国平安公司简介

（一）中国平安发展历程

中国平安保险（集团）股份有限公司（简称"中国平安""平安"或"平安集团"，其中证券监管部门多称"中国平安"，行业监管部门多称"平安集团"）于 1988 年在深圳成立。历经保险业务→综合金融→"金融+科技"30 年的发展，中国平安已成为全国最大的综合金融服务提供商，为探索"金融+生态"商业模式奠定了坚实的基础。

第一阶段（1988—1998 年），探索现代保险，搭建机制平台。1988 年，中国平安成立，开始经营财产险业务。1994 年开始率先引进个人营销体系，推行个人人身险营销业务。中国平安不断优化股权结构，先后吸引摩根士丹利、高盛公司、汇丰等海外投资者，较早形成了多元化的股权结构。同时，与日本第一生命等国外成熟险企合作，引进学习国际先进管理制度和国际化管理标准，搭建了以保险为主业的现代化经营平台。

第二阶段（1998—2008 年），专注经营保险，探索综合金融。中国平安早在 1995 年就开始布局综合金融业务，在 1995 年和 1996 年先后成立了证券公司和信托公司。1998 年，在中国平安的全国工作会议上，马明哲先生做了题为《构建跨世纪远景，实施新时期战略》的报告，提出平安下一个十年将朝着"国际一流的综合金融服务集团"目标迈进。2003 年开始，在平安集团的统筹下进行综合金融布局，实现金融全牌照。2006 年，中国平安全国运营管理中心在上海张江正式投入运营，率先在中国金融保险行业引入"金融工厂"概念，用统一的大后台为前线金融产品提供全方位的支持和服务。这一时期，中国平安从前线业务和后台支持上初步建立起"一个客户、一个账户、多个产品、一站式服务"的综合金融体系。

第三阶段（2008—2018 年），强化综合金融实践，探索"金融+科技"。在这一阶段，中国平安贯彻"科技引领金融"的方针，明确"以个人客户为中心"的经营理念，在不断完善传统综合金融业务的同时，开展布局互联网与科技板块。2012 年，陆金所成立，中国平安互联网金融开启全面布局。2014 年开始，随着平安好房、平安好医生等公司成立，中国平安深化"互联网+综合金融"模式，围绕"医、食、住、行、玩"等生活场景为客户提供一站式服务，中国平安的发展愿景也从"个人综合金融服务提供商"拓展为"个人金融生活服务提供商"。在科技运用方面，中国平安于 2010 年率先推出 MIT 移动展业平台，随后通过"E 行销""口袋 E""展 E 宝"等工具，在全销售流程上武装代理人，2015 年推出面向个人客户的平安人寿"E 服务"（后改名"金管家"）应用程序，打造出联动线上、线下的移动综合金融生活服务平台。2017 年，中国平安确立"金融+科技"双驱动战略，以人工智能、区块链、云、大数据和安全五大核心技术为基础，深度聚焦金融科技与医疗科技两大领域，对内提质增效，提升传统金融业务的竞争力，对外通过输出创新科技与服务，促进科技成果转化为价值。

从利润构成来看，人身险业务是集团利益的主要来源，财产险、银行、证券和信托利润占比之和低于人身险且逐年下降。金融和医疗科技利润贡献程度呈上升趋势。

（二）中国平安股权结构

中国平安股权结构较为分散，不存在控股股东，也不存在实际控制人。中国平安前十名股东持股情况见表 16-5。

表 16-5　中国平安截至 2018 年 6 月 30 日前十名股东持股情况

股东名称	股东性质	持股比例（%）	持股总数（股）
香港中央结算（代理人）有限公司	境外法人	32.70	5978537034
深圳市投资控股有限公司	国有法人	5.27	962719102
中国证券金融股份有限公司	其他	4.90	895622022
商发控股有限公司	境外法人	4.00	730874280
New Orient Ventures Limited	境外法人	3.91	714663997
香港中央结算有限公司（陆股通）	境外法人	2.83	517266398
中央汇金资产管理有限责任公司	国有法人	2.65	483801600
深业集团有限公司	国有法人	1.41	257728008
华夏人寿保险股份有限公司—自有资金	其他	1.10	200657696
华夏人寿保险股份有限公司—万能保险产品	其他	1.07	196319315

数据来源：中国平安官网。

（三）股东大会、董事会、监事会与高级管理人员构成

1. 股东大会

作为保障股东权益及权利的一项措施，公司就各重大事项（包括选举个别董事）在股东大会上均单独审议，以供股东考虑及投票。所有向股东大会提呈的决议案以投票方式表决。投票表决的结果将于股东大会表决后在联交所网站、上交所网站及公司网站公布。单独或合计持有公司发行在外的有表决权的股份百分之十以上（含百分之十）的股东可根据《公司章程》第七十二条第（三）项以书面形式请求召开临时股东大会。有关请求必须向股东大会明确说明需要审议的内容，且必须由请求人签署，并以书面的形式通知公司董事会。股东应遵循《公司章程》所载有关召开临时股东大会的规定及程序。此外，单独或合计持有本公司发行在外的有表决权的股份百分之三以上（含百分之三）的股东可根据《公司章程》第七十五条，在股东大会召开 10 日前提出临时提案并书面提交召集人。

该公司在 2018 年 5 月 23 号召开了 2017 年度股东大会，采用现场投票和网络投票相结合的表决方式。

2. 董事会

中国平安董事会从 2018 年 1 月 1 日至 2018 年 10 月底共召开了 5 次会议。

第十一届董事会第一次会议于 2018 年 5 月 23 日在深圳市召开。会议应出席董事 14 人，实际出席董事 13 人，董事刘崇书面委托董事葛明代为参会并行使表决权，会议有效行使表决权票数 14 票。审议通过了《关于审议第十一届董事会专业委员会人员组成的议案》，逐项审议通过了《关于选举第十一届董事会董事长和副董事长的议案》，同意选举马明哲继续出任公司第十一届董事会董事长，选举孙建一继续出任公司第十一届董事会副董事长。该公司独立董事对该项议案发表了同意的独立意见。审议通过了《关于聘任马明哲出任公司首席执行官（CEO）的议案》，逐项审议通过了《关于聘任公司高级管理人员的议案》，同意继续聘任任汇川出任公司总经理，孙建一出任公司副总经理，姚波出任公司副总经理兼总精算师、首席财务官，李源祥出任公司副总经理。同意继续聘任陈心颖、曹实凡、陈克祥、谢永林出任公司副总经理，叶素兰出任公司副总经理兼合规负责人、审计责任人，姚军出任公司秘书，盛瑞生出任董事会秘书。中国平安董事会人员情况见表 16-6。

表 16-6　中国平安董事会人员基本情况

姓名	职务	性别	年龄	任职起始日期
马明哲	董事长，执行董事	男	62	2006-05-01
孙建一	执行董事	男	65	2006-05-01
姚波	执行董事	男	47	2009-06-03
任汇川	执行董事	男	49	2012-06-27
李源祥	执行董事	男	53	2013-05-10
蔡方方	执行董事	女	44	2014-06-12
黄世雄	独立非执行董事	男	63	2013-05-10
孙东东	独立非执行董事	男	59	2013-05-10
叶迪奇	独立非执行董事	男	71	2013-05-10
葛明	独立非执行董事	男	66	2015-06-30
欧阳辉	独立非执行董事	男	55	2017-08-06
谢吉人	非执行董事	男	54	2013-05-10
杨小平	非执行董事	男	54	2013-05-10
刘崇	非执行董事	男	58	2016-01-08
王勇健	非执行董事	男	53	2018-07-13

数据来源：中国平安官网。

3. 监事会

中国平安监事会从 2018 年 1 月 1 日至 10 月底，累计召开 4 次监事会会议，其中第九届监事会第一次会议于 2018 年 5 月 23 日在深圳召开。会议应出席监事 5 人，实际出席监事 5 人，会议有效行使表决权票数 4 票（顾立基回避表决）。会议由顾立基主持，与会监事经充分讨论，审议通过了《关于选举顾立基先生出任第九届监事会主席的议案》，同意选举顾立基出任该公司第九届监事会主席。中国平安监事会人员情况见表 16-7。

表 16-7　中国平安监事会人员基本情况

姓名	职务	性别	年龄	任职起始日期
顾立基	监事会主席	男	70	2009-06-10
张王进	股东监事	女	39	2013-05-10
顾立基	外部监事	男	70	2009-06-03
黄宝魁	外部监事	男	75	2016-06-28
潘忠武	职工监事	男	48	2012-02-17
王志良	职工监事	男	39	2017-08-06

数据来源：中国平安官网。

4. 高级管理人员

中国平安高级管理人员基本情况见表 16-8。

表 16-8　中国平安高级管理人员基本情况

姓名	职务	性别	年龄	任职起始日期
马明哲	首席执行官	男	62	2006-05-01
任汇川	总经理	男	49	2011-03-18
陈克祥	副总经理	男	60	2006-05-01
曹实凡	副总经理	男	62	2007-04-11
姚波	副总经理	男	47	2009-06-10
李源祥	副总经理	男	53	2010-11-19
叶素兰	副总经理	女	62	2010-11-19
陈心颖	副总经理	女	41	2015-03-19
谢永林	副总经理	男	49	2016-08-17
孙建一	副总经理	男	65	2018-05-23
姚波	首席财务官	男	47	2008-03-19
盛瑞生	董事会秘书	男	49	2017-04-26
姚军	公司秘书	男	53	2008-08-15
姚波	总精算师	男	47	2012-10-30
叶素兰	合规负责人、审计责任人	女	62	2015-07-10

数据来源：中国平安官网。

三、中国太保公司简介

（一）中国太保发展历程

中国太平洋保险（集团）股份有限公司（又称"太平洋保险"，简称"中国太保""太保"或"太保集团"，证券监管部门多称"中国太保"，行业监管部门多称"太保集团"）是在于 1991 年 5 月 13 日成立的中国太平洋保险公司的基础上组建而成的保险集团公司，总部设在上海，是国内领先的"A+H"股上市综合性保险集团。

中国太保以成为"行业健康稳定发展的引领者"为愿景，始终以客户需求为导向，专注保险主业，做精保险专业，创新保险产品和服务，提升客户体验，价值持续增长，实力不断增强，连续 8 年入选《财富》世界 500 强，2018 年位列第 220 位。2018 年上半年实现营业收入 2046.94 亿元，同比增长 15.3%，实现净利润 82.54 亿元，同比增长 26.8%。为超过 1.23 亿名客户提供全方位风险保障解决方案、财富规划和资产管理服务。

中国太保积极服务于国家战略、实体经济和民生保障，主动响应"一带一路"倡议，提供累计超过 5000 亿元的保险保障，覆盖 65 个不同国家地区的不同项目。同时，参与多层次医疗体系建设、服务"三农"建设、应对人口老龄化挑战、支持食品安全治理体系构建、助力小微企业发展、实施具有社会和环境效益的投资项目，为助力国家发展和增进民生福祉保驾护航。

平时注入一滴水，难时拥有太平洋。中国太保充分发挥经济"减震器"和社会"稳定器"的功能，过去 10 年累计赔付金额近 5600 亿元，及时做好京昆高速特大车祸、九寨沟地震以及"飞鸽""纳沙"等重大灾难事故的理赔服务。"太好赔""太 e 赔""e 农险"等一系列精细化服务，让客户获得极简、极速、极暖的保险服务。财产险、人身险公司分别获年度经营评价最高等级 A 级和服务评价 AA 级，成为行业发展和服务新标杆。

中国太保以"做一家负责任的保险公司"为使命，各类精准扶贫项目已覆盖全国 460 万建档立卡贫困户，创建了大病保险扶贫、农险扶贫、产业扶贫、投资扶贫、智力扶贫等多种可复制推广的典型模式，136 名优秀干部深入开展驻村帮扶工作，带领广大村民走上共同富裕之路。同时，关爱孤残儿童、助梦希望小学，在"弱有所扶"上不断取得新进展。连续 8 年获中国企业社会责任榜"杰出企业奖"，同时入选中国 A 股市场环境、社会、治理（ESG）绩效最佳"美好 50 公司"。

中国太保将坚持做保险行业的"长跑者"，坚持高质量发展道路，推进实施"转型 2.0"。围绕"客户体验最佳""业务质量最优""风控能力最强"三大目标，聚焦人才和科技两大关键因素，补齐关键短板，实现方式转变、结构优化和动能转换。

（二）中国太保股权结构

中国太保股权结构较为分散，公司主要股东的各个最终控制人都无法实际支配公司行为，因此公司不存在控股股东，也不存在实际控制人（见表 16-9）。

表 16-9　中国太保前十名股东及持股情况

股东名称	股东性质	持股总数（股）	持股比例（%）
香港中央结算（代理人）有限公司	境外法人	2772724635	30.60
华宝投资有限公司	国有法人	1284277846	14.17
申能（集团）有限公司	国有法人	1225082034	13.52
上海海烟投资管理有限公司	国有法人	468828104	5.17
上海国有资产经营有限公司	国有法人	442420942	4.88
中国证券金融股份有限公司	国有法人	333654201	3.68
上海久事（集团）有限公司	国有法人	250949460	2.77
云南合和（集团）股份有限公司	国有法人	132613032	1.46
中央汇金资产管理有限责任公司	国有法人	110741200	1.22
中国宝武钢铁集团有限公司	国有法人	68818407	0.76

数据来源：中国太保官网。

（三）股东大会、董事会、监事会与高级管理人员

1. 股东大会

中国太保组织架构如图 16-1 所示。

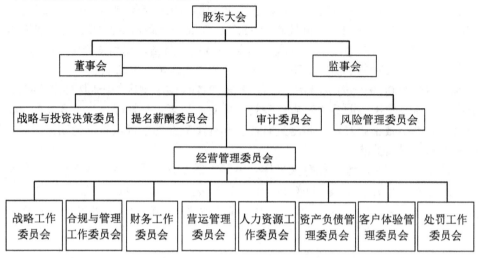

图 16-1　中国太保组织架构

数据来源：中国太保官网。

2. 董事会

2018 年度中国太保召开了 2 次董事会。

（1）董事会人员构成情况

中国太保董事会人员构成见表 16-10。

表 16-10　中国太保董事会人员构成情况

姓名	职务	起始日期	终止日期	性别
孔庆伟	执行董事	2017-06-09	2020-06-08	男
孔庆伟	董事长	2017-06-26	2020-06-08	男
贺青	执行董事	2018-02-28	2020-06-08	男
王他竿	非执行董事	2017-06-26	2020-06-08	男
孔祥清	非执行董事	2017-06-26	2020-06-08	男
孙小宁	非执行董事	2017-06-09	2020-06-08	女
吴俊豪	非执行董事	2017-06-09	2020-06-08	男
陈宣民	非执行董事	2017-06-26	2020-06-08	男
黄迪南	非执行董事	2018-06-15	2020-06-08	男
白维	独立非执行董事	2017-06-09	2020-06-08	男
李嘉士	独立非执行董事	2017-06-09	2020-06-08	男
林志权	独立非执行董事	2017-06-09	2020-06-08	男
周忠惠	独立非执行董事	2017-06-09	2020-06-08	男
高善文	独立非执行董事	2017-06-09	2020-06-08	男

数据来源：Wind 数据库。

（2）董事会专业委员会

中国太保董事会专业委员会人员构成情况见表 16-11。

表 16-11　中国太保董事会专业委员会人员构成情况

专业委员会	成员	职能
战略与投资决策委员会	孔庆伟（主席）、孙小宁、高善文	对公司长期发展战略规划进行研究并提出意见和建议等
审计委员会	周忠惠（主席）、吴俊豪、陈宣民、白维、林志权	提名外部审计机构，审核公司内部审计基本制度并向董事会提出意见，批准公司年度审计计划和审计预算等
提名薪酬委员会	高善文（主席）、孔祥清、孙小宁、白维、李嘉士	审核公司内部审计基本制度并向董事会提出意见，批准公司年度审计计划和审计预算等
风险管理委员会	林志权（主席）、王他竿、李嘉士、周忠惠、贺青	对风险管理的总体目标、基本政策和工作制度提出意见和建议等

数据来源：中国太保官网。

3. 监事会

2018 年中国太保召开了 2 次监事会。

中国太保监事会人员构成情况见表 16-12。

表 16-12　中国太保监事会人员构成情况

姓名	职务	起始日期	终止日期	性别
朱永红	监事会主席	2018-08-24	2020-06-08	男
朱永红	股东代表监事	2018-07-19	2020-06-08	男
张新玫	股东代表监事	2017-06-09	2020-06-08	女
鲁宁	股东代表监事	2018-07-19	2020-06-08	男
金在明	职工代表监事	2018-06-01	2020-06-08	男
袁颂文	职工代表监事	2018-03-17	2020-06-08	男

数据来源：Wind 数据库。

4. 高级管理人员

中国太保高级管理人员构成情况见表 16-13。

表 16-13　中国太保高级管理人员构成情况

姓名	职务	起始日期	终止日期	性别
贺青	总裁	2017-10-21	—	男
潘艳红	副总裁	2013-12-02	—	女
潘艳红	财务负责人	2013-11-23	—	女
陈巍	审计总监	2011-08-26	—	男
俞斌	助理总裁	2012-03-23	—	男
张远瀚	总精算师	2012-10-26	—	男
马欣	董事会秘书	2015-07-31	—	男
张卫东	风险合规总监	2016-04-29	—	男

姓名	职务	起始日期	终止日期	性别
杨晓灵	首席数字官	2016-10-28	—	男
戎国强	首席科技官（总经理助理）	2018-08-24	—	男
邓斌	首席投资官（总经理助理）	2018-08-24	—	男

数据来源：Wind 数据库。

四、新华保险公司简介

（一）新华保险发展历程

新华人寿保险股份有限公司（简称"新华保险"或"新华人寿"，证券监管部门多称"新华保险"，行业监管部门多称"新华人寿"）成立于 1996 年 9 月，总部位于北京市，是一家大型人身险企业，目前拥有新华资产管理股份有限公司、新华家园养老服务（北京）有限公司和新华世纪电子商务有限公司、新华家园健康科技（北京）有限公司、新华养老保险股份有限公司、北京新华卓越康复医院有限公司等子公司。2011 年，新华保险在上海证券交易所和香港联合交易所同步上市，A 股代码为 601336，H 股代码为 01336。

2017 年，新华保险蝉联《福布斯》和《财富》双料世界 500 强，同时获得穆迪 A2、惠誉 A 的保险公司财务实力评级。

（二）新华保险股权结构

新华保险的股份构成如表 16-14 所示。

表 16-14　新华保险股份构成

股份类型	股份数量（股）	占总股本比例（%）
A 股	2085439340	66.85
H 股	1034107260	33.15
合计	3119546600	100.00

数据来源：新华保险官网。

新华保险股东总数为 78081 户，其中 A 股股东 77797 户，H 股股东 284 户，前十名股东持股情况如表 16-15 所示，截至 2017 年末，公司全部 A 股和全部 H 股股份均为无限售条件股份。香港中央结算（代理人）有限公司为沪港通股票的名义持有人。

表 16-15　新华保险前十名股东及持股情况

股东名称	股东性质	持股比例（%）	持股总数（股）	股份种类
香港中央结算（代理人）有限公司	境外法人股	33.14	1033884356	H 股
中央汇金投资有限责任公司	国家股	31.34	977530534	A 股
中国宝武钢铁集团有限公司	国有法人股	12.09	377162581	A 股
中国证券金融股份有限公司	国有法人股	3.00	93531733	A 股
中央汇金资产管理有限责任公司	国有法人股	0.91	28249200	A 股

股东名称	股东性质	持股比例（%）	持股总数（股）	股份种类
北京市太极华青信息系统有限公司	境内法人股	0.58	18200000	A 股
全国社保基金——三组合	国有法人股	0.50	15649758	A 股
全国社保基金——一组合	国有法人股	0.29	8977481	A 股
交通银行股份有限公司-华安策略优选混合型证券投资基金	其他	0.25	7916746	A 股
香港中央结算有限公司	境外法人股	0.25	7768758	A 股

数据来源：新华保险官网。

（三）股东大会、董事会、监事会与高级管理人员构成

公司按照《公司法》《保险法》《证券法》等法律法规和境内外监管部门的监管要求，建立并完善了由股东大会、董事会、监事会和高级管理层组成的公司治理体系，形成了权力机构、决策机构、监督机构和执行机构之间相互配合、相互协调、相互制衡的运行机制。公司根据相关法律法规和监管规则制定了《新华人寿保险股份有限公司章程》《新华人寿保险股份有限公司股东大会议事规则》《新华人寿保险股份有限公司董事会议事规则》和《新华人寿保险股份有限公司监事会议事规则》。公司股东大会、董事会和监事会均按照《新华人寿保险股份有限公司章程》和各自的议事规则有效运作。公司建立并健全了独立董事制度，现有的 14 名董事中，其中 5 名是独立董事，分别在董事会下设的专业委员会中担任委员或主任委员。公司在董事会下设立了战略与投资委员会、审计委员会、提名薪酬委员会和风险管理委员会，以协助董事会履行职责。其中，审计委员会、提名薪酬委员会中独立董事占多数，并由独立董事担任主任委员。

1. 股东大会

股东大会从 2018 年 1 月 1 日至 2018 年 10 月底共召开了 5 次会议。

股东大会是公司的权力机构，根据《新华人寿保险股份有限公司章程》的规定，股东大会主要有如下职权：

（1）决定公司的经营方针、发展战略和投资计划；

（2）选举和更换董事，决定有关董事的报酬事项；

（3）选举和更换由股东代表出任的监事，决定有关监事的报酬事项；

（4）审议批准董事会的报告；

（5）审议批准监事会的报告；

（6）审议批准公司的年度财务预算方案、决算方案；

（7）审议批准公司的利润分配方案和弥补亏损方案；

（8）对公司增加和减少注册资本做出决议；

（9）对上市、股份回购、发行公司债券等有价证券做出决议；

（10）对公司合并、分立、解散、清算或变更公司形式等事项做出决议；

（11）审定、修订包括但不限于章程，股东大会、董事会和监事会的议事规则，关联

交易管理办法、资产管理授权制度等相关治理制度；

（12）对公司聘用、解聘或不再续聘会计师事务所做出决议；

（13）审议代表公司发行在外有表决权股份总数的百分之三以上的股东的提案；

（14）审议批准重大对外投资、资产处置、资产抵押、对外担保、对外捐赠等事项；

（15）审议批准按照法律、法规、规范性文件规定应当由股东大会批准的关联交易；

（16）审议批准变更募集资金用途事项；

（17）审议法律、法规、规范性文件、公司股票上市地证券监管机构和章程规定等应当由股东大会决定的其他事项。

2. 董事会

董事会从 2018 年 1 月 1 日至 2018 年 10 月底共召开了 14 次会议，董事会职责如下。

董事会对股东大会负责，根据《公司章程》，董事会主要行使下列职权：

（1）召集股东大会，并向大会报告工作；

（2）执行股东大会的决议；

（3）决定公司的经营计划和投资方案，控制、监督公司的财务状况和资金运用情况；

（4）制订公司发展战略；

（5）制订公司的年度财务预算方案、决算方案；

（6）制订公司的利润分配方案和弥补亏损方案；

（7）制订公司增加或者减少注册资本、发行债券或其他证券及上市方案；

（8）制订公司重大收购、回购公司股票或者合并、分立、解散和变更公司形式的方案；

（9）在股东大会授权范围内，决定公司的对外投资、资产处置、资产购置、对外担保、对外捐赠等事项；

（10）决定公司内部管理机构的设置；

（11）制定公司的基本管理制度（含业务政策）；

（12）定期评估并完善公司的治理状况，审定公司治理报告；

（13）聘任或者解聘首席执行官、首席运营官（总裁）、董事会秘书，根据首席执行官的提名聘任或者解聘副总裁、财务负责人、总精算师等其他高级管理人员，决定并组织实施对上述人员的年度绩效考核评价、年度报酬和奖惩方案，并以此作为对其激励、留任和更换的依据；

（14）根据公司需要或监管部门的要求设立专业委员会，包括但不限于战略与投资委员会、审计委员会、提名薪酬委员会和风险管理委员会；

（15）制订公司章程的修改方案；

（16）向股东大会提请聘用或更换为公司审计的会计师事务所，定期或不定期听取外部审计师的报告；

（17）审议批准按照法律、法规、规范性文件规定应当由董事会批准的关联交易；

（18）听取执行委员会、首席执行官的工作汇报并检查其工作；

（19）管理公司信息披露、全面风险管理、内控合规等事项；

（20）法律、法规、规范性文件或章程规定以及股东大会授予的其他职权。

董事会成员构成如表 16-16 所示。

表 16-16　新华保险董事会成员构成

姓名	职务	起始日期	终止日期	性别
万峰	董事长	2016-03-24	2019-03-03	男
万峰	执行董事	2016-03-04	2019-03-03	男
黎宗剑	执行董事	2017-01-25	2019-03-03	男
刘向东	非执行董事	2016-03-04	2019-03-03	男
吴琨宗	非执行董事	2016-03-04	2019-03-03	男
胡爱民	非执行董事	2016-06-08	2019-03-03	男
熊莲花	非执行董事	2017-07-03	2019-03-03	女
彭玉龙	非执行董事	2017-07-03	2019-03-03	男
杨毅	非执行董事	2018-07-24	2019-03-03	男
李湘鲁	独立非执行董事	2016-03-24	2019-03-03	男
梁定邦	独立非执行董事	2016-09-12	2019-03-03	男
郑伟	独立非执行董事	2016-03-24	2019-03-03	男
CAMPBELL Robert David	独立董事	2016-03-04	2016-08-25	男
方中	独立董事	2016-03-04	2017-09-02	男
程列	独立非执行董事	2016-08-05	2019-03-03	男
耿建新	独立非执行董事	2017-09-18	2019-03-03	男

数据来源：Wind 数据库。

3. 监事会

新华保险监事会从 2018 年 1 月 1 日至 2018 年 10 月底共召开了 5 次会议,监事会人员构成见表 16-17。

监事会职责如下。

监事会向股东大会负责,并依法行使下列主要职权:

(1)检查监督公司财务;

(2)对董事、总裁及其他高级管理人员执行公司职务的行为进行监督,对违反法律、法规、规范性文件、章程或者股东大会决议的董事、总裁及其他高级管理人员提出罢免的提议;

(3)当董事、总裁及其他高级管理人员的行为损害公司的利益时,要求董事、总裁及其他高级管理人员予以纠正;

(4)提议召开临时股东大会,在董事会不履行章程规定的召集和主持股东大会会议的职责时召集和主持股东大会;

(5)向股东大会提出提案;

(6)依照章程的规定,对董事、总裁及其他高级管理人员提起诉讼;

(7)股东大会授予的其他职权;

(8)法律、法规及规范性文件规定的其他职权。

表 16-17　新华保险监事会成员构成

姓名	职务	起始日期	终止日期	性别
王成然	监事长	2016-03-24	2019-03-03	男
王成然	股东代表监事	2016-03-04	2019-03-03	男
刘智勇	股东代表监事	2016-03-24	2018-01-25	男
Anke D Angelo	股东代表监事	2018-01-25	2018-09-18	男
林智晖	股东代表监事	2016-05-20	2016-07-31	男
余建南	股东代表监事	2018-02-11	2019-03-03	男
汪中柱	职工代表监事	2016-03-24	2019-03-03	男
毕涛	职工代表监事	2016-03-24	2019-03-03	男

数据来源：Wind 数据库。

4. 高级管理人员

新华保险高级管理人员构成如表 16-18 所示。

表 16-18　新华保险高级管理人员构成

姓名	职务	起始日期	终止日期	性别
万峰	首席风险官	2017-07-25	—	男
万峰	首席执行官	2016-03-24	—	男
黎宗剑	副总裁	2017-01-25	—	男
杨征	首席财务官（财务负责人）	2017-02-28	—	男
杨征	副总裁	2016-12-27	—	男
刘亦工	副总裁	2010-04-08	—	男
李源	副总裁	2016-10-28	—	男
龚兴峰	董事会秘书	2017-03-06	—	男
龚兴峰	副总裁	2016-10-28	—	男
龚兴峰	总精算师	2010-09-21	—	男
于志刚	副总裁	2016-10-28	—	男
岳然	总裁助理	2013-02-22	—	男
苑超军	总裁助理	2011-07-18	—	男
刘起彦	总裁助理	2017-05-08	—	男
刘起彦	首席人力资源官	2017-03-29	—	男
王练文	总裁助理	2017-02-07	—	男

数据来源：Wind 数据库。

第二节　中国上市公司治理指数评价指标体系

　　进入 21 世纪以来，由于对公司治理质量和治理环境的格外关注，如何识别公司治理的优劣便成为需要解决的问题。这就迫切需要建立一套适应中国上市公司治理环境的公司治理评价系统，用来观察与分析中国上市公司在股权结构、董事会运作、经营层激励约束、监事会监督、信息披露以及利益相关者参与治理等方面的现状与问题，进而从整体上提高公司治理质量，保证公司良好的运营质量和经营业绩。

一、中国上市公司治理指数研发历程

南开大学中国公司治理研究院公司治理评价课题组在总结了公司治理理论研究、公司治理原则、各类公司治理评价系统以及大量实证研究和案例研究成果的基础上，于2003 年设计出中国首套上市公司治理评价系统，2004 年公布首本《中国公司治理评价报告》，同时发布中国上市公司治理指数（CCGI[NK]）。随后，于 2004 年、2005 年加以优化，广泛征求各方面的意见，对 6 个维度评价指标进行适度调整。同时，通过对上市公司治理评价的实证研究，对部分不显著性指标进行调整。同时，通过对公司实施治理评价，不断检验系统的有效性并进行优化；引入新的公司治理研究思想，如利益相关者理论；听取各方面的意见，广泛研讨；紧密关注治理环境（如法律法规）变化，并及时反映到评价系统中。

南开大学中国公司治理研究院公司治理评价课题组至今已连续 16 年累计对 30854个样本的治理状况进行评价并发布《中国上市公司治理评价报告》。中国公司治理的研究从公司治理理论研究深入公司治理原则与应用研究，之后从公司治理原则研究进一步发展到公司治理评价指数的研究。中国上市公司治理指数的研究发展呈现渐进式的动态优化过程。具体来说，中国上市公司治理指数的形成经历了四个阶段。

第一阶段：研究并组织制定《中国公司治理原则》。在中国经济体制改革研究会的支持下，于 2001 年推出的《中国公司治理原则》被中国证监会《中国上市公司治理准则》以及太平洋经济合作理事会（Pacific Economic Cooperation Council，PECC）组织制定的《东亚地区治理原则》所吸收借鉴，为建立公司治理评价指标体系提供了参考性标准。

第二阶段：构建"中国上市公司治理评价指标体系"。经过两年的调研，2001 年 11月，第一届公司治理国际研讨会提出《在华三资企业公司治理研究报告》。2003 年 4 月，经反复修正，提出"中国上市公司治理评价指标体系"。围绕公司治理评价指标体系，2003年 11 月，第二届公司治理国际研讨会征求国内外专家意见，根据前期的研究结果和公司治理专家的建议，最终将公司治理指标体系确定为 6 个维度，具体包括股东治理指数、董事会治理指数、监事会治理指数、经理层治理指数、信息披露指数和利益相关者治理指数，合计 80 多个评价指标。

第三阶段：正式推出中国上市公司治理指数和《中国公司治理评价报告》，基于评价指标体系与评价标准，构筑中国上市公司治理指数（CCGI[NK]），2004 年正式推出《中国公司治理评价报告》，报告应用 CCGI[NK] 第一次对中国上市公司（2002 年的数据）进行大样本全面量化评价分析，之后逐年发布年度公司治理报告。

第四阶段：中国上市公司治理评价系统应用阶段。在学术上，公司治理评价为课题、著作、文章等系列成果的研究提供了平台，获得国家自然科学基金重点项目和国家社科重大招标项目支持，基于中国上市公司治理指数撰写的公司治理报告在商务印书馆、北京大学出版社以及国际出版社等出版社出版。此外，还为监管部门治理监管工作提供支持，为企业提升治理水平提供指导。CCGI[NK] 连续应用于"CCTV 中国最具价值上市公司年度评选"；应用于联合国贸发会议对中国企业的公司治理状况抽样评价和世界银行招标项目，2007 年 10 月 31 日至 11 月 1 日，应联合国贸发会议邀请，李维安教授参加了在瑞士日内瓦召开的联合国国际会计和报告准则政府间专家工作组（Intergovernmental Working Group of Experts on International Standards of Accounting and Reporting，ISAR）第 24 届会议，并就《中国公司治理信息披露项目》做大会报告；应用于国务院国资委国有独资央企董事会建设与评价等和国家发改委托项目推出的"中国中小企业经济发展指数"研究；应用于保险公司治理评价，2007 年接受原中国保监会委托，设计保险公司治理评价标准体系；应用于国有企业治理评价，2008 年接受国务院国资委委托，对央企控股公司治理状况进行评价；应用于相关数据库建设，开发中国公司治理数据库；应用于观察股市表现，研发中国公司治理股价指数；应用于诊断个体公司的治理状况，设计中国公司治理计分卡。

二、中国上市公司治理指数构成

此评价指标体系基于中国上市公司面临的治理环境特点，侧重于公司内部治理机制，强调公司治理的信息披露、中小股东的利益保护、上市公司独立性、董事会的独立性以及监事会参与治理等，从股东治理、董事会治理、监事会治理、经理层治理、信息披露和利益相关者治理 6 个维度，设置 19 个二级指标，具体包括 80 多个评价指标，对中国上市公司治理的状况做出全面、系统的评价。评价指标体系见表 16-19。

表 16-19　中国上市公司治理指数评价指标体系

指数 （目标层）	公司治理评价 6 个维度 （准则层）	公司治理评价各要素 （要素层）
中国上市公司 治理指数 （$CCGI^{NK}$）	股东治理（$CCGI_{SH}^{NK}$）	上市公司独立性
		上市公司关联交易
		中小股东权益保护
	董事会治理（$CCGI_{BOD}^{NK}$）	董事权利与义务
		董事会运作效率
		董事会组织结构
		董事薪酬
		独立董事制度
	监事会治理（$CCGI_{BOS}^{NK}$）	监事会运行状况
		监事会规模结构
		监事会胜任能力
	经理层治理（$CCGI_{TOP}^{NK}$）	经理层任免制度
		经理层执行保障
		经理层激励约束
	信息披露（$CCGI_{ID}^{NK}$）	信息披露可靠性
		信息披露相关性
		信息披露及时性
	利益相关者治理（$CCGI_{STH}^{NK}$）	利益相关者参与程度
		利益相关者协调程度

资料来源：南开大学公司治理数据库。

第三节　上市保险公司的三会一层状况

一、上市保险公司股权结构与运作状况

（一）上市保险公司股权集中度

表 16-20 和表 16-21 显示了 2013—2017 年上市保险公司第一大股东与前十大股东持股比例情况，4 家上市保险公司 2017 年第一大股东平均持股比例为 41.21%，其中中国人寿第一大股东持股比例最高，为 68.37%，中国太保第一大股东持股比例最低，为 30.60%，大部分公司第一大股东持股比例都为 20%～40%。由表 16-21 可知，4 家上市保险公司 2017 年前十大股东平均持股比例为 78.95%，中国人寿 2017 年前十大股东持股比例最高，为 97.27%，中国平安 2017 年前十大股东持股比例最低，为 59.04%。根据 CSMAR 数据库统计数据，2017 年，上市金融公司前十大股东平均持股比例为 65.60%，与之相比，上市保险公司的股权集中度偏高，中国人寿"一股独大"现象尤为明显。

表 16-20　上市保险公司第一大股东持股比例

单位：%

公司简称	2013 年	2014 年	2015 年	2016 年	2017 年	平均值
中国人寿	68.37	68.37	68.37	68.37	68.37	68.37
中国平安	6.08	5.41	32.10	32.09	32.72	21.68
中国太保	30.58	30.59	30.59	30.60	30.60	30.59
新华保险	31.99	32.62	33.14	33.14	33.14	32.81
平均值	34.26	34.25	41.05	41.05	41.21	—

数据来源：根据各保险公司历年年报整理。

表 16-21　上市保险公司前十大股东持股比例

单位：%

公司简称	2013 年	2014 年	2015 年	2016 年	2017 年	平均值
中国人寿	94.73	94.82	96.91	97.21	97.27	96.19
中国平安	27.80	20.79	56.45	59.25	59.04	44.67
中国太保	75.57	75.38	77.12	78.19	77.18	76.69
新华保险	87.27	83.94	85.45	85.39	85.30	84.87
平均值	71.34	68.73	78.98	80.01	78.95	—

数据来源：根据各保险公司历年年报整理。

（二）上市保险公司股权性质

由表 16-22 可知，除中国平安外，其余 3 家上市保险公司的实际控制人均为国有性质。这与我国保险公司大部分脱胎于原银行的保险部、各地政府、信托投资公司，国有资本掌握控制权的历史根源有关。中国平安实际控制人为卜蜂集团有限公司，控制人类型为外资。

表 16-22　上市保险公司实际控制人

公司简称	实际控制人	控股股东类型
中国人寿	财政部	国有
中国平安	无实际控制人	外资
中国太保	无实际控制人	国有
新华保险	中国投资有限责任公司	国有

数据来源：Wind 数据库。

（三）上市保险公司流通股比例

表 16-23 显示了 4 家上市保险公司的流通股比例，2013 年上市保险公司流通股比例平均值为 91.89%，2015 年之后各上市保险公司流通股比例已全部达到 100.00%。

表 16-23　上市保险公司流通股比例

单位：%

公司简称	2013 年	2014 年	2015 年	2016 年	2017 年	平均值
中国人寿	100.00	100.00	100.00	100.00	100.00	100.00
中国平安	100.00	100.00	100.00	100.00	100.00	100.00
中国太保	99.13	99.13	100.00	100.00	100.00	99.65
新华保险	68.43	68.43	100.00	100.00	100.00	87.37
平均值	91.89	91.89	100.00	100.00	100.00	—

数据来源：CSMAR 数据库。

（四）上市保险公司股东大会召开次数

表 16-24 显示了 2013—2017 年上市保险公司召开股东大会情况，上市保险公司最近 5 年平均每年召开股东大会次数约为 2 次。其中，新华保险平均每年召开 2.60 次股东大会，中国太保股东大会召开次数较少，仅为 1.40 次。

表 16-24　上市保险公司股东大会召开次数

单位：次

公司简称	2013 年	2014 年	2015 年	2016 年	2017 年	平均值
中国人寿	2	3	2	2	2	2.20
中国平安	2	1	3	4	1	2.20
中国太保	1	1	2	1	2	1.40
新华保险	4	2	2	2	3	2.60
平均值	2.25	1.75	2.25	2.25	2.00	—

数据来源：根据各保险公司历年年报整理。

二、上市保险公司董事会结构与运作状况

（一）上市保险公司董事会构成

表 16-25 显示了上市保险公司董事及独立董事数量，上市保险公司 2017 年董事人数平均为 13.75 人，与前几年相比略有下降。其中，中国平安董事人数最多，达到 17 人，中国人寿董事人数最少，为 11 人。2017 年独立董事平均人数相比往年也略有下降，其中中国平安独立董事人数最多，达到 6 人，中国人寿独立董事人数最少，为 4 人。

表 16-25 上市保险公司董事及独立董事数量

单位：人

公司简称	2013 年		2014 年		2015 年		2016 年		2017 年	
	董事人数	独立董事人数	董事人数	独立董事人数	董事人数	独立董事人数	董事人数	独立董事人数	董事人数	独立董事人数
中国人寿	11	4	11	4	12	4	11	4	11	4
中国平安	19	7	19	7	17	6	17	6	17	6
中国太保	12	4	14	5	14	5	14	5	13	5
新华保险	13	6	15	6	13	5	12	5	13	5
平均值	13.75	5.25	14.75	5.50	14.00	5.00	13.50	5.00	13.75	5.00

数据来源：根据各保险公司历年年报整理。

（二）上市保险公司董事会运作

表 16-26 显示了上市保险公司 2013—2017 年董事会召开次数，上市保险公司平均每年召开董事会 6—9 次，处理相关事项。其中，2017 年董事会平均召开次数最多，达到 8.75 次。新华保险平均每年召开董事会 10.80 次，在上市保险公司中排名第一，中国平安平均每年召开董事会 6.00 次，排名位于上市保险公司之末。总体来说，上市保险公司可以积极有效地召开董事会，对公司进行良好的指挥与管理。

表 16-27 显示了 2017 年上市保险公司董事会专门委员会情况，根据各公司年报披露，4 家上市保险公司都成立了相应的专门委员会，主要包括战略与投资、审计、提名薪酬、风险管理等委员会。此外，上市保险公司都制定了各委员会工作细则，明确各自的职责与职权，以提升董事会的工作质量。

表 16-26 上市保险公司董事会召开次数

公司简称	2013 年	2014 年	2015 年	2016 年	2017 年	2013 年
中国人寿	7	7	6	6	6	6.40
中国平安	7	5	7	6	5	6.00
中国太保	6	5	7	6	13	7.40
新华保险	14	8	9	12	11	10.80
平均值	8.50	6.25	7.25	7.50	8.75	—

数据来源：根据各保险公司历年年报整理。

表 16-27 2017 年上市保险公司董事会专门委员会构成与运作情况

公司简称	专门委员会构成	专门委员会数量（个）	召开会议次数（次）
中国人寿	战略与投资，审计，提名薪酬，风险管理	4	18
中国平安	战略与投资，审计，提名薪酬，风险管理	4	9
中国太保	战略与投资，审计，提名薪酬，风险管理	4	34
新华保险	战略与投资，审计，提名薪酬，风险管理	4	27
专门委员会数量平均值		4	22

数据来源：根据各保险公司 2017 年报整理。

（三）上市保险公司董事激励约束

表 16-28 显示了上市保险公司董事报酬情况，可以看出，前三名董事报酬总额处于较高水平，并且基本呈现先降后增的趋势。2017 年，中国平安前三名董事报酬总额达 3296.39 万元，在上市保险公司中排名第一。新华保险前三名董事报酬总额也处于较高水平，达 774.61 万元，排名第二。中国太保前三名董事报酬总额最低，为 367.00 万元。公司之间由于各自情况不同，相差较大。2017 年独立董事报酬平均为 31.03 万元，其中，中国平安最高，为 58.51 万元，新华保险最低，为 24.70 万元。由此可见，上市保险公司董事薪酬待遇较高。

表 16-29 显示了 2013—2017 年上市保险公司董事持股情况，4 家上市保险公司中，仅有两家公司董事持有本公司股票。

表 16-28 上市保险公司董事报酬情况

公司简称	前三名董事报酬总额（万元）					2017 年独立董事平均报酬（万元）
	2013 年	2014 年	2015 年	2016 年	2017 年	
中国人寿	233.97	200.19	162.83	440.02	432.00	31.50
中国平安	2825.76	2845.27	2755.08	2925.17	3296.39	58.51
中国太保	581.90	756.40	269.20	269.20	367.00	28.00
新华保险	658.09	735.24	569.43	556.34	774.61	24.70
平均值	1074.93	1134.28	939.14	1047.68	1217.50	35.68

数据来源：根据各保险公司历年年报整理。

表 16-29 上市保险公司董事持股情况

公司简称	统计时间	董事持股数量（股）	董事持股比例（%）
中国太保	2013 年	193400	0.0021
	2014 年	193400	0.0021
	2015 年	193400	0.0021

续表

公司简称	统计时间	董事持股数量（股）	董事持股比例（%）
中国太保	2016 年	193400	0.0021
	2017 年	12000	0.0001
中国平安	2013 年	2020280	0.0255
	2014 年	2020280	0.0227
	2015 年	4040560	0.0223
	2016 年	4478964	0.0245
	2017 年	5589475	0.0306
平均值		1893516	0.0134

数据来源：根据各保险公司历年年报整理。

（四）上市保险公司董事胜任能力

学历在一定程度上可以反映董事的知识水平和管理能力，表 16-30 显示了 2017 年上市保险公司董事会成员的学历及年龄情况。上市保险公司董事会研究生及以上学历成员所占比例较高，其中新华保险达到 84.62%，中国平安研究生及以上学历董事所占比例较小，但也达到 58.82%。董事年龄方面，如表 16-31 所示，上市保险公司董事年龄主要集中于 50—60 岁。就平均年龄而言，中国人寿研究生及以上学历董事平均年龄最高，为 61.00 岁，新华保险研究生及以上学历董事平均年龄最低，为 54.23 岁。总体来说，上市保险公司董事会成员学历高，经验丰富，工作能力较强。

表 16-30　2017 年上市保险公司董事会成员学历及年龄情况

公司简称	研究生及以上学历数量（人）	比例（%）	平均年龄（岁）
中国人寿	7	70.00	61.10
中国平安	10	58.82	57.47
中国太保	10	76.92	54.92
新华保险	11	84.62	54.23
平均值	9.50	72.59	56.93

数据来源：根据各保险公司 2017 年报整理。

表 16-31　2017 年上市保险公司董事会成员年龄分布

年龄阶段（岁）	数量（人）	比例（%）
30—40（含 40 岁）	0	0.00
41—50（含 50 岁）	13	24.53
51—60（含 60 岁）	20	37.74
61—70（含 70 岁）	14	26.42
70 以上	6	11.32

数据来源：根据各保险公司 2017 年报整理。

三、上市保险公司监事会结构与运作状况

（一）上市保险公司监事会构成

表 16-32 显示了上市保险公司监事数量，自 2013 年开始，各上市保险公司监事会人数总体呈下降趋势。其中，中国平安与新华保险各年监事会人数及历年平均值较高。如表 16-33 所示，2017 年职工监事数量占监事的比例平均值为 37.08%。

表 16-32　上市保险公司监事数量

单位：人

公司简称	2013 年	2014 年	2015 年	2016 年	2017 年	平均值
中国人寿	5	5	5	5	3	4.60
中国平安	7	7	5	5	5	5.80
中国太保	5	5	5	4	4	4.60
新华保险	7	7	7	4	4	5.60
平均值	6.00	6.00	5.50	4.50	3.75	—

数据来源：根据各保险公司历年年报整理。

表 16-33　2017 年上市保险公司职工监事人数统计

公司简称	职工监事	
	数量（人）	占监事比例（%）
中国人寿	1	33.33
中国平安	2	40.00
中国太保	1	25.00
新华保险	2	50.00
平均值	1.50	37.08

数据来源：根据各保险公司 2017 年报整理。

（二）上市保险公司监事会运作

表 16-34 显示了上市保险公司 2013—2017 年监事会召开次数，上市保险公司平均每年召开 4—6 次监事会。2013—2017 年，上市保险公司监事会会议召开次数平均值逐渐提升。总体来看，上市保险公司可以按照相关规章制度召开监事会，运作效果良好。

表 16-34　上市保险公司监事会召开次数

单位：次

公司简称	2013 年	2014 年	2015 年	2016 年	2017 年	平均值
中国人寿	5	6	6	5	5	5.40
中国平安	4	4	5	5	4	4.40
中国太保	5	4	4	4	7	4.80
新华保险	5	5	4	6	4	4.80
平均值	4.75	4.75	4.75	5.00	5.00	—

数据来源：根据各保险公司历年年报整理。

（三）上市保险公司监事胜任能力

本报告同样从监事知识文化水平的角度来分析其胜任能力。表 16-35 显示了 2017 年上市保险公司监事学历情况，4 家上市保险公司中，所有上市保险公司具有本科及以上学历的监事所占比例均为 100%，有 2 家公司具有研究生及以上学历的监事比例达到 50% 以上。由此可知，上市保险公司对监事学历的要求日渐提高。

表 16-35　2017 年上市保险公司监事学历情况

公司简称	研究生及以上学历		本科生		两者共占比例（%）
	数量（人）	比例（%）	数量（人）	比例（%）	
中国人寿	0	0.00	3	100.00	100.00
中国平安	3	60.00	2	40.00	100.00
中国太保	4	100.00	0	0.00	100.00
新华保险	1	25.00	3	75.00	100.00

数据来源：根据各保险公司 2017 年报整理。

四、上市保险公司高级管理人员状况

高级管理人员包含总经理、总裁、CEO、副总经理、副总裁、董事会秘书和年报上公布的其他管理人员（包括董事、监事中兼任的高管人员）。

（一）上市保险公司高级管理人员构成

表 16-36 显示了上市保险公司年报中披露的高管数量，上市保险公司高管平均数量自 2013 年以来有所下降，2016 年为 9.50 人。2017 年，中国平安高管数量最多，达到 14 人，中国太保最少，为 9 人。

表 16-36　上市保险公司高管数量

单位：人

公司简称	2013 年	2014 年	2015 年	2016 年	2017 年	平均值
中国人寿	12	10	7	8	10	10.00
中国平安	13	12	13	13	14	12.00
中国太保	11	10	9	8	9	9.00
新华保险	14	14	11	9	11	11.00
平均值	12.50	11.50	10.00	9.50	11.00	—

数据来源：根据各保险公司历年年报整理。

（二）上市保险公司高级管理人员激励约束

表 16-37 显示了上市保险公司前三名高管报酬总额，可以看出，上市保险公司高管薪酬处于较高水平，其中中国平安前三名高管报酬连续 5 年位于上市保险公司首位。2017 年，中国人寿前三名高管报酬最低，为 432.00 万元，与其他上市保险公司相差较大。

表 16-37　上市保险公司前三名高管报酬总额

单位：万元

公司简称	2013 年	2014 年	2015 年	2016 年	2017 年	平均值
中国人寿	225.65	230.60	211.16	440.02	432.00	339.82
中国平安	3186.79	3270.56	3180.36	3258.40	3894.39	3501.70
中国太保	1367.00	1026.20	879.50	969.50	1194.60	1069.82
新华保险	1500.96	1483.73	1451.12	1148.76	1161.88	1237.56
中国人保	—	—	—	—	—	691.32
平均值	1570.10	1502.77	1430.54	1454.17	1670.72	—

数据来源：根据各保险公司历年年报整理。

（三）上市保险公司高级管理人员胜任能力

表 16-38 显示了 2017 年上市保险公司高级管理人员学历及年龄情况。4 家上市保险公司高级管理人员最低学历为本科，研究生及以上学历高管占据了很大比例，最低为 50%。此外，就上市保险公司高级管理人员平均年龄而言，中国人寿研究生及以上学历高管平均年龄最高，为 54.75 岁，中国太保研究生及以上学历高管平均年龄最低，为 52.56 岁。总体来说，上市保险公司高级管理人员学历高，经验丰富，工作能力较强。

表 16-38　2017 年上市保险公司高级管理人员学历及年龄情况

公司简称	研究生及以上学历数量（人）	比例（%）	平均年龄（岁）
中国人寿	4	50.00	54.75
中国平安	11	78.57	53.08
中国太保	7	77.78	52.56
新华保险	10	90.91	53.55
平均值	8	74.32	53.49

数据来源：根据各保险公司 2017 年报整理。

第四节　上市保险公司治理评价

以中国公司治理研究院公司治理指数为依据，对 2013—2017 年中国人寿、中国平安、中国太保和新华保险四家 A 股上市保险公司治理状况进行分析。本节评价样本因为数据获取原因未包括 H 股上市的保险公司。

一、上市保险公司治理总体评价

表 16-39 显示了 2013—2017 年上市保险公司的公司治理评价指数。从总体来看，2013—2017 年，保险公司治理评价指数总体呈现先升后降的趋势，在 2014 年达到最高水平，指数平均值为 66.03。中国平安的历年指数平均值达到 65.57，高于其他三家保险公司。

表 16-39　上市保险公司公司治理评价指数

公司简称	2013 年	2014 年	2015 年	2016 年	2017 年	平均值
中国人寿	60.93	63.68	61.14	61.86	60.03	61.53
中国平安	67.82	67.64	62.13	65.06	65.21	65.57
中国太保	62.57	70.29	63.10	64.30	63.13	64.68
新华保险	64.82	62.52	65.08	63.26	60.73	63.28
平均值	64.04	66.03	62.86	63.62	62.27	—

数据来源：南开大学公司治理数据库。

二、上市保险公司股东治理评价

表 16-40 显示了上市保险公司 2013—2017 年的股东治理评价指数。可以看出，上市保险公司股东治理评价指数在 2013—2016 年间逐年下降，在 2017 年又有所回升。整体来看，2013 年水平最高，指数平均值为 66.94，2016 年最低，指数平均值为 61.54。其中又以中国平安较为突出，历年指数平均值为 65.83。

表 16-40　上市保险公司股东治理评价指数

公司简称	2013 年	2014 年	2015 年	2016 年	2017 年	平均值
中国人寿	65.23	66.48	66.05	61.14	62.09	64.20
中国平安	70.60	68.79	66.53	59.22	63.99	65.83
中国太保	68.25	66.09	67.15	59.95	67.39	65.76
新华保险	63.68	65.64	66.73	65.84	65.18	65.41
平均值	66.94	66.75	66.61	61.54	64.66	—

数据来源：南开大学公司治理数据库。

三、上市保险公司董事会治理评价

表 16-41 显示了上市保险公司 2013—2017 年的董事会治理评价指数。可以看出，上市保险公司董事会治理评价指数在这一期间总体呈现逐年上升的趋势，2017 年，董事会治理指数平均值达到 67.01。其中，中国太保历年董事会治理指数平均值高于其他三家保险公司。

表 16-41　上市保险公司董事会治理评价指数

公司简称	2013 年	2014 年	2015 年	2016 年	2017 年	平均值
中国人寿	59.68	62.48	60.78	65.68	67.80	63.28
中国平安	61.78	63.57	63.59	64.94	65.06	63.79
中国太保	64.86	66.63	68.20	68.75	66.92	67.07
新华保险	66.72	60.95	68.67	65.65	68.27	66.05
平均值	63.26	63.41	65.31	66.26	67.01	—

数据来源：南开大学公司治理数据库。

四、上市保险公司监事会治理评价

表 16-42 显示了上市保险公司 2013—2017 年的监事会治理评价指数。可以看出，上市保险公司监事会治理评价指数自 2013 年起总体呈现逐年下降的趋势，2017 年平均值降至 64.79。其中，中国平安历年监事会治理指数平均值高于其他三家保险公司。

表 16-42　上市保险公司监事会治理评价指数

公司简称	2013 年	2014 年	2015 年	2016 年	2017 年	平均值
中国人寿	66.47	65.77	68.03	65.17	63.63	65.81
中国平安	71.86	71.38	68.02	67.45	67.60	69.26
中国太保	68.53	68.29	68.53	61.01	65.09	66.29
新华保险	70.55	68.25	67.01	65.77	62.85	66.89
平均值	69.35	68.42	67.90	64.85	64.79	—

数据来源：南开大学公司治理数据库。

五、上市保险公司高级管理人员治理评价

表 16-43 显示了上市保险公司 2013—2017 年的高级管理人员治理评价指数。可以看出，上市保险公司高级管理人员治理评价指数波动较为明显，2017 年高级管理人员治理评价指数平均值为 49.31。其中，中国太保历年高级管理人员治理评价治理指数平均值高于其他三家。

表 16-43　上市保险公司高级管理人员治理评价指数

公司简称	2013 年	2014 年	2015 年	2016 年	2017 年	平均值
中国人寿	57.64	53.54	51.75	56.96	40.48	52.08
中国平安	66.23	68.95	59.77	68.75	57.30	64.20
中国太保	67.35	74.90	54.56	69.14	57.45	64.68
新华保险	56.23	51.26	54.68	56.45	42.00	52.12
平均值	61.86	62.16	55.19	62.83	49.31	—

数据来源：南开大学公司治理数据库。

六、上市保险公司信息披露评价

表 16-44 显示了上市保险公司 2013—2017 年的信息披露评价指数。可以看出，上市保险公司信息披露评价指数呈现波动的态势，2017 年该指数平均值为 65.67。其中，新华保险历年信息披露指数平均值最高，为 68.52。

表 16-44　上市保险公司信息披露评价指数

公司简称	2013 年	2014 年	2015 年	2016 年	2017 年	平均值
中国人寿	53.81	65.41	57.11	59.74	62.69	59.75
中国平安	69.07	61.86	53.23	65.56	72.51	64.44
中国太保	51.64	62.97	61.87	63.31	59.68	59.89
新华保险	76.15	67.78	66.43	64.43	67.80	68.52
平均值	62.67	64.51	59.66	63.26	65.67	—

数据来源：南开大学公司治理数据库。

七、上市保险公司利益相关者治理评价

表 16-45 显示了上市保险公司 2013—2017 年的利益相关者治理评价指数。可以看出，上市保险公司利益相关者治理评价指数总体呈现先升后降的趋势，2017 年时该指数平均值为 61.69。在各保险公司中，中国平安处于较高水平，平均值为 68.13。

表 16-45　上市保险公司利益相关者治理评价指数

公司简称	2013 年	2014 年	2015 年	2016 年	2017 年	平均值
中国人寿	68.27	72.13	68.54	63.21	64.44	67.32
中国平安	70.52	76.94	65.78	63.60	63.79	68.13
中国太保	55.66	90.00	57.50	60.19	63.09	65.29
新华保险	50.02	62.69	67.82	61.09	55.45	59.41
平均值	61.12	75.44	64.91	62.02	61.69	—

数据来源：南开大学公司治理数据库。

第六篇

发展展望篇

公司治理要处理的是公司的资本供给者如何确保自己可以得到投资回报的途径问题，公司治理的中心问题是保证资本供给者（股东和债权人）的利益。

——Andrei Shleifer, Robert W. Vishny. A Survey of Corporate Governance [J]. The Journal of Finance, 1997, 52(2): 737-783.

第十七章　我国保险公司治理发展总结

本章首先从宏观、中观和微观 3 个层面来梳理 2018 年我国保险公司治理大事件。宏观层面包括中央财经委员会第一次会议的召开、中国银行保险监督管理委员会的成立、行业公司治理培训座谈会的举行、一系列监管罚单的开出和多单股权方面行政许可决定书的撤销；中观层面包括首个行业治理标准的推出、个别公司偿付能力不达标或即将触碰红线、保险服务的切实加强和改进、保险公司股权的开放和接管机制的第四次使用；微观层面包括股权管理办法的细化、独立董事管理办法出台、信息披露管理办法的发布、中国人保回归 A 股和一家公司开业以来连续亏损。这 3 个层面共计 15 个大事件全方位展示了 2018 年我国保险公司治理实践。

第一节　宏观层面治理大事件

一、中央财经委员会第一次会议的召开

2018 年 4 月 2 日下午，中共中央总书记、国家主席、中央军委主席、中央财经委员会主任习近平主持召开中央财经委员会第一次会议，并在会上发表重要讲话强调，防范化解金融风险，事关国家安全、发展全局、人民财产安全，是实现高质量发展必须跨越的重大关口。

会议指出，打好防范化解金融风险攻坚战，要坚持底线思维，坚持稳中求进，抓住主要矛盾。要以结构性去杠杆为基本思路，分部门、分债务类型提出不同要求，地方政府和企业特别是国有企业要尽快把杠杆降下来，努力实现宏观杠杆率稳定和逐步下降。要稳定大局，推动高质量发展，提高全要素生产率，在改革发展中解决问题。要统筹协调，形成工作合力，把握好出台政策的节奏和力度。要分类施策，根据不同领域、不同市场金融风险情况，采取差异化、有针对性的办法。要集中力量，优先处理可能威胁经济社会稳定和引发系统性风险的问题。要强化打好防范化解金融风险攻坚战的组织保障，发挥好金融稳定发展委员会重要作用。要抓紧协调建立中央和地方金融监管机制，强化地方政府属地风险处置责任。

实际上，习近平在 2017 年 4 月 25 日主持十八届中共中央政治局第四十次集体学习

的时候也提出了关于金融发展的系统观点。习近平强调，"金融是现代经济的核心"，"金融活，经济活；金融稳，经济稳"，"切实把维护金融安全作为治国理政的一件大事"。2017年7月14日至15日，全国金融工作会议召开。会上，习近平强调，"金融是国家重要的核心竞争力，金融安全是国家安全的重要组成部分，金融制度是经济社会发展中重要的基础性制度"。

二、中国银行保险监督管理委员会的成立

2018年3月13日，第十三届全国人民代表大会第一次会议表决通过了关于国务院机构改革方案的决定，设立中国银保监会。2018年4月8日上午，中国银保监会正式挂牌，中国银监会和中国保监会成为历史。中国银保监会的主要职责是：依照法律法规统一监督管理银行业和保险业，维护银行业和保险业合法、稳健运行，防范和化解金融风险，保护金融消费者合法权益，维护金融稳定。中国银监会和中国保监会拟订银行业、保险业重要法律法规草案和审慎监管基本制度的职责划归中国人民银行。

2018年10月8日，银保监会开会宣布了"三定"方案以及各部门负责人班底[1]。根据"三定"方案，银保监会共有15项职能，设有26个内设职能部门[2]和机关党委（党委宣传部），即"26+1"。共有事业编制人员925名，设主席1名、副主席4名，司局级领导107名，其中含机关党委专职副书记1名，机关纪委书记1名，首席风险官、首席检查官、首席律师和首席会计师各1名。值得注意的是，在编制非常紧张的情况下，中国银保监会新增设了两个部门，分别是公司治理监管部和重大风险事件与案件处置局（银行业与保险业设安全保卫局）。公司治理的重要性再一次被提升到一个新高度，过去的"公司治理处"发展为"公司治理监管部"。公司治理监管部的主要职责是指导银行业和保险业机构开展加强股权管理、规范股东行为和健全法人治理结构的相关工作。

根据《中国银行保险监督管理委员会职能配置、内设机构和人员编制规定》，中国银保监会的主要职责包括以下几项。

第一，依法依规对全国银行业和保险业实行统一监督管理，维护银行业和保险业合法、稳健运行，对派出机构实行垂直领导。

第二，对银行业和保险业改革开放与监管有效性开展系统性研究。参与拟订金融业改革发展战略规划，参与起草银行业和保险业重要法律法规草案以及审慎监管和金融消费者保护基本制度。起草银行业和保险业其他法律法规草案，提出制定和修改建议。

---

① 2018年11月13日，中国机构编制网公布了《中国银行保险监督管理委员会职能配置、内设机构和人员编制规定》，明确中国银行保险监督管理委员会（以下简称"银保监会"）为正部级国务院直属事业单位，贯彻落实党中央关于银行业和保险业监管工作的方针政策和决策部署，在履行职责过程中坚持和加强党对银行业和保险业监管工作的集中统一领导。

② 中国银保监会26个内设机构分别为：办公厅（党委办公室）；政策研究局；法规部；统计信息与风险监测部；财务会计部（偿付能力监管部）；普惠金融部；公司治理监管部；银行机构检查局；非银行机构检查局；重大风险事件与案件处置局（银行业与保险业安全保卫局）；创新业务监管部；消费者权益保护局；打击非法金融活动局；政策性银行监管部；国有控股大型商业银行监管部；全国性股份制商业银行监管部；城市商业银行监管部；农村中小银行机构监管部；国际合作与外资机构监管部（港澳台办公室）；财产保险监管部（再保险监管部）；人身保险监管部；保险中介监管部；保险资金运用监管部；信托监管部；其他非银行金融机构监管部；人事部（党委组织部）。

第三，依据审慎监管和金融消费者保护基本制度，制定银行业和保险业审慎监管与行为监管规则。制定小额贷款公司、融资性担保公司、典当行、融资租赁公司、商业保理公司、地方资产管理公司等其他类型机构的经营规则和监管规则。制定网络借贷信息中介机构业务活动的监管制度。

第四，依法依规对银行业和保险业机构及其业务范围实行准入管理，审查高级管理人员任职资格。制定银行业和保险业从业人员行为管理规范。

第五，对银行业和保险业机构的公司治理、风险管理、内部控制、资本充足状况、偿付能力、经营行为和信息披露等实施监管。

第六，对银行业和保险业机构实行现场检查与非现场监管，开展风险与合规评估，保护金融消费者合法权益，依法查处违法违规行为。

第七，负责统一编制全国银行业和保险业监管数据报表，按照国家有关规定予以发布，履行金融业综合统计相关工作职责。

第八，建立银行业和保险业风险监控、评价和预警体系，跟踪分析、监测、预测银行业和保险业运行状况。

第九，会同有关部门提出存款类金融机构和保险业机构紧急风险处置的意见和建议并组织实施。

第十，依法依规打击非法金融活动，负责非法集资的认定、查处和取缔以及相关组织协调工作。

第十一，根据职责分工，负责指导和监督地方金融监管部门相关业务工作。

第十二，参加银行业和保险业国际组织与国际监管规则制定，开展银行业和保险业的对外交流与国际合作事务。

第十三，负责国有重点银行业金融机构监事会的日常管理工作。

第十四，完成党中央、国务院交办的其他任务。

第十五，职能转变。围绕国家金融工作的指导方针和任务，进一步明确职能定位，强化监管职责，加强微观审慎监管、行为监管与金融消费者保护，守住不发生系统性金融风险的底线。按照简政放权要求，逐步减少并依法规范事前审批，加强事中事后监管，优化金融服务，向派出机构适当转移监管和服务职能，推动银行业和保险业机构业务和服务下沉，更好地发挥金融服务实体经济功能。

三、行业公司治理培训座谈会的举行

2018 年 4 月 16 日至 17 日，中国银保监会召开中小银行及保险公司公司治理培训座谈会，总结分析公司治理经验与问题，明确下一步工作目标和治理重点。中国银保监会党委书记、主席郭树清出席会议并讲话。

郭树清强调，党中央高度重视金融机构的公司治理。中共中央总书记、国家主席习近平在全国金融工作会议上特别强调，"对深化金融改革的一些重大问题，要加强系统研究"，其中第一项就是"健全金融机构法人治理结构"。建立和完善中国特色公司治理机制是贯彻落实党的十九大精神、推进国家治理体系和治理能力现代化的一项重要举措。规范、有效的公司治理是金融机构形成有效自我约束、树立良好市场形象、获得公众信心和实现健康可持续发展的坚实基础。建立和完善具有中国特色的现代公司治理机制，是现阶段深化银行业和保险业改革的重点任务，是防范和化解各类金融风险、实现金融机构稳健发展的主要保障。

会议明确下一步工作目标和治理重点，并提出十项要求：一是进一步深化银行业和保险业党的领导和党的建设，积极探索党组织发挥领导核心和政治核心作用的具体途径和方式；二是严格规范股权管理，坚持长期稳定、透明诚信和公平合理3条底线；三是加强董事会建设，明确董事会职责定位，加强董事履职能力建设，建立健全各专门委员会；四是明确监事会法定地位，优化结构，改进监督方式，做实监事会功能；五是规范高管层履职，切实加强高管层履职约束，推进市场化选聘职业经理人制度建设；六是完善发展战略规划，明确战略定位，加强发展战略管理，坚持改革创新，保持发展战略的相对稳定性；七是加快建立有利于可持续发展和战略目标实施的业绩考核机制，严格执行薪酬延期支付制度，积极探索符合实际的多样化激励方式；八是完善风险管理机制，加强全面风险管理，坚持审慎的会计准则，强化风险合规意识；九是勇于承担社会责任，大力发展普惠金融、绿色金融，加强金融消费者权益保护；十是持续加强公司治理监管，确保银行和保险机构党组织发挥把方向、管大局、促落实作用，切实推动银行业和保险业公司治理水平不断提升。

四、一系列监管罚单的开出

2018年10月18日，中国银保监会官网公布了对新华保险的行政处罚决定书，这份编号为"银保监保罚决字（2018）1号"的行政处罚决定书是银保监会开出的首张保险罚单，也是2018年保监领域第25张罚单。新华保险涉及欺骗投保人、编制虚假材料和未按照规定使用经批准或者备案的保险费率等问题。在新华保险提出申辩并经银保监会复核后，对当事人新华保险罚款共计110万元，对另外10名当事人警告并罚款117万元。

这一天除了1张行政处罚单以外，还有6张监管函，针对信息披露不充分、产品宣传误导、境外投资违规和关联交易存漏洞等问题，分别发给安心财险、众诚汽车保险、中邮人寿、泰康在线和百年人寿，重拳整顿保险业乱象。在要求险企在规定限期内整改的同时，还对违规进行关联交易的险企业击出重拳，禁止直接或间接与关联方开展部分交易。2018年10月31日，中国银保监会连续公布了20张处罚决定书。

五、多份股权方面行政许可决定书的撤销

2017年12月14日，经原中国保监会调查核实，深圳市宏昌宇企业管理咨询有限公司等7家公司在投资入股昆仑健康、申请相关行政许可过程中，提供虚假财务报告，做出资金来源为自有资金、股东之间无关联关系等不实陈述，存在编制提供虚假材料的行为。保监会依据《中华人民共和国行政许可法》有关规定，撤销《关于昆仑健康保险股份有限公司变更股东的批复》（保监许可〔2016〕1237号），撤销《关于昆仑健康保险股份有限公司变更注册资本的批复》（保监许可〔2015〕659号），撤销《关于昆仑健康保险股份有限公司变更注册资本的批复》（保监许可〔2016〕458号）中有关西藏恒实投资

有限公司等 3 家公司增资入股昆仑健康的行政许可，清退违规取得的股权，并将相关投资人和中介机构列入市场准入黑名单。

2018 年 1 月 16 日，原中国保监会网站接连发布了两份撤销行政许可决定书。撤销许可决定书称，因长安责任险、利安人寿存在违规代持股份、以非自有资金出资问题，原中国保监会决定撤销其变更注册资本的批复。原中国保监会发布撤销行政许可决定书称，根据北京市高级人民法院民事判决书（〔2016〕京民终 270 号），长安责任险股东泰山金建担保在 2012 年增资申请中，违规代持股份，以非自有资金出资。根据《中华人民共和国行政许可法》第六十九条第二款，原中国保监会决定撤销 2012 年 6 月 29 日做出的《关于长安责任险变更注册资本的批复》（保监发改〔2012〕733 号）中泰山金建担保增资长安责任险 1.05 亿股的许可。同时，根据江苏省高级人民法院民事判决书（〔2017〕苏民终 66 号），利安人寿股东雨润控股集团在 2015 年 11 月增资申请中，违规代持股份。根据《中华人民共和国行政许可法》第六十九条第二款，原中国保监会决定撤销 2015 年 12 月 23 日做出的《关于利安人寿变更注册资本的批复》（保监许可〔2015〕1260 号）中雨润控股集团增资入股利安人寿的许可。

第二节　中观层面治理大事件

一、首个行业治理标准的推出

2018 年 8 月 28 日，中国保险行业协会在京正式发布《保险业公司治理实务指南总体框架》《保险业公司治理实务指南会议运作第 1 部分股东（大）会》《保险业公司治理实务指南会议运作第 2 部分董事会》和《保险业公司治理实务指南会议运作第 3 部分监事会》4 项团体标准。这是保险业乃至我国金融领域的首批公司治理团体标准，填补了金融领域公司治理标准空白。《保险业公司治理实务指南》是系列标准，还有 12 项正在编写，内容涉及信息披露和关联交易，以后将陆续发布。

该标准体系具有如下特点。

第一，它是首个真正意义上的治理标准体系。目前，国内关于公司治理方面的标准文件只有两个。一个是由国家质检总局和国家标准化管理委员会于 2010 年推出的国标文件《公司治理风险管理指南》，但该文件仅关注了公司治理风险管理。另一个是天津市市场和质量监督管理委员会在 2016 年推出的地标文件《天津社会组织法人治理结构准则》，但该文件仅适用于民间非营利组织、基金会等社会组织。所以说，这套标准体系是第一套真正意义上的治理标准体系，具有唯一性和创新性。

第二，它是理论与实践相结合的治理标准体系。该标准体系参考了大量国内外治理领域文献，以经典公司治理理论为支撑，保证了该标准的科学性和前瞻性；同时，该标准体系的项目组成员均是来自保险行业的具有丰富公司治理经验的从业者，初稿完成后在业内进行了广泛的意见征求，保证了该标准的实践性和可操作性。

第三，它是一个紧扣中国现实背景的治理标准体系。该标准体系紧紧依托我国保险公司治理实践和发展的现实背景，借鉴参考了目前我国保险公司治理方面主要的政策、法规和规章，保证了标准的权威性和统一性。

第四，它是一整套而非单个文件的治理标准体系。这套标准体系包括了公司治理的主要方面，是团体标准，既有框架性的标准文件，也有具体的治理要素方面的标准文件，而且标准体系还预留了未来进行完善的接口，这也恰恰反映了标准体系的系统性和开放性。

二、个别公司偿付能力不达标或即将触碰红线

根据《中国保险报》的统计，截至 2018 年 11 月 3 日，共有 175 家保险公司第三季度偿付能力报告出炉。报告显示，人身险公司中未达标的企业为中法人寿、吉祥人寿，综合偿付能力充足率分别为-6739.43%和 85.43%；财产险公司不存在偿付能力不达标的情况，也没有公司被列入"重点核查对象"。

披露的报告显示，第三季度被列为"重点核查对象"的均为人身险公司，包括天安人寿、珠江人寿、富德生命人寿和百年人寿，综合偿付能力充足率均未达到 120%。其中，珠江人寿和百年人寿的综合偿付能力充足率已逼近红线，分别为 101.89%和 103.77%。

三、保险服务的切实加强和改进

加强和改进保险服务是保险业落实"以人民为中心"发展思想和服务实体经济的必然要求。近年来，各保险公司、各保险中介机构日益重视并采取措施加强和改进保险服务，取得了一定成效，但仍然存在销售行为不规范、理赔服务不到位、纠纷处理不及时等突出问题。为促进保险业进一步提升服务质量和水平，维护保险消费者合法权益，中国银保监会于 2018 年 7 月 18 日发布了《中国银保监会关于切实加强和改进保险服务的通知》（银保监发〔2018〕40 号）。文件要求各保险公司、各保险中介机构严格规范保险销售行为、切实改进保险理赔服务、大力加强互联网保险业务管理、积极化解矛盾纠纷；各保险公司、各保险中介机构要认真落实文件中的要求，加强领导，落实责任，结合本公司实际抓紧出台推动服务水平提升的具体措施，持续加强和改进保险服务，提升保险业社会信誉，更好地服务实体经济和广大人民群众。

四、保险业公司股权上的开放

近年来，我国保险业对外开放实现了不小的突破。2018 年 4 月，银保监会宣布将外资人身险公司外资股比放宽至 51%，3 年后不再设限，放开了外资保险经纪公司经营范围使之与中资机构一致，并取消外资保险公司设立前须开设 2 年代表处要求。

被称为外资保险公司"基本法"的《外资保险公司管理条例实施细则》于 2004 年 5 月 13 日经原中国保监会主席办公会审议通过，根据 2010 年 12 月 3 日中国保险监督管理委员会令 2010 年第 10 号进行第一次修正，又根据 2018 年 2 月 13 日保监会令 2018 年第 4 号进行第二次修正。《外国保险机构驻华代表机构管理办法》于 2006 年 7 月 12 日经原

中国保监会主席办公会审议通过,并根据 2018 年 2 月 13 日保监会令 2018 年第 4 号修正。2018 年 5 月 30 日,银保监会针对《外资保险公司管理条例实施细则》公开征求意见。征求意见稿显示,外国保险公司与中国的公司、企业合资在中国境内设立经营人身保险业务的合资保险公司,其中外资比例不得超过公司总股本的 51%;外国保险公司直接或者间接持有的合资寿险公司股份,不得超过前款规定的比例限制。此外,同日,银保监会还发布了对《关于修改〈中华人民共和国外资保险公司管理条例〉的决定(建议稿)》的公开征求意见。

五、接管机制的第四次使用

《保险法》第一百四十四条规定:"保险公司有下列情形之一的,国务院保险监督管理机构可以对其实行接管:(一)公司的偿付能力严重不足的;(二)违反本法规定,损害社会公共利益,可能严重危及或者已经严重危及公司的偿付能力的。"

截至目前,我国共出现过 3 起保险公司被接管的案件。1997 年 12 月 1 日,中国人民银行陕西省分行对永安财产保险股份有限公司(以下简称"永安")进行接管。这是我国首例保险公司被接管的案件。由于当时原中国保监会还没成立,永安只能被中国人民银行接管。而原中国保监会成立后,先后接管了新华人寿(2007 年)和中华联合财险(2011年)。

安邦保险集团股份有限公司(以下简称"安邦集团")原董事长、总经理吴小晖因涉嫌经济犯罪,被依法提起公诉。鉴于安邦集团存在违反《保险法》规定的经营行为,可能严重危及公司偿付能力,为保持安邦集团照常经营,保护保险消费者合法权益,依照《保险法》第一百四十四条规定,原中国保监会于 2018 年 2 月 23 日发布《中国保监会关于对安邦保险集团股份有限公司依法实施接管的公告》(保监公告〔2018〕5 号),对安邦集团实施接管。接管自 2018 年 2 月 23 日起,至 2019 年 2 月 22 日止。接管组织为原中国保监会会同有关方面组成安邦集团接管工作组。接管组职权包括:从接管开始之日起,安邦集团股东大会、董事会、监事会停止履行职责,相关职能全部由接管工作组承担;接管工作组组长行使公司法定代表人职责,接管工作组行使安邦集团经营管理权。被接管后,安邦集团继续照常经营,公司债权债务关系不因接管而变化。接管工作组将依法履职,保持安邦集团稳定经营,依法保障保险消费者及各利益相关方合法权益。

第三节　微观层面治理大事件

一、股权管理办法的细化

尽管已有法律法规对保险业公司治理进行了规定,但个别激进公司还存在着诸多问题,如:股权结构复杂、实际控制人凌驾于公司治理之上;资本不实,挪用保险资金自我注资、循环使用、虚增资本;违规代持、超比例持股,把保险公司异化为融资平台等。

为切实加强股权监管，弥补监管短板，整治市场乱象，防范化解风险，原中国保监会对《保险公司股权管理办法》进行了全面修订完善。修订后的《保险公司股权管理办法》（中国保监会令 2018 年第 5 号）于 2018 年 2 月 7 日经原中国保监会主席办公会审议通过，自 2018 年 4 月 10 日起实施。这次修订的主要内容包括：全面调整了股权监管的基本框架；明确了股权管理的基本原则；对股权实施分类监管；建立准入负面清单；明确投资比例限制和数量限制；强化股权许可的审查过程；加大对股东行为的监管力度。

修订后的《保险公司股权管理办法》本着审慎监管的原则，将单一股东持股比例上限由 51%降低至 1/3；同时，按照分类监管原则，根据股东的持股比例和对保险公司经营管理的影响，将保险公司股东划分为控制类（持股比例 1/3 以上，或者其表决权对股东会的决议有控制性影响）、战略类（持股比例 15%以上但不足 1/3，或者其表决权对股东会的决议有重大影响）、财务 II 类（持股比例 5%以上但不足 15%）、财务 I 类（持股比例不足 5%）四个类型，并以此为基础进行制度设计。类别不同，资质要求不同，审查重点不同，施加的监管措施也不同。

二、独立董事管理办法的出台

为完善保险机构独立董事制度，促进独立董事在保险机构公司治理结构中发挥作用，进一步强化保险机构公司治理监管，根据《公司法》《保险法》及有关保险监管规定，中国银保监会研究制定了《保险机构独立董事管理办法》，规定如下。

保险机构董事会独立董事人数应当至少为 3 名，并且不低于董事会成员总数的 1/3。保险机构存在出资额或者持股占保险机构注册资本或股本总额 50%以上控股股东的，其独立董事占董事会成员的比例必须达到 1/2 以上。各保险机构应当按照要求，于 2019 年底前将独立董事人数和比例调整到位。

此外，如果保险机构的控股股东为保险集团（控股）公司或保险公司的保险机构，可以不受前款规定限制。存在上述控股股东的保险机构，其公司治理评价在董事会换届前 2 年连续评为优秀的，其下一届董事会（3 年）独立董事占比可以不受前款规定限制；公司治理评价未能达到上述要求的，应当主动调整独立董事人数至占董事会成员比例 1/2以上。

三、信息披露管理办法的发布

为了规范保险公司的信息披露行为，保障投保人、被保险人、受益人以及相关当事人的合法权益，促进保险业健康发展，根据《保险法》等法律、行政法规，2018 年 4 月28 日，中国银保监会制定发布《保险公司信息披露管理办法》（中国银行保险监督管理委员会令 2018 年第 2 号），自 2018 年 7 月 1 日起施行，主要内容如下。

保险公司信息披露应当遵循真实、准确、完整、及时、有效的原则，不得有虚假记载、误导性陈述和重大遗漏。保险公司信息披露应当尽可能使用通俗易懂的语言。保险公司应当披露下列信息：①基本信息；②财务会计信息；③保险责任准备金信息；④风险管理状况信息；⑤保险产品经营信息；⑥偿付能力信息；⑦重大关联交易信息；⑧重大事项信息；⑨中国银保监会规定的其他信息。保险公司披露的基本信息应当包括公司概况、公司治理概要和产品基本信息。保险公司披露的公司治理概要应当包括下列内容：①实际控制人及其控制本公司情况的简要说明；②持股比例在 5%以上的股东及其持股情况；③近 3 年股东大会（股东会）主要决议，至少包括会议召开的时间、地点、出席情况、主要议题以及表决情况等；④董事和监事简历；⑤高级管理人员简历、职责及其履职情况；⑥公司部门设置情况。

四、中国人保回归 A 股

目前，A+H 股市场的上市险企有中国人寿（A 股代码 601682；H 股代码 02628）、中国平安（A 股代码 601318；H 股代码 02318）、中国太保（A 股代码 601601；H 股代码 02601）和新华保险（A 股代码 601336；H 股代码 01336）4 家。自 2011 年底以来未有保险公司首发上市，时隔 6 年，即 2017 年 5 月 16 日，中国人保在港交所公告拟登陆上交所，此后其回归 A 股工作稳步推进，终于在 2018 年 9 月 29 获得 IPO 批文，迈出关键一步。中国人保 2018 年半年报显示，2018 年上半年，中国人保实现营业收入 2694.95 亿元，同比增长 2.81%。归母净利润 98.67 亿元，同比增长 4.5%。

中国人保于 2017 年 5 月正式对外宣布将登陆上交所，根据当时 A 股 IPO 招股书计划，其拟在上交所发行不超过 45.99 亿股。但中国人保在 9 月 27 日成功过会后公告称，所发行股数将不超过 23 亿股。10 月 22 日，中国人保的发行规模再度缩减至不超过 18 亿股。11 月 5 日，中国人保发布公告，首次公开发行 A 股的发行价格为 3.34 元/股，预计募集资金总额为 60.12 亿元，扣除发行费用后，预计募集资金净额为 58.50 亿元，而中国人寿 2006 年 12 月 IPO 实际募集资金总额 283.20 亿元，中国平安 2007 年 2 月 IPO 实际募集资金总额 388.70 亿元，中国太保 2007 年 12 月 IPO 实际募集资金总额达 300 亿元。

五、一家公司开业以来连续亏损

众诚保险是广汽集团于 2011 年发起成立的汽车保险公司。众诚保险 2018 年半年报显示，截至报告期末，众诚保险普通股前五名中广汽集团、广汽零部件和广汽商贸均以 20%的持股比例并列该公司第一大股东。而广汽集团直接或间接持有广汽零部件和广汽商贸 100%的股权。作为广汽金融板块里重要的一环，众诚保险充分享受了广汽集团在汽车产业链上的资源优势。虽然众诚保险享受母公司渠道，但并没有实现盈利，2011 年成立以来，众诚保险持续亏损，过去 7 年的亏损金额分别是 4013 万元、5808 万元、1.03 亿元、1.69 亿元、8267 万元、3297 万元和 4297 万元。而最新数据显示，2018 年上半年，众诚保险仍然未能扭转亏损的局面。因而众诚保险董事会审议并通过了选举吴保军为公司董事长的决议，同时决定免去冯兴亚的董事长职务。

第十八章 我国保险公司治理发展展望

本章首先从内在需求和外部推动视角分析了公司治理实践的推动机制，在此基础上提出了我国保险公司治理发展的"标准引领"+"监管驱动"的"双轮"驱动机制。最后从两个"驱动轮"的视角分别提出了提升我国保险公司治理能力的相应对策建议。

第一节 推动治理实践的动力机制分析

一、内在需求与外部推动

公司任何行为背后都有动力源，也就是说，公司做出一个行为往往需要一定的原因。在推动公司治理实践方面，按照动力来源不同，可以分为内在需求推动和外部力量推动。在内在需求推动下，保险公司完善公司治理主要源于公司自身发展的需要，随着规模扩大以及决策事项复杂程度的提高，需要良好的公司治理为公司保驾护航，防止其偏离正确的轨道。但公司治理是有成本的，在推进公司治理过程中，需要投入一定的人力和物力，而公司治理的收益却往往无法直接量化，所以很多保险公司因此不再进一步优化公司治理结构与机制。除了治理成本问题，"一言堂"向"集体决策"转变的过程中也有一定的主观障碍。

因此，在治理实践过程中，往往需要靠外力来改善公司治理。这个外力可以是监管部门的强制外力，即监管部门出台相关文件要求公司必须履行相关治理实践。例如，我国 1994 年开始实行的《公司法》，确立了我国公司"三会一层"的基本治理结构；中国证监会在 2001 年发布的《关于在上市公司建立独立董事制度的指导意见》，要求上市公司引入独立董事；原中国保监会在 2006 年发布的《关于规范保险公司治理结构的指导意见（试行）》，也属于这种强制外力推动治理实践的实例。

除了强制外力以外，行业协会、学术团队、媒体报道等非强制外力也能有效推动治理实践发展。比如，2001 年南开大学中国公司治理研究院发布了《中国公司治理原则（草案）》。又如，为指导和促进上市公司独立董事规范、尽责履职，充分发挥独立董事在上市公司治理中的作用，中国上市公司协会在 2014 年发布了《上市公司独立董事履职指引》。再如，中国保险行业协会 2018 年发布了《保险机构资金运用风险责任人信息披露准则规范》，规定了保险机构资金运用风险责任人信息披露的原则、内容以及披露文件的格式等。

二、保险公司治理的"双轮"驱动机制

实际上，在一般公司治理领域，外力推动也是其重要的动力源。伴随《卡德伯利报告》（*Cadbury Report*）等一系列治理准则的出台，1992 年，英国开始了全世界范围内的第一次公司治理浪潮。同时，因保险公司经营的特点以及行业的特殊性，外力推动成为保险公司治理实践的主要推动力，而且要同时发挥两种外力的作用，即将强制外力与非强制外力有机结合。在非强制外力中，行业协会需进行保险公司治理方面的培训和公司治理知识的普及推广。同时，其还要出台保险公司治理方面的标准文件，这也是我国经过多年保险公司治理实践后做出的现实选择，能够充分发挥标准引领的效果。在强制外力中，外部监管推动是最重要的形式。标准引领和监管推动是未来一段时间我国保险公司治理实践的两个"驱动轮"。

目前，国内关于公司治理方面的标准文件只有两个，一个是由国家质检总局和国家标准化管理委员会于 2010 年共同发布的国家标准文件《公司治理风险管理指南》（GB/T 26317-2010），对于公司治理风险管理的原则、管理的过程和管理的实施进行了规定，给出了公司治理风险管理的通用指南。另一个是天津市市场和质量监督管理委员会在 2016 年发布的地方标准文件《天津社会组织法人治理结构准则》（DB 12/T 628-2016），这是国内第一个全面的公司治理标准文件。需要说明的是，上述两个文件并不完全适用于保险公司，特别是第二个，主要适用于民间非营利组织、基金会等社会组织。2016 年 11 月 18 日，中国保险行业协会审议通过并向全体会员单位发出了《关于进一步加强保险团体标准建设的倡议》，提出制定行业治理标准迫在眉睫。保险行业的特有属性决定了保险公司治理在治理标准等方面比其他行业要求更高（刘淑彦，2017）。

第二节 提升我国保险公司治理能力的思路

一、发挥标准的引领作用

为给监管部门加强监管、行业协会制定治理标准和保险公司完善治理提供更加精准的参考借鉴，郝臣（2018）设计了我国首套保险公司治理的标准体系。该治理标准体系由两大类共计 100 条标准组成。第一大类标准是基本标准，是保险公司必须做到的，具有强制性的特点，这部分标准主要参考《公司法》和保险公司治理法律法规制定，总计 65 条；第二大类标准是高级标准，是保险公司应该做到的，具有自愿性的特点，标准的依据主要来源于治理理论研究和其他非保险公司治理法律法规，总计 35 条。

如前所述，中国保险行业协会在 2018 年也推出了行业公司治理标准。标准有了，接下来就是落实的问题。第一，行业协会可以开展治理标准的培训和推广工作，让保险公

司治理从业人员熟悉和了解标准的起草思路和具体内容；第二，保险公司可以逐条对照已有的标准，自查和完善治理结构与机制；第三，实际上，治理标准不局限于各类标准文件，治理标杆公司或者案例等也是标准的重要内容，保险公司甚至可以在达到行业标准的基础上，以标杆公司作为参考对象进行治理的优化；第四，经过未来一年的实践，标准的作用发挥效果如何，也需要行业协会对实践效果进行评估。

二、完善和加强监管导向、监管内容和监管手段

（一）监管方向方面

第一，树立保险公司治理监管过程思维。保险公司治理监管是保险监管发展到一定阶段的产物，有着深刻的经济和社会背景（罗胜，2006）。治理监管不是一次性行为，常常需要依据监管对象出现的新情况做出改进和优化。也就是说，治理监管是一个动态过程，如果监管没有随着监管对象的变化而做出相应的调整，就会导致监管真空、监管套利、监管重复等问题的发生。

第二，进一步落实保险公司治理分类监管理念。分类监管理念要求在治理实践中根据对象的不同，采用不同的监管策略，避免"大一统"模式（郝臣，2017）。比如，可以按照中外资分类，按照规模分类，按照保险公司成长阶段分类，按照险种类型分类，以及按照治理评价结果等级情况分类。因为央企控股、地方国企控股、民营系控股、金融机构控股、外资控股等类型保险公司的治理风险点都有所不同，所以可以从保险公司控制人资本性质的角度来进行分类。

（二）监管内容方面

第一，把住保险公司治理合规性的底线。截至目前，监管部门出台的保险公司治理相关制度和办法已有很多，据本文初步统计，从1979年至今，我国保险公司治理相关的政策法规总数接近200部。但是通过原中国保监会发布的2017年全国行业的现场评估结果来看，还有一些公司存在明显的治理合规性短板。治理合规性是有效性的前提，因此需要补齐这些治理短板，为全面提升保险公司治理能力提供合规性基础。

第二，强化保险公司股权监管是大方向。偿付能力监管是保险公司监管三支柱之一，但偿付能力监管更多的是对数量上有所要求。股权监管需要考虑资本所有者，特别是最终控制人的性质，因为资本逐利的天然本性会使这些股东做出一些侵害保险消费者以及小股东的行为。保险公司"股东控制"（shareholder control）取代了经典的"内部人控制"（insider control）而成为比较突出的委托代理问题，因此在监管上要让保险公司披露完整的股权链条及其各个主体之间的关系，真正实现穿透式监管。

第三，加强对保险公司关联交易的监管。保险公司大股东与其他利益相关者之间的关系非常复杂（姜洪，2016），而"股东控制"在业务层面的具体体现就是大量关联交易的存在。保险监管的最大职责是保护消费者利益（孙祁祥，郑伟，2009），为了避免这类侵害包括保险消费者在内的利益相关者利益行为的发生，监管部门需要加强对关联交易的审核和关联交易信息的披露，同时加大对非正常关联交易的惩罚力度，这也是在现有股权结构下最应该强化的监管工作。

第四，完善保险公司信息披露。信息披露是最好的防腐剂，保险公司中大多数为非

上市公司，与非金融业的非上市公司相比，保险公司信息披露已经相对完善，但鉴于保险公司经营的特殊性，保险公司信息披露还需要进一步完善。目前信息披露途径、内容框架基本上已经建立，只是部分保险公司信息披露还不规范，如有的保险公司网站长期不更新，相关规定的信息披露内容不及时上传官网或者相关信息未放在官网醒目位置。

第五，从严审批保险公司的董监高人员。保险公司治理实践最后还是要落实到人的身上，而包括董事、监事、高管等在内的人员是最重要的相关主体。根据高阶理论，董监高人员的学历、经历、经验、声誉等都是影响其参与治理效果的重要因素。因此，随着保险公司的发展和治理实践的深入，监管部门在保险公司董监高人员任职资格上要提升标准和要求，建立董监高人员履职效果的清单，形成长效的声誉激励机制。

（三）监管手段方面

第一，修订《关于规范保险公司治理结构的指导意见（试行）》（以下简称《指导意见（试行）》。保险监管必须服务于保险业的发展实际（陈文辉，2010）。2006 年出台的《指导意见（试行）》确立了我国保险监管的三支柱框架，随着我国保险业总体治理水平的提高和治理实践中出现的一些新变化，可以考虑修订《指导意见（试行）》，提高治理监管的要求，基于修订后的《指导意见（试行）》和已有的其他公司治理方面的政策法规文件出台适用于所有保险机构的《我国保险机构公司治理准则》，引导行业治理实践。

第二，建立三分法的保险公司治理评价体系。目前监管部门已经开展了多年的保险公司治理状况年度自评和监管评价工作。对保险法人机构治理的评价不应局限于国内外经典公司治理评价系统中的治理内容维度进行，还要考虑治理的层次（包括强制合规性、自主合规性和有效性）和保险公司的类型，即从治理内容、治理层次和治理对象维度进行系统全面的评价，而且应在每年评价后发布评价结果，树立治理标杆并发挥声誉机制效应。

参考文献

1. 阿道夫·伯利，加德纳·米恩斯，著. 现代公司与私有财产[M].甘华鸣，罗锐韧，蔡如海，译. 北京：商务印书馆，2007.

2. 陈文辉.中国保险业发展和监管的几个问题[J].保险研究，2010（7）：8-11.

3. 费方域.公司治理的理论前提及其意义[J].上海经济研究，1996（6）：46-48.

4. 郝臣，崔光耀.保险公司治理概念之辨析与拓展——基于中国实践视角[J].公司治理评论，2018（1）：1-19.

5. 郝臣，付金薇，李维安.国外保险公司治理研究最新进展——基于2008—2017年文献的综述[J].保险研究，2018(4)：112-127.

6. 郝臣，付金薇，王励翔.我国金融控股公司治理优化研究[J].西南金融，2018(10)：58-65.

7. 郝臣，李慧聪，崔光耀.治理的微观、中观与宏观——基于中国保险业的研究[M].天津：南开大学出版社，2017.

8. 郝臣，李慧聪，罗胜.保险公司治理研究：进展、框架与展望[J].保险研究，2011（11）：119-127.

9. 郝臣，钱璟，付金薇，等.我国保险业治理的发展与优化研究[J].西南金融，2018（1）：41-50.

10.郝臣，孙佳琪，钱璟，等.我国保险公司信息披露水平及其影响研究——基于投保人利益保护的视角[J].保险研究，2017（7）：64-79.

11.郝臣.保险法人机构治理评价新思路[J].上海保险，2018（4）：10-13.

12.郝臣.保险公司治理的优化[J].中国金融，2017（16）：80-81.

13.郝臣.保险公司治理对绩效影响实证研究——基于公司治理评价视角[M].北京：科学出版社，2016.

14.郝臣.提升我国保险公司治理能力的思考——标准引领与监管推动的视角[J].保险理论与实践，2018（7）：1-31.

15.郝臣.中国保险公司治理研究[M].北京：清华大学出版社，2015.

16.胡坚，高飞.保险监管制度的国际比较及其对中国的借鉴[J].山西财经大学学报，2004（02）：16-21.

17.侯旭毕，许闲.保险会计信息披露制度的国际比较研究与启示[J].保险研究，2018（4）：17-20.

18. 江生忠. 中国保险业发展报告 2003 年[M]. 天津：南开大学出版社，2003.

19. 江生忠. 中国保险业发展报告 2004 年[M]. 北京：中国财政经济出版社，2004.

20. 江生忠. 中国保险业发展报告 2005 年[M]. 北京：中国财政经济出版社，2005.

21. 江生忠. 中国保险业发展报告 2006 年[M]. 北京：中国财政经济出版社，2006.

22. 江生忠. 中国保险业发展报告 2007 年[M]. 北京：中国财政经济出版社，2007.

23. 江生忠. 中国保险业发展报告 2008 年[M]. 北京：中国财政经济出版社，2009.

24. 姜洪. 正确理解保险公司治理中的五对关系[N]. 中国保险报，2016-08-22（005）.

25. 冷煜. 保险监管国际比较及发展趋势研究[J]. 保险研究，2009（03）：88-94.

26. 李慧聪，李维安，郝臣. 公司治理监管环境下合规对治理有效性的影响——基于中国保险业数据的实证研究[J]. 中国工业经济，2015（8）：98-113.

27. 李维安. 中国のコーポレートガバナンス[M]. 东京：税务経理协会，1998.

28. 李维安. 公司治理[M]. 天津：南开大学出版社，2001.

29. 李维安，郝臣. 公司治理手册[M]. 北京：清华大学出版社，2015.

30. 李维安，郝臣. 国有控股金融机构治理研究[M]. 北京：科学出版社，2018.

31. 李维安，李慧聪，郝臣. 保险公司治理、偿付能力与利益相关者保护[J]. 中国软科学，2012（8）：35-44.

32. 李维安. 中国公司治理与发展报告 2012[M]. 北京：北京大学出版社，2012.

33. 李维安. 中国公司治理与发展报告 2013[M]. 北京：北京大学出版社，2014.

34. 李维安. 中国公司治理与发展报告 2014[M]. 北京：北京大学出版社，2016.

35. 林毅夫，蔡昉，李周. 充分信息与国有企业改革[M]. 上海三联书店，上海人民出版社，1997.

36. 林毅夫，李周. 现代企业制度的内涵与国有企业改革方向[J]. 经济研究，1997（3）：3-10.

37. 刘宝璋. 我国保险监管制度研究[D]. 山东大学，2005.

38. 刘淑彦. 从监管函连发看保险公司治理[N]. 中国保险报，2017-12-08（004）.

39. 卢昌崇，陈仕华，Joachim Schwalbach. 连锁董事理论：来自中国企业的实证检验[J]. 中国工业经济，2006（1）：113-119.

40. 卢昌崇. 公司治理机构及新、老三会关系论[J]. 经济研究，1994（11）：10-17.

41. 卢昌崇. 企业治理结构[M]. 大连：东北财经大学出版社，1999.

42. 罗胜. 加强治理结构监管健全保险监管体系[N]. 中国保险报，2006-02-17（002）.

43. 南开大学风险管理与保险学系. 中国保险业发展报告 2012——保险业发展与宏观经济运行[M]. 北京：中国财政经济出版社，2012

44. 钱颖一. 企业的治理结构改革和融资结构改革[J]. 经济研究，1995（1）：20-29.

45. 青木昌彦，钱颖一. 转轨经济中的公司治理结构——内部人控制和银行的作用[M]. 北京：中国经济出版社，2005.

46. 孙祁祥，郑伟. 保险制度与市场经济：六个基本理念[J]. 保险研究，2009（7）：19-23.

47. 孙祁祥，郑伟. 中国保险业发展报告 2012[M]. 北京：北京大学出版社，2012.

48. 孙祁祥，郑伟. 中国保险业发展报告 2013[M]. 北京：北京大学出版社，2013.

49. 孙祁祥，郑伟. 中国保险业发展报告 2014[M]. 北京：北京大学出版社，2014.

50. 孙祁祥，郑伟. 中国保险业发展报告 2015[M]. 北京：北京大学出版社，2015.

51. 孙祁祥，郑伟. 中国保险业发展报告 2016[M]. 北京：北京大学出版社，2016.

52. 孙祁祥，郑伟. 中国保险业发展报告 2017[M]. 北京：北京大学出版社，2017.

53. 孙祁祥，郑伟. 中国保险业发展报告 2018[M]. 北京：北京大学出版社，2018.

54. 田志龙，杨辉，李玉清. 我国股份公司治理结构的一些基本特征研究——对我国百家股份公司的实证分析[J]. 管理世界，1998（2）：135-142.

55. 王峰虎，张怀莲. 论中国保险监管的目标及政策——兼论消费者保护问题[J]. 西藏大学学报（汉文版），2003（1）：19-23.

56. 吴敬琏. 建立有效的公司治理结构[J]. 天津社会科学，1996（1）：16-18.

57. 吴敬琏. 现代公司与企业改革[M]. 天津：天津人民出版社，1994.

58. 吴敬琏，等. 大中型企业改革：建立现代企业制度[M]. 天津：天津人民出版社，1993.

59. 谢志刚，崔亚. 论保险监管制度体系的建设目标[J]. 保险研究，2014（1）：12-20.

60. 杨馥. 中国保险公司治理监管制度研究[D]. 西南财经大学，2009.

61. 杨馥. 中国保险公司治理监管制度研究[M]. 北京：经济科学出版社，2011.

62. 杨华良. 论我国保险业信息披露制度的建设[J]. 保险研究，2001（11）：5-8.

63. 杨瑞龙，周业安. 论利益相关者合作逻辑下的企业共同治理机制[J]. 中国工业经济，1998（1）：38-45.

64. 张维迎. 产权激励与公司治理[M]. 北京：经济科学出版社，2005.

65. 张维迎. 企业理论与中国企业改革[M]. 北京：北京大学出版社，1999.

66. 张维迎. 所有制、治理结构及委托—代理关系——兼评崔之元和周其仁的一些观点[J]. 经济研究，1996（9）：3-16.

67. 张扬，郝臣，李慧聪. 国外保险公司治理研究：主题、逻辑与展望[J]. 保险研究，2012（10）：86-94.

68. 赵国英. 国有企业公司治理改革的马克思主义理论解读[J]. 产业与科技论坛，2009，8（12）：226-229.

69. 卓志. 保险监管的政治经济理论及其启示[J]. 金融研究，2001（5）：111-118.

70. Andrei Sheleifer, Robert W. Vishny. Politicians and Firms [J]. The Quarterly Journal of Economics, 1994, 109(4): 995-1025.

71. Andrei Sheleifer, Robert W. Vishny. The Grabbing Hand, Government Pathologies and Their Cures [M]. Cambridge: Harward University Press, 1998.

72. Andrei Shleifer, Robert W. Vishny. A Survey of Corporate Governance [J]. The Journal of Finance, 1997, 52(2): 737-783.

73. Andrei Shleifer, Robert W. Vishny. Large Shareholders and Corporate Control [J]. Journal of Political Economy, 1986, 94(3): 461-488.

74. Andrei Shleifer, Robert W. Vishny. The Limits of Arbitrage [J]. The Journal of Finance, 1997, 52(1): 35-55.

75. Colin Mayer. Corporate Governance in Market and Transition Economics[R].

Working Paper, 1995.

76. Colin Mayer. Corporate Governance, Competition and Performance [J]. Journal of Law and Society, 1997, 24(1):152-176.

77. Elaine Sternberg. Corporate Governance: Accountability in the Marketplace [M]. London: Institute of Economic Affairs, 1998.

78. James Jianxin Gong, Steve Yuching Wu. CEO Turnover in Private Equity Sponsored Leveraged Buyouts [J]. Corporate Governance: An International Review, 2011, 19(3):195-209.

79. Kevin Keasey, Michael Wright. Corporate Governance: Responsibilities, Risks, and Remuneration [M]. Hoboken: John Wiley & Sons, 1997.

80. Lawrence E. Mitchell. Corporate Governance [M]. Ashgate Publisher, 1994.

81. Margaret Blair. Ownership and Control: Rethinking Corporate Governance for the Twenty-first Century [M]. Washington D. C. :Brookings Institution Press, 1995.

82. Margaret M. Blair. For Whom Should Corporations Be Run? An Economic Rationale for Stakeholder Management [J].International Journal of Strategic Management: Long Range Planning, 1995, 31(2): 195-200.

83. Oliver E. Williamson. Markets and Hierarchies: Analysis and Antitrust Implications [M]. New York: The Free Press, 1975.

84. Oliver E. Williamson. The Economic Institutions of Capitalism: Firms, Markets, Relational Contracting [M]. New York: The Free Press, 1985.

85. Oliver Hart, John Moore. Property Rights and the Nature of the Firm [J]. Journal of Political Economy, 1990, 98(6): 1119-1158.

86. Oliver Hart. Corporate Governance: Some Theory and Implications [J].The Economic Journal, 1995, 105(5):678-689.

87. Paul M Healy, Krishna G Palepu. Information Asymmetry, Corporate Disclosure, and the CapHal Markets: A Revien of the Empirical Disclosure Literature[J]. Journal of Accounting and Economics, 2001, 31(1-3): 405-440.

88. Philip L. Cochran, Steven L. Wartick. Corporate Governance: A Review of the Literature [M]. New Jersey: Financial Executives Research Foundation, 1988.

89. Rafael La Porta, Florencio Lopez de Silanes, Andrei Shleifer, Robert W. Vishny. Investor Protection and Corporate Valuation [J]. The Journal of Finance, 2002, 57(3):1147-1170.

90. Rafael La Porta, Florencio Lopez-de-Silanes and Andrei Shleifer. Corporate Ownership around the World [J]. The Journal of Finance, 1999, 54(2):471-517.

91. Rafael La Porta, Florencio Lopez-de-Silanes, Andrei Shleifer and Robert W. Vishny. Law and Finance [J]. Journal of Political Economy, 1998,106 (6):1113-1155.

92. Rafael La Porta, Florencio Lopez-de-Silanes, Andrei Shleifer and Robert W. Vishny. Investor Protection and Corporate Governance [J]. Journal of Financial Economics, 2000, 58(2):3-27.

93. Rafael La Porta, Florencio Lopez-de-Silanes, Andrei Shleifer and Robert W. Vishny. Agency Problems and Dividend Policies around the World [J]. The Journal of Finance, 2000, 55(1):1-33.

94. Robert Monks, Nell Minow. Corporate Governance [M]. Hoboken: John Wiley & Sons, 1995.

95. Robert Ian Tricker. Corporate Governance: Practices, Procedures and Powers in British Companies and Their Boards of Directors [M]. Oxford: Gover Publishing Company Limited, 1984.

96. Ronald H. Coase. The Nature of the Firm [J]. Economica, 1937, 4(16): 386-405.

97. Saleem Sheikh, William Rees. Corporate Governance and Corporate Control [M]. London: Cavendish Publishing, 1995.

98. Simon Johnson, Rafael La Porta, Florencio Lopez-de-Silanes and Andrei Shleifer. Tunneling [J]. The American Economic Review, 2000, 90(2):22-27.

99. Stephen D. Prowse. Corporate Governance in an International Perspective: A Survey of Corporate Control Mechanisms among Large Firms in the U.S., U.K., Japan and Germany [J]. Financial Markets, Institutions and Instruments, 1995, 4(1):1-63.

100. Stephen D. Prowse. Institutional Investment Patterns and Corporate Financial Behavior in the United States and Japan [J]. Journal of Financial Economics, 1990, 27(1):43-66.

101. Tim Jenkinson, Colin Mayer. The Assessment: Corporate Governance and Corporate Control [J]. Oxford Review of Economic Policy, 1992, 8(3):1-10.

附录

附表1 2017年160个国家和地区保险业发展状况

编号	国家和地区	所在洲	人口（百万）	GDP（十亿美元）	人身险保费（十亿美元）	非人身险保费（十亿美元）	总保费（十亿美元）	保险深度（%）	保险密度（美元）
1	美国	北美洲	326.6	19407	546.8	830.3	1377.1	7.0960	4216.5
2	中国内地	亚洲	1410.1	11856	317.6	223.9	541.5	4.5669	384.0
3	日本	亚洲	127.4	4911	307.2	114.8	422.1	8.5940	3312.8
4	英国	欧洲	66.1	2628	189.8	93.5	283.3	10.7812	4286.4
5	法国	欧洲	67.2	2586	153.5	88.1	241.6	9.3426	3595.2
6	德国	欧洲	83.0	3691	97.0	126.0	223.0	6.0412	2686.5
7	韩国	亚洲	51.5	1567	102.8	78.4	181.2	11.5648	3518.8
8	意大利	欧洲	60.9	1941	114.0	41.6	155.5	8.0118	2553.5
9	加拿大	北美洲	36.7	1652	51.6	67.9	119.5	7.2349	3256.7
10	中国台湾	亚洲	23.5	551	98.6	18.9	117.5	21.3194	4998.7
11	印度	亚洲	1341.1	2655	73.2	24.8	98.0	3.6911	73.1
12	巴西	拉丁美洲	209.5	2055	46.9	36.4	83.3	4.0540	397.7
13	澳大利亚	大洋洲	24.7	1378	32.2	47.9	80.1	5.8099	3241.3
14	荷兰	欧洲	17.1	827	15.6	63.4	79.0	9.5538	4620.5
15	西班牙	欧洲	46.4	1315	33.2	37.3	70.6	5.3650	1520.5
16	爱尔兰	欧洲	4.8	331	55.7	8.6	64.3	19.4290	13397.9
17	中国香港	亚洲	7.4	342	49.8	11.5	61.3	17.9211	8282.4
18	瑞士	欧洲	8.5	679	29.9	28.0	57.9	8.5272	6811.8
19	南非	非洲	56.8	348	38.3	9.5	47.8	13.7356	841.5
20	瑞典	欧洲	10.0	538	26.8	9.7	36.6	6.7993	3658.0
21	比利时	欧洲	11.4	496	17.7	17.1	34.7	6.9980	3044.7

编号	国家和地区	所在洲	人口（百万）	GDP（十亿美元）	人身险保费（十亿美元）	非人身险保费（十亿美元）	总保费（十亿美元）	保险深度（%）	保险密度（美元）
22	丹麦	欧洲	5.7	325	24.2	8.9	33.1	10.1969	5814.0
23	卢森堡	欧洲	0.6	63	26.6	3.7	30.3	48.0635	50466.7
24	新加坡	亚洲	5.6	324	21.5	7.3	28.8	8.8981	5148.2
25	芬兰	欧洲	5.5	246	21.4	4.8	26.2	10.6341	4756.4
26	墨西哥	拉丁美洲	129.4	1152	11.8	13.5	25.3	2.1953	195.4
27	泰国	亚洲	69.1	455	16.4	7.7	24.1	5.2879	348.2
28	印度尼西亚	亚洲	264.3	1016	19.3	4.7	24.0	2.3583	90.7
29	俄罗斯	欧洲	144.0	1562	5.7	16.2	21.9	1.4020	152.1
30	挪威	欧洲	5.3	391	11.3	8.5	19.8	5.0614	3734.0
31	奥地利	欧洲	8.7	418	6.6	12.7	19.3	4.6124	2216.1
32	以色列	亚洲	8.3	351	9.4	8.1	17.4	4.9658	2100.0
33	阿根廷	拉丁美洲	44.3	620	2.5	14.0	16.4	2.6516	371.1
34	波兰	欧洲	38.0	526	5.0	10.9	16.0	3.0361	420.3
35	马来西亚	亚洲	31.7	323	10.7	4.7	15.4	4.7709	486.1
36	阿拉伯联合酋长国	亚洲	9.4	370	3.1	10.4	13.5	3.6541	1438.3
37	智利	拉丁美洲	18.1	272	8.4	4.9	13.3	4.8860	734.3
38	葡萄牙	欧洲	10.3	217	8.1	5.1	13.2	6.1014	1285.4
39	土耳其	欧洲	80.8	848	1.9	10.2	12.1	1.4222	149.3
40	新西兰	大洋洲	4.6	200	1.8	8.4	10.2	5.0950	2215.2
41	沙特阿拉伯	亚洲	32.8	684	0.3	9.4	9.7	1.4196	296.0
42	伊朗	亚洲	81.1	410	1.3	7.9	9.2	2.2341	112.9
43	哥伦比亚	拉丁美洲	49.0	309	2.8	6.1	8.9	2.8770	181.4
44	捷克共和国	欧洲	10.6	226	2.5	4.0	6.4	2.8496	607.5
45	菲律宾	亚洲	105.1	313	3.9	1.7	5.6	1.7923	53.4
46	列支敦士登	欧洲	0.0	7	2.4	2.7	5.2	73.5714	136243.4
47	马耳他	欧洲	0.4	12	1.5	3.2	4.7	39.0833	11725.0
48	越南	亚洲	95.5	222	2.9	1.8	4.7	2.0991	48.8
49	希腊	欧洲	10.7	201	2.0	2.4	4.4	2.1940	412.1
50	摩洛哥	非洲	35.7	107	1.5	2.2	3.7	3.4673	103.9
51	秘鲁	拉丁美洲	32.2	213	1.6	1.8	3.5	1.6291	107.8
52	匈牙利	欧洲	9.8	137	1.7	1.7	3.4	2.4891	348.0
53	卡塔尔	亚洲	2.6	166	0.0	2.9	2.9	1.7711	1130.8
54	巴基斯坦	亚洲	197.0	302	1.8	0.8	2.6	0.8609	13.2

编号	国家和地区	所在洲	人口（百万）	GDP（十亿美元）	人身险保费（十亿美元）	非人身险保费（十亿美元）	总保费（十亿美元）	保险深度（%）	保险密度（美元）
55	罗马尼亚	欧洲	19.7	203	0.5	2.0	2.5	1.2167	125.4
56	斯洛文尼亚	欧洲	2.1	50	0.7	1.7	2.5	4.9200	1171.4
57	斯洛伐克	欧洲	5.4	102	1.0	1.5	2.4	2.3725	448.1
58	厄瓜多尔	拉丁美洲	16.6	101	0.4	1.6	2.0	2.0198	122.9
59	肯尼亚	非洲	49.7	77	0.8	1.2	2.0	2.5974	40.2
60	委内瑞拉	拉丁美洲	32.0	126	0.0	1.7	1.7	1.3571	53.4
61	黎巴嫩	亚洲	5.9	52	0.5	1.1	1.6	3.1538	278.0
62	乌克兰	欧洲	42.6	108	0.1	1.5	1.6	1.5093	38.3
63	埃及	非洲	97.4	234	0.8	0.8	1.6	0.6795	16.3
64	乌拉圭	拉丁美洲	3.5	62	0.7	0.9	1.6	2.5484	451.4
65	巴拿马	拉丁美洲	4.1	60	0.4	1.1	1.4	2.4000	351.2
66	克罗地亚	欧洲	4.1	54	0.4	0.9	1.4	2.5185	331.7
67	孟加拉国	亚洲	164.6	245	1.0	0.4	1.3	0.5469	8.1
68	哥斯达黎加	拉丁美洲	4.9	58	0.2	1.1	1.3	2.2931	271.4
69	保加利亚	欧洲	7.1	57	0.2	1.0	1.2	2.1579	173.2
70	阿尔及利亚	非洲	41.3	168	0.1	1.1	1.2	0.7262	29.5
71	阿曼	亚洲	4.6	70	0.2	1.1	1.2	1.7286	263.0
72	特立尼达和多巴哥	拉丁美洲	1.4	26	0.5	0.6	1.1	4.1154	764.3
73	多米尼加共和国	拉丁美洲	10.8	76	0.2	0.9	1.0	1.3684	96.3
74	哈萨克斯坦	亚洲	18.2	161	0.2	0.8	1.0	0.6335	56.0
75	斯里兰卡	亚洲	20.9	85	0.5	0.5	1.0	1.1647	47.4
76	纳米比亚	非洲	2.5	13	0.7	0.3	1.0	7.4615	388.0
77	中国澳门	亚洲	0.6	49	0.7	0.2	1.0	1.9592	1600.0
78	危地马拉	拉丁美洲	16.9	77	0.2	0.7	0.9	1.2078	55.0
79	塞浦路斯	欧洲	0.9	21	0.4	0.5	0.9	4.3810	1022.2
80	尼日利亚	非洲	191.2	366	0.3	0.6	0.9	0.2459	4.7
81	塞尔维亚	欧洲	7.0	42	0.2	0.7	0.9	2.0714	124.3
82	约旦	亚洲	9.6	41	0.1	0.8	0.9	2.0976	89.6
83	突尼斯	非洲	11.5	40	0.2	0.7	0.8	2.0500	71.3
84	科威特	亚洲	4.1	116	0.2	0.7	0.8	0.7069	200.0
85	巴哈马国	拉丁美洲	0.4	9	0.2	0.6	0.8	8.6667	1950.0
86	安哥拉	非洲	29.8	132	0.0	0.8	0.8	0.5909	26.2
87	巴林	亚洲	1.3	34	0.1	0.6	0.8	2.2353	584.6

编号	国家和地区	所在洲	人口（百万）	GDP（十亿美元）	人身险保费（十亿美元）	非人身险保费（十亿美元）	总保费（十亿美元）	保险深度（%）	保险密度（美元）
88	开曼群岛	拉丁美洲	0.1	4	0.0	0.7	0.8	18.7500	7500.0
89	牙买加	拉丁美洲	2.9	14	0.3	0.4	0.7	5.2143	251.7
90	萨尔瓦多	拉丁美洲	6.4	28	0.2	0.5	0.7	2.4643	107.8
91	津巴布韦	非洲	16.5	17	0.4	0.2	0.6	3.6471	37.6
92	冰岛	欧洲	0.3	24	0.1	0.5	0.6	2.4583	1966.7
93	古巴	拉丁美洲	11.5	90	0.1	0.5	0.6	0.6333	49.6
94	科特迪瓦	非洲	24.3	40	0.3	0.3	0.6	1.4000	23.0
95	毛里求斯	非洲	1.3	13	0.3	0.3	0.6	4.2308	423.1
96	白俄罗斯	欧洲	9.5	58	0.1	0.5	0.6	0.9483	57.9
97	苏丹	非洲	40.6	119	0.0	0.5	0.5	0.4538	13.3
98	迦纳	非洲	28.8	46	0.2	0.3	0.5	1.1522	18.4
99	博茨瓦纳	非洲	2.3	18	0.3	0.1	0.5	2.6667	208.7
100	爱沙尼亚	欧洲	1.3	25	0.1	0.4	0.5	1.9200	369.2
101	拉脱维亚	欧洲	1.9	30	0.1	0.4	0.5	1.6000	252.6
102	玻利维亚	拉丁美洲	11.1	36	0.2	0.3	0.5	1.3333	43.2
103	立陶宛	欧洲	2.8	47	0.2	0.3	0.5	1.0213	171.4
104	巴拉圭	拉丁美洲	6.8	30	0.1	0.4	0.5	1.5333	67.6
105	洪都拉斯	拉丁美洲	9.3	23	0.1	0.3	0.4	1.9130	47.3
106	波斯尼亚和黑塞哥维那	欧洲	3.5	18	0.1	0.3	0.4	2.1667	111.4
107	喀麦隆	非洲	24.1	35	0.1	0.3	0.4	1.0571	15.4
108	巴巴多斯	拉丁美洲	0.3	5	0.1	0.2	0.4	7.2000	1200.0
109	坦桑尼亚	非洲	57.4	52	0.0	0.3	0.3	0.6346	5.7
110	阿塞拜疆	亚洲	9.8	39	0.1	0.2	0.3	0.8205	32.7
111	埃塞俄比亚	非洲	105.0	76	0.0	0.3	0.3	0.4211	3.0
112	赞比亚	非洲	17.1	25	0.1	0.2	0.3	1.1600	17.0
113	文莱	亚洲	0.4	14	0.1	0.2	0.3	2.0000	700.0
114	塞内加尔	非洲	15.9	16	0.1	0.2	0.3	1.6250	16.4
115	利比亚	非洲	6.4	50	0.0	0.2	0.3	0.5000	39.1
116	尼加拉瓜	拉丁美洲	6.2	14	0.0	0.2	0.2	1.5714	35.5
117	加蓬	非洲	2.0	16	0.0	0.2	0.2	1.1875	95.0
118	乌干达	非洲	43.0	26	0.1	0.1	0.2	0.7308	4.4
119	莫桑比克	非洲	29.5	13	0.0	0.2	0.2	1.3846	6.1
120	格鲁吉亚	亚洲	3.9	15	0.0	0.2	0.2	1.2000	46.2

续表

编号	国家和地区	所在洲	人口（百万）	GDP（十亿美元）	人身险保费（十亿美元）	非人身险保费（十亿美元）	总保费（十亿美元）	保险深度（%）	保险密度（美元）
121	前南斯拉夫马其顿共和国	欧洲	2.1	11	0.0	0.1	0.2	1.5455	81.0
122	阿尔巴尼亚	欧洲	2.9	13	0.0	0.1	0.1	1.0769	48.3
123	英属维尔京群岛	拉丁美洲	0.0	1	0.0	0.1	0.1	12.0000	3883.5
124	布基纳法索	非洲	19.2	13	0.0	0.1	0.1	0.9231	6.3
125	刚果民主共和国	非洲	81.5	40	0.0	0.1	0.1	0.3000	1.5
126	刚果共和国	非洲	5.3	8	0.0	0.1	0.1	1.3750	20.8
127	卢旺达	非洲	12.2	9	0.0	0.1	0.1	1.2222	9.0
128	柬埔寨	亚洲	16.0	22	0.0	0.1	0.1	0.5000	6.9
129	乌兹别克斯坦	亚洲	30.6	29	0.0	0.1	0.1	0.3448	3.3
130	也门	亚洲	29.7	32	0.0	0.1	0.1	0.3125	3.4
131	黑山	欧洲	0.6	5	0.0	0.1	0.1	1.8000	150.0
132	多哥	非洲	7.8	5	0.0	0.1	0.1	1.8000	11.5
133	马拉维	非洲	18.7	6	0.0	0.1	0.1	1.5000	4.8
134	摩尔多瓦	欧洲	3.5	8	0.0	0.1	0.1	1.1250	25.7
135	贝宁	非洲	11.2	9	0.0	0.1	0.1	1.0000	8.0
136	马里	非洲	18.6	15	0.0	0.1	0.1	0.5333	4.3
137	伯利兹	拉丁美洲	0.4	2	0.0	0.1	0.1	3.5000	175.0
138	亚美尼亚	亚洲	2.9	11	0.0	0.1	0.1	0.6364	24.1
139	马达加斯加	非洲	25.6	11	0.0	0.1	0.1	0.6364	2.7
140	海地	拉丁美洲	11.0	9	0.0	0.1	0.1	0.6667	5.5
141	老挝	亚洲	6.9	15	0.0	0.1	0.1	0.4000	8.7
142	叙利亚	亚洲	18.8	17	0.0	0.1	0.1	0.3529	3.2
143	尼日尔	非洲	21.6	8	0.0	0.0	0.1	0.6250	2.3
144	几内亚	非洲	13.0	7	0.0	0.0	0.0	0.5714	3.1
145	缅甸	亚洲	53.4	70	0.0	0.0	0.0	0.0571	0.7
146	塞舌尔	非洲	0.1	2	0.0	0.0	0.0	1.0000	200.0
147	布隆迪	非洲	10.9	3	0.0	0.0	0.0	0.6667	1.8
148	毛里塔尼亚	非洲	3.9	5	0.0	0.0	0.0	0.4000	5.1
149	厄立特里亚	非洲	6.7	6	0.0	0.0	0.0	0.3333	3.0
150	乍得	非洲	15.0	10	0.0	0.0	0.0	0.2000	1.3
151	吉尔吉斯斯坦	亚洲	6.0	7	0.0	0.0	0.0	0.1429	1.7
152	百慕大群岛	拉丁美洲	0.1	6	0.0	0.0	0.0	0.0000	0.0
153	斐济	大洋洲	0.9	5	0.0	0.0	0.0	0.0000	0.0

编号	国家和地区	所在洲	人口（百万）	GDP（十亿美元）	人身险保费（十亿美元）	非人身险保费（十亿美元）	总保费（十亿美元）	保险深度（%）	保险密度（美元）
154	伊拉克	亚洲	38.3	176	0.0	0.0	0.0	0.0000	0.0
155	蒙古	亚洲	3.1	11	0.0	0.0	0.0	0.0000	0.0
156	尼泊尔	亚洲	29.3	25	0.0	0.0	0.0	0.0000	0.0
157	巴布亚新几内亚	大洋洲	8.3	23	0.0	0.0	0.0	0.0000	0.0
158	斯威士兰	非洲	1.4	4	0.0	0.0	0.0	0.0000	0.0
159	塔吉克斯坦	亚洲	8.8	7	0.0	0.0	0.0	0.0000	0.0
160	土库曼斯坦	亚洲	5.5	45	0.0	0.0	0.0	0.0000	0.0

资料来源：根据瑞士再保险公司网站公开披露数据整理。

注：表格中的 0.0 表示实际数值比 0.1 还小，例如欧洲列支敦士登 2017 年的人口为 3.78 万，当以百万为单位时，其实际数值为 0.0378，因为四舍五入的原因显示为 0.0。

附表 2 我国保险经营机构代码表

序号	保险经营机构名称	基础信息代码	状态信息代码
1	中国人民保险集团股份有限公司	1949102001	BJSICSGO
2	香港民安保险有限公司深圳分公司	1982010901	SZSBFUPF
3	中华联合保险集团股份有限公司	1986071501	BJSICSGO
4	中国平安保险（集团）股份有限公司	1988032101	SZSICSGO
5	香港民安保险有限公司海口分公司	1988102201	HKSBFUPF
6	中国太平洋保险（集团）股份有限公司	1991051301	SHSICSGO
7	友邦保险有限公司上海分公司	1992092901	SHSBFUNO
8	东京海上火灾保险株式会社上海分公司	1994081301	SHSBFUPF
9	史带财产保险股份有限公司	1995012501	SHSIFSPO
10	天安财产保险股份有限公司	1995012701	SHSICSPO
11	美亚保险公司广州分公司	1995103001	GZSBFUPF
12	友邦保险有限公司广东分公司	1995103002	GZSBFUNO
13	中保财产保险有限公司	1996082101	BJSICLPF
14	中国人寿保险（集团）公司	1996082201	BJSICLGO
15	中国再保险（集团）股份有限公司	1996082202	BJSICSGO
16	华泰保险集团股份有限公司	1996082901	BJSICSGO
17	泰康保险集团股份有限公司	1996090901	BJSICSGO
18	永安财产保险股份有限公司	1996091301	XASICSPO
19	新华人寿保险股份有限公司	1996092801	BJSICSNO
20	中宏人寿保险有限公司	1996111501	SHSIFLNO
21	华安财产保险股份有限公司	1996120301	SZSICSPO
22	丰泰保险（亚洲）有限公司上海分公司	1997011701	SHSBFUPF
23	美亚保险公司上海分公司	1997111301	SHSBFUPF
24	中国太平保险集团有限责任公司	1998070801	BJSICLGO
25	建信人寿保险股份有限公司	1998101201	SHSICSNO
26	皇家太阳联合保险公司上海分公司	1998102301	SHSBFUPF
27	中德安联人寿保险有限公司	1998112501	SHSIFLNO
28	工银安盛人寿保险有限公司	1999051401	SHSIFLNO
29	美亚保险公司深圳分公司	1999101901	SZSBFUPF
30	友邦保险有限公司深圳分公司	1999101902	SZSBFUNO
31	交银康联人寿保险有限公司	2000070401	SHSIFLNO

序号	保险经营机构名称	基础信息代码	状态信息代码
32	美国联邦保险股份有限公司上海分公司	2000082201	SHSBFUPF
33	中信保诚人寿保险有限公司	2000092801	BJSIFLNO
34	天安人寿保险股份有限公司	2000112401	BJSICSNO
35	三星火灾海上保险公司上海分公司	2001051501	SHSBFUPF
36	三井住友海上火灾保险公司上海分公司	2001051502	SHSBFUPF
37	中国出口信用保险公司	2001110801	BJSICLPO
38	中国太平洋人寿保险股份有限公司	2001110901	SHSICSNO
39	中国太平洋财产保险股份有限公司	2001110902	SHSICSPO
40	中银集团保险有限公司深圳分公司	2001112801	SZSBFUPF
41	太平人寿保险有限公司	2001113001	SHSICLNO
42	太平财产保险有限公司	2001122001	SZSICLPO
43	东方人寿保险股份有限公司	2002012401	SHSICSNF
44	中意人寿保险有限公司	2002013101	BJSIFLNO
45	富德生命人寿保险股份有限公司	2002030401	SZSICSNO
46	光大永明人寿保险有限公司	2002042201	TJSICLNO
47	友邦保险有限公司北京分公司	2002061101	BJSBFUNO
48	民生人寿保险股份有限公司	2002061801	BJSICSNO
49	友邦保险有限公司江苏分公司	2002071601	NJSBFUNO
50	友邦保险有限公司东莞支公司	2002110701	DGSBFUNO
51	友邦保险有限公司江门支公司	2002110702	JMSBFUNO
52	中荷人寿保险有限公司	2002111901	DLSIFLNO
53	北大方正人寿保险有限公司	2002112801	SHSIFLNO
54	中英人寿保险有限公司	2002121101	BJSIFLNO
55	中国平安人寿保险股份有限公司	2002121701	SZSICSNO
56	中国平安财产保险股份有限公司	2002122401	SZSICSPO
57	安联保险公司广州分公司	2003010801	GZSBFUPF
58	同方全球人寿保险有限公司	2003041601	SZSIFLNO
59	日本财产保险公司大连分公司	2003060101	DLSBFUPF
60	中国人寿保险股份有限公司	2003063001	BJSICSNO
61	中国人民财产保险股份有限公司	2003070701	BJSICSPO
62	中国人保资产管理有限公司	2003071601	SHSICLAO
63	招商信诺人寿保险有限公司	2003080401	SZSIFLNO
64	慕尼黑再保险公司北京分公司	2003090501	BJSBFURO
65	长生人寿保险有限公司	2003092301	SHSIFLNO
66	瑞士再保险股份有限公司北京分公司	2003092701	BJSBFURO

序号	保险经营机构名称	基础信息代码	状态信息代码
67	中国大地财产保险股份有限公司	2003101501	SHSICSPO
68	中国人寿资产管理有限公司	2003112301	SHSICLAO
69	恒安标准人寿保险有限公司	2003120101	TJSIFLNO
70	美国利宝互助保险公司重庆分公司	2003120301	CQSBFUPF
71	中国财产再保险有限责任公司	2003121501	BJSICLRO
72	中国人寿再保险有限责任公司	2003121601	BJSICLRO
73	瑞泰人寿保险有限公司	2004010601	BJSIFLNO
74	中美大都会人寿保险有限公司	2004021601	BJSIFLNF
75	德国通用再保险股份公司上海分公司	2004073001	SHSBFURO
76	安信农业保险股份有限公司	2004091501	SHSICSPO
77	法国安盟保险公司成都分公司	2004092201	CDSBFUPF
78	永诚财产保险股份有限公司	2004092701	SHSICSPO
79	安邦保险集团股份有限公司	2004101501	BJSICSGO
80	平安养老保险股份有限公司	2004121301	SHSICSNO
81	陆家嘴国泰人寿保险有限责任公司	2004122901	SHSIFLNO
82	安华农业保险股份有限公司	2004123001	CCSICSPO
83	安盛天平财产保险股份有限公司	2004123101	SHSIFSPO
84	中银保险有限公司	2005010501	BJSICLPO
85	亚太财产保险有限公司	2005011001	SZSICLPO
86	阳光农业相互保险公司	2005011002	HEBICMPO
87	华泰资产管理有限公司	2005011801	BJSICLAO
88	太平养老保险股份有限公司	2005012601	SHSICSNO
89	合众人寿保险有限公司	2005012801	WHSICSNO
90	中再资产管理股份有限公司	2005021801	SHSICSAO
91	国信人寿保险有限公司	2005031001	SHSICSNF
92	华泰人寿保险股份有限公司	2005032201	BJSIFSNO
93	中国人民健康保险股份有限公司	2005033101	BJSICSNO
94	三星财产保险（中国）有限公司	2005042501	SHSIFLPO
95	中银三星人寿保险有限公司	2005052601	BJSIFLNO
96	平安资产管理有限责任公司	2005052701	BJSICLAO
97	日本财产保险（中国）有限公司	2005053101	DLSIFLPO
98	平安健康保险股份有限公司	2005061301	SHSIFSNO
99	阳光财产保险股份有限公司	2005072801	BJSICSPO
100	中美联泰大都会人寿保险有限公司	2005081001	SHSIFLNO
101	长城人寿保险股份有限公司	2005092001	BJSICSNO

续表

序号	保险经营机构名称	基础信息代码	状态信息代码
102	渤海财产保险股份有限公司	2005092801	TJSICSPO
103	都邦财产保险股份有限公司	2005101901	JLSICSPO
104	中国人民人寿保险股份有限公司	2005111001	BJSICSNO
105	农银人寿保险股份有限公司	2005121901	BJSICSNO
106	中法人寿保险有限责任公司	2005122301	BJSIFLNO
107	昆仑健康保险股份有限公司	2006011201	BJSICSNO
108	和谐健康保险股份有限公司	2006011202	CDSICSNO
109	华农财产保险股份有限公司	2006012401	BJSICSPO
110	泰康资产管理有限责任公司	2006022101	SHSICLAO
111	恒大人寿保险有限公司	2006051101	CQSIFLNO
112	苏黎世保险公司北京分公司	2006051701	BJSBFUPF
113	太平洋资产管理有限责任公司	2006060901	BJSICLAO
114	新华资产管理股份有限公司	2006070301	SZSICSAO
115	太平资产管理有限公司	2006090101	BJSICLAO
116	君康人寿保险股份有限公司	2006110601	BJSICSNO
117	中华联合财产保险股份有限公司	2006120601	BJSICSPO
118	华夏人寿保险股份有限公司	2006123001	TJSICSNO
119	中国人寿财产保险股份有限公司	2006123002	BJSICSPO
120	安诚财产保险股份有限公司	2006123101	CQSICSPO
121	中国人寿养老保险股份有限公司	2007011501	BJSICSNO
122	现代财产保险（中国）有限公司	2007030201	BJSIFLPO
123	劳合社保险（中国）有限公司	2007031501	SHSIFLPO
124	中意财产保险有限公司	2007041301	BJSIFLPO
125	信泰人寿保险股份有限公司	2007051801	HZSICSNO
126	长江养老保险股份有限公司	2007051802	SHSICSNO
127	英大泰和人寿保险股份有限公司	2007062601	BJSICSNO
128	阳光保险集团股份有限公司	2007062701	SZSICSGO
129	泰康养老保险股份有限公司	2007081001	BJSICSNO
130	三井住友海上火灾保险（中国）有限公司	2007090601	SHSIFLPO
131	利宝保险有限公司	2007092101	CQSIFLPO
132	美亚财产保险有限公司	2007092401	SHSIFLPO
133	幸福人寿保险股份有限公司	2007110501	BJSICSNO
134	长安责任保险股份有限公司	2007110701	BJSICSPO
135	国华人寿保险股份有限公司	2007110801	WHSICSNO
136	阳光人寿保险股份有限公司	2007121701	SYSICSNO

续表

序号	保险经营机构名称	基础信息代码	状态信息代码
137	国元农业保险股份有限公司	2008011801	HEBICSPO
138	安达保险有限公司	2008020101	SHSIFLPO
139	法国再保险公司北京分公司	2008031201	BJSBFURO
140	瑞再企商保险有限公司	2008031701	SHSIFLPO
141	汉诺威再保险股份公司上海分公司	2008051901	SHSBFURO
142	鼎和财产保险股份有限公司	2008052201	SZSICSPO
143	东京海上日动火灾保险（中国）有限公司	2008072201	SHSIFLPO
144	国泰财产保险有限责任公司	2008082801	SHSIFLPO
145	中煤财产保险股份有限公司	2008101301	TYSICSPO
146	英大泰和财产保险股份有限公司	2008110401	BJSICSPO
147	君龙人寿保险有限公司	2008111001	XMSIFLNO
148	太平再保险有限公司北京分公司	2008121501	BJSBFURF
149	爱和谊日生同和财产保险（中国）有限公司	2009012301	TJSIFLPO
150	新光海航人寿保险有限责任公司	2009030201	BJSIFLNO
151	紫金财产保险股份有限公司	2009050801	NJSICSPO
152	百年人寿保险股份有限公司	2009060101	DLSICSNO
153	日本兴亚财产保险（中国）有限责任公司	2009061901	SZSIFLPO
154	浙商财产保险股份有限公司	2009062501	HZSICSPO
155	汇丰人寿保险有限公司	2009062701	SHSIFLNO
156	中邮人寿保险股份有限公司	2009081801	BJSICSNO
157	国任财产保险股份有限公司	2009083101	BJSICSPO
158	乐爱金财产保险（中国）有限公司	2009102301	NJSIFLPO
159	京东安联财产保险（中国）有限公司	2010032401	GZSIFLPO
160	中融人寿保险股份有限公司	2010032601	BJSICSNO
161	安邦人寿保险股份有限公司	2010062301	BJSICSNO
162	富邦财产保险有限公司	2010100801	XMSIFLPO
163	泰山财产保险股份有限公司	2010123101	JNSICSPO
164	锦泰财产保险股份有限公司	2011013001	CDSICSPO
165	中航安盟财产保险有限公司	2011022201	CDSIFLPO
166	信利保险（中国）有限公司	2011031401	SHSIFLPO
167	安邦资产管理有限责任公司	2011052001	BJSICLAO
168	众诚汽车保险股份有限公司	2011060801	GZSICSPO
169	利安人寿保险股份有限公司	2011071401	NJSICSNO
170	生命保险资产管理有限公司	2011071501	BJSICLAO
171	华泰财产保险有限公司	2011072901	SHSICLPO

序号	保险经营机构名称	基础信息代码	状态信息代码
172	慈溪市龙山镇伏龙农村保险互助社	2011090601	NBSICMNO
173	长江财产保险股份有限公司	2011111801	WHSICSPO
174	华汇人寿保险股份有限公司	2011122201	SYSICSNO
175	诚泰财产保险股份有限公司	2011123101	KMSICSPO
176	安邦财产保险股份有限公司	2011123102	SZSICSPO
177	前海人寿保险股份有限公司	2012020801	SZSICSNO
178	光大永明资产管理股份有限公司	2012030201	SHSICSAO
179	富德财产保险股份有限公司	2012050701	SZSICSPO
180	合众资产管理股份有限公司	2012051401	SZSICSAO
181	东吴人寿保险股份有限公司	2012052301	SZSICSNO
182	鑫安汽车保险股份有限公司	2012061501	CCSICSPO
183	弘康人寿保险股份有限公司	2012071901	BJSICSNO
184	吉祥人寿保险股份有限公司	2012090701	CSSICSNO
185	复星保德信人寿保险有限公司	2012092101	SHSIFLNO
186	珠江人寿保险股份有限公司	2012092601	GZSICSNO
187	民生通惠资产管理有限公司	2012111501	BJSICLAO
188	中韩人寿保险有限公司	2012113001	HZSIFLNO
189	阳光资产管理股份有限公司	2012120401	BJSICSAO
190	北部湾财产保险股份有限公司	2013011801	NNSICSPO
191	中英益利资产管理股份有限公司	2013041201	BJSICSAO
192	安盛保险有限公司	2013051601	SHSIFLPF
193	中意资产管理有限责任公司	2013052301	BJSIFLAO
194	苏黎世财产保险（中国）有限公司	2013070201	SHSIFLPO
195	慈溪市龙山农村保险互助联社	2013071701	NBSICMNO
196	德华安顾人寿保险有限公司	2013072201	JNSIFLNO
197	华安财保资产管理有限责任公司	2013090501	TJSICLAO
198	众安在线财产保险股份有限公司	2013100901	SHSICSPO
199	中石油专属财产保险股份有限公司	2013122601	KLMICSPO
200	安邦养老保险股份有限公司	2013123101	BJSICSNO
201	RGA美国再保险公司上海分公司	2014092601	SHSBFURO
202	华海财产保险股份有限公司	2014120901	YTSICSPO
203	太保安联健康保险股份有限公司	2014121001	SHSICSNO
204	渤海人寿保险股份有限公司	2014121801	TJSICSNO
205	恒邦财产保险股份有限公司	2014123001	NCSICSPO
206	国联人寿保险股份有限公司	2014123101	WXSICSNO

序号	保险经营机构名称	基础信息代码	状态信息代码
207	燕赵财产保险股份有限公司	2015020301	TSSICSPO
208	合众财产保险股份有限公司	2015021101	BJSICSPO
209	上海人寿保险股份有限公司	2015021601	SHSICSNO
210	长城财富资产管理股份有限公司	2015031801	SZSICSAO
211	英大保险资产管理有限公司	2015040301	SZSICLAO
212	中路财产保险股份有限公司	2015040302	QDSICSPO
213	华夏久盈资产管理有限责任公司	2015051201	DLSICLAO
214	中原农业保险股份有限公司	2015051301	ZZSICSPO
215	富德保险控股股份有限公司	2015070101	SZSICSGO
216	中国铁路财产保险自保有限公司	2015070601	BJSICLPO
217	瑞安市兴民农村保险互助社	2015102201	WZSICMPO
218	泰康在线财产保险股份有限公司	2015111201	WHSICSPO
219	中华联合人寿保险股份有限公司	2015112401	BJSICSNO
220	太平再保险（中国）有限公司	2015121101	BJSICLRO
221	东海航运保险股份有限公司	2015122501	NBSICSPO
222	安心财产保险有限责任公司	2015123101	BJSICLPO
223	阳光信用保证保险股份有限公司	2016011101	CQSICSPO
224	易安财产保险股份有限公司	2016021601	SZSICSPO
225	久隆财产保险有限公司	2016031701	ZHSICLPO
226	建信保险资产管理有限公司	2016040701	SZSICLAO
227	新疆前海联合财产保险股份有限公司	2016051901	WLMICSPO
228	珠峰财产保险股份有限公司	2016052201	LSSICSPO
229	百年保险资产管理有限责任公司	2016080101	DLSICLAO
230	永诚保险资产管理有限公司	2016080102	NBSICLAO
231	海峡金桥财产保险股份有限公司	2016082501	FZSICSPO
232	新华养老保险股份有限公司	2016091901	BJSICSNO
233	建信财产保险有限公司	2016101101	YCSICLPO
234	泰康人寿保险有限责任公司	2016112801	BJSICLNO
235	前海再保险股份有限公司	2016120501	SZSICSRO
236	横琴人寿保险有限公司	2016122801	ZHSICLNO
237	复星联合健康保险股份有限公司	2017012301	GZSICSNO
238	和泰人寿保险股份有限公司	2017012401	JNSICSNO
239	中远海运财产保险自保有限公司	2017020801	SHSICLPO
240	众惠财产相互保险社	2017021401	SZSICMPO
241	华贵人寿保险股份有限公司	2017021701	GYSICSNO

序号	保险经营机构名称	基础信息代码	状态信息代码
242	人保再保险股份有限公司	2017022301	BJSICSRO
243	信美人寿相互保险社	2017051101	BJSICMNO
244	爱心人寿保险股份有限公司	2017062201	BJSICSNO
245	汇友财产相互保险社	2017062801	BJSICMPO
246	招商局仁和人寿保险股份有限公司	2017070401	SZSICSNO
247	中国人民养老保险有限责任公司	2017101201	BJSICLNO
248	广东粤电财产保险自保有限公司	2017111001	GZSICLPO
249	三峡人寿保险股份有限公司	2017122001	CQSICSNO
250	黄河财产保险股份有限公司	2018010201	LZSICSPO
251	太平科技保险股份有限公司	2018010801	JXSICSPO
252	北京人寿保险股份有限公司	2018021401	BJSICSNO
253	国宝人寿保险股份有限公司	2018040801	CDSICSNO
254	瑞华健康保险股份有限公司	2018051501	XASICSNO
255	海保人寿保险股份有限公司	2018053001	HKSICSNO
256	国富人寿保险股份有限公司	2018060701	NNSICSNO
257	融盛财产保险股份有限公司	2018070901	SYSICSPO

资料来源：作者根据本报告第二章的保险机构编码规则整理所得。

附表 3　1979—2018 年保险公司治理政策法规文件目录

序号	文件名	发布主体	文件编号	效力级别	一级分类	二级分类	发布时间	治理意义
1	《中国人民银行全国分行行长会议纪要》	国务院	国发〔1979〕99 号	国务院规范性文件	保险业治理	发展方针	1979-02-28	正式提出恢复我国保险业
2	《国务院对中国人民银行〈关于成立中国人民保险公司董事会的报告〉和〈中国人民保险公司章程〉给中国人民银行的批复》	国务院	国函〔1982〕282 号	行业规定	保险公司治理	公司治理基础	1982-12-27	批准成立中国人民保险公司董事会、监事会
3	《财产保险合同条例》	国务院	国发〔1983〕135 号	行政法规	保险公司治理	公司治理基础	1983-09-01	中华人民共和国成立后第一部财产保险合同方面法规
4	《关于加快发展我国保险事业的报告》	国务院	国发〔1984〕151 号	国务院规范性文件	保险业治理	发展方针	1984-11-03	为加快发展我国保险事业提供意见和相关措施
5	《保险企业管理暂行条例》	国务院	国发〔1985〕33 号	行政法规	保险公司治理	公司治理基础	1985-03-03	中华人民共和国成立后第一部对保险企业管理法律文件
6	《中国人民银行关于依法加强人民银行行使国家保险管理机关职责的通知》	中国人民银行	银发〔1988〕74 号	部门规范性文件	保险业治理	监管部门	1988-03-26	肯定了中国人民保险公司在我国保险事业中的主渠道作用
7	《国务院办公厅关于加强保险事业管理的通知》	国务院办公厅	国办发〔1989〕11 号	国务院规范性文件	保险业治理	发展方针	1989-02-16	为加强国营金融、保险企业成本管理、提高经济效益提供保障
8	《国营金融、保险企业成本管理办法》	财政部	财商字〔1990〕第 500 号	部门规章	保险公司治理	外部监管	1990-12-28	保障《保险企业管理暂行条例》顺利地贯彻实施
9	《中国人民银行关于对保险业务和机构进一步清理整顿和加强管理的通知》	中国人民银行	银发〔1991〕92 号	部门规范性文件	保险业治理	行业监管	1991-04-13	加强中国人民银行对保险业务的管理
10	《上海外资保险机构暂行管理办法》	中国人民银行	银发〔1992〕221 号	部门规章	保险公司治理	公司治理基础	1992-09-11	加强对外资保险机构的管理
11	《关于重申银行、保险企业财务管理和收入分配集中于中央财政的通知》	财政部、中国人民银行、中国工商银行、中国农业银行、中国人民建设银行和中国人民保险公司	财商字〔1992〕第 360 号	部门规范性文件	保险业治理	行业监管	1992-10-05	强调银行、保险企业财务管理和收入分配均执行国家统一政策

序号	文件名	发布主体	文件编号	效力级别	一级分类	二级分类	发布时间	治理意义
12	《保险代理机构管理暂行办法》	中国人民银行	银发〔1992〕258 号	部门规章	保险机构治理	中介机构	1992-11-02	加强对保险企业设立保险代理机构的管理
13	《中国人民保险公司关于处理保险行业中一些问题的政策界限》	中国人民保险公司	保发〔1993〕37 号	行业规定	保险业治理	行业监管	1993-02-22	明确行业中一些问题的政策界限
14	《中国人民保险公司全资附属（或合资）企业财务管理的若干规定（试行）》	中国人民保险公司	保发〔1993〕95 号	行业规定	保险公司治理	特定背景下的公司治理文件	1993-03-06	规范中国人民保险公司全资附属（或合资）企业财务管理行为
15	《经营目标责任制管理暂行办法》	中国人民保险公司	保发〔1994〕56 号	行业规定	保险公司治理	公司治理基础	1994-03-24	明确经营目标责任制的相关问题
16	《中国人民银行关于保险代理机构有关问题的通知》	中国人民银行	银发〔1994〕129 号	部门规范性文件	保险机构治理	中介机构	1994-05-26	加强对保险代理机构的管理
17	《中国人民保险公司全资直属企业暂行管理办法》	中国人民保险公司	保发〔1995〕6 号	行业规定	保险公司治理	特定背景下的公司治理文件	1995-01-17	促进全资直属企业加强经营管理
18	《中国人民保险公司附属企业管理审计方案》	中国人民保险公司	保发〔1995〕48 号	行业规定	保险公司治理	特定背景下的公司治理文件	1995-03-23	强化对附属企业的审计监督
19	《中国人民保险公司系统工资管理暂行办法》	中国人民保险公司	保发〔1995〕51 号	行业规定	保险公司治理	特定背景下的公司治理文件	1995-03-29	进一步加强和规范人保公司系统工资管理工作
20	《保险法》	全国人大常委会	中华人民共和国主席令2015 年第26 号	法律	保险业治理	法律	1995-06-30	是我国保险公司治理的基础法律
21	《中国人民银行关于改革中国人民保险公司机构体制的通知》	中国人民银行	银发〔1995〕301 号	部门规范性文件	保险业治理	发展规划	1995-11-06	理顺保险机构体制，实行产、人身险分业经营
22	《中国人民保险（集团）公司海外机构财务管理暂行规定》	中国人民保险公司	保发〔1995〕198 号	行业规定	保险公司治理	特定背景下的公司治理文件	1995-12-01	规范中国人民保险（集团）公司海外机构的财务管理行为
23	《中国人民保险（集团）公司海外机构管理暂行规定》	中国人民保险公司	保发〔1995〕198 号	行业规定	保险公司治理	特定背景下的公司治理文件	1995-12-01	加强对中国人民保险（集团）公司海外机构及其资产的管理
24	《中国人民保险（集团）公司海外机构经营目标责任制考核暂行办法》	中国人民保险公司	保发〔1995〕198 号	行业规定	保险公司治理	特定背景下的公司治理文件	1995-12-01	推动海外机构加强经营目标管理
25	《中国人民保险（集团）公司外派干部管理暂行规定》	中国人民保险公司	保发〔1995〕198 号	行业规定	保险公司治理	特定背景下的公司治理文件	1995-12-01	加强外派干部队伍建设

续表

序号	文件名	发布主体	文件编号	效力级别	一级分类	二级分类	发布时间	治理意义
26	《关于外商投资金融保险企业制定内部财务管理制度的指导意见》	财政部	财政部财工字〔1996〕第25号	部门规范性文件	保险公司治理	外部监管	1996-01-31	规范外商投资金融保险企业内部财务管理制度
27	《保险管理暂行规定》	中国人民银行	无	部门规章	保险业治理	行业监管	1996-07-25	《保险法》颁布实施后的第一个配套文件
28	《财政部关于保险公司保险保障基金有关财务管理的通知》	财政部	财商字〔1997〕194号	部门规范性文件	保险公司治理	外部监管	1997-05-05	加强对保险保障基金的财务管理
29	《全国保险行业公约》	十三家签约保险公司	无	行业规定	保险业治理	行业协会	1997-09-09	维护保险市场秩序、规范保险行为、保护保险活动当事人的正当权益
30	《保险代理人管理规定（试行）》	中国人民银行	银发〔1997〕513号	部门规章	保险机构治理	中介机构	1997-11-30	规范保险代理人行为,维护保险市场秩序
31	《保险经纪人管理规定（试行）》	中国人民银行	银发〔1998〕61号	部门规章	保险机构治理	中介机构	1998-02-24	我国第一个关于保险经纪人的法规
32	《国务院关于撤销中国人民保险（集团）公司实施方案的批复》	国务院	国函〔1998〕85号	国务院规范性文件	保险业治理	发展方针	1998-10-07	机构分立增加了保险市场主体数量
33	《财政部会计司〈保险公司会计制度〉问题解答》	财政部	财会字〔1998〕60号	部门规范性文件	保险业治理	行业监管	1998-12-28	为保险监督管理机构和其他会计信息使用者提供有用的会计信息
34	《保险机构高级管理人员任职资格管理暂行规定》	原中国保监会	保监发〔1999〕10号	部门规章	保险公司治理	董监高	1999-01-11	规范保险机构高级管理人员任职资格的管理
35	《国务院办公厅关于印发中国保险监督管理委员会职能配置内设机构和人员编制规定的通知》	国务院办公厅	国办发〔1999〕21号	国务院规范性文件	保险业治理	监管部门	1999-03-04	规范原中国保监会职能配置、内设机构和人员编制
36	《中国人民保险公司对各级公司领导干部的监督管理的规定》	中国人民保险公司	人保发〔1999〕56号	行业规定	保险公司治理	特定背景下的公司治理文件	1999-04-27	加强对各级公司领导干部的监督和制约
37	《保险公司内部控制制度建设指导原则》	原中国保监会	保监发〔1999〕131号	部门规范性文件	保险公司治理	内部控制	1999-08-05	确立我国保险公司内部控制制度

序号	文件名	发布主体	文件编号	效力级别	一级分类	二级分类	发布时间	治理意义
38	《向保险公司投资入股暂行规定》	原中国保监会	保监发〔1999〕270号	部门规章	保险公司治理	股东治理	1999-12-24	规范向保险公司投资入股行为
39	《保险公司管理规定》	原中国保监会	中国保监会令2015年第3号	部门规章	保险公司治理	公司治理基础	2000-01-13	全面规范保险公司及其分支机构的基础性规章
40	《中国人民保险公司内部审计工作规范的暂行规定》	中国人民保险公司	人保发〔2000〕36号	行业规定	保险公司治理	内部审计	2000-02-16	加强中国人民保险公司内部审计工作管理
41	《中国人民保险公司经理经济责任审计暂行规定》	中国人民保险公司	人保发〔2000〕39号	行业规定	保险公司治理	内部审计	2000-02-17	明确中国人民保险公司经理经济责任审计有关事项
42	《中国保险监督管理委员会关于规范中资保险公司吸收外资参股有关事项的通知》	原中国保监会	保监发〔2001〕126号	部门规范性文件	保险公司治理	股东治理	2001-06-09	规范中资保险公司吸收外资参股行为
43	《保险代理机构管理规定》	原中国保监会	中国保监会令2004年第14号	部门规章	保险机构治理	中介机构	2001-11-16	规范保险代理机构行为的基本制度
44	《保险经纪公司管理规定》	原中国保监会	中国保监会令2001年第5号	部门规章	保险机构治理	中介机构	2001-11-16	规范保险经纪公司行为的基本制度
45	《外资保险公司管理条例》	国务院	国务院令第336号	行政法规	保险公司治理	公司治理基础	2001-12-12	规范外资保险公司行为的基本制度
46	《中国保险监督管理委员会关于加强对保险公司设立分支机构管理的通知》	原中国保监会	保监发〔2001〕199号	部门规范性文件	保险公司治理	公司治理基础	2001-12-14	加强对保险公司设立分支机构的管理
47	《保险公司高级管理人员任职资格管理规定》	原中国保监会	中国保监会令2003年第2号	部门规章	保险公司治理	董监高	2002-03-01	加强对保险公司高级管理人员任职资格的管理
48	《再保险公司设立规定》	原中国保监会	中国保监会令2002年第4号	部门规章	保险机构治理	经营机构	2002-09-17	规范再保险公司设立行为的基本制度
49	《中国保险监督管理委员会主要职责内设机构和人员编制规定》	国务院办公厅	国办发〔2003〕61号	国务院规范性文件	保险业治理	监管部门	2003-07-07	进一步规范原中国保监会主要职责、内设机构和人员编制
50	《国有保险公司监事会检查报告报送程序规定》	原中国保监会	保监发〔2003〕113号	部门规范性文件	保险公司治理	监事会治理	2003-08-19	规范国务院派驻国有保险公司监事会检查报告报送程序

续表

序号	文件名	发布主体	文件编号	效力级别	一级分类	二级分类	发布时间	治理意义
51	《外国保险机构驻华代表机构管理办法》	原中国保监会	中国保监会令2006年第5号	部门规章	保险机构治理	经营机构	2004-01-15	加强对外国保险机构驻华代表机构的管理
52	《中国保监会派出机构管理部工作规则》	原中国保监会	保监厅发〔2004〕13号	部门规范性文件	保险业治理	监管部门	2004-02-06	明确原中国保监会派出机构管理部职责
53	《保险资产管理公司管理暂行规定》	原中国保监会	中国保监会令2004年第2号	部门规章	保险机构治理	经营机构	2004-04-21	加强对保险资产管理公司的监督管理
54	《关于外国财产保险分公司改建为独资财产保险公司有关问题的通知》	原中国保监会	保监发〔2004〕45号	部门规范性文件	保险公司治理	公司治理基础	2004-05-10	规范外国财产保险分公司改建有关事宜
55	《外资保险公司管理条例实施细则》	中国银保监会	中国银保监会令2019年第4号	部门规章	保险公司治理	公司治理基础	2004-05-13	规范外资保险公司管理的实施细则
56	《中国保险监督管理委员会派出机构监管职责规定》	原中国保监会	中国保监会令2016年第1号	部门规章	保险业治理	监管部门	2004-06-30	明确原中国保监会派出机构监管工作职责
57	《保险机构投资者股票投资管理暂行办法》	原中国保监会、中国证监会	中国保监会、中国证监会令2004年第12号	部门规章	保险机构治理	经营机构	2004-10-24	加强保险机构投资者股票投资业务管理
58	《保险中介机构法人治理指引（试行）》	原中国保监会	保监发〔2005〕21号	部门规范性文件	保险机构治理	中介机构	2005-02-28	为建立保险中介机构法人治理提供指引；规范保险中介机构内部控制
59	《中国保险监督管理委员会行政处罚程序规定》	原中国保监会	中国保监会令2017年第1号	部门规章	保险业治理	监管部门	2005-11-08	规范原中国保监会行政处罚程序
60	《关于规范保险公司治理结构的指导意见（试行）》	原中国保监会	保监发〔2006〕2号	部门规范性文件	保险公司治理	公司治理基础	2006-01-05	开启我国保险公司治理改革
61	《关于定期报送保险公司基本资料和数据的通知》	原中国保监会	保监厅发〔2006〕3号	部门规范性文件	保险公司治理	信息披露	2006-01-25	规范保险公司定期报送相关资料的问题
62	《中国保险监督管理委员会办公厅关于保险监管机构列席保险公司股东会/股东大会、董事会会议有关事项的通知》	原中国保监会	保监厅发〔2006〕5号	部门规范性文件	保险公司治理	外部监管	2006-02-07	完善了监管机构对保险公司治理监管的途径
63	《国务院关于保险业改革发展的若干意见》	国务院	国发〔2006〕23号	国务院规范性文件	保险业治理	发展方针	2006-06-15	我国保险业改革发展的第一次顶层设计

序号	文件名	发布主体	文件编号	效力级别	一级分类	二级分类	发布时间	治理意义
64	《保险公司董事和高级管理人员任职资格管理规定》	原中国保监会	中国保监会令2006年第4号	部门规章	保险公司治理	董监高	2006-07-12	加强和完善保险公司董事和高级管理人员任职资格的管理
65	《保险公司设立境外保险类机构管理办法》	原中国保监会	中国保监会令2015年第3号	部门规章	保险公司治理	公司治理基础	2006-07-31	加强对保险公司设立境外保险类机构的管理
66	《非保险机构投资境外保险类企业管理办法》	原中国保监会	中国保监会令2006年第6号	部门规章	保险业治理	行业监管	2006-07-31	规范非保险机构投资境外保险类企业的行为
67	《关于保险机构投资商业银行股权的通知》	原中国保监会	保监发〔2006〕98号	部门规范性文件	保险机构治理	经营机构	2006-09-21	规范保险机构投资商业银行股权的行为
68	《中国保险业发展"十一五"规划纲要》	原中国保监会	保监发〔2006〕97号	部门规范性文件	保险业治理	发展规划	2006-09-21	明确"十一五"期间保险业的发展方向、预期目标和政策措施
69	《保险公司独立董事管理暂行办法》	原中国保监会	保监发〔2007〕22号	部门规范性文件	保险公司治理	董事会治理	2007-04-06	建立保险公司独立董事制度
70	《保险公司风险管理指引（试行）》	原中国保监会	保监发〔2007〕23号	部门规范性文件	保险公司治理	风险管理	2007-04-06	强化保险公司风险管理
71	《保险公司关联交易管理暂行办法》	原中国保监会	保监发〔2007〕24号	部门规范性文件	保险公司治理	股东治理	2007-04-06	规范保险公司关联交易行为
72	《保险公司内部审计指引（试行）》	原中国保监会	保监发〔2007〕26号	部门规范性文件	保险公司治理	内部审计	2007-04-09	加强保险公司内部审计管理
73	《公开发行证券的公司信息披露编报规则第4号——保险公司信息披露特别规定》	中国证监会	证监公司字〔2007〕139号	部门规范性文件	保险公司治理	信息披露	2007-08-28	规范上市保险公司的信息披露行为
74	《保险公司合规管理指引》	原中国保监会	保监发〔2007〕91号	部门规范性文件	保险公司治理	合规管理	2007-09-07	加强保险公司合规管理
75	《保险公司总精算师管理办法》	原中国保监会	中国保监会令2007年第3号	部门规章	保险公司治理	董监高	2007-09-28	建立保险公司总精算师管理办法
76	《保险公司董事、监事及高级管理人员培训管理暂行办法》	原中国保监会	保监发〔2008〕27号	部门规范性文件	保险公司治理	董监高	2008-04-15	建立保险公司董事、监事及高级管理人员培训管理制度
77	《关于〈保险公司合规管理指引〉具体适用有关事宜的通知》	原中国保监会	保监发〔2008〕29号	部门规范性文件	保险公司治理	合规管理	2008-04-18	明确《保险公司合规管理指引》的有关适用问题

序号	文件名	发布主体	文件编号	效力级别	一级分类	二级分类	发布时间	治理意义
78	《保险公司董事会运作指引》	原中国保监会	保监发〔2008〕58号	部门规范性文件	保险公司治理	董事会治理	2008-07-08	规范保险公司董事会运作
79	《关于规范保险公司章程的意见》	原中国保监会	保监发〔2008〕57号	部门规范性文件	保险公司治理	公司治理基础	2008-07-08	加强对保险公司章程的监管
80	《关于保险公司高级管理人员2008年薪酬发放等有关事宜的通知》	原中国保监会	保监发〔2008〕112号	部门规范性文件	保险公司治理	董监高	2008-12-05	进一步规范保险公司高级管理人员的薪酬问题
81	《保险公司财务负责人任职资格管理规定》	原中国保监会	中国保监会令2008年第4号	部门规章	保险公司治理	董监高	2008-12-11	加强保险公司财务负责人的任职资格管理
82	《关于报送保险公司分类监管信息的通知》	原中国保监会	保监发〔2008〕113号	部门规范性文件	保险公司治理	信息披露	2008-12-15	明确分类监管信息报送的相关事项
83	《关于开展保险公司财务业务数据真实性自查工作的通知》	原中国保监会	保监发〔2009〕9号	部门规范性文件	保险公司治理	外部监管	2009-01-22	明确保险公司财务业务数据真实性自查工作
84	《关于2009年保险公司合规工作要求的通知》	原中国保监会	保监发〔2009〕16号	部门规范性文件	保险公司治理	合规管理	2009-02-13	明确2009年保险公司合规工作重点要求
85	《关于实施〈保险公司财务负责人任职资格管理规定〉有关事项的通知》	原中国保监会	保监发〔2009〕23号	部门规范性文件	保险公司治理	董监高	2009-02-27	确保《保险公司财务负责人任职资格管理规定》顺利实施
86	《保险公估机构监管规定》	原中国保监会	中国保监会令2015年第3号	部门规章	保险机构治理	中介机构	2009-09-25	加强对保险公估机构的监管
87	《保险经纪机构监管规定》	原中国保监会	中国保监会令2015年第3号	部门规章	保险机构治理	中介机构	2009-09-25	加强对保险经纪机构的监管
88	《保险专业代理机构监管规定》	原中国保监会	中国保监会令2015年第3号	部门规章	保险机构治理	中介机构	2009-09-25	加强对保险专业代理机构的监管
89	《保险公司信息化工作管理指引（试行）》	原中国保监会	保监发〔2009〕133号	部门规范性文件	保险公司治理	信科治理	2009-12-29	加强保险公司信息化工作管理
90	《保险公司董事、监事和高级管理人员任职资格管理规定》	原中国保监会	中国保监会令2014年第1号	部门规章	保险公司治理	董监高	2010-01-08	加强和完善对保险公司董事、监事和高级管理人员任职资格的管理
91	《保险集团公司管理办法（试行）》	原中国保监会	保监发〔2010〕29号	部门规范性文件	保险机构治理	经营机构	2010-03-12	确定了保险集团公司监管的总体框架、基本内容和基本程序

序号	文件名	发布主体	文件编号	效力级别	一级分类	二级分类	发布时间	治理意义
92	《保险公司股权管理办法》	原中国保监会	中国保监会令2018年第5号	部门规章	保险公司治理	股东治理	2010-05-04	规范保险公司股权管理
93	《保险公司信息披露管理办法》	原中国保监会	中国银保监会令2018年第2号	部门规章	保险公司治理	信息披露	2010-05-12	规范保险公司的信息披露行为
94	《保险资金投资股权暂行办法》	原中国保监会	保监发〔2010〕79号	部门规范性文件	保险公司治理	外部监管	2010-07-31	规范保险资金投资股权行为
95	《保险公司内部控制基本准则》	原中国保监会	保监发〔2010〕69号	部门规范性文件	保险公司治理	内部控制	2010-08-10	确定保险公司执行《企业内部控制基本规范》的细则
96	《保险公司董事及高级管理人员审计管理办法》	原中国保监会	保监发〔2010〕78号	部门规范性文件	保险公司治理	董监高	2010-09-02	规范保险公司董事及高级管理人员的审计工作
97	《保险公司资本保证金管理办法》	原中国保监会	保监发〔2015〕37号	部门规范性文件	保险公司治理	外部监管	2011-07-07	加强对保险公司资本保证金的管理
98	《中国保险业发展"十二五"规划纲要》	原中国保监会	保监发〔2011〕47号	部门规范性文件	保险业治理	发展规划	2011-08-03	明确"十二五"期间保险业的发展方向、重点任务和政策措施
99	《保险公司保险业务转让管理暂行办法》	原中国保监会	中国保监会令2011年第1号	部门规章	保险公司治理	退出机制	2011-08-26	规范保险公司保险业务转让行为
100	《保险中介服务集团公司监管办法（试行）》	原中国保监会	保监发〔2011〕54号	部门规范性文件	保险机构治理	中介机构	2011-09-22	规范保险中介服务集团公司的监督管理
101	《保险公司信息系统安全管理指引（试行）》	原中国保监会	保监发〔2011〕68号	部门规范性文件	保险公司治理	信科治理	2011-11-16	防范化解保险公司信息系统安全风险
102	《保险公司薪酬管理规范指引（试行）》	原中国保监会	保监发〔2012〕63号	部门规范性文件	保险公司治理	董监高	2012-07-19	规范保险公司薪酬管理行为
103	《保险公司控股股东管理办法》	原中国保监会	中国保监会令2012年第1号	部门规章	保险公司治理	股东治理	2012-07-25	规范保险公司控股股东行为
104	《关于贯彻实施〈保险公司董事及高级管理人员审计管理办法〉有关事项的通知》	原中国保监会	保监发〔2012〕102号	部门规范性文件	保险公司治理	董监高	2012-11-02	进一步规范保险公司高管人员审计
105	《关于贯彻实施〈保险公司薪酬管理规范指引（试行）〉有关事项的通知》	原中国保监会	保监发〔2012〕101号	部门规范性文件	保险公司治理	董监高	2012-11-02	为贯彻实施《保险公司薪酬管理规范指引（试行）》提供指导

序号	文件名	发布主体	文件编号	效力级别	一级分类	二级分类	发布时间	治理意义
106	《中国保监会办公厅关于进一步做好保险公司公开信息披露工作的通知》	原中国保监会	保监厅发〔2013〕15号	部门规范性文件	保险公司治理	信息披露	2013-03-08	进一步贯彻落实《保险公司信息披露管理办法》
107	《保险公司发展规划管理指引》	原中国保监会	保监发〔2013〕18号	部门规范性文件	保险公司治理	董事会治理	2013-03-12	规范保险公司发展规划工作
108	《关于部分保险公司纳入分类监管实施范围的通知》	原中国保监会	保监厅发〔2013〕29号	部门规范性文件	保险公司治理	外部监管	2013-04-11	通知部分保险公司纳入分类监管实施范围
109	《中国保监会关于规范有限合伙式股权投资企业投资入股保险公司有关问题的通知》	原中国保监会	保监发〔2013〕36号	部门规范性文件	保险公司治理	股东治理	2013-04-17	进一步完善保险公司股权管理行为
110	《保险公司业务范围分级管理办法》	原中国保监会	保监发〔2013〕41号	部门规范性文件	保险公司治理	外部监管	2013-05-02	规范保险公司业务范围管理
111	《保险消费投诉处理管理办法》	原中国保监会	中国保监会令2013年第8号	部门规章	保险业治理	行业监管	2013-07-01	规范保险消费投诉处理工作
112	《人身保险公司服务评价管理办法》	原中国保监会	保监发〔2013〕73号	部门规范性文件	保险公司治理	外部监管	2013-09-02	为全面贯彻落实《人身保险业务基本服务规定》保驾护航
113	《保险公司声誉风险管理指引》	原中国保监会	保监发〔2014〕15号	部门规范性文件	保险公司治理	风险管理	2014-02-19	加强保险公司声誉风险管理
114	《中国保监会关于外资保险公司与其关联企业从事再保险交易有关问题的通知》	原中国保监会	保监发〔2014〕19号	部门规范性文件	保险公司治理	股东治理	2014-03-05	规范外资保险公司关联交易行为
115	《保险公司收购合并管理办法》	原中国保监会	保监发〔2014〕26号	部门规范性文件	保险公司治理	并购机制	2014-03-21	规范保险公司收购合并行为
116	《保险公司资金运用信息披露准则第1号：关联交易》	原中国保监会	保监发〔2014〕44号	部门规范性文件	保险公司治理	股东治理	2014-05-19	规范保险公司资金运用关联交易信息披露行为
117	《国务院关于加快发展现代保险服务业的若干意见》	国务院	国发〔2014〕29号	国务院规范性文件	保险业治理	发展方针	2014-08-10	我国保险业改革发展的第二次顶层设计
118	《保险公司所属非保险子公司管理暂行办法》	原中国保监会	保监发〔2014〕78号	部门规范性文件	保险公司治理	股东治理	2014-09-28	规范保险公司所属非保险子公司的行为

序号	文件名	发布主体	文件编号	效力级别	一级分类	二级分类	发布时间	治理意义
119	《中国保监会关于保险公司投资信托产品风险有关情况的通报》	原中国保监会	保监资金〔2014〕186号	部门规范性文件	保险公司治理	外部监管	2014-09-29	对保险公司投资信托产品风险有关情况进行通报并提出监管要求
120	《相互保险组织监管试行办法》	原中国保监会	保监发〔2015〕11号	部门规范性文件	保险机构治理	经营机构	2015-01-23	建立相互保险组织的监督管理制度
121	《中国保监会关于2014年保险公司投诉处理考评情况的通报》	原中国保监会	保监消保〔2015〕27号	部门规范性文件	保险公司治理	外部监管	2015-03-27	加强对保险公司投诉处理情况监管
122	《中国保监会关于调整保险资金境外投资有关政策的通知》	原中国保监会	保监发〔2015〕33号	部门规范性文件	保险机构治理	经营机构	2015-03-27	规范保险资金境外投资,进一步扩大保险资产的国际配置空间
123	《中国保监会关于进一步规范保险公司关联交易有关问题的通知》	原中国保监会	保监发〔2015〕36号	部门规范性文件	保险公司治理	股东治理	2015-04-01	进一步规范保险公司关联交易行为
124	《保险公司资金运用信息披露准则第2号:风险责任人》	原中国保监会	保监发〔2015〕42号	部门规范性文件	保险公司治理	信息披露	2015-04-10	规范保险公司资金运用风险责任人的信息披露行为
125	《保险机构董事、监事和高级管理人员培训管理办法》	原中国保监会	保监发〔2015〕43号	部门规范性文件	保险机构治理	经营机构	2015-04-10	进一步完善保险机构董事、监事和高级管理人员培训管理制度
126	《中国保监会关于进一步规范报送〈保险公司治理报告〉的通知》	原中国保监会	保监发改〔2015〕95号	部门规范性文件	保险机构治理	经营机构	2015-06-01	优化保险公司治理监管
127	《保险公司董事会提案管理指南》	中国保险行业协会	无	行业规定	保险公司治理	董事会治理	2015-06-03	为保险公司规范董事会提案管理提供指引
128	《中国保监会关于保险机构开展员工持股计划有关事项的通知》	原中国保监会	保监发〔2015〕56号	部门规范性文件	保险机构治理	经营机构	2015-06-18	规范员工持股计划
129	《中国保监会关于加强保险公司筹建期治理机制有关问题的通知》	原中国保监会	保监发〔2015〕61号	部门规范性文件	保险公司治理	公司治理基础	2015-07-01	规范保险公司筹建期的治理工作
130	《保险公司服务评价管理办法(试行)》	原中国保监会	保监发〔2015〕75号	部门规范性文件	保险公司治理	外部监管	2015-07-31	提出保险公司服务评价管理办法
131	《保险公司经营评价指标体系(试行)》	原中国保监会	保监发〔2015〕80号	部门规范性文件	保险公司治理	外部监管	2015-08-07	构建保险公司经营评价指标体系

序号	文件名	发布主体	文件编号	效力级别	一级分类	二级分类	发布时间	治理意义
132	《中国保监会关于深化保险中介市场改革的意见》	原中国保监会	保监发〔2015〕91号	部门规范性文件	保险机构治理	中介机构	2015-09-17	推进保险中介市场深化改革,促进保险中介市场有序发展
133	《中国保监会关于保险业服务京津冀协同发展的指导意见》	原中国保监会	保监发〔2015〕106号	部门规范性文件	保险业治理	发展规划	2015-12-03	推动保险业更好服务京津冀协同发展
134	《保险法人机构公司治理评价办法（试行）》	原中国保监会	保监发〔2015〕112号	部门规范性文件	保险机构治理	经营机构	2015-12-07	首次提出我国保险法人机构公司治理评价办法
135	《保险机构内部审计工作规范》	原中国保监会	保监发〔2015〕113号	部门规范性文件	保险机构治理	经营机构	2015-12-07	规范了保险机构内部审计工作
136	《中国保险保障基金有限责任公司业务监管办法》	原中国保监会	保监厅发〔2015〕79号	部门规范性文件	保险业治理	行业监管	2015-12-14	明确对保障基金公司的业务监管
137	《保险公司资金运用信息披露准则第3号：举牌上市公司股票》	原中国保监会	保监发〔2015〕121号	部门规范性文件	保险公司治理	信息披露	2015-12-23	规范保险公司举牌上市公司股票行为信息披露
138	《中国保监会关于保险业履行社会责任的指导意见》	原中国保监会	保监发〔2015〕123号	部门规范性文件	保险业治理	行业监管	2015-12-24	推动保险公司社会责任实践的开展
139	《中国保险监督管理委员会政务信息工作办法》	原中国保监会	保监发〔2015〕128号	部门规范性文件	保险业治理	监管部门	2015-12-29	规范原中国保监会政务信息工作
140	《保险机构董事、监事和高级管理人员任职资格考试管理暂行办法》	原中国保监会	保监发〔2016〕6号	部门规范性文件	保险机构治理	经营机构	2016-01-18	首次提出保险机构董监高任职资格考试办法
141	《中国保监会关于全面推进保险法治建设的指导意见》	原中国保监会	保监发〔2016〕7号	部门规范性文件	保险业治理	行业监管	2016-01-18	指导全面推进保险法制建设
142	《中国保监会关于正式实施中国风险导向的偿付能力体系有关事项的通知》	原中国保监会	无	部门规范性文件	保险业治理	行业监管	2016-01-25	中国风险导向的偿付能力体系正式实施
143	《关于银行类保险兼业代理机构行政许可有关事项的通知》	原中国保监会	保监中介〔2016〕44号	部门规范性文件	保险机构治理	中介机构	2016-04-25	指导银行类保险兼业保险代理
144	《保险公司资金运用信息披露准则第4号：大额未上市股权和大额不动产投资》	原中国保监会	保监发〔2016〕36号	部门规范性文件	保险公司治理	信息披露	2016-05-04	规范保险公司大额未上市股权和大额不动产投资的信息披露行为

续表

序号	文件名	发布主体	文件编号	效力级别	一级分类	二级分类	发布时间	治理意义
145	《中国保监会关于进一步加强保险公司合规管理工作有关问题的通知》	原中国保监会	保监发〔2016〕38号	部门规范性文件	保险公司治理	合规管理	2016-05-06	进一步规范保险公司合规负责人的任职管理
146	《中国保监会关于进一步加强保险公司关联交易信息披露工作有关问题的通知》	原中国保监会	保监发〔2016〕52号	部门规范性文件	保险公司治理	信息披露	2016-06-30	进一步规范保险公司关联交易信息披露工作
147	《中国保监会关于保险公司在全国中小企业股份转让系统挂牌有关事项的通知》	原中国保监会	保监发〔2016〕71号	部门规范性文件	保险公司治理	外部监管	2016-08-10	明确提出了保险公司新三板挂牌的要求
148	《中国保险业发展"十三五"规划纲要》	原中国保监会	保监发〔2016〕74号	部门规范性文件	保险业治理	发展规划	2016-08-23	明确"十三五"时期保险业的指导思想、发展目标、重点任务和政策措施
149	《中国保监会关于强化人身保险产品监管工作的通知》	原中国保监会	保监人身险〔2016〕199号	部门规范性文件	保险公司治理	外部监管	2016-09-02	进一步规范了人身保险产品的外部监管
150	《中国保监会关于做好保险专业中介业务许可工作的通知》	原中国保监会	保监发〔2016〕82号	部门规范性文件	保险机构治理	中介机构	2016-09-29	规范了保险中介机构业务许可的要求
151	《保险公司合规管理办法》	原中国保监会	保监发〔2016〕116号	部门规范性文件	保险公司治理	合规管理	2016-12-30	强化保险公司合规管理
152	《中国保监会关于印发〈保险公司跨京津冀区域经营备案管理试点办法〉及开展试点工作的通知》	原中国保监会	保监发〔2017〕1号	部门规范性文件	保险公司治理	外部监管	2017-01-05	指导保险业服务京津冀发展战略
153	《中国保监会关于进一步加强保险资金股票投资监管有关事项的通知》	原中国保监会	保监发〔2017〕9号	部门规范性文件	保险公司治理	外部监管	2017-01-24	进一步强化保险资金股票投资的监管
154	《中国保监会关于加强相互保险组织信息披露有关事项的通知》	原中国保监会	保监发〔2017〕26号	部门规范性文件	保险机构治理	经营机构	2017-03-28	加强相互保险组织信息披露
155	《中国保监会关于进一步加强保险监管、维护保险业稳定健康发展的通知》	原中国保监会	保监发〔2017〕34号	部门规范性文件	保险业治理	行业监管	2017-04-20	进一步加强保险监管，维护保险业稳定发展

序号	文件名	发布主体	文件编号	效力级别	一级分类	二级分类	发布时间	治理意义
156	《中国保监会关于保险业服务"一带一路"建设的指导意见》	原中国保监会	保监发〔2017〕38号	部门规范性文件	保险业治理	发展规划	2017-04-27	指导保险业服务"一带一路"建设
157	《中国保监会关于强化保险监管、打击违法违规行为、整治市场乱象的通知》	原中国保监会	保监发〔2017〕40号	部门规范性文件	保险业治理	行业监管	2017-04-28	针对市场乱象强化监管
158	《中国保监会关于保险业支持实体经济发展的指导意见》	原中国保监会	保监发〔2017〕42号	部门规范性文件	保险业治理	发展规划	2017-05-04	指导保险业支持服务实体经济发展
159	《中国保监会关于弥补监管短板构建严密有效保险监管体系的通知》	原中国保监会	保监发〔2017〕44号	部门规范性文件	保险业治理	行业监管	2017-05-05	指导监管部门强化保险监管
160	《中国保监会关于进一步加强保险公司开业验收工作的通知》	原中国保监会	保监发〔2017〕51号	部门规范性文件	保险公司治理	公司治理基础	2017-06-22	强化保险公司开业验收中的公司治理监管
161	《中国保监会关于进一步加强保险公司关联交易管理有关事项的通知》	原中国保监会	保监发〔2017〕52号	部门规范性文件	保险公司治理	股东治理	2017-06-23	进一步强化对保险公司关联交易监管的要求
162	《保险公估人监管规定》	原中国保监会	中国保监会令2018年第2号	部门规章	保险机构治理	中介机构	2018-02-01	明确对保险公估人的监管
163	《保险经纪人监管规定》	原中国保监会	中国保监会令2018年第3号	部门规章	保险机构治理	中介机构	2018-02-01	明确对保险经纪人的监管
164	《深化党和国家机构改革方案》	中国共产党第十九届中央委员会	无	政策	保险业治理	监管部门	2018-03-21	保险监管机构变更为中国银行保险监督管理委员会
165	《中国银行保险监督管理委员会关于放开外资保险经纪公司经营范围的通知》	中国银保监会	银保监发〔2018〕19号	部门规范性文件	保险机构治理	中介机构	2018-04-27	放开外资保险公司经纪业务经营范围
166	《中国银保监会关于允许境外投资者来华经营保险代理业务的通知》	中国银保监会	银保监发〔2018〕30号	部门规范性文件	保险机构治理	中介机构	2018-06-19	允许外资经营保险代理业务

续表

序号	文件名	发布主体	文件编号	效力级别	一级分类	二级分类	发布时间	治理意义
167	《中国银保监会关于允许境外投资者来华经营保险公估业务的通知》	中国银保监会	银保监发〔2018〕29号	部门规范性文件	保险机构治理	中介机构	2018-06-19	允许外资经营保险公估业务
168	《保险机构独立董事管理办法》	中国银保监会	银保监发〔2018〕35号	部门规范性文件	保险机构治理	经营机构	2018-06-30	强化保险机构独立董事管理

资料来源：作者自制。

注：（1）表格中"文件编号"指该文件最新版本的编号，"发布时间"指该文件首次发布的时间；（2）很多具体文件是发布主体以通知的形式下发的，因此相应的文件编号实际对应的是该通知的编号，但为了简化起见，文件名称仅保留了该通知中拟实施的具体文件名称。

索引